JN296461

小栁春一郎 著

近代不動産賃貸借法の研究

——賃借権・物権・ボワソナード——

信 山 社

はしがき

　本書は，ボワソナード草案及び明治23年民法（旧民法）の賃貸借規定について，フランス民法から近年の借家法改正に至るまでのフランス賃貸借法の歴史的諸展開を背景に論ずるものである。
　ボワソナード草案及び旧民法の賃貸借規定の最大の特徴は，賃借権を物権として構成したことであった。ところで，「賃借権物権論」または「賃借権物権化論」は，近代賃貸借法更に広く近代不動産法に関する指導的理論の一つであり，戦後民法学の最も重要な成果の一つである。そして，旧民法が賃借権を物権として構成したことは広く知られ，現行民法の債権的構成と対比して論じられた。ところが，賃貸借が賃借人に与える権利の法律的性質についての比較法的・歴史的検討は，イギリスについてのそれを除けば，これまで十分ではないといってよい。賃借権物権論に関するこれまでの主要な研究は，イギリスを近代資本主義の母国と考え，また，その法制度を近代法の典型例の一つとして注目した。しかし，旧民法がフランス法の基本的影響下にあり，これとの関連で現行民法にもフランス法の影響が指摘されている現在，フランス法に即して賃貸借法の歴史的展開を検討し，その結果を前提として，旧民法の特質である賃借権の物権的構成を論ずることは意義を有するであろう。
　フランス賃貸借法については，稲本洋之助教授によって議論が深められ，特にその歴史的展開については，原田純孝教授及び吉田克己教授による優れた研究がある。稲本洋之助教授の研究は借地，原田純孝教授の研究は農地賃貸借，吉田克己教授の研究は建物賃貸借についての優れた研究である。もっとも，不動産賃貸借の法律的性質に関するフランスの議論については，検討の余地が残されているというのが筆者の印象である。
　筆者の問題関心は，石井紫郎教授の指導により，日本民法の賃貸借法の再検討に始まった。その際，起草委員の一人である穂積陳重が，旧民法に関する講義において，旧民法及びボワソナード草案において賃借人に物権

はしがき

が与えられていることを好意的に評価していたことを知り，興味を覚えた。これとの関連で，ボワソナードは，賃借人に物権を与えることにいかなる意義を認めていたのかという問題に筆者は検討を進めた。そこで，直面したのが，フランスにおける賃借人の権利の法律的性質という問題であった。

ボワソナードは，旧民法の草案で賃借人に物権を与えた。しかし，賃借人に物権を認める説（本書は，これを「物権説」と呼ぶ。）は，19世紀のフランスにおいては解釈論としては少数説にとどまり，多くの学者はこれを批判していた。ボワソナードの意図を理解するためにも，19世紀フランスにおける賃借人の権利の法律的性質をめぐる議論の内容を明らかにする必要が生まれた。検討は，19世紀におけるフランス民法を前提とした学説及び判例のみならず，20世紀での賃借人保護立法を前提とした議論にも及ぶことになり，近年改正の動きが激しいフランスの借家法との関連でも新たな考察を試みる必要が生まれた。

現代フランスの諸議論の検討までも含めて1冊の本とするのは，相当の分量になる。しかし，ボワソナード草案及び旧民法における賃貸借規定の意義を明らかにするためには，フランスにおける物権説をめぐる議論についての理解が不可欠である。フランスにおいて物権説をめぐる議論は，2世紀近い歴史を有する。確かに，殆ど常に物権説は少数説であったが，決して同じことの繰り返しではなく，賃借人はいかなる権利を有するかという問題及び物権とは何か，物権と債権を分かつ基準は何かという困難な問題に対する知的挑戦の歴史であった。ボワソナードが旧民法草案において賃借人に物権を与えたのもそうした知的努力の流れの中でこそ理解しうる。そこで，本書は，近年の議論までも含めて検討することにした。「賃借権物権論」や「賃借権物権化論」について再検討を進めるには，比較法的・歴史的作業が有益ではないかと考える。そして，このような比較法的・歴史的作業を前提に，ボワソナード草案の賃貸借法の意義，賃借権の物権的構成の意義を明らかにするのが，本書の目的である。

ボワソナード草案の賃貸借法については，その物権的構成故に早くから研究の対象となっている。しかし，その内容については，主として現行民法が採用した賃借権の債権的構成との対比において論じられるのが通常で

はしがき

あり，本書のような検討を踏まえて論じている訳ではない。この観点からすれば，本書は意義を主張できると筆者は考えている。

本書の重要な部分は，ボワソナード草案の規定を理解するための外国法に関する研究でもあり，筆者は，できる限り慎重かつ丁寧な検討を心がけた。本書が成立するまでには，諸学会で多くの方々にご指導を得ている。更に，「都市的土地利用研究会」(代表，稲本洋之助東京大学名誉教授）及び「ボワソナード民法典研究会」(代表，星野英一東京大学名誉教授及び大久保泰甫名古屋大学教授）に参加を許され，多くの優れた方々からご教示を得た。また，獨協大学学外研修制度によってストラスブール第3大学（ロベール・シューマン大学）へ平成9年4月から平成10年4月までの1年間の留学の機会を得たことは，筆者にとって大きな意味を持った。留学の間に，同大学のシムレール（P. Simler）教授（民法），オルザック（M. Olzak）教授（法制史）から種々の助言を頂いた。更に，財団法人日本住宅総合センターから，平成4年度の研究助成を得ることができ，資料収集等で有益であった。最後に，本書のような地味な書物の出版を快諾いただいた信山社に敬意を表したい。なお，本書は，筆者がこれまでこの問題に関して発表してきたいくつかの論文を全面的に書き直したものである。

本書は，平成12年度獨協大学学術図書出版助成を得て刊行された。

平成13年3月

小柳　春一郎

目　次

はじめに …………………………………………………………………… 1
　　Ⅰ　《賃借人の権利の法律的性質》論の意義 ……………………… 1
　　Ⅱ　立法史的研究 …………………………………………………… 3
　　Ⅲ　賃借権の物権的構成の理論的意義 …………………………… 5
　　Ⅳ　近代的土地所有権・賃借権物権化論の再検討 ……………… 8
　　Ⅴ　本書の構成 ……………………………………………………… 15

第1章　フランスの物権説 …………………………………………… 17

第1節　古典的物権説 ………………………………………………… 17

第1項　トロロンの物権説 ………………………………………… 19
　　Ⅰ　フランス民法1743条 …………………………………………… 19
　　Ⅱ　物権説の登場と展開 …………………………………………… 26
　　Ⅲ　トロロン物権説の社会的背景 ………………………………… 37

第2項　物権と債権 ………………………………………………… 45
　　Ⅰ　古典的物権学説 ………………………………………………… 45
　　Ⅱ　物権説の帰結 …………………………………………………… 52
　　Ⅲ　物権的利用権 …………………………………………………… 63

第3項　物権説の具体的帰結 ……………………………………… 66
　　Ⅰ　トロロンの物権説 ……………………………………………… 66
　　Ⅱ　ジョゾンの物権説 ……………………………………………… 71

第4項　債権説 ……………………………………………………… 75
　　Ⅰ　デュヴェルジェの債権説 ……………………………………… 76
　　Ⅱ　トロロンの反論 ………………………………………………… 80

目　次

　　　Ⅲ　債権説の多様性 ……………………………………………………82
第5項　物権説をめぐる裁判例 ……………………………………………113
　　　Ⅰ　裁判例の概要 ………………………………………………………113
　　　Ⅱ　第1期の裁判例 ……………………………………………………118
　　　Ⅲ　第2期の裁判例 ……………………………………………………122
　　　Ⅳ　第3期の裁判例 ……………………………………………………133
第6項　賃借人のための担保立法 …………………………………………138
　　　Ⅰ　営業質 ………………………………………………………………139
　　　Ⅱ　農産証券 ……………………………………………………………159
　　　Ⅲ　永借権 ………………………………………………………………164
　　　Ⅳ　賃借人の担保と賃借権 ……………………………………………171
第2節　現代的賃借権保護立法と物権説 …………………………………174
第1項　小作関係規則 ………………………………………………………176
　　　Ⅰ　賃借人の賃借物支配 ………………………………………………176
　　　Ⅱ　賃借権の安定性 ……………………………………………………179
　　　Ⅲ　譲渡,転貸 …………………………………………………………187
第2項　居住用の建物賃貸借 ………………………………………………188
　　　Ⅰ　居住用賃貸借の保護の歴史 ………………………………………188
　　　Ⅱ　1948年法と占用維持 ………………………………………………189
　　　Ⅲ　賃借人の賃借物への権限 …………………………………………195
第3項　商事賃貸借 …………………………………………………………198
　　　Ⅰ　1926年法 ……………………………………………………………199
　　　Ⅱ　1926年法の後の展開 ………………………………………………206
第4項　現代的物権説 ………………………………………………………210
　　　Ⅰ　デリュペの物権説 …………………………………………………210

目次

   Ⅱ　債権説 …………………………………………………………219
 第5項　現代における問題状況 ……………………………………………221
   Ⅰ　民法の改正 ……………………………………………………221
   Ⅱ　特別法の改正 …………………………………………………225
   Ⅲ　近年の議論 ……………………………………………………255

第2章　ボワソナード草案における賃借権の物権的構成と旧民法 ……262

 第1節　草案の賃貸借規定 …………………………………………………264
  第1項　物権と賃借権 ……………………………………………………265
   Ⅰ　物権及び賃借権の意義 ………………………………………265
   Ⅱ　賃借権と用益権との関係 ……………………………………270
  第2項　賃貸借契約の成立 ………………………………………………273
   Ⅰ　賃貸借契約の成立 ……………………………………………273
   Ⅱ　賃貸借の証書 …………………………………………………280
  第3項　賃借権の対抗 ……………………………………………………282
   Ⅰ　不動産賃貸借の対抗要件 ……………………………………283
   Ⅱ　ボワソナードの二重売買論との関連 ………………………289
   Ⅲ　対抗の効果 ……………………………………………………297
   Ⅳ　動産賃貸借 ……………………………………………………299
   Ⅴ　解除権留保特約 ………………………………………………304
  第4項　存続期間と解除 …………………………………………………307
   Ⅰ　存続期間 ………………………………………………………307
   Ⅱ　債務不履行による契約の解除 ………………………………310
  第5項　賃貸人と賃借人の権利及び義務 ………………………………312
   Ⅰ　賃借人の訴権 …………………………………………………313

　　　　Ⅱ　賃借人の改良 …………………………………316
　　　　Ⅲ　賃借権の譲渡，転貸，抵当 …………………319
　　　　Ⅳ　小作料減額 ……………………………………323
　　　　Ⅴ　火事についての責任 …………………………331
　　　　Ⅵ　その他の規定 …………………………………334
　　第6項　賃貸人の先取特権 …………………………………335
　　　　Ⅰ　フランス民法との関連 ………………………335
　　　　Ⅱ　先取特権の目的物 ……………………………336
　　　　Ⅲ　先取特権の担保する賃料の範囲 ……………343
　　第7項　永借権 ………………………………………………347
　　　　Ⅰ　永借権の意義 …………………………………347
　　　　Ⅱ　草案の永借権規定 ……………………………353
　　第8項　地上権 ………………………………………………362
　　　　Ⅰ　フランス法の地上権 …………………………362
　　　　Ⅱ　草案の地上権規定 ……………………………375
　第2節　旧民法 ……………………………………………………386
　　第1項　明治19年の草案施行の試み ………………………386
　　　　Ⅰ　草案一部施行の試み …………………………387
　　　　Ⅱ　明治19年草案 …………………………………389
　　第2項　別調査案における賃借権の債権的構成 …………392
　　　　Ⅰ　司法省法律取調委員会と別調査案 …………393
　　　　Ⅱ　別調査案の条文 ………………………………395
　　　　Ⅲ　別調査案の内容 ………………………………401
　　第3項　法律取調委員会における賃借権論争 ……………409
　　　　Ⅰ　賃借権論争の開始 ……………………………409

目　次

　　　　　Ⅱ　法律取調委員会における議論の応酬 …………………………414
　　　　　Ⅲ　債権説による修正案 …………………………………………420
　　　　　Ⅳ　法律取調委員会での再議 ……………………………………433
　　　　　Ⅴ　賃貸借章の再調査 ……………………………………………439
　　第4項　旧民法の成立 ……………………………………………………441
　　　　　Ⅰ　賃借権の成立及び存続 ………………………………………442
　　　　　Ⅱ　賃借人の権利・義務 …………………………………………449
　　　　　Ⅲ　永貸借 …………………………………………………………459
　　　　　Ⅳ　地上権 …………………………………………………………461
　まとめ　フランスにおける物権説とボワソナード草案・
　　　　　旧民法の賃貸借規定 ……………………………………………464
　　　　　Ⅰ　フランスにおける物権説の展開 ……………………………464
　　　　　Ⅱ　日本の賃借権物権化論との比較 ……………………………466
　　　　　Ⅲ　物権説の可能性 ………………………………………………468
　　　　　Ⅳ　草案及び旧民法における賃借権の物権的構成の意義 ………470
　　　　　Ⅴ　フランス民法と草案及び旧民法 ……………………………472
　　　　　Ⅵ　債権説の多様性 ………………………………………………475

　　　　　　　は　じ　め　に

I 《賃借人の権利の法律的性質》論の意義

　ボワソナード草案及び旧民法の賃貸借規定の最大の特徴は，賃借権の物権的構成である。その意義を理解するには，フランスにおける賃借人の権利の法律的性質（la nature juridique du droit du preneur）に関する議論を検討する必要がある。この賃借人の権利の法律的性質論は，長い歴史を有し，フランス民法を前提とする議論から1980年代の借家法改正等を前提とする議論まで豊富な展開を見せている。本書は，2世紀近くにわたるこうした諸議論を検討し，その上でボワソナードや旧民法の賃貸借規定を位置付ける試みである。最初に本書の問題関心を明らかにする必要がある。

　フランスにおいて，19世紀前半に，フランス民法により賃借人に物権が与えられたという説が登場した。その代表的な論者は，トロロン（Troplong）である。しかし，トロロンの説は，少数の支持者を見いだしたものの，破毀院判例による支持を受けず，また多くの論者は，トロロンの説を厳しく批判した。この意味で，トロロンの見解は，解釈学説として評価されてはいない。

　しかし，後に19世紀末から20世紀の転換点においては，プラニオル（Planiol）等の有力な学者がトロロンの見解を立法論として評価し，現代でもサヴァティエ（Savatier）は，トロロンの説は未来を見通すものであったという評価を与えた。更に，第2次大戦後，いくつかの賃借人保護立法が制定された後に，再び，賃借人保護立法が賃借人に物権を与えたという説が登場した。また，他ならぬ日本において，旧民法草案を起草したボワソナードが，草案において賃借人に物権を与えた。こうして見れば，賃借人は物権を有するという説をめぐるフランスの議論を紹介することは，それ自体大きな意義があるものと考えられる。

　旧民法から明治民法にいたる土地所有関係法，とりわけ賃貸借法の意義に関しては，戦後早い時期から多くの研究者が関心をよせ，研究の蓄積がある[1]。その主流的な傾向は，種々の点で具体的論点の評価が異なるものの，基本的には，戦前の土地所有の在り方を（寄生）地主的土地所有と理解し，日本民法における賃貸借法の在り方がこれに対応すると理解するものであった。その際，重視さ

はじめに

れたのは，賃借権の債権的構成，物権的構成の問題である。従来の研究は，明治民法が賃借権の債権的構成を採用し，物権的構成を採用しなかったことを前近代的なものと評価した[(2)]。更に，従来の研究は，旧民法ボワソナード草案や旧民法が賃借権の物権的構成を採用したことが対照的であると理解する。従来の研究成果をやや図式化して述べれば，明治民法の債権的構成は，賃借人の不安定な地位に対応し，更に半封建的な寄生地主制度に関連し，それゆえ，明治民法は半封建的な賃貸借法であると評価し，対照的に，旧民法とりわけボワソナード草案では賃借権の物権的構成に注目し，賃借人の地位を保護するもの，更には近代的，資本主義的なものとして理解してきた。

従来の研究について，ここで問題にしたいことは，次の点である。

---

(1) 多くの優れた研究を網羅しうるものではないが，以下の文献は代表的なものであろう。小倉武一・土地立法の史的考察（農林省農業総合研究所，1951年），福島正夫「日本資本主義の発達と私法(4)」法律時報25巻4号，同「近・現代」北島正元編・体系日本史叢書7土地制度史2（山川出版社，1975年），福島正夫・丹羽邦男「土地に関する民事法令の形成」福島正夫編・日本近代法体制の形成下巻（日本評論社，1982年），渡辺洋三「土地制度」潮見俊隆＝渡辺洋三＝石村善助＝大島太郎＝中尾英俊「日本の農村」（岩波書店，1957年），同「農業関係法（法体制確立期）」講座日本近代法発達史2巻（勁草書房，1958年），同・土地・建物の法律制度（上）（中）（東大出版会，1962年，1970年），渡辺洋三・土地と財産権（岩波書店，1978年），水本浩・借地借家法の基礎理論（一粒社，1966年），同・土地問題と所有権――土地の私権はどうあるべきか（有斐閣，1973年），水林彪「日本近代土地法制の成立――土地所有の財政法的媒介諸形態と所有法的媒介諸形態との統一的視角から」法学協会雑誌89巻11号（1972年），同「第1議会における憲法第67条問題と第3議会における民法典論争」法学協会雑誌89巻12号（1972年），熊谷開作・日本土地私有制の展開（ミネルヴァ書房，1976年），山中永之佑「現代土地法の歴史的位置づけ――戦前日本の土地政策と土地法」渡辺洋三＝稲本洋之助編・現代土地法の研究上――土地法の理論と現状（岩波書店，1982年）。

(2) 代表的な研究者である渡辺洋三教授は，「資本に基礎をおく用益権の自由がまだ保障されるに至らず，むしろ不自由を強いられるという段階での法構造を，地主制の法構造と呼ぶならば，明治民法は，うたがいもなく，寄生地主的＝半封建的土地制度の法的表現であったといわねばならない。」と論じた（土地・建物の法律制度（上）83頁）。

はじめに

　第1に，従来の研究は，立法史的検討が必ずしも十分ではない。旧民法，ボワソナード草案とフランス民法，フランス民法学との関連は，賃貸借法に関する限り，これまで正面から論じた業績がみられない。この点について，検討を進める必要がある。

　第2に，従来の研究は，賃借権の物権化をもって近代的所有権の標識と理解するが，その具体的意味については，なお検討の余地が残る。近年に至るまでの日本近代法史を含めた近代土地法史研究の基本的枠組は，賃借権の物権化を近代的賃借権の在り方とするいわゆる「近代的土地所有権＝賃借権物権化」論であったことは多言を要しない。ところが，最近ではこの「近代的土地所有権＝賃借権物権化」論に対して，理論的にも歴史的にも再検討の必要が指摘されるようになった。このような研究動向のなかで，日本近代法史における従来の土地法の研究の枠組についてもそのままで維持できるか再検討の必要があると考えられる。また，従来の研究は，ボワソナード草案や旧民法の評価をするにあたり，主として対抗力や譲渡性の問題に注目するが，その問題と物権的構成，債権的構成との関連がなお明らかではなく，それ以外の存続期間，占有訴権，解除，先取特権などの論点にまで十分な検討が及んでいない。

　次に，以上の二つの問題点について，詳しく述べる。

II　立法史的研究

　立法史的系譜論的研究は，最近の民法学において有力な研究動向の一つである。そうした研究の指導的な立場にある星野英一教授の指摘によれば，重要な視点は，ボワソナード草案を介したフランス民法の日本民法への影響である[3]。これは，より具体的には，旧民法に対するフランス民法の影響という点と，更に明治民法に対する旧民法の影響という点とがある。前者は，旧民法の草案の起草者がフランス法学者のボワソナードであったこと，また，後者は，明治民法の編纂方針自体が，旧民法の修正であったことから一般原則としても推測されるところであるが，星野英一教授の指摘以後，具体的制度との関連で様々な点において明らかにされつつある。

　ところが，賃貸借の領域においては，このような問題関心からの検討は，十分ではない。従来の賃貸借法研究は，旧民法を論ずる場合でも，明治民法を論

はじめに

ずる場合であっても，日本における当時の社会的賃貸借関係との対応に関心を払う。これは，正当な問題関心である。しかし，旧民法を評価する場合には，やはりその重要な母法であるフランス法との関連を明らかにする必要がある。ボワソナード草案の規定には，フランス民法の深い影響が存在する。それは，ボワソナード草案の注釈を見るだけでも明らかであり，各重要規定にはそれに対応するフランス民法の条文が示されている。最近の民法学の研究成果によれば，ボワソナード草案の規定は，フランス民法の規定とそのまま同一ではないにしてもやはり深い影響を受けているのであり，その上でボワソナードは，日本向けの修正を施して，草案の規定とした。ボワソナードのこのような立法態度は，賃貸借でもまた見出すことができるのではなかろうか。

　ボワソナード草案及び旧民法の賃貸借規定の最も重要な特色は，賃借権の物権的構成であり，賃借人は，賃借物に対して物権を有する。確かにこの制度自体はフランス民法に見られない独自の制度であるが，19世紀以来フランスにおいては賃借人が物権を有するという説（「物権説」）が存在した。ボワソナードもまた，この物権説の影響の下で草案の起草にあたった。ボワソナード草案に対するフランス法の影響という場合には，単にボワソナード草案がフランス民法の規定を承継することだけを意味するのではない。むしろ，当時のフランス民法学においてフランス民法の在り方への批判が存在する場合には，そうした批判をボワソナードが承継する場合もあった。いずれにせよ，旧民法とりわけボワソナード草案に対する評価を下すには，フランス民法学との関連の検討が必

---

(3) 代表的な研究として，星野英一「日本民法典に与えたフランス民法の影響」同・民法論集第1巻71頁（有斐閣，1970年初出は，日仏法学3号（1965年））。比較的近年のものとして，瀬川信久・不動産附合法の研究（有斐閣，1981年，初出は，法学協会雑誌94巻6，9，11，12号95巻2号（1977年））。日本近代法史研究者で，同様の関心からのものとして，藤原明久・ボワソナード抵当権法の研究（有斐閣，1995年），初出は，同「ボワソナード日本民法草案における抵当権の登記」神戸法学雑誌30巻4号，31巻1号（1980年）等。また，中家一憲「フランス法における不動産の人工的附合（accession immobilière artificielle）——特に借地人のなした構築の場合について」日仏法学5号（1970年）は，フランスでの賃借人の権利の法律的性質について，優れた指摘をしているが，未完に終わった。

はじめに

要である。

Ⅲ　賃借権の物権的構成の理論的意義

　フランスにおける賃借人の権利の法律的性質をめぐる議論が関心を呼ぶもうひとつの理由は，日本において「賃借権物権化」論が賃貸借法，更には広く近代不動産法の指導的理論として大きな影響力を有してきたことにある。七戸克彦教授が指摘するように，「賃借権物権化」論といっても，すべての論者が同じではなく，少なくとも記述的な説明としての「賃借権物権化」論と規範的な概念としての「賃借権物権化」論とを区別する必要がある[4]。

　第1の記述的な説明としての「賃借権物権化」論とは，明治民法が債権として構成した賃借権について，特別法や民法の解釈等により，対抗力や妨害排除請求，処分可能性(譲渡，転貸)，永続性等の物権の特性と考えられる諸効果が与えられるようになったという事実的な現象を，「物権化」という言葉で記述するものであり，我妻栄博士等の多くの論者が展開している。例えば，我妻栄博士は，日本民法の賃借権について「賃借人の有する使用収益権能は，賃借権と呼ばれ，物権化の傾向をたどった」と論じつつ[5]，「この権能は，不動産賃貸借においては，物権化してきたが，それでもなお，賃貸人に対する債権関係によって包まれているという本来の性質を完全に脱却してはいない」と指摘した[6]。

　第2の規範的な概念としての「賃借権物権化」論は，第1の議論の示す事実を前提にしながら，主として立法論，または解釈論として展開されている。一定の理論的根拠から，賃借権は物権として構成するのが望ましい，または，賃借権には物権としての効果が与えられるように解釈すべきであるという主張であり，その際の理論的根拠として，もっとも有力な議論なのは，近代的土地所有権論と結び付いた「賃借権物権化」論であった。

---

(4)　七戸克彦「新『借地借家法』の基本視点——『賃借権の物権化』との関連で」自由と正義43巻5号（1992年）8頁。
(5)　我妻栄・債権各論中巻1（民法講義V_2）（岩波書店，1957年）451頁。
(6)　我妻栄・前掲書449頁。

はじめに

　この「近代的土地所有権＝賃借権物権化」論の代表的論者は，渡辺洋三教授及び水本浩教授である。ところが，最近種々の観点からこの「近代的土地所有権＝賃借権物権化」論に対する再検討の動きがある。この問題は，現在さまざまの観点から論じられている問題であり，ここでは，稲本洋之助教授，東海林邦彦教授等の有力な学者による問題整理に依拠しつつ検討する(7)。

　稲本洋之助教授によれば，近代的土地所有権の在り方を論ずる場合には，基本的な前提がある。それは，第1に，土地所有権の特殊性である。土地は，ほんらい有限不動の存在であって，労働の産物ではなく，それ自体として資本となりえないばかりか，資本の需要に対応することを予定されていない。それゆえ，土地の私的独占により土地は資本の運動の絶対的制約＝対立物に転化する。第2に，資本の土地所有からの保護の必要性である。土地の用益すなわち資本の投下が，土地所有により脅かされないような保障が必要である。したがって，近代的土地所有権の近代性は，土地に投下された資本が，土地の私的所有ないし商品化にもかかわらず，土地所有と対等の関係において保障されるような法的仕組を伴うことに見出されるべきである(8)。

　渡辺洋三教授は，こうした点を理論的前提にしつつ，「土地および定着物に投下された資本の自由を保障しうる法制度ないし法論理とはなにか」と問題を提起し，最低次の条件が必要であると論じた。第1は，一定の長期にわたる期間の保障，第2は，第3者対抗力，第3は，譲渡，転貸等の処分の自由，第4は，収去権，償還請求権である。渡辺洋三教授はこのような点を賃借権の構成の問題と関連させて次のように論じた。

　「ところで，右に述べた近代的用益権の諸性質が，これをわが国をふくめた大陸法的法体系のもとでの解釈学的構成に論理的にあてはめれば，いわゆる債権的構成に属するものでなく，物権的構成に属するものであることは，一

---

(7) 稲本洋之助「土地所有権と土地利用権」渡辺洋三＝稲本洋之助編・現代土地法の研究上，東海林邦彦「いわゆる『土地所有権近代化論争』の批判的検討」北大法学論集36巻3号（1985年）。
(8) 稲本洋之助「土地所有権と土地利用権」81頁。

見して明らかであろう。ということは，もし物権・債権という大陸法的論理構成を前提として考えるならば，近代的土地用益権を物権的に構成することの方が，そうでない場合よりいっそう合目的的である，ということを示すものである。この意味では，物権的借地権（用益権）こそが，近代的用益権の完成された形態としては典型的なのである。そうだとすると，土地の賃借権において，そのいわゆる『物権化』過程と呼ばれるものは，とりもなおさず土地制度の近代化過程，すなわち近代的用益権の自己実現の過程である，ということになる。土地賃借権が物権的保護を受け，それに伴なって土地所有権の自由が制限されてくる論理的および歴史的諸過程は，各国において，土地制度の近代化が実現される諸過程を，法律学の分野から研究するための一つの基礎的視点を提供するであろう[9]。」

ここに明確に，賃借権の物権化をもって近代的賃借権の在り方とする理論が示された。ところで，先に渡辺洋三教授が提示した近代的賃借権の四つの条件のうちとりわけ賃借権の物権化と関連が深いのは，教授によれば，賃借権の対抗力と賃借権の処分の問題である。というのも，賃借権の期間は農地賃貸借では宅地賃貸借程に長期による必要がないことから，また収去権，償還請求権も物権とは直接関連がないことから，とりわけ賃借権の対抗と賃借権の処分が賃借権の物権化に関連が強いと渡辺教授は論じた。

以上の渡辺洋三教授の研究と密接な関連があり，より具体的な歴史研究に支えられた見解として著名なのが，水本浩教授の見解である。水本浩教授は，近代的借地，借家の本質と構造に関する「一般理論＝原理論」の構築を目的として，19世紀におけるイギリスの不動産賃貸借法の歴史研究を行った。イギリスを研究の素材とするのは，イギリスでは資本主義が最も早くから発達し，典型的・先進的資本主義国としての在り方がよく示されている，と考えられることにあった。水本浩教授は，19世紀イギリスでは特に農地賃貸借において資本家的近代農業の成立を背景にして賃借権の物権化が成立したと論ずる。そして，更にこれを理論的に総括して，次のように指摘した。

---

(9) 渡辺洋三・前掲土地・建物の法制度（上）11頁。

はじめに

「土地所有が使用価値としてではなく価値として所持されていなければならないから、土地所有は当然に利用者の資本利潤の一部たるべき性質を有するわけであり、そのことは、法的には所有権が賃借権に制限されて現われねばならぬことを意味する。したがって、ローマ法の所有権絶対の法律構成、そしてそれが反映されるわれわれのイデオロギーは、近代法としては、さかだちしたものというべきである。近代大陸法は、寄生地主的段階の反映なのであり、ほんらいの近代的土地所有権の実質的効果は地代収取権へ行きつき、かつ、それだけに止るべきものとなる[10]。」

以上の近代的土地所有権（賃借権）理論は、単に歴史認識に関する一般理論の提示を目的とするものではない。それは、あるべき近代的土地所有、利用権法の在り方を明らかにし、解釈論、立法論の基礎理論ともなるべき実践的意義をも有する。この理論は、賃借権の物権化を歴史からの要請とすることで賃借権に対する保護に理論的支持を与えた。このように、近代的所有権（賃借権）理論は、スケールの大きな理論であり、民法学及び日本近代土地法史の基礎理論として大きな影響を与えた。ボワソナード草案及び旧民法が賃借権の物権的構成故に多くの注目を浴びたのも当然と言えよう。

Ⅳ　近代的土地所有権・賃借権物権化論の再検討

以上の近代的所有権（賃借権）理論に対しては、最近に至り、種々の角度から再検討の動きがある。まず、その実践的意義について述べれば、例えば、水本浩教授自身、「理念としての『賃借権の物権化』から『賃借権の多様化』へ」という変化が必要であると論ずる。その理由は、高度成長による賃貸借関係の多様化である。水本浩教授は、「民法学者は借地借家法については、高度成長期前に体系づけられ、完成された理論——賃借権の物権化・生存権化を中核とする——の域を出ないでいるようである。しかし、現実の借家関係は、今やいちじるしく分化し、借地借家問題に対し一元的理論構成をもって処理するには、あまりに不整合となっている」とすら論ずる[11]。もっとも、賃貸借法理に関する

---

[10]　水本浩・前掲借地借家法の基礎理論106頁。

はじめに

実践的理論の方向については，本書の目的ではないので立ち入ることはできない。

いまひとつは，歴史理論としての意義に関するものである。この問題は，本書に密接な関連がある。そもそも，このような物権化理論は，いわば経済学的な土地所有論や資本主義発達論を背景とするものであり，その意味で論理的な仮設という色彩がある。稲本洋之助教授は，この点を指摘して，具体的な歴史過程をそのような論理により総括しうるかを問題にした。更に，特に借地については，そもそもヨーロッパ諸国では土地建物一体の原則が存在し，日本におけるような借地制度は例外に属すると指摘し，この観点からも近代的土地所有の歴史に関しての一般理論の問題性を明らかにした[12]。

歴史的実証に支えられた見解として，更に 2 人の研究が大きな意義を有する。ひとつは，戒能通厚教授による批判である。その主要な批判点は，次のとおりである[13]。①水本浩教授や渡辺洋三教授が近代的土地所有権論を展開する場合には，資本制地代からの理論的な抽象が大きな意義を占めるが，これは論理的な仮定に止るものであり，イギリスにおける具体的歴史的な土地所有権の在り方を示すものではない。②水本・渡辺理論においては，土地の私的独占の意義が十分に位置付けられていない。土地の私的独占は，資本主義の発達の初期の段階では国家法により強化せられる場合があり，また，資本制地代の成立の後

(11) 水本浩「借地・借家法の現状と課題」水本浩＝田尾桃二編・現代借地借家法講座 3 借地借家法の現代的課題（日本評論社，1986年）15頁。その他，同・不動産利用権の新しい展開——現代都市問題の解決のために——（有斐閣，1985年）。内田勝一・現代借地借家法学の課題（成文堂，1997年）第一章借地借家法研究の課題と方法13頁にあるように，借地借家関係の類型的考察を進めることが今後必要であろう。更に，佐藤岩男・現代国家と一般条項——借家法の比較歴史社会学的研究——（創文社，1999年）。

(12) 稲本洋之助「比較土地・建物賃貸借の視点」同『借地制度の再検討』（日本評論社，1986年）151頁・初出社会科学研究37巻 5 号（1985年）。稲本洋之助「土地所有権と土地利用権」86頁。

(13) 以下の問題整理は，稲本洋之助・前掲土地所有権と土地利用権89頁，東海林邦彦・前掲論文353頁に多くを依っている。その他，この論争に関する文献については，東海林・前掲論文の386頁以下に詳細であるが，その後の文献も含めここに挙

はじめに

げれば，稲本洋之助「『賃借権の物権化』について」社会科学の方法63号（1976年），同「戦後日本における近代的土地所有権論の展開（第一部前半期）」磯村哲先生還暦記念論文集・市民法学の形成と展開（1978年），甲斐道太郎・土地所有権の近代化（有斐閣，1967年），甲斐道太郎＝稲本洋之助＝戒能通厚＝田山輝明・所有権思想の歴史（有斐閣，1979年），戒能通厚・イギリス所有権法の総体的把握──水本論文を手がかりに」社会科学の研究（1972年），同「近代的土地所有権をめぐって──イギリス土地法研究のためのノート」季刊・現代法7号（1972年），同・イギリス土地所有権法研究（岩波書店，1980年），同「『近代的土地所有権論』の再論のために」法の科学10号(1982年)，同「土地所有権と土地利用権」創文24号(1984年)，椎名重明・近代的土地所有（東大出版会，1973年），同「近代的土地所有論」社会科学の方法49号（1973年），同「アイルランドの借地慣行とイギリス土地法──とくに借地農の財産権の保障問題をめぐって」岡田与好編・近代革命の研究下（東大出版会，1973年），篠塚昭次・借地借家法の基本問題（1962年），同・土地所有権と現代（日本放送出版会，1974年），鈴木禄弥・借地法（上）（1971年），同「不動産賃借権の亜所有権化について」社会科学の方法86号（1976年），原田純孝「『賃借権の物権化』の現代的意義について」不動産研究20巻4号（1978年），同・近代土地賃貸借法の研究（東大出版会，1980年），同「『近代的土地所有権論』の再構成をめぐって(上)(下)」社会科学の方法137号(1980年)，140号(1981年)，広中俊雄・物権法（下）（青林書院，1981年），水本浩「所有権理論の進展──戒能通厚氏の批判に答えて」社会科学の方法44号（1973年），吉田克己「現代不動産賃貸借法制分析への一視角──フランスを素材として」社会科学研究28巻3号（1976年），同「フランスにおける商事賃貸借法制の形成と展開(1)(2)」社会科学研究29巻6号，30巻1号（1978年），渡辺洋三「近代土地法論覚書」社会科学の研究147号（1981年），同「現代土地法総論」渡辺洋三＝稲本洋之助編・現代土地法の研究上，大阪市立大学民事法研究会「共同研究・近代土地法研究の到達点と今後の課題」民商法雑誌84巻5号（1981年），日本土地法学会・近代的土地所有権・入浜権（有斐閣，1976年），同・土地所有権の比較法的研究（有斐閣，1978年）。池田恒男「戦後近代的土地所有権論の到達点と問題点」大阪市立大学法学研究35巻3＝4号，36巻2号（1989年），森田修「戦後民法学における『近代』──『近代的土地所有権』論史斜断──」社会科学研究48巻4号（1997年），更に，加藤雅信編集代表『民法学説百年史』（三省堂，1999年）における学説研究も重要である（田山輝明執筆「甲斐道太郎『土地所有権の近代化』，渡辺洋三『土地・建物の法律制度』」，吉岡祥充執筆『篠塚昭次『借地借家法の基本問題』，水本浩『借地借家法の基礎理論』」，広渡清吾執筆「厚田純孝『近代土地賃貸借法の研究』」）。

も，投下資本の回収に法的保障が与えられないことが存在するが故に，近代的土地所有権は地代収取権に過ぎないというのは，歴史的には正確とは言いがたい。特に，②の点に関しては，農業における資本主義的生産関係の成立後も，借地農が土地改良に投下した資本の保障制度の確立，地代滞納者に対する地主の優先権としての（自救的）動産差押制度の克服が大きな問題となったこと，更に，19世紀イギリスにおいては，貴族的大土地所有制度がなお支配的であり，その下では特殊イギリス的相続慣行が存在し，土地の担保化，譲渡等が制限されるなどの事実が存在したこと，イギリスの資本主義が先進的であったとしても，そのことから直ちにその土地制度を先進的＝近代的と考えることはできないこと等を戒能通厚教授は論じた。この研究は，イギリスにおいても，近代的土地所有権（賃借権）の在り方を論ずる場合には歴史的・具体的に検討することが必要であることを明らかにしたものと考えられる。

　フランス法を主に論ずる本書との関連で意義深いのは，フランスに関する原田純孝教授の見解である。原田純孝教授の論点は，①イギリスを典型として原理論的に構成された「近代的土地所有権＝賃借権物権化」論は，賃借権の物権的構成を「近代的土地所有権」の標識とし，大陸法についてはその債権的構成故に積極的関心が払われないままに，いまだ物権化されていない前近代的なものとされ，近代大陸法における債権的構成の歴史的意義を明らかにしえないこと，②「近代的土地所有権＝賃借権物権化」論は，賃借権の物権化の要素として，対抗力，譲渡，転貸の自由，権利の存続期間等を重視するが，資本主義的展開を理解するには，むしろ投下資本の回収制度としての改良施行権，改良費償還請求権が重要であるのに，これまでの研究では十分な関心が示されたとは言いがたいことにある[14]。

　そこで原田純孝教授は，対抗力，存続期間，占有訴権，譲渡，転貸の自由，賃貸人の先取特権などの諸要素に注目しながら，フランス民法の歴史的意義を論ずるという手法を採用した。その際，フランス民法では債権的構成を採用しつつ，対抗力や，賃借権の譲渡，転貸の原則的自由を確保していることに注目

---

[14]　稲本洋之助・前掲土地所有権と土地利用権93頁。東海林邦彦・前掲論文364頁。

はじめに

した。また，全体として，フランスにおける賃貸借は，債権としての性質を維持しつつ独自の近代化の方向にあることを指摘した。この際，原田純孝教授は，単に物権の有無という問題を離れて，より具体的な賃貸借の種々の効果を問題にすることで，土地所有権や賃借権の意義を明らかにするという手法を採用する。これは，極めて示唆するところの多い手法であるように思われる。

以上のような再検討の動きに関して，東海林邦彦教授は「本論争を通じて，少なくとも，〔債権的構成＝利用権保護の弱さ，『近代化』のおくれ〕，〔物権的構成＝保護の強さ，『近代的』〕なる単純な図式は歴史的事実にも合わないこと，従って賃借権物権化イコール強化というふうに単純に等置できるものではないこと，更にそもそもわが借地借家法学説史の中での＜物権－債権＞概念の使用法には少なからぬ混乱ないし不明確性がみとめられること，などの諸点が改めて浮彫りにされる結果となったといえよう」と指摘している。更に，「農地・宅地利用ないし借家のそれぞれにおいて，対抗力，存続保障ないし（費用償還請求権や譲渡・転貸許容などの）投下資本回収等の具体的諸制度が，実質的に意味する（した）ところのものを，明らかにしつつ，そのことと旧民法――明治民法――諸特別法ないしそれらをめぐる論議・研究の中で用いられた＜物権－債権＞概念（等）の基本的法律構成との関連を明らかにすること」が現在の課題となったと論じている(15)。なお，この近代的土地所有権論を前提とした「賃借権物権化」論は，土地賃借権の物権化を中心に議論するものであるが，水本浩教授自身「一つの国において主流を占める賃貸借法は他の賃貸借関係をも規定し，染め上げてゆくのであるから，農地賃借権の強い性質は賃借権一般の性質となり，物権的構成をとる不動産賃貸借一般法が，コモン・ローの形式において，19世紀に実質的に確立されたのであった」(16)，「近代市民社会は，土地所有階級と資本所有階級との抗争の末に形成されてくるのであるから，近代市民法の形成において賃借権一般の性格を規定する主流をなすものは当然に土地所有権であったからである。それゆえ，資本制地代（差額地代）のみが純粋に貫徹してい

---

(15) 東海林邦彦・前掲論文367頁。
(16) 水本浩・前掲借地借家法の基礎理論242頁。

る近代的土地所有の下においては，資本をのせた賃借権は，その担い手たる資本がその作用を妨げられないように，物権的に保護されてきたし，借家権の性格にも物権的性質は投影してきたのであった」[17]と論じたように，土地賃借権のみならず，建物賃借権についても物権的構成との関連が論じられる傾向があった。このことが先の東海林邦彦教授の指摘と関連する。

　本書は，以上のような東海林邦彦教授の問題提起に触発されながら，フランスにおける賃借人の権利の法律的性質論の歴史的展開を検討しつつ，ボワソナード草案や旧民法の賃借権規定の理解という基礎作業を行うものである[18]。

　本書の出発点として重要なのは，やはりフランス法に関する原田純孝教授の業績である。原田純孝教授によれば，フランス民法の規定する賃借権は，二つの特徴があった。第1は，抽象的な権利としての確立である。対抗力の付与はその好例である。第2は，賃借権の内容が賃貸人との関係で制約されていること，または賃借人の賃貸人への従属である。フランス民法は賃借人に独自の占有を認めず，耕作，改良の自由を直接規定せず，賃借人の改良投資についての補償請求権も規定しない。更に，賃貸人に極めて広範で強力な先取特権を認めている。こうしたフランス民法の特徴との関連で物権説はいかに評価することができるであろうか。これと対立した債権説はどのように評価できるであろうか。日本におけるような「賃借権物権化」論はフランスで存在したであろうか。そもそもその場合に物権の基準としてどのようなものが念頭におかれていたのであろうか。そして，ボワソナード草案における賃借権をどのように評価できるであろうか。日本においてボワソナードに対立した債権説はどのように評価できるであろうか。最後に，ボワソナード草案は，19世紀後半の草案であるが，

---

[17] 同上262頁。もっとも，水本浩教授は，以上の記述に続けて，イギリスの借家権は，物権的構成にもかかわらず，特約によって，「物権的借家権もほとんど債権的借家権と変らない程度に，対抗力や譲渡・転貸的効力を奪い去り，修繕義務を借家人に転嫁」することがおこなわれたことも指摘している。

[18] 日本近代法史におけるこのような研究として，川口由彦・近代日本の土地法観念──1920年代小作立法における土地支配権と法──(東大出版会，1990年)。

はじめに

　それは，20世紀のフランス賃貸借法の展開を先取りしたものとして評価できるであろうか。本書では，こうした点を検討したい。

　歴史的に見れば，多くの国において賃借人の権利の強化という傾向が存在するであろう。しかし，それは賃借権の物権化により総括しうるものかどうかは重要な問題たりうる。このことは，原田純孝教授の提示したフランスの例でも示されているのであり，それぞれの国の歴史的な賃貸借規定の在り方や政策によって賃借人の権利の強化の方向は様々でありうる。物権の有無という問題は，それとどのような関係に立つのかの具体的検討が必要である。

　なお，近年の新借地借家法に関する法務省の説明においても賃借権の本質論に根ざした理論構成は，失われたわけではない。それは，例えば，登記請求権を否定するときの論拠としてや，更に借地権の担保化（抵当権の客体化）を否定する場合においてである[19]。こうして見れば，賃借権の構成を問題にすることは，依然として歴史的研究にとどまらない実践的意義すら存在することを知りうるであろう。

　なお，筆者を含めて，これまでの多くの日本の研究者は，トロロン等の賃借人が物権を有するという議論を称する場合にしばしば「賃借権物権論」としてきた。これは，日本の事情を考えれば極めて有意義な用語法である。しかし，本書では，以上のフランスの事情をよりよく反映させるという目的で，トロロン等の賃借人が物権を有するという説については，単に「物権説」（賃借人は，物権を有するという説）という[20]。これを批判する議論は，賃借人は債権のみを有するという意味で「債権説」である。

　不動産賃貸借というとき，不動産賃借権一般について問題にするにとどまらず，農地賃貸借，建物所有のための借地，家屋賃貸借という賃貸借の三つの重要類型があり，それぞれの相違に注意を払いながら検討する。これらの三つの

---

[19]　七戸克彦・前掲「新『借地借家法』の基本視点」自由と正義43巻5号7頁。
[20]　「物権説」という用語法を採用するものとして，中家・前掲論文23頁。吉田克己・前掲「フランスにおける商事賃貸借法制の形成と展開(1)」社会科学研究29巻6号50頁注(1)，内田貴・抵当権と利用権（有斐閣，1983年）48頁注(12)がある。

類型を区別せずに論ずるのは，あまりにも概括的な議論である。ところで，フランスでは，等しく土地の利用権である農地賃借権と建物所有のための借地権について言えば，前者はボワソナード来日当時の19世紀後半の賃貸借法の中心であって多くの議論がこれを念頭に行われているのに対し，後者は，必ずしも独自のカテゴリーは形成しないと指摘されるほどである[21]。「物権説」，「債権説」をめぐる議論でも，農地賃貸借と建物賃貸借を念頭にしているのであり，建物所有のための借地は，議論の外にある。しかし，旧民法が建物所有のための借地について規定した限りで，本書でも取り上げる。フランスでは附合の例外としての地上権という独自の制度が存在し，ボワソナードが旧民法草案で規定していたのである。

V　本書の構成

本書は，2章から成る。第1章（第1章　フランスの物権説）は，フランスを中心にした賃借人の権利の法律的性質に関する理論的検討である。この章は，更に2節に分かれ，第1節では，19世紀を中心にしたフランス民法を前提としたフランスにおける議論について検討する（第1節　古典的物権説）。第2節では，20世紀の賃借人保護立法を前提とした議論を紹介する（第2節　現代的賃借権保護立法と物権説）。ボワソナードの議論の前提となるのは，あくまでも19世紀フランスの議論である。それゆえ，第2節の20世紀に関する議論は，不要のようにも見える。しかし，19世紀フランスの議論のその後の展開を知ることは，19世紀の議論自体の意義と限界を明らかにするために重要な役割を果す。本書の一つの目的は，ボワソナード草案をフランス法の展開のなかに位置付けることである。このためには，フランスにおける賃借権立法の展開を現代に至るまで明らかにし，そのうえで，ボワソナード草案を位置付ける必要がある[22]。

---

[21]　後述第2章第1節第8項地上権。なお，稲本洋之助「比較土地・建物賃貸借法の視点」同『借地制度の再検討』（日本評論社，1986年）151頁・初出社会科学研究37巻5号（1985年）。

[22]　古典的という用語法は，原田純孝・前掲書37頁に従う。

はじめに

　第2章は，ボワソナードを中心にした日本における旧民法編纂事業の検討にあてられる（第2章　ボワソナード草案における賃借権の物権的構成と旧民法）。この章もまた，2節に分かれる。第1節は，ボワソナードによる旧民法草案の検討を行う(第1節　草案の賃貸借規定)。フランス法について，詳細な知識を第1章で得ており，ここではボワソナード草案の意義を明らかにすることができる。第2節は，ボワソナード草案に対し，日本人の法典編纂委員が如何に対応したかを論ずる(第2節　旧民法)。既に，この段階で，賃借権を債権とすべきであるという議論が登場し，ボワソナードと激しい論戦を展開する。ここにおける債権説とフランスでの債権説との比較もまたこの節の課題である。最後にこうした日本における物権説と債権説との論争を，フランスのそれと比較する。

第1章　フランスの物権説

　賃借人が賃借物についての物権を有すると主張する説（「物権説」[1]）には，19世紀におけるフランス民法を前提にした物権説と，20世紀における賃借人保護立法を前提とした物権説とがある。ここでは，前者の物権説を後者と区別するときには，それぞれ「古典的物権説」，「現代的物権説」と呼ぶ。賃借人の権利の法律的性質をめぐる議論には物権と債権の区別という理論的問題が関連するが，古典的物権説は，賃貸借の対外的効力である対抗力に関する民法1743条を重要な根拠としていた。これに対し，現代的物権説では，賃貸借の対内的効力である賃借物支配が重要な論拠となっている。更に，現代的物権説への反論では，賃貸借の譲渡，転貸が重視される。こうして，賃貸借の対外的効力，対内的効力及び譲渡性という重要な問題が，物権説をめぐる議論のなかで検討されているのである。

第1節　古典的物権説

　以下では，はじめに，古典的物権説の主唱者であるトロロン等の議論を紹介し（第1項），その際の物権，債権の基準について論じ（第2項），その上で物権

---

(1) フランスにおける賃借人の権利の法律的性質論について，テーズとして，L. Dugast, *Le droit du preneur dans le louage d'immeuble*, thèse, Paris, 1914; J. Daînow, *La nature juridique du droit du preneur à bail dans la loi française et dans la loi de Québec*, thèse, Dijon, 1932; J. Derruppé, *La nature juridique du droit du preneur à bail et la distinction des droits réels et des droits de créance*, thèse, Toulouse, 1952.
　更に，体系書として，M. Duranton, *Cours de droit français*, t. XVII,

第1章　フランスの物権説

1833; J. Proudhon, *Traité des droit d'usurfruit, d'usage, d'habitation et de superficie*, t. I, 1836; M.J.B. Duvergier, *Traité du contrat du louage*, t. I, 1836; M. Toullier, *Le droit civil français*, t. II, 1836; R.T. Troplong, *Le droit civil expliqué suivant l'ordre des articles du code, De l'échange et du louage*, 1840; V. Marcadé, *Explication théorique et pratique du code civil*, t. VI, 6e éd., 1868; C. Aubry et C. Rau, *Cours de droit civil français*, t. VI, 4e éd., 1871; E. Acollas, *Manuel de droit civil*, t. III, 1877; F. Laurent, *Principes du droit civil français*, t. XXV, 3e éd., 1877; C. Demolombe, *Cours de Code Napoléon*, t. IX, *Traité de la distinction des biens*, 1881; A. Demante et E. Colmet de Santerre, *Cours analytique de code civil*, t. VII, art. 1582-1831, 1887; L. Guillouard, *Traité du contrat de louage*, t. I, 2e éd., 1887; T. Huc, *Commentaire théorique et pratique du code civil*, t. X art.1582 à 1831, 1897; M. Planiol, *Traité élémenrtaire de droit civil*, t. II, 3e éd., 1903; G. Baudry-Lacantinerie et A. Wahl, *Traité théorique et pratique du droit civil*, t. XX, *Du contrat de louage*, 3e éd., 1906; A. Colin et H. Capitant, *Cours élémenrtaire de droit civil français*, 2e éd., t. II, 1915; M. Planiol, G. Ripert, J. Hamel et B. Perreau, *Traité pratique de droit civil français*, t. X, *Contrats civils* première partie, 1932; C. Beudant, P. Lerebourgs-Pigeonnière et J. Brèthe de la Gressaye, *Cours de droit civil français*, t. XI, *La vente le louage des choses*, 2e éd., 1938; M. Planiol, G. Ripert, J. Hamel, F. Givord et A. Tunc, *Traité pratique de droit civil français*, t. X, *Contrats civils*, premiere partie, 2e éd., 1956; A.L.J. Mazeaud et M. de Juglart, *Leçons de droit civil*, t. III, 2e volume, *Principaux contrats* deuxième partie, 5e éd., 1980; P. Malaurie et L. Aynès, *Cours de droit civil, Les contrats spéciaux*, 10e éd., 1997.

　論文として、P. Jozon, De la nature du droit du preneur, *Revue pratique de droit français*, t. XX, 1865; H. Rozy, L'article 1743 au point de vue économique, lettre adressée à M. Jozon, *Revue pratique de droit français*, t. XX, 1865; F. Mourlon, De la question de savoir si le preneur n'a qu'un seul droit, un droit purement personnel, ou s'il en a deux, un droit personnel et un droit réel, *Revue pratique de droit français*, t. XXIX, 1870; E. Feitu, De la personnalité du droit du preneur, *Revue pratique de droit français*, t. XXX, 1870; V. Yseux, Nature du droit du preneur dans le contrat de louage, *Revue critique de législation et de jurisprudence*, t. XXII, 1893.

説の実益（第3項），債権説からの反論（第4項）を紹介した後に，判例の態度（第5項）について検討し，その後物権説をめぐる議論の際に重要な問題となった賃借人のための担保立法について明らかにする（第6項）。

第1項　トロロンの物権説

　古典的物権説の論拠として重要なのは，賃貸借の対抗を規定したフランス民法1743条である（Ⅰ）。ここでは，まずこの条文について検討した後，物権説の登場を紹介し（Ⅱ），更に，トロロンの物権説の社会的背景についても論ずる（Ⅲ）。

Ⅰ　フランス民法1743条
1　1743条

　フランス民法1743条について理解するために，フランス古法（ア）と中間法（イ）に分けてその歴史的背景を論じ[1]，その後1743条そのものの在り方を検討する（ウ）。

　㈎　フランス古法

　ローマ法においては，契約は債権上の権利，義務を創設するにとどまり，物権の移転をもたらすものではなかった。物権の移転には，握取行為（mancipatio）等の特定の方式による譲渡行為が必要とされた。ところが，賃貸借においては，こうした特定の方式による譲渡行為は存在しない。このため，ローマ法の賃貸借においては，賃貸人と賃借人との間の債権関係しか存在せず，賃借人は賃貸物への物権を取得しないと理解され，loi emptoremの法理がうまれた。loi emptoremの法理によれば，賃貸不動産の買主は，賃貸借を維持する義務を負わ

---

[1] 1743条の歴史的背景については，多くの体系書，論文等が論ずる。ここでは，比較的新しく詳細なマゾーの叙述に従った（Mazeaud et de Juglart, *op. cit.*, p. 378）。立法過程については，原田純孝・前掲書（96，202，329頁）が優れた研究である。更に，野澤正充「『契約当事者の地位の移転』の再構成(1)」立教法学39号（1994年）102—110頁も詳細である。

第1章　フランスの物権説

ず，賃借人を排除しえた。この場合の賃借人の手段は，賃貸不動産の売主である（前）賃貸人への損害賠償の請求であった。以上のように，賃借人の地位が不安定であったため，賃貸借に安定性を与える方法としては，売買の際に買主に賃貸借の維持を義務づける特約があった。

この状態は，基本的にはフランス古法においても同様であった。通常の賃貸借（bail ordinaire）においては，賃借人は債権しか有さなかった。これは，ローマ末期から成立した永貸借（bail emphytéotique）においては，永借人が物権を有するとされ，永貸借の不動産買主への対抗もまた可能であったことと顕著な対照をなした。また，期間が9年を超える長期の賃貸借では，そもそも loi emptorem は排除されていた。それゆえ，長期の賃貸借においては，賃貸借が賃借人に物権を与えると考えられた[2]。これに対し，短期の賃貸借では，先に述べたように loi emptorem の法理が支配した。

フランス古法の時代の著名な法学者ポティエはこれについて次のように述べている。

「我々が，ここで明らかにした諸原則に基づき，建物賃借人または借地農の権利と用益者，永借人等の権利との間には極めて大きな相違が存在する。後者の権利は，物における権利であり，物が誰の手に移ろうとも維持される。前者は，これに対し，目的不動産における権利（droit dans la chose）を持たない。賃貸人が既に存在する賃貸借契約を維持する義務を負わせることなしに，その不動産を他人に売却または遺贈したときは，少なくとも黙示的に賃貸借契約が承認された場合（国有財産たる不動産に関する場合である……小栁注）を除く外，賃貸借契約を維持する義務を買主または受贈者は負わない[3]。」

9年を境にした長期の賃貸借と短期の賃貸借の区別は，フランス古法では重要な意味を持ち，それゆえ，短期の賃貸借を管理行為，長期の賃貸借を処分行為とする理解が生まれた。また，建物賃貸借では，契約期間を定めていても，賃貸人が自己使用のために建物を取り戻しうるという法理すら存在した。しか

---

(2) Dugast, *op. cit.*, p. 62.

(3) Bugnet, *Œuvres de Pothier*, Schmidt Periodicals, 1993, t. IV, *Traités du contrat de louage, du contrat de bail à rente*, n°288.

第 1 節　古典的物権説

し，loi emptorem を排除し，賃貸借の維持を図る特約慣行はしだいに一般的になった。とりわけ，不動産の売買に公証人が関与する場合には，この特約は定式となった。これにより，賃借人の権利が安定するとともに，（原）賃貸人は賃借人からの賠償請求をまぬかれることが可能となり，また，賃料を上げることができるようになった。

(イ)　中 間 法

　フランス革命から民法に至る中間法（droit intermédiaire）の時代には，フランス民法を準備する重要な変化が起こった。それは，第 1 に，永久の賃貸借を廃止し，賃貸借の最長期を99年（終身賃貸借の場合は 3 代）に限った，1790年12月18日・29日のデクレの公布等の一連の反封建立法である。これらは，近代法に至っても基本原理として生き続けた。

　第 2 は，農地賃貸借における loi emptorem の排除である[4]。この時期においては，革命的動乱の影響を受けて農地賃貸借の期間の短期化がおこった。当時においては，農業が最も重要な産業であったから，それに対する配慮が必要となった。この結果，1791年 9 月28日・10月 6 日のデクレ（農事法典） 2 条により，農地売買がなされたときには， 6 年以下の賃貸借の解除は，賃借人の同意がなければなしえないと規定した。これは，明らかに農業の利益に配慮した法律であった。

　第 3 は，長期賃貸借についての物権性の否定である。先の1791年のデクレ 3 条は， 6 年を超える期間でなされた賃貸借については，取得者がみずから耕作すること，賃貸借期間終了の前に通知をなすこと等を条件に解除権（追い出し権）を認めた。この結果，フランス古法では， 9 年を超える期間でなされた長期の賃貸借については，loi emptorem が排除されていたのに，中間法では，逆に

---

(4)　Dugast, *op. cit*., p. 64. この場合の，loi emptorem 排除の法理として，物権類似の対抗力を賃借権に与えたという考え方と賃貸借維持の特約慣行を背景にした旧所有者の黙示の契約意思の擬制という二つの説明が可能であったし，実際にフランス革命期の中間法時代においても二つの理解が存在した。前者を展開したのが物権説であり，後者を展開したのが，債権説である（原田純孝・前掲書334頁）。

第1章　フランスの物権説

短期賃貸借が保護され，6年を超える賃貸借については，一定の条件付でloi emptoremを認めることになった。このため，長期の賃貸借について物権性の否定がおこった。そして，フランス古法でのような長期の賃貸借と短期の賃貸借との厳格な区別は意味を失うことになった。中間法時代に物権性を認められたものとして残ったのは，永借権のみであった。

長期賃貸借についての物権性の否定，農地賃貸借についてのloi emptoremの排除というこの中間法時代の立法は，その後のフランス民法に大きな影響を与えることになった。

(ウ)　1743条

フランス民法1743条は，以上の法発展の結果を取り入れ，次のように規定した。

　　1743条（原始規定）「賃貸人が賃貸物を売却する場合には，取得者は，公署証書による賃貸借または確定日付ある証書による賃貸借［契約］(bail authentique, ou dont la date est certaine) を有する定額借地農 (fermier) または家屋賃借人 (locataire) を立ち退かせることができない。但し，反対の特約があるときは，この限りでない[5]。」

1743条の目的は，賃貸借の維持とりわけ賃借人の保護であった。中間法と比べれば，保護されるべき賃貸借の類型として，農地賃借人のみならず，建物賃借人を付加していること，賃貸借の期間について特に規定を置いていないことが特徴である。先の中間法時代の立法をより一層押し進めたのが，この1743条である。

しかし，この条文は，一見して明らかなように，賃貸物の売却の際に，賃貸

---

(5) 本書は，フランス民法典の条文訳について，法務大臣官房司法法制調査部編(稲本洋之助他訳)・フランス民法典——物権・債権関係——(法曹会，1982年) に依拠する。但し，同書は，fermierを「小作農」または「定額小作農」と訳すのに対し，本書は，原田純孝・前掲書に従い，「定額借地農」という訳語を使用する。現在では，1743条は，対抗しうる賃借人の例として分益小作農 (colon partiaire) を付加し，更に農地賃貸借について対抗力を奪う特約が有効でないことを規定する。

第1節　古典的物権説

借が公署証書または確定日付ある私署証書によるときには取得者が賃借人を立ち退かせる（expulser）ことはできないというloi emptoremの排除しか規定していない。要件に関して言えば，売却以外の場合について規定がない。効果についても，賃貸借が維持された場合に取得者と賃借人はいかなる関係に立つかも規定がない。それゆえ，必ずしも十分に配慮が行き届いた条文ではない。

かくして，1743条は，現在に至るまで多くの議論を呼ぶことになったが，物権説もその代表の一つである。

2　登録と謄記
㈠　確定日付と登録

1743条の規定する公署証書とは，公証書（acte public）とも呼ばれ，証書が作成された地において文書を作成する権利を有する公の吏員（officier public）が・必要とされる厳格な方式で受理した証書である（フランス民法1317条）。公証人（notaire）は，この公の吏員の代表的存在であり，その作成する公証人証書（acte notarié）は，公署証書の最も一般的な例である[6]。

私署証書が確定日付（date certaine）を得る手続については，フランス民法1328条があり，私署証書の証明力に関して次のように規定した。

　　1328条「私署証書は，それらが登録された日，それに署名した日もしくはその一方の死亡の日またはその内容が封印調書（procès-verbal de scellé）もしくは財産目録調書（procès-verbal d'inventaire）のような公の吏員によって作成される証書により認定される日からでなければ，第3者（tiers）に対して，日付（date）を有さない。」

1328条が列挙する方式のうち，最も一般的なのは登録（enregistrement）である。登録は，16世紀ころから謄記制度と並行しつつ，しかし主として登録税を目的とした公法上の制度として発達してきた制度である。登録をなすには，二

---

[6] F. Terré, *Droit civil, Introduction générale*, 4ᵉ éd., 1998, n°519. 公証人とは，証書に真正性を付与し，私人に助言を与える義務を負う公署官および裁判所補助吏である。公証人以外では，身分吏（officier de l'état civil），執行吏（huissier de justice）が公署証書を作成する権限を有する。

第1章　フランスの物権説

つの原本が登録管理庁に提出され，その内の1枚が保存され，第2の原本には提出の日付が記載されて申請者に返却される[7]。この際に，登録税の支払がなされる。日本の不動産登記には共同登記の原則が存在し（不動産登記法26条），賃借権の登記に際しても賃借人は単独では登記をなすことができないが，フランスの証書登録においては共同申請という原則は存在せず，賃借人は，単独で登録管理庁に賃貸借証書を提出し，登録税を支払うことにより，確定日付を得ることができる[8]。このため，一部の学説は，1743条による賃貸借の維持という効果は，1328条の具体化に他ならないとすら指摘する[9]。なお，賃借人が賃貸借を維持しうるのは，賃貸借が売買よりも前の確定日付を得ている場合に限られ，同日の日付では，維持しえない[10]。

なお，後に，賃貸人の先取特権に関する本節第6項Iで論ずるように，公署証書を作成することや私署証書に確定日付を与えることは，賃借人に利益を与えるのみならず，賃貸人にも先取特権の拡大という利益を与える（2102条1号）。

(イ)　謄　　記

1855年3月23日の抵当権に関する謄記についての法律は，賃貸不動産譲渡の際の賃貸借の維持の要件について修正を加えた[11]。同法2条4号は，「18年を超える賃貸借（les baux d'une durée de plus de dix-huit années）」を謄記しうるものとして掲げた。更に，3条2項は，「謄記されていない賃貸借は，18年を超えて対抗されない（ne peuvent jamais leur être opposés）」と規定した。賃貸借が18年を超えて対抗するには，謄記を必要としたのである。この際の謄記（transcription）とは，フランス式の証書謄記であり，公署証書または私署証書を謄記

---

(7) 登録に関して，藤原雄三「フランスの登録税法(1)」法学研究（北海学園大学）13巻1号（1976年）99頁，更に，原田純孝・前掲書477頁。
(8) Terré, op. cit., n°535.
(9) Baudry-Lacantinerie et Wahl, Du contrat de louage, n°1342.
(10) Baudry-Lacantinerie et Wahl, op. cit., n°1284.
(11) 詳しくは，星野英一「フランスにおける不動産物権公示制度の沿革の概観」（同・民法論集2巻）51頁。

第1節　古典的物権説

所において書き写すことで公示のための手段とする。この場合も，賃借人の単独で謄記をなすことが可能であった（本書では，「謄記」の語をこの1855年法によるフランス式の証書謄記の意義に使い，その後の1955年デクレの制度については，「土地公示（publicité foncière）」という訳語を用い[12]，「登記」はドイツ式のまたは日本の不動産登記法の予定する権利登記の方式の意味に使うこととする。）。なお，18年を超える期間で設定された賃貸借が謄記を欠くときでも，1328条の確定日付を有していれば，18年以下の期間について対抗しうる。この結果，通例，賃貸借の対抗のための要件は，証書が確定日付を得ることであると論じられる。なお，1955年の土地公示に関するデクレにより，この点は，12年を超える賃貸借が対抗するには，不動産公示が必要であるとした（28条1号b）[13]。

また，1855年法2条5号は，賃料の前払について規定をした。これは，相当期間にわたる賃料前払が，取得者を害することを防止するためであり，「18年以下の賃貸借についてであれ，未発生の賃料もしくは小作料の前払またはその請求権の譲渡を証明するすべての証書及び判決は謄記される」と規定した。謄記がない場合には，前払または請求権の譲渡は，取得者に対抗し得ない（3条1項）。なお，3年に満たない賃料前払の領収または譲渡の証書については，謄記することなく対抗することができるというのが立法時の解釈であり，その後もこの解釈は維持されている[14]。以上については，1955年の土地公示に関するデクレも同様の規定を設けた。

---

[12]　フランスにおける証書謄記について，星野・前掲論文56頁は「法文に謄記される証書は，『所有権等の移転証書』および用益物権等の『設定証書』であるという文言がある……謄記されるものが『証書』であって権利そのものではない」と論ずる。「謄記」という訳語は，証書の写しの作成という意味を示すのに適当である。Planiol, Ripert et Picard, *Traité pratique de droit civil français*, t. III, Les biens, 2ᵉ éd., 1952, n°662.

[13]　吉井啓子「『対抗』理論における第三者の主観的態様の意義――近時のフランスの破毀院判例からの考察」國學院法学38巻2号（2000年）82頁。

[14]　Baudry-Lacantinerie et Wahl, *op. cit.*, n°863.

第1章 フランスの物権説

Ⅱ 物権説の登場と展開

1833年に，トロロン（Raymond Troplong, 1795-1869）は，1743条を主たる根拠にして，賃借人は物権を有すると論じた。これが，古典的物権説の本格的登場である。物権説を最も詳細かつ精力的に説いたのがトロロンであることから，現在に至るまで物権説はトロロンの名と結ばれている。しかし，多くの文献が指摘するように，トロロンより前の1820年に，賃借人は物権を有すると主張した論者としてメルラン（M. Merlin）がいる。メルランは，弁護士であったが，民法制定後の民法学者として，プルゥドン（J.B.V. Proudhon），トゥリエ（C.B.M. Toullier）と共に3大私法学者といわれる存在であった[15]。

もっとも，原田純孝教授は，メルランの物権説について，必ずしも正面から展開したものではないことを指摘している[16]。このことは，フランスでも明確には指摘されていない重要な論点であり，本書ではまずメルランの物権説を検討し（1），しかる後にトロロンの物権説を検討する（2）。

1 メルランの物権説

メルランの物権説の特徴は，先に紹介した1328条の第3者（tiers）とりわけ二重売買に関する議論が重要であったことである。このメルランの（賃借権）物権説の機縁として重要なのは，同じくフランス民法制定直後の3大法学者のひとりであるトゥリエの二重売買論であった。この議論は，フランス法における不動産物権変動論と関連する。それゆえ，ここでは，メルランの物権説を理解するために，まず，当時の不動産物権変動論を紹介し，次にメルランの物権説を位置付けることにする。

(ｱ) 二重売買論と1743条

(a) 謄記法前の不動産物権変動論　　フランス民法は，不動産物権変動とりわけ売買契約と所有権の移転に関して意思主義を採用し，合意のみによる所有

---

[15] 松坂佐一「ジェニィの『解釈方法論』を顧みて」民商法雑誌78巻臨時増刊(1)(1977年) 2頁。
[16] 原田純孝・前掲書482頁注21。

第1節　古典的物権説

権移転という原則を樹立した⒄。これに関連して重要なのは，フランス民法の次の規定である。

　　フランス民法1138条「物を引き渡す債務は，契約当事者の合意のみによって完全となる。この債務は，引渡しがなんらおこなわれなかったときでも，物を引き渡すべきであった時から直ちに債権者を所有者とし，その物を債権者の危険におく。……」

　　1583条「売買は，物がいまだ引き渡されておらず，代金がいまだ支払われていないときであっても，物及び代金について合意するときから当事者間において完全であり，買主は売主に対する関係で当然に所有権を取得する。」

　更に，謄記法の制定が1855年であることからも明らかなように，民法制定から謄記法制定までの間は，対抗要件である謄記の先後による優劣の決定という法理（日本の民法177条に相当する法理）を適用できなかった。それゆえ，謄記法制定前には，不動産の二重売買に関して優劣を決するのは，二つの契約書の日付の前後であるとの原則が立てられていた⒅。

　(b)　証書の日付　　この場合に問題となりうるのが，先に見た1328条である。この条文によれば，登録等の手続等により定まる確定日付の前後により，二重売買の優劣が決せられることになる。

　しかし，これについて，異論があった。すなわち，トゥリエ（Toullier）は，二重売買では，1328条の規定による確定日付の前後ではなく，単なる私署証書の日付の前後により決せられるべきであると論じた⒆。トゥリエは，その理由

⒄　売買における所有権移転と意思主義に関連して，金山直樹「与える債務と担保する給付」西村重雄＝児玉寛編・日本民法典と西洋法伝統（九州大学出版会，2000年）341頁，フィリップ・シムレール（小柳春一郎訳）「債務の分類に関する省察」同377頁。

⒅　Demolombe, *Cours de code Napoléon*, t. XIX, 1876, n°535; P. Strasser, Force probante de la date d'un acte sous seing privé, *Jurisclasseur civil*, Art. 1328, Fasc. 142, n°67. 滝沢聿代・物権変動の理論（有斐閣，1987年）113頁（初出は，「物権変動における意思主義・対抗要件主義の継受」法学協会雑誌93巻9，11，12号94巻4，7号（1976，1977年））。

⒆　C.B.M. Toullier, *Le droit civil français*, t. VIII, 4ᵉ éd., 1824, n°245.

第1章　フランスの物権説

として，1328条の第3者は特定名義の承継人（ayants cause à titre particulier）を含むものではないと主張した。

　第3者や承継人の意義という問題は，現在の日本でも明確な理解に到達したとは言えない容易ならざる問題であるが，フランス法においても古くから議論が存在した。トゥリエが1328条の第3者は特定名義の承継人を含まないと主張した根拠は，私署証書の証明力に関する1322条である。この条文は，次のように規定した。

　　1322条「私署証書（acte sous seing privé）でそれを対抗すべき相手方が承認するものまたは法律上承認したとみなされるものは，それに署名した者の間及びその相続人（héritiers）及び承継人（ayants cause）の間で，公署証書（acte authentique）と同一の証明力を有する。」

　1322条の規定は，現在では，私署証書が当事者間において，反対の証拠がない限り，証明力（force probante）を有することを明らかにした規定と解されているが，規定の文言として，相続人と並んで「承継人（ayants cause）」という文言が存在する。この承継人という文言自体多義的であるが，一般には，ある者の権利の一部または全部を取得し，結果としてその者の包括または特定名義での後継者（successeur）として理解される。フランス法における承継人には，日本民法と同様に，包括名義の承継人（ayants cause à titre universel）と特定名義の承継人とがある。前者は，本人の家産（patrimoine）の全部または一部を包括的に受領する者であり，具体的には，相続人，包括受遺者等がある。後者は，契約や遺贈によって，本人の特定の権利を取得する者である。本人の家産中にある特定不動産の買主等がその代表例となる[20]。

---

[20] Aubry et Rau, *Cours de droit civil français*, 4ᵉ éd., t. II, 1869, p. 70 §175, t. VIII, 1878, p. 248, §756 II; Decottignie, vº ayant-cause, *Répertoire de droit civil*, t. I, 1955, nº5; F. Terré, P. Simler et Y. Lequette, *Droit civil, Les obligations*, 1999, 7ᵉ éd., nº474. 山口俊夫・フランス債権法（東大出版会，1986年）66頁。更に，池田真朗「ボワソナードにおける『第三者』の概念」法学研究59巻6号（1986年）31頁以下は，フランス法における第3者や承継人に関する優れた研究である。

第 1 節　古典的物権説

　1322条の規定によれば，私署証書は，（確定日付を要することなく）「承継人」に対して公署証書と「同一の証明力」を有することになる。ここから，トゥリエは，1322条を手がかりに，私署証書が公署証書と同一の証明力を有するのであれば，日付についても同一の証明力を有することになると議論を展開した。ところで，既に見たように，1328条の規定によれば，登録等の手続をなされていない私署証書（確定日付を有さない私署証書）は，日付を「第 3 者」に対抗することができない。1328条を重視するときには，1322条に関する議論をそのままに維持することはできない。そこで，トゥリエは，1322条と1328条の条文の文言比較を根拠に，1328条の規定する「第 3 者」は（1322条の規定する）「承継人」とは別であると論じ[21]，1328条の「第 3 者」に特定名義の承継人を含めるべきでないという解釈を提唱して，両者の対立を解消した。

　以上のように，トゥリエは，不動産の二重売買に関して，1328条の第 3 者に対する確定日付による優劣の決定という原理の適用を考えなかった。むしろ，1322条の規定により（確定日付を有さない）私署証書といえども承継人に対して公署証書と同様の証明力を有するとして，（確定日付を有さない）単なる私書証書による第 1 買主は不動産の取得の日付が前であることを第 2 買主に主張し得る，その結果，所有権の取得に関して優先する，という説を主張したのである。トゥリエは，抵当権や用益権の設定についても，同様の解釈を主張し，（確定日付を有さない）私署証書の日付でも優先すると論じた[22]。

　(c)　1743条と確定日付　　このトゥリエのような説を前提とするときには，1743条について説明が必要になる。というのも，既に述べたように，1743条は，確定日付のない単なる私署証書による賃貸借は賃貸不動産の買主に対抗しえないことを規定しているからである。そのため，トゥリエは，1743条について次のように論じた。

　「賃借人は，その賃貸借により，物上権（droit réel sur la chose, jus in rem）を有する者ではなく，単に所有者に対する債権（action personnelle contre le propriétaire）を有するに過ぎないのであり，私署証書による賃貸借を所有権の取得者に対抗することはできない。このことは，たとえ所有権の取得が私

---

[21]　Toullier, *op. cit*., t. VIII, n°246.

29

第1章　フランスの物権説

署証書によるときであっても同じである。それは，取得者に移転する物権に関する限り，賃借人は，最初の所有者の承継人ではないからである[23]。」

以上のように，トゥリエは，確定日付のない私署証書による賃貸借に対抗力がないことを，賃借人は単なる債権しか有さず，物権を有さないから特定名義の承継人でないことを理由に論じ，1743条の説明とした。

(イ)　メルランの二重売買論と物権説

これに対し，メルランは，二重売買論でこのトゥリエの見解を取り上げて批判し，それとの関連で，1743条に説き及び，賃借権の性質に言及した[24]。

(a)　二重売買論（トゥリエ批判）　第1は，二重売買論である。既に指摘したように，私署証書が（1328条の規定する登録等の方式による）確定日付を有さない場合には，日付を遡及させる前日付 (antidate) が可能であり，本来は第2買主となるべき者が，この前日付により，見かけ上の第1買主となることが可能であり，その結果真の第1買主の権利が損なわれるおそれがある。換言すれば，トゥリエの解釈に従えば，二重売買に関して前日付の弊害を防止することが難しい。1328条は，私署証書が第3者に日付を対抗するためには登録等の一定の

---

[22]　Toullier, *op. cit.*, t. VIII, n°247. かくして，トゥリエは，1817年1月1日の日付で私署証書（確定日付なし）によって土地の売買契約が締結された後に，同年3月1日に公署証書により同じ土地が第二買主に売却されたという例について，疑問の余地なく，第一買主が優先すると指摘した。トゥリエは，確定日付を欠く私署証書では売主と買主の共謀により日付を遡及させる前日付の可能性があると第二買主が指摘することも考えられ，確かにその点は考慮に値すると論じつつ，そのような場合には，第二買主が詐害 (fraude) を証明可能なこと，また，仮に公署証書が常に（確定日付なしの）私署証書に優先するという法理を確立すると，一旦（確定日付なしの）私署証書による売買契約を締結した後に悪意の売主が別の売買契約を締結しうることになり，これは新たな困難を呼ぶことを論じて，第一売買が優先するという原則に従って確定日付を欠く私署証書による第一売買であっても公署証書による第二売買に優先するのが適切であると述べた (Toullier, *op. cit.*, n°246)。

[23]　Toullier, *op. cit.*, t. VIII. n°248.

[24]　M. Merlin, *Recueil alphabétique des questions de droit*, t. IV, Additions, 4ᵉ éd., 1830, vº tiers, §II, p. 415. 参照，原田純孝・前掲書482頁。

第 1 節　古典的物権説

事由がある場合に限ると規定しているが，その目的は，日付を遡及させる前日付の防止である[25]。かくして，メルランは，不動産の二重売買については，1328条による確定日付の前後による優劣の決定という解決が適当であると主張し，（1328条の規定する登録等の一定の事由のない）単なる私署証書はその日付を第3者に対抗しえないと述べた。更に，メルランは，トゥリエの議論の出発点となった1322条と1328条の関係について，1322条は1328条の解釈に直接関係するものではなく，特定名義の承継人もまた当然1328条の第3者に含まれると論じた。

　(b)　1743条論　　メルランは，更に進んで，1743条に関するトゥリエの議論を批判して，次のように述べた。

　「ローマ法においては，賃貸借は賃借人に対し債権しか与えなかった。それゆえ，賃貸借は，売買契約により賃貸不動産に物権を与えられた取得者に何らの効果を有さなかった。しかし，民法の下では，賃借人は，単に賃貸人への債権を有するのみならず賃借物への物権を有する。かくして，所有権の取得者は，売買契約より前の日付を有すると証明される賃貸借を尊重しなければならない[26]。」

　メルランの物権説は，以上の文脈で登場したのである。メルランは，先に引用した指摘の後，賃借人であってもやはり賃貸不動産の所有者に対する特定名義の承継人であると論じ，このように承継人も第3者である点は，1743条も1328条も同じであると述べた。

　以上の紹介から明らかなように，メルランが《賃借人は賃貸人への債権のみならず賃借物への物権を有する》という物権説を主張したのは，賃貸借を主眼にした議論ではなかった。メルランの議論の中心は，あくまでも二重売買論にあり，その二重売買論を前提にして1743条の規定する賃貸借の賃貸不動産買主に対する効力を説明するため，物権説を唱えたのであった。原田純孝教授の指摘は，正鵠を射るものであった。

　その後，メルランの二重譲渡論の中心的な主張である《特定名義の承継人も

---

[25]　Aubry et Rau, *Cours de droit civil français*, t. VI, 4ᵉ éd., 1871, t. VIII, § 755, p. 250.

[26]　Merlin, op. cit., p. 416.

第1章　フランスの物権説

また1328条の第3者に含まれる》という見解は，通説，判例の支持を受けた。トゥリエの見解によるときには二重売買に関して前日付の弊害を防止できない以上，これを批判したメルランの見解が広まったのは，いわば自然のことであった[27]。そして，1855年謄記法の制定以後は，不動産の二重売買については，謄記の先後により優劣を決するようになった。それゆえ，1328条の第3者をめぐる以上の議論は，不動産物権変動以外の場合に適用された[28]。なお，以上のように19世紀における注釈書では，1328条の第3者に関するトゥリエ説の紹介とそれに対する反論は詳細である。しかし，トゥリエ説が少数説に終わり，判例もまたそれに反するものになったためか，20世紀の注釈書は，トゥリエ説をめぐる議論を余り紹介しない。例えば，オーブリー＝ローの第4版は，注でトゥリエ説をめぐる議論を詳細に紹介するが，第6版では，この点に言及せず，比較的簡単に特定名義の承継人も1328条の第3者に該当することを論じた程度である[29]。もっとも，動産の二重譲渡でも，多くの場合には，善意で動産の占有を先に取得した者が優先すること（フランス民法1141条，2279条）で解決され

---

[27] L.-A. Marinier, De la date certaine des actes sous seing privé, *Revue pratique de droit fraiçais*, t. VIII, 1859, p. 416 et 425 note (1); Marcadé, *Explication théorique et pratique du code civil*, t. V, 7ᵉ éd., 1873, art. 1238 III (p. 57); Demolombe, *op. cit.*, n°528; Aubry et Rau, *op. cit.*, t. VIII, §756 (p. 252) note 110; Laurent, *Principes de droit civil*, t. XIX, 3ᵉ éd., n°304; v° ayant-cause, *Répertoire général alphabétique du droit français*, 1890, t. VI, n°ˢ62 et s. 例えば，オーブリー＝ローは，1322条と1328条との関連については，概念の相対性を説き，1328条の第3者は独自に考えるべきことを主張する。ちなみに，物権説を主張するトロロンも同様である（Troplong, *Droit civil expliqué suivant l'ordre des articles du code, Des privilèges et hypothèques*, t. II, 5ᵉ éd., 1854, n°530）．

[28] v° ayant-cause, *Répertoire*, n°90; Demolombe, *op. cit.*, n°536; Strasser, *op. cit.*, n°67.

[29] Aubry et Rau, *op. cit.*, 6ᵉ éd. par Esmein, t. XII, §756 p. 186. 同様に簡単な記述として，Planiol, Ripert, Esmein, Radouant et Gabolde, *Traité pratique de droit civil français*, t. VII, *Obligations Deuxième partie*, 1954, n°1484.

る⁽³⁰⁾。かくして，証書の日付に関する1328条は，不動産謄記，動産引渡し，債権譲渡（1690条）等において例外が存在すると指摘され，適用される具体例は，動産売買であって買主がいずれも占有を取得していない場合等に限られることになった⁽³¹⁾。

　その後の学者の多くは，1743条については，1328条の原則を適用したものであると論じた。そして，次に紹介するトロロンのような例外を除けば，その際にメルランのように物権説を展開することはない。《特定名義の承継人もまた1328条の第3者に含まれる》という説が確固としたものになれば，1743条は二重売買論に関して中心的な条文でない以上，とりたてて議論を展開する必要がなくなったのである⁽³²⁾。それどころか，後の学説では，債権説が圧倒的な通説となり，債権説を前提としつつ1743条の規定した賃貸借の対抗を説明することが重要な問題または課題となった。換言すれば，メルランの見解は，結果的に，1743条の説明が容易ならざる問題であることを指摘したものと評価しうる。とはいえ，以上の考察から明らかなように，メルランの物権説は，賃貸借が賃借人に与える権利の法律的性質についての本格的な議論とは考えることができない。物権説の本格的主張は，次に見るトロロンを待たなければならない。

2　トロロンの物権説
㈦　売買体系書における物権説の登場

　トロロンは，19世紀フランスにおいてやや異色の法学者として知られる。トロロンは，独学で法学を修め，破毀院院長にまで昇進した。しかし，「彼の方法

---

(30)　滝沢聿代・前掲物権変動の理論147頁，Planiol, Ripert et Picard, t. III, *Les biens*, 1952, n°381

(31)　Colin et Capitant, *Cours de droit civil français*, t. II, 1915, p. 234.

(32)　Demolombe, *op. cit.*, n°531; Laurent, *op. cit.*, n°314. ドゥモロンブやローラン等の通説に従う論者は，二重譲渡についてこうした1743条と同様の解釈を採用するのに対し，トゥリエはこれと異なった原理である1322条を適用する（確定日付不要とする）ために，このような1328条と1743条の関係についての対照的な評価が生まれるのであろう。

第1章　フランスの物権説

は外観上体系づけられているだけで，おおくの独自のものを含み，矛盾に満ちている」とすら評されている⁽³³⁾。賃借人の権利についての物権説は，その代表的な例として評価されている。

トロロンが，最初に物権説を提唱したのは，賃貸借に関する注釈書ではなく，1833年に出版した売買に関する注釈書においてであった。この売買に関する注釈書は，トロロン初の体系的著作であった。

トロロンは，売買に際しての果実の帰属に関する1614条（「物は，売買の時に，それが存在する状態で引き渡されなければならない。その日から総ての果実が取得者に帰属する。」）の注釈において，ローマ法とフランス古法においては，売買は賃貸借を破ったが，フランス民法においては1743条故に売買は賃貸借を破らず，それゆえ，賃料も果実として買主に帰属すると論じ，次のように述べた。

「フランス民法は，1743条により大きな変革を行った。1743条は，取得者に確定日付のある賃貸借を尊重することを義務づける。フランス民法は，この点に関して，旧来の法学の体系を覆している。フランス民法は，賃借人に，物を支配し，物が誰の手に属しようとも追及する物権（droit réel）を与える。もしも，買主が賃貸借に拘束され，もしも買主がその負担に耐えなければならないとすれば，賃貸借が所有者に与える報酬もまた買主が手に入れるべきである。買主は，売主から賃貸借の利益を承継する。この利益は，まさに果実であり，現在問題にする条文からすれば，売主が留保するとすれば不正なことになる。」⁽³⁴⁾

以上のように，トロロンが，物権説を唱えた当初では，1743条が重要な役割

---

(33) 松坂佐一「ジェニィの『解釈方法論』を読みて」民商法雑誌78巻臨時増刊号(1) 7頁。トロロンについて，金山直樹・時効理論展開の軌跡——民法学における変革と伝統（信山社，1994年）420頁。J. Charmont et A. Chausse, Les interprètes du Code civil, *Le code civil 1804-1904: Livre du centenaire*, t. I, 1904, p. 149 s.; J. Carbonnier, *Droit civil 1 : Introduction Les personnes*, 26ᵉ éd., 1999, [152], p. 292; Dugast, *op. cit.*, p. 69; Daînow, *op. cit.*, p. 33; Derruppé, *op. cit.*, n°11.

(34) Troplong, *Droit civil expliqué suivant l'ordre des articles du code, De la vente*, t. I, 1833, n°321. なお，S., c. Nap. 3.2.469. note (1).

を果たしていた。そして，当初の物権説は，以上の引用文が殆どであることからも明らかなように，詳細なものではなかった。それにしても，トロロンが，1743条は賃借人に物を追及する権利を認めていると指摘していることが重要である。

(ｲ)　賃貸借体系書における物権説の展開

(a)　1743条の重要性　　その後，トロロンは，1840年に発表した賃貸借の注釈書において，物権説を正面から展開した。トロロンは，フランス民法前については，loi emptorem の存在故に，賃借権は債権であったと指摘する。それゆえ，この状態を変えた1743条の重要性を力説して，次のように論じている。

「1743条は，恐らく，賃貸借の全分野において最も重要かつ深い意義を有する条文である。他ならぬこの条文が，契約の性質を変え，賃借人の権利を相対権（droit relatif (jus ad rem)）から絶対権（droit absolu (jus in re)）へと移行させた[35]。」

「この権利はいかなるものか。直接的かつ継続的に物に影響を与えつづける権利，輾転としてゆく物を追及する(suiter)権利，譲渡や所有者の変動の際にも生きつづける権利。これは，法学にとって未知の権利であろうか。そうではない。全世界の法学者は，これを物権（droit réel）と呼んでいる[36]。」

「何故，ポティエは，借地農の権利を彼の表現で単なる債権と呼んだのか。何故，ポティエは，賃借権を永借権，用益権，長期賃借権とは異なる性質のものとしたのか。それは，これらの永借権，用益権，長期賃借権は，誰の手に不動産が移っても存続しうる権利であるのに対し，賃借権においては，よく知られた loi emptorem 故に，第3取得者が賃借人を排除しえたからである。しかし，現在では，賃貸借は，不動産の売買にもかかわらず存続するのであり，売買によって不動産から引き離されるのではない。この借地農の権利を債権に過ぎないと理解するのは，正当ではない。この権利は，極めて強力で

---

[35]　Troplong, *De l'échange et du louage*, n°473. なお，フランス法における jus ad rem について，好美清光「jus ad rem とその発展的消滅——特定物債権の保護強化の一断面」一橋大学研究年報・法学研究3号（1961年）342頁。

[36]　Troplong, *op. cit.*, n°491.

かつ安定的なものに変わっている。旧来の学説に従うのは，危険なことではあるまいか[37]」

先に紹介したように，ポティエは，賃借人の権利の法律的性質と賃貸借の対抗力とを結び付けていた。ポティエがloi emptoremの法理を主たる論拠に賃借人は債権しか有さないと論じていたのに対し，トロロンは，賃借人が追及権（droit de suite）を有することを論拠にして，賃借人に物権が与えられたと論じたのであった。フランスにおいては「対抗（opposabilité）」という用語自体は必ずしも古いものではない。賃貸借に関して立法がこの対抗しうる（opposable）という用語を使うのが先に紹介した1855年謄記法である。1840年の賃貸借法体系書でのトロロンは，賃貸借の対抗という表現を使用していない。しかし，これは，現在の我々の用語からすれば，賃貸借の対抗を意味するものと理解しうる。

(b) 立法者意思の探求　以上のように，トロロンの論証は，それ程詳細なものではない。当時のフランス民法学の主流は，注釈法学（école exégétique）であり，それは，「立法者意思の探究と法典の条文の論理的操作」を特徴とした。トロロンもまた，民法の立法者意思を明らかにしようとした[38]。もしも民法の起草者が賃借人に物権を与えると述べていたとすれば，トロロンの説にとって有力な論拠となるはずである。しかし，トロロンが示しえたのは，ムリコ（Mouricault）が，1743条を擁護して，人は誰もみずからが有する権利より多くを他人に譲渡することはできないと述べたこと位であり[39]，賃借人に物権を与えたという明確な言葉を民法の起草者の発言中に見出すことはできなかった。結局，トロロンの論証の主眼は，賃貸借に関する注釈書においても，それに先

---

(37) Troplong, *op. cit.*, n°12.

(38) 山口俊夫・概説フランス法上（東大出版会，1978年）107頁。注釈法学は，社会的な関心を欠いたのではない。注釈法学の立法者意思の探究と法典の条文の論理的操作も「新たな経済的・社会的事態」に対応するための方法であった。

(39) Troplong, *op. cit.*, n°90. デュガスは，トロロンは立法者が自覚的に賃借人に物権を与えたと示すことはできなかったと述べている（Dugast, *op. cit.*, p. 72 et 107）。

第1節　古典的物権説

行した売買に関する注釈書のときと同様に，1743条は賃借人に追及権を与える，それゆえ，賃借人は賃借物上の物権を有するという内容であった。

　トロロンは，後に，物権説について「この説は，法文に根拠を有するにも拘わらず，多くの強硬な批判に接している。しかし，私は心配していない。この問題について時が熟せば，これほど単純な見解が多くの人を説得するのになぜ苦労したのかが不思議に思われるようになるだろう」と論じた程で自信に満ちた態度を維持した[40]。

Ⅲ　トロロン物権説の社会的背景
1　賃貸借の社会的意義
(ア)　社会的・哲学的関心

　トロロンの体系書は，当時の多くの体系書がそうであるように，フランス民法の条文を掲げて，その解釈を論ずるというスタイルを採用していた[41]。しかし，トロロンは，その体系書の序文でしばしば哲学的，社会的，経済的な問題に論及することで有名であった。この点もまた，注釈法学全盛であった当時において，トロロンが独自の地位を占める理由であった[42]。

(イ)　小土地所有と民主制

　トロロンの物権説には，社会的な問題関心はなかったのであろうか。トロロンの賃貸借体系書の初版での序文も，120頁近い充実したものであり，注目に値する。序文の中で，トロロンは，まず賃貸借の歴史的意義について論じ，賃貸借は文明と密接な関係があることを指摘した。その際，トロロンは，建物賃貸借については，文明の発展と共に増えることを述べる程度であって，雄弁ではない[43]。これに対し，トロロンは，農地賃貸借については多くの頁を割いて興味深い議論を展開している。ここから，トロロンの農地賃貸借論を知ることが

---
[40]　Troplong, *Du Contrat de mariage*, n°402.
[41]　Charmont et Chausse, *op. cit.*, p. 149; Carbonnier, *op. cit.*, [36], p. 193.
[42]　金山直樹・前掲時効理論の展開421頁。
[43]　Troplong, *op. cit.*, p. IX.

第1章　フランスの物権説

できる。

　トロロンは，農地賃貸借もまた，文明と共に盛んになると論じた。更に，トロロンは，フランスとイギリスの農業事情の違いを次のように論じている。イギリス農業の方がフランス農業に比べて進歩しているという見解があるが，これは農業技術のみに注目する底の浅い見解である[44]。むしろ，イギリスには，大土地所有と空虚な農村が存在する。とりわけアイルランドは悲惨である。アイルランドには農業以外の産業は存在しないが，イギリス人が土地を所有する。耕作者同士の激しい競争があり，そのために小作料の高騰がおこっている。この結果，小作人である耕作者の手元には収穫が殆ど残らない。更に，耕作者には高利貸しが寄生する。これに対し，フランスにはそのような極端な状態は存在しない。このように論じて，トロロンは，フランスの穏健な状態の方が好ましいと指摘した[45]。以上のトロロンの記述は，トロロンが社会的な問題関心を有していたことをよく示している。

　トロロンは，以上のような社会的問題関心を賃貸借の契約類型との関連で展開した。トロロンによれば，定額借地（bail à ferme）の制度は，土地所有権に対する勤労の道具となるものであるが，所有権の在り方や借地農の在り方に大きな影響を受ける。古代ローマのような貴族制の社会においては，大土地所有と奴隷制とが存在し，賃貸借は当初大きな役割を果たさなかった。賃貸借は，自由の精神と共に発達する。「定額借地農の状態は，当初は日雇労働者と土地所有者の中間に位置するものであるが，少しずつその労働と倹約により所有権の取得に近づく。衡平により規律され，貪欲さのない永貸借や長期間の賃貸借が，そのための手段となる。こうした賃貸借は，土地の貴族制原理（constitution aristocratique du sol）が存在するところで通常多く見られる。」と，トロロンは述べた[46]。

　これに対し，トロロンは，民主制の支配する社会では，貴族制の社会のような富の極端な不平等はなくなり，小土地所有が中心になるとして，「長期間の賃

---

(44)　Troplong, *op. cit.*, p. XII.
(45)　Troplong, *op. cit.*, p. XIV.
(46)　Troplong, *op. cit.*, p. XVIII.

第1節　古典的物権説

貸借は，所有の民主制（organisation démocratique du droit de propriété）とは最早調和しない」と述べた[47]。しかし，期間の長短に関わらず，アイルランドのように，土地所有者と借地農が人種，宗教等で共通性を持たず，土地所有者が征服により所有権を取得し，借地農から収益を吸いあげることのみを考え，土地所有者と耕作者との間に敵対的な感情があるところでは，賃貸借は不幸の源泉になると論じた[48]。

2　定額借地農と分益小作農
(ア)　分益小作と貧困
　更に，トロロンは，賃借人の現状について述べ，フランス北部の定額借地農（fermier）とフランス南部の分益小作農（métayer）との相違について論じている。分益小作は，収穫の一定の割合を小作料として地主が得る旨の契約内容の小作である（フランス民法1763条）。トロロンは，次のように述べている。
　「農民が貧しく，また資本を欠くところでは，分益小作の制度が必然的に多くなる。何故か。それは，その経営方式においては，所有者は，小作農と共同で土地の用益をするだけではなく，殆ど常に家畜を提供し，小作農に必要な主要耕作費用の総てを負担する。これに対し，分益小作農は，働き，農作業に努めればよいだけである。それゆえ，貧しい耕作者は，定額借地よりもこの方式，具体的には何の金銭上の前払も不要で，働きさえすればよいという方式を選ばなければならない[49]。」
　トロロンによれば，この分益小作という方式には所有者の側に不満があった。

---

(47)　Troplong, *op. cit.*, p. XIX.
(48)　Troplong, *op. cit.*, p. XIX. トロロンは，本文において，永貸借は現代に不向きな制度であり，その利用は国有地等が考えられると論ずる（n°51）。
(49)　Troplong, *op. cit.*, p. LIV. 近年の研究でも同様の評価を確認できる（M. Augustin, Le consensualisme au service de la tradition (L'exemple des baux ruraux en Montmorillonnais entre 1780 et 1830), *L'évolution contemporaine du droit des contrats: Journées René Savatier* (Poitiers 24-25 *octobre* 1985), 1986, p. 143)。

第1章　フランスの物権説

というのも，分益小作の下では，所有者は，農業管理のためにしばしば管理人を必要とし，その費用がかかり，更に農業管理，収穫物販売及び改良投資等にもコストが必要であった。所有者がその土地に住まず，賃貸収益を期待して農地を所有するときには，著しい負担である。このため，土地の用益の方法として分益小作が一般的なイタリアでは，知的職業や自由職業（professions libérales）に従事する土地所有者の間に，分益小作の制度を批判し，土地所有者に負担の軽い方式を計画する者が多いというのがトロロンの指摘であった。

(イ)　定額借地農と富裕な農業階級

トロロンによれば，フランスでも同様の傾向があり，土地所有者は，管理費用や負担から解放され，土地所有者が金銭のみを受け取るという方式が望ましいと考える傾向があった。これについて，トロロンは，次のように述べている。

「しかし，そうした借地制度に到達するためには，それに付随するものとして，富裕で，活動的で，進取の精神に富む農業階級（classe agricole aisée, industrieuse, entreprenante）を見出すことが必要である。正確には，分益小作が存続するのは，そうした独立の階級（classe indépendante）が存在しないからに過ぎない[50]。」

ここで，「富裕で，活動的で，進取の精神に富む農業階級」とトロロンが呼ぶのは，後に見るように，定額借地農（fermier）であった。

トロロンによれば，分益小作制度は，小作農にも不適当な制度である。というのも，この制度の下では，小作農は危険を負担しないからである。この点をとらえて，トロロンは，「一言で言えば，分益小作農は，静かに生きる。しかし，進歩しない。」と論じ，分益小作農はみずからにも農業にも殆ど野心を持たないと述べ，次のように指摘した[51]。

「こうしたことから，私は，次のような結論を導く。分益小作が優勢な地方では，農民は，不幸ではないものの，殆ど土地所有権を有さず，殆どまたは全くといってよいほど資本を持たず，独立性を持たず，事業への勇気（courage à entreprendre）を持たない。それゆえ，真の農民中産階級（véritable classe

---

[50] Troplong, op. cit., p. LVI.
[51] Troplong, op. cit., p. LVII.

第1節　古典的物権説

moyenne agricole) が存在しない。その地方では，進歩が止まっている。

　定額借地 (bail à ferme) が支配的な地方の多くでは，事情は同じではない。定額借地という契約は，賃借人の側に処分しうる資本があることを前提としている。定額借地農は，投資家 (spéculateur) であり，彼の有する財産の一部を彼の事業に賭ける。定額借地農は，価値のある動産を有し，農業用具を有し，鞍馬や耕作用の馬，牛，極めてしばしば羊の群れを有する。定額借地農が賃貸人への担保となる土地を有していないことは稀である。」

　更に，トロロンは，定額借地農は，大工，車大工，馬具製造人，石工等に仕事を与え，日雇農業労働者を雇い，彼らから「御主人様 (notre maître)」と呼ばれる存在であると論じた。こうして，定額借地農は，みずからの資本と節約と勤労とにより自己の資産を増大させるべく努力する存在であった。トロロンは，このように論じつつ，定額借地農が全員成功しているというわけではないけれども，それはどの産業においても成功と失敗があるのと同じであると述べた[52]。また，トロロンは，フランスにおいてはとりわけ1820年代後半以降に農民が土地を購入する動きが顕著であると述べた。トロロンは，現在では農民が所有者になるという大革命 (grandes révolutions) が起こりつつあると指摘し，この点が，フランスとイギリスの異なる点であると述べ，更に，大きな政治的変動 (grande perturbation politique) がこの動向を乱さない限り，遠からぬ将来に大きな進歩がもたらされ，農民が勤労と節約という平和的手段で土地の主人になることがおきると論じた[53]。以上のように，トロロンは，賃貸借法の注釈の序文で大胆な予言をしたのである。

　トロロンの賃貸借論について，原田純孝教授は，1830年代にフランス北部に成立した「農業革命」に対応すると指摘している[54]。これは，極めて説得的かつ重要な指摘である。また，トロロンの所有権論について，吉田克己教授は，「彼によれば，土地の細分化傾向は民主社会に合致した好ましい傾向であり，またナポレオン法典の下での均分相続主義は民主主義の精神に適合的なものとし

---

[52]　Troplong, *op. cit.*, p. LVIII.
[53]　Troplong, *op. cit.*, p. LX.
[54]　原田純孝・前掲書37頁。

41

第1章　フランスの物権説

て，農民的な小土地所有が高く評価される」と指摘している[55]。トロロンが賃貸借の体系書の序文において借地農の活動により土地所有への接近があることを好意的に評価したことは，農民的小土地所有への接近という観点で，以上の所有権論と軌を一にするものと考えられる。

3　農業危機と定額借地農
(ア)　トロロンの予言とバジューの批判

このように，定額小作農を独立の耕作者（cultivateur indépendant）であると理解し，分益小作農と区別すること自体は，近年のフランスの研究においても広く共有されている認識であると考えて大過ないであろう[56]。それでは，トロロンによる定額借地農の順調な発展による土地取得という予言は，実現したであろうか。この点について言及した研究がトロロンの著作より約1世紀後に現れた。1945年に農地賃貸借に関するテーゼを書いたバジュー（O. Bajeux）は，トロロンのこの予言を紹介した後に，この予言は成就しなかったと述べた[57]。

バジューは，1960年に農地賃貸借に関する法案を元老院に提出するほどこの問題に深い関心と功績のある人物であった[58]。そのバジューによれば，トロロンの指摘した耕作農民の土地取得という傾向は停止し，農民は久しく，そして現在も土地所有権の取得が拒絶されていると考えていると指摘した。その原因は，何であろうか。バジューによれば，その原因は，トロロンが考えたような政治的大変動がおこったからではなく，経済的変動(perturbations économiques)

---

(55)　吉田克己「フランス民法典第544条と『絶対的所有権』」乾昭三編・土地法の理論的展開（1991年，法律文化社）208頁。

(56)　Augustin, op. cit., p. 151, 実際，19世紀前半のフランスにおいて土地を所有する農民数の顕著な増加が起こった。J.-L. Halpérin, Histoire du droit privé français depuis 1804, 1996, n°76.

(57)　O. Bajeux, Vers la propriété culturele, le problème du fermage et son évolution, thèse, Lille, 1945, p. 79.

(58)　吉田克己・前掲「現代不動産賃貸借法制分析への一視角」社会科学研究28巻3号121頁注(2)。

第1節　古典的物権説

があったからであった[59]。その経済的変動とは，具体的には，フランスにおいて1870年代以降におこる農業危機（crise agricole）であった[60]。農業危機の原因は，工業の発展による賃金の上昇に農業経営が対応できないことと，農産物を輸出するアメリカ等の外国との競争にさらされたことであった。バジューは，農業危機のために「人は産業において富を得ることは可能だが，農業により富を得ることは不可能である」という状態に陥ったと指摘した。先に見たように，トロロンは，農業における資本増大の可能性を他の産業と同様に見たが，農業危機以降ではそれは現実性のある考え方ではなくなったのである。

(イ)　農業危機と民法学者

更に，農業危機の影響により，民法学者においても，定額借地農と分益小作農の評価について変化を示した例がある。例えば，ギルアル（Guillouard）は，その賃貸借に関する体系書の第1版（1885年）において定額借地農・分益小作農論を展開し，分益小作は，賃貸人にとっては支払を比較的早く受けることができ，また賃借人の不払の危険が少なく，賃借人にとっては資本を賃料支払の危険にさらすおそれがなく，しばしば賃貸人から農業用の家畜を借りることができる等の点で利点があると述べたが，結局のところ，そうした利点よりも不便な点が多いと論じた[61]。その理由は，分益小作農は巨利を得ることができないため資本蓄積が難しいこと，その結果分益小作農は日々の生活のために耕作することになり，その生活がしばしば一種のアパシーと惰性に支配されることである。また，所有者から見ても，一定の安定した地代を期待できないこと，実際上農業経営に関与せざるをえないこと等の点で不便さがあると述べた。ギル

---

[59]　Bajeux, op. cit., p. 79.

[60]　農業危機については，さしあたり，椎名重明・前掲書165頁以下。農業危機前のフランスの農業の順調な発展について，竹岡敬温「19世紀フランスの農業発展と工業化」社会経済史学52巻5号（1986年）16頁。更に，M. Agulhon, G. Désert et R. Specklin, *Histoire de la France rurale 3 Apogée et crise de la civilisation paysanne*, 1789-1914, 1976, p. 359.

[61]　Guillouard, *Traité du contrat de louage*, 1ère éd., 1885, n° 608 （学習院大学所蔵）.同書第2版では，n° 608については同じ内容を述べ，農業危機に関連して次に紹介するn°609Iを約3頁にわたり付け加える。

第1章　フランスの物権説

アルは，分益小作農が通例資本を有さず，みずからの勤労のみによっていることも指摘する。このギルアルの議論は，トロロンの指摘に近い内容である。

ところが，ギルアルは，その賃貸借に関する体系書の第2版(1887年)において，第1版以来の叙述に続けて，分益小作には利点より不便な点が多いと論じたことは問題であったと述べ，むしろ定額借地よりも優れた制度であるという議論を紹介した。その理由として，進行しつつある農業危機のために定額借地農の賃料支払が困難になる場合がしばしばあることを指摘した。ギルアルは，分益小作農はこのようなリスクが少ない点で優れていることもあると論じた[62]。

近年の研究によれば，1873年にオーストリア証券取引所に端を発した大恐慌がフランスに波及するのは，1877年であり，農業については更に遅れて1882年であった。但し，小麦価格自体は，1877年を境に緩慢な下降を示し，1882年以降は急落を見ることになり，長期的な価格低落は，1900年頃まで続いたとされている[63]。この状況を見ると，ギルアルが1887年を境に定額借地農の評価を変えたことは，当時の農業危機状況の進展に見あったものと理解できる。

こうして見ると，トロロンの定額借地農像は，必ずしもフランスの定額借地農の一般的・永続的な姿ではないことを理解しうる。むしろ，トロロンの定額借地農像は，農業危機以前の19世紀中頃の幸福な状態の比較的規模が大きく資本を有する定額借地農として理解しうる。そして，こうした幸福な定額借地農像は，1870年代後半以降の農業危機により大きな打撃を受けたのであった。

フランスの賃貸借法の権威である原田純孝教授は，フランス北部の借地農の在り方を「富裕な借地農[64]」として理解している。トロロンの提示する定額借地農像は，この「富裕な借地農」に近いものであったと理解するのが適当である。トロロンの物権説がこうした借地農を前提としていたことは，重要である。序文の頁数から見ても，トロロンの物権説が念頭に置くのは，建物質貸借では

---

[62] Guillouard, *Traité du contrat de louage*, 2e éd., 1887, n° 609I.
[63] 大森弘喜「19世紀末農業恐慌とフランス農業の構造変化」エコノミア55号(1975年) 59頁。
[64] 原田純孝・前掲書163頁以下。

第 1 節　古典的物権説

なく，あくまでも農地賃貸借であった。トロロンの賃貸借論において，借家の比重は小さい。また，建物所有のための借地は，日本では極めて重要な賃貸借類型であるが，そもそもフランスでは独自の大きなカテゴリーを形成してはいない[65]。トロロンの場合でも，その長大な序文で建物所有目的の借地については取り上げていない。建物所有のための地上権については，トロロンの本文でわずかに論じているが[66]，地上権はフランスでは判例，学説によって物権であることが承認されるのであり，必ずしも物権説を展開する必要がないことがらであった。

　ところで，トロロンが社会的実態を論じたのは，殆どこの序文に限られる。トロロンは，本文の解釈論では，全くといって良いほどこうした社会的実態に言及しない。このこともまた，重要である。一見するところ，トロロンの物権説は，定額借地農の権限強化を目的とした議論であるように見える。しかし，実際にそうしたものかどうかは，慎重な検討を要する。トロロンの物権説の具体的帰結を論ずることが必要である。

第 2 項　物権と債権

　賃借人は物権を有すると主張する場合，物権の債権に対する特性，あるいは物権と債権とを分かつ基準というそれ自体困難な問題が関連してくる。ここでは，より広い文脈で当時における物権学説を検討し（Ⅰ），その上で物権説と債権説でどのように帰結が異なりうるかを論じ（Ⅱ），更に当時のフランスにおける物権的利用権の在り方を概観する（Ⅲ）。

Ⅰ　古典的物権学説
1　追及権と優先権
　19世紀以来の古典的学説は，物権は，物を目的とする権利（droit ayant pour objet des choses）であるとし，その特性を人と物との直接的関係（rapport im-

---

(65)　後述第 2 章第 7 項。
(66)　Troplong, *op. cit.*, n°30.

médiat entre une personne et une chose) に求めた[1]。これに対し，債権は，債務者という人またはその行為を目的とする権利 (droit ayant pour objet la personne du débiteur ou l'activité de celui-ci) であり，物に対する直接的関係はないとした。

　古典的学説によれば，より具体的には対外的関係において物権と債権の差異が存在することになる。物権を有する者は，物における直接の権利(droit direct dans la chose) を有し，所有物返還請求権 (action en revendication) をはじめとする対物訴権を有するとされた。それゆえ，物権を有する者は，追及権(droit de suite) がある。すなわち，物が誰の手に移ろうとも，物権はその物に追及してゆく。また，物権には優先権 (droit de préférence) があるとされた。すなわち，ひとつの物について二つの物権が競合する場合には，先に成立した物権が優先する。ひとつの物について物権と債権とが競合する場合には，物権が債権に優先する[2]。こうした対物訴権は，万人に対して主張できることから，物権は，絶対権 (droit absolu) であるとされ，相対権である債権と対置された。ここにいう物権の絶対性を「万人に対する対抗可能性 (opposable à tous)」と表現することもあった。七戸克彦教授が指摘するように，フランスにおいては，「物権の『絶対性』と『対抗可能性』の用語が同義とされて」いた[3]。

　これに対し，債権者は，債務者に対してのみ，みずからの権利を主張しうるにすぎず，債権は，第３者に対し，何らの効力を有さないとされた。この際，契約の相対性 (relativité) を規定するフランス民法1165条(「合意は，契約当事者の間でなければ，効果を有しない。合意は，第３者をなんら害さない。合意は，第1121条（第３者のための約定に関する条文……小柳注）によって定められる場合でなけれ

---

(1) 佐賀徹哉「物権と債権の区別に関する一考察」法学論叢98巻５号 (1977年)，ロングレー・福井勇二郎訳「対物権と対人権の区別に関する史的考察」法学協会雑誌59巻３号 (1941年)，福井勇二郎「ルネ・カピタン『物権の本質について』」法学協会雑誌59巻４号 (1941年)，いずれも，福井勇二郎・仏蘭西法学の諸相（日本評論社，1943年）所収，七戸克彦「『対抗』のフランス法的理解──不動産物権を中心に」慶應義塾大学大学院法学研究科論文集26号 (1987年) 67頁。また，Derruppé, *op. cit.*, n°167.

第1節　古典的物権説

ば，第3者の利益にならない。」)が援用された。それゆえ，債権は，債務者を拘束するにすぎず，物を追及することはなく，追及権がない。また，債権には，優先権がなく，原則として債権者平等の原理が支配する。付言すれば，その後フランスでは，債権は，請求可能性という点については相対的であるが，不可侵性については物権と変わるところがないという形で理解が進み，第3者による債権侵害について物権侵害と同様に金銭賠償または原状回復を認める理論が展開したが[4]，さしあたり古典的（賃借権）物権説を論ずる場合には関係がない。

　トロロンの物権説は，1743条は賃借人に追及権を認めると論じたものであり，広い意味でやはり，この古典的物権学説に従うと考えられる[5]。

---

(2)　最近の教科書では，H.L, et J. Mazeaud, M. de Juglart et F. Chabas, *Leçons de droit civil, tome I premier volume, Introduction à l'étude de droit*, 7ᵉ éd., 1983, n°161.; J. Ghestin et G. Goubeaux, *Traité du droit civil Introduction générale*, 2ᵉ éd., 1983, n°213.: F. Terré et P. Simler, *Droit civil, Les Biens*, 5ᵉ éd., 1998, n° 36; F. Zénati et T. Revet, *Droit civil, Les biens*, 1997, 2ᵉ éd., n°40; Malaurie et Aynès, *Cours de Droit civil Les biens*, 1990, n°350; C. Larroumet, *Droit civil Les biens*, t. II, 1985, n°11. こうした古典的物権学説に対しては，19世紀の末に批判が登場するが，それについては，後に論ずる。ここで重要なのは，ボワソナードもまた19世紀の物権説が前提とした古典的物権学説に依拠したことである（この点を指摘するものとして，参照，七戸克彦「我が国における『物権的請求権』概念の推移──旧民法から現行民法に至るまで──」慶應義塾大学大学院法学研究科論文集25号（1986年））。なお，こうした追及権と優先権を中心にする物権の特性論は，我が国においても明治民法編纂直後は支持されていたが，大正時代にドイツ法の影響によって物上請求権を中心にする物権理論に変化した（大塚直「生活妨害の差止に関する基礎的考察──物権的妨害排除請求と不法行為に基づく請求との交錯(3)」法学協会雑誌103巻8号79頁（1988年））。
(3)　七戸克彦「所有権の『絶対性』概念の混迷」山内進編・混沌のなかの所有（国際書院，2000年）233頁。
(4)　七戸克彦・前掲「所有権の絶対性」論文234頁。
(5)　トロロンがこの古典的物権学説に従っていることは，Dugast, *op. cit.*, p. 72 note(2)も指摘している。

第1章　フランスの物権説

2　譲渡と転貸

(ア)　1717条

(a)　物権と譲渡性　　ところで，譲渡と転貸に代表される譲渡性（cessibilité, transmissibilité）の問題は，どうであろうか。物権の基準を譲渡性に求める理解も勿論成立しうる。例えば，判例が債権説を確立したひとつのきっかけである1861年の破毀院予審部判決（Cass. Req. 6 Mars 1861）は，この問題に論及する[6]。この判決は，ある土地の利用権が永借権か否かを判断し，当該利用権の設定契約においてその転貸が禁じられていることを理由に，当該利用権は永借権ではないと判断した。その理由は，永借権は通常の賃借権と異なり物権であり，しかも処分の自由は物権の本質的特性であるというものであった。それゆえ，この譲渡性も重要な問題たりうることになる。

しかし，フランス民法を前提とした古典的物権説と債権説との学説上の対立では，この問題は重視されなかった。そもそも，19世紀に関する限り，学説上の物権説の論者も債権説の論者も，譲渡性の問題に殆ど論及しなかった。

日本における「賃借権物権論」や「賃借権物権化論」ではこの問題が極めて重視されるし，また，ボワソナード草案における賃借人への物権の付与の利益として，譲渡，転貸の自由が通常指摘される。しかし，物権説をめぐる代表的

---

(6)　D.61.1.418; S.61.1.713. この判決については第5項で紹介する。

(7)　管見の限りではあるが，以下に挙げる文献は，いずれも，譲渡性の問題に論及しない。Duranton, *op. cit.*, n°138; Proudhon, *op. cit.*, n°98 et 102; Duvergier, *op. cit.*, n°s28 et s.; Toullier, *op. cit.*, n°s388 et 390; Marcadé, *op. cit.*, p. 487 à 490; Aubry et Rau, *op. cit.*, §365 note 7; Acollas, *op. cit.*, p. 385 et 390; Laurent, *op. cit.*, n°934; Demolombe, *op. cit.*, n°s492 et s.; Demente et Colmet de Santerre, *op. cit.*, n°s198 bis X et s.; Guillouard, *op. cit.*, n°s12 à 31; Huc, *op. cit.*, n°s273 et 343; Planiol, *op. cit.*, n°s1707 à 1711; Colin et Capitant, *op. cit.*, t. II, n°1242; Planiol, Ripert et Perreau, *op. cit.*, n°548; Beudant, *op. cit.*, n°s533 et s. 勿論，例外はある。物権論者としては，Yseaux, 債権説の論者としては，Baudry-Lacantinerie et Wahl である。しかし，その論ずる内容は，本文の中ですぐに紹介するように，譲渡，転貸に関する民法典1717条の規定は賃借人の権利の法律的性質に関連しないというものである。

なテーズであるDugast, Daînow, Derruppéの各テーズはいずれもこの問題に論及しないし，多くの教科書等も言及していない[7]。

この理由は，次のように考えられる。第1に，物権の基準に関する理論そのもの在り方である。フランス法における古典的な物権（基準）理論は，権利の対外的な効力を基準とするものであった。それゆえ，そこでは物権と譲渡性は必然的に結びつくものではない。しかも，フランス民法学の認める物権は，所有権（propriété），用益権（usufruit）及び永借権（emphythéose）等多くは譲渡可能であるが，譲渡の不可能なものも存在する。それは，用益権（usufruit）の1変種である居住権（droit d'habitation, フランス民法631条等），使用権（droit d'usage, フランス民法634条等）である。これに対し，債権といえども原則的には譲渡可能であり（フランス民法1689条），また賃貸借はアンシャンレジームの下においても，原則的には譲渡，転貸が可能であった[8]。それゆえ，譲渡性の有無は，絶対的基準とはなりにくい。

(b) 1717条（賃借権の譲渡性）　第2に，より実質的な理由と考えられるのは，フランス民法の賃貸借規定の在り方である。賃貸借の譲渡，転貸についてのフランス民法1717条は，次のとおりである。

「賃借人は，その権能を禁止されなかった場合には，転貸する権利（droit de sous-louer）を有し，更にその賃貸借を他の者に譲渡する権利（droit de céder son bail à une autre）すら有する。

この権能は，全部または一部について禁止することができる。

この条項はつねに厳格である。」

以上のように，フランス民法では日本民法（612条）と異なり，賃借人は，反対の特約のない限り，譲渡，転貸をなしえた。仮に，フランス民法1717条の規定が反対の特約を許さずに譲渡，転貸を認めるという規定であったとすれば，物権説の有力な論拠となりうる。また反対に，1717条が賃借権の譲渡，転貸をまったく許さないという内容であったとすれば，債権説の有力な論拠になるであろう。ところが，1717条の規定は，中間領域に存する。それゆえ，物権説及び債権説の双方ともに，本条を論拠として援用し難いと考えられる。

(8) 原田純孝・前掲85頁。

第1章　フランスの物権説

　例えば，債権説を説くボドリー・ラカンチヌリ＝ワール（Baudry-Lacantinerie et Wahl）は，「論者（on）の中には，もしも賃借権が物権であれば，賃貸人が転貸を禁止しうる権利（1717条2項が，賃貸人に認めた譲渡，転貸を約定で禁止できる旨の権利……小栁注）は正当化できないと指摘するものがある。しかし，これは正当ではない。というのも，物権の内容を制限することを禁ずるものはないからである。」と論じた。ここでは，ボドリー・ラカンチヌリ＝ワールは，1717条2項が賃貸借の譲渡性を制限しうると規定することが，債権説の論拠になるという議論を紹介し，それは賃借権の法的性質に関係がなく，債権説として十分な論拠にならないと論じた[9]。この論者（on）とは，誰であるかが問題であるが，筆者は，学者の議論としては特定できなかった。フランスのテーズにおいても，管見の限り，これをめぐる議論は存在しない。筆者は，先に引用した判決（Cass. Req. 6 Mars 1861）であろうと推測する。

　また，物権説のイゾー（Yseaux）は，「論者（on）の中には，譲渡，転貸に制限を加えることのできるこうした賃貸人の権能は，本来制限を受けないものである物権の本質に反すると論ずる者がいる。」と紹介した後で，「契約に付加された条件や期間は，契約が与えるところの権利の性質に影響しない」と論ずる[10]。

　これは，先のボドリー・ラカンチヌリ＝ワールの議論と同様に，1717条の規定は，賃借権の法的性質に関係しないというものである。

　なお，物権説であるイゾーは，賃借人の権利の物権性を批判する論者が，民法は抵当権の目的として賃借人の権利を挙げていないと論じたことについて，次のように反論する。使用権（droit d'usage）や住居権（droit d'habitation）のように抵当権の目的となしえない物権がある。賃貸人は，通常，彼の物が注意深く扱われることを望むものであり，それゆえ，借り手の人となりを知りたいと望み，抵当は間接的譲渡（aliénation indirecte）であることから，立法者は，一般的な規則を定め，不安定になりかねない原理を排除し，賃借権を抵当の目

---

[9]　Baudry-Lacantinerie et Wahl, *op. cit.*, n°685.
[10]　Yseaux, *Revue critique de législation et de jurisprudence*, t. XXII, p. 115.

第 1 節　古典的物権説

的から除外することを望んだ(11)。こうして，物権説の論者であるイゾーは，実際の慣行としてしばしば行われる賃貸借の譲渡，転貸の禁止についても表立っては批判的ではないように見える。少なくとも，「物権説＝譲渡，転貸の強調」という図式は，ここでは成立しないし，また，「債権説＝譲渡，転貸の否定」という図式も成立しない。物権説論者と債権説論者とが譲渡，転貸をめぐり以上の図式で対立するのは，後に見る日本の旧民法編纂の法律取調委員会における賃貸借の法律的性質をめぐる論争である。これがそのままフランスでの議論でも存在したわけではない。

　実際に，トロロンは，その物権説の論拠として1717条を引用せず，専ら1743条を援用している。トロロンが1717条について論ずる際には，「賃貸借契約が賃借人に与える用益の権利は，一身専属的な権利（droit exclusivement attaché à sa personne）ではない。それゆえ，その権利は譲渡しうる。」と述べた(12)。ところが，こうした1717条の説明は，債権説論者の多くも採用していた。例えば，マルカデ（V. Marcadé）は，賃貸借は賃借人の一身に専属するものではない（n'est pas atttaché à la personne du locataire）(13)と論じていた。

　(イ)　droit personnelの二つの意味

　（賃借権）物権説に関するテーズの著者であるデリュペ（Derruppé）が明快に指摘するように，フランス法におけるpersonnelまたはdroit personnelという言葉は，二つの相異なる意味を持っている(14)。ひとつは，物権に対する債権（droit de créance）という意味であり，もうひとつは一身専属的な権利（droit exclusivement attaché à une personne déterminée），または自由に譲渡しえぬ権利（droit qui ne peut se transmettre ou être cédé librement）という意味である。この二つの意味は常に重なりあっているのではなく，むしろ，いずれか一方の意味のみで使われるのが通常である。例えば，居住権は物権であるが，一身専属的な権利（droit personnel）であるということが可能であり，実際にもその旨の指摘が

---

(11)　Yseaux, *op. cit.*, p. 114.
(12)　Troplong, *op. cit.*, n°126.
(13)　Marcadé, *op. cit.*, p. 442.
(14)　Derruppé, *op. cit.*, n°4.

ある[15]。反対に，債権説のように，賃借人の権利は債権だが一身専属性(caractère exclusivement personnel) はないと論ずることも可能である。例えば，ギルアル (Guillouard) は，トロロンの（賃借権）物権説を批判し，賃借人の権利の債権性 (personnalité du droit du preneur) を支持したが[16]，賃貸借の譲渡，転貸に関する1717条の注釈の冒頭では，「一般的には，賃借人の権利は，一身専属的なものでは全くない (Le droit du preneur, dans le contrat de louage des choses, n'a, en thèse générale, aucun caractère exclusivement personnel)」と述べていた[17]。それゆえ，債権 (droit personnel) という言葉自体は，譲渡が禁じられることに当然に結び付く訳ではない。この点も譲渡性が大きな争点となっていないことと関連する。

後に，20世紀に至り，小作関係規則に代表される賃借権保護立法が1717条に根本的な修正を加えるようになると，賃借権の譲渡性の問題がそこでの現代的物権説と債権説との対立における争点になる[18]。しかし，フランス民法1717条を前提とする限りでは，この問題は前面に出ていない。なお，それでは，先の判決 (Cass. Req. 6 Mars 1861) は，どのように理解できるであろうか。これは，物権の一般的な特性を述べた判決というよりも，ある契約が永借権であるか，賃貸借であるかの区別の基準を述べた判決として理解できるのではなかろうか。但し，区別の基準をこのように約定中の譲渡性の有無に見出すのは，必ずしも学説が広く支持する理論ではないが，これに従う判決もあった[19]。

II 物権説の帰結

賃借人は物権を有すると理解する場合には，実定法上どのような帰結が生じうるか。これは，物権説の実際上の利益，あるいは，実定法上の帰結として学

---

[15] Derruppé, *op. cit.*, n°47.
[16] Guillouard, *op. cit.*, n°12.
[17] Guillouard, *op. cit.*, n°302.
[18] 第1章第2節参照。
[19] Baudry-Lacantinerie et Wahl, *op. cit.*, n°1446.

第1節　古典的物権説

説において論じられた問題である[20]。ここで主要な点を列挙すれば，次のようになる。

1　裁判管轄

　第1は，裁判管轄である。19世紀当時においては，賃貸借については，特別の規則があり，賃借人からの賃借物修理請求（réparations locatives）及び修理等で賃借人が利用できなくなったこと（non-jouissance）の賠償請求並びに賃貸人からの賃借物毀損賠償請求については，賃借物所在地の治安裁判所の管轄が成立した（旧民事訴訟法3条3号及び4号[21]）。それ以外の訴訟については，以下に見る一般原則が妥当した。
　フランス法では，訴訟には，保護される権利の種類に従い，対人訴訟（actions personnelles），対物訴訟（actions réelles），複合訴訟（actions mixtes）の3種類がある[22]。対人訴訟は，債権に関する訴訟，動産に関する訴訟であり，被告の住所地または居所地の裁判所が土地管轄を有する（旧民事訴訟法典59条1項）。これに対し，対物訴訟は，不動産物権に関する訴えであり，係争物所在地の裁判所が管轄する（旧民訴59条3項）。対物（réel）という言葉自体は，不動産物権のみならず，動産物権にも使われるものであるが，不動産物権のみが所在地を有するという理由から，対物訴訟というときは，対物不動産訴訟（actions réelles immobilières）のみを意味するものとして理解される[23]。対人訴訟では，原告が被告の住所の裁判所にでかける不便を甘受するべきであるのに対し，対物不動産訴訟では，不動産の鑑定，評価が問題になり，これは不動産所在地の裁判所がよくなしうるからという理由で管轄が成立する。

---

[20] この問題には多くの論者が論及するが，さし当り，物権説の論者からは，Jozon, op. cit., p. 362. 債権説の論者からは，Baudry-Lacantinerie et Wahl, op. cit., n°686. なお，Terré et Simler, Les biens, n°871.

[21] J.-A. Rogron, Code de procédure civile, 11ᵉ éd., 1892, art. 3, p. 13.

[22] 例えば，J. Vincent et S. Guinchard, Procédure civile, 25ᵉ éd., 1999, n°49; H. Croze et H. Morel, Procédure civile, 1988, n°132.

第1章　フランスの物権説

　複合訴訟とは，対人訴訟と対物訴訟が併存する場合であり，原告は，不動産所在地の裁判所または被告住所地の裁判所に訴えることができる(旧民訴59条4項)。例えば，不動産売買契約の買主は，債権に基づく対人訴訟と不動産物権に基づく対物訴訟のいずれも可能な複合訴訟として，被告住所，不動産所在地のいずれの管轄をも選択できる。

　かくして，債権説に従い，賃借人は債権のみを有するとすれば，対人訴訟として被告の住所地の裁判所が管轄を有する。これに対し，物権説に従うと，対物訴訟または複合訴訟(物権と債権の二つを有する)として，不動産所在地の裁判所の管轄もまた成立する。

2　占　　有

　第2は，賃借人が占有 (possession) を取得しうるかである[24]。これは，具体的には，占有訴権 (action possessoire) に関連する。フランスの占有訴権に関する制度は，近年大きな変化があるが，ここで論ずべき19世紀に関しては，伝統的な理論が支配していた。日本民法と異なるフランス占有制度の特徴は，①占有と一時的所持との区別があること，②占有訴権を不動産に限って認めること

---

[23]　これは，旧民事訴訟法典の用語法の不正確さであるが，古法においてはréelという言葉がしばしばimmobilierという意味を有していたためであるという指摘がある (J.-E. Boitard, G.-F. Colmet-Daage et E. Glasson, *Leçons de procédure civile*, t. I, 14e éd., 1895, n°130)。1975年の新民事訴訟法典44条は，旧民事訴訟法典の対物訴訟という言葉に代えて対物不動産訴訟という用語を使う。

[24]　以下，フランスにおける占有訴訟について，三ケ月章「占有訴権の現代的意義」民事訴訟法研究3巻(有斐閣，1966年，初出は，法学協会雑誌79巻2号(1962年))14頁。川島武宜編・注釈民法(7)(有斐閣，1968年) 5頁［稲本洋之助執筆］，石井紫郎「占有訴権と自力救済——法制史から見た日本民法典編纂史の一齣——」法学協会雑誌113巻4号8頁 (1996年)。近年における動向を検討するものとして，大塚直「フランスにおけるaction possessoire (占有訴権) に関する基礎的考察——わが国における生活妨害の差止に関する研究を機縁として」学習院大学法学部研究年報23号 (1988年)。また，Terré et Simler, *Droit civil Les biens*, n° 183; Zénati et Revet, *Les biens*, n°342.

第 1 節　古典的物権説

である。
　(ア)　占有と一時的所持
　フランス民法は，伝統的に，二つの種類の占有を区別する。ひとつは，「所有者として (titre de propriétaire)」，または，「自己のために，かつ，所有者として」の占有であり (2229, 2230条)，これは「真の占有 (possession véritable)」と呼ばれる。いまひとつは，「他人のため (pour autrui)」の占有であり (2230, 2231, 2236条)，「仮の占有 (posssession précaire, possession d'emprunt)」または「一時的所持 (détention précaire)」と呼ばれた。そして，判例，通説は，占有訴権を，伝統的に前者に限った。これは，日本民法が物権を有さない賃借人にも占有を認めるのと大きく異なる。それゆえ，賃借人の占有が前者になるか，それとも，一時的所持になるかは重要な相違をもたらす。物権説では，前者になりうるのに対し，債権説では，後者になる。
　(イ)　占有訴権
　フランス法の占有制度は，物権，とりわけ不動産所有権の保護を中心的な役割として発達した。このことは，先に指摘した占有と一時的所持との区別とも関連する。民法は，占有訴権の客体について特に限定をしていないが，判例は，伝統的にこれを不動産に限り，動産については占有訴権を認めない。フランスにおいては，不動産所有権の立証には煩雑な手続が必要であったし，また，長い間仮処分に相当する制度が発達していなかったため，不動産の返還請求においては，占有訴権が重要な役割を果たした。三ケ月章教授は，フランスにおいては，占有訴権は，仮処分の代用の役割を果たしたと論じている。
　債権説によれば，賃借人は，物権を有するのではない以上，他人のために占有するにすぎず，債権に基づいて物を管理する権限を与えられたとして，一時的所持 (détention précaire) をなす所持者 (détenteur) に過ぎないとされ，その結果，みずから占有訴権を行使することができないことになる。
　(ウ)　賃借人の行使しうる占有訴権
　もっとも，厳密には占有訴権の中には，他主占有者，一時的所持者にも認められているものもある。フランス法における占有訴権には，三つの種類があった。第 1 は，complainte であり，不動産占有の現状に変更を加えることを禁止するものであった。これは，「1 年と 1 日」の現実の占有を要件とした (旧民事訴

55

第1章　フランスの物権説

訟法23条)。第2の dénontiation de nouvel œvre は，現に不動産に工事を進めつつある者に対し，とりあえず工事を中止させることを目的とした。「1年と1日」の占有の要件は，ここでも必要であった。第3は，レアンテグランド (réintégrande) であり，占有を奪われた場合における回収を目的とした。この第3の類型であるレアンテグランドは，他の占有訴権と異なり，「1年と1日」の占有の要件は必要としなかった。更に，判例，学説は，伝統的に賃借人等の他主占有者，一時的所持者にも認めた。それゆえ，レアンテグランドについては，物権説と債権説とで相違は存在せず，両説が結果を異にするのは，前2者の占有訴権についてであった。

もっとも，このレアンテグランドに関しても，賃借人の賃貸人への訴えというように契約関係にあるものについては，占有訴訟を対物訴訟としてのみ認めるフランス法においては，契約関係の問題を扱う対人訴訟としてのみ処理されるべく，行使できないとされた[25]。この点は，物権説を採用すれば，異なりうることになる。

以上のように，フランスの占有訴訟は，①不動産に関するものに限り，②レアンテグランド以外は，所持者 (détenteur) に認めず，また1年と1日の占有を要件とすることで絞り，③レアンテグランドについては，契約関係に立つ者に対する行使を排除する点が特徴であった[26]。

占有訴権は，物上訴権（actions réelles）の一種である。物上訴権には，占有訴権の他に本権の訴え（action pétitoire）がある。これもまた当然のことではあるが，物権を有する者でなければ行使できない。それゆえ，物権説では賃借人に本権の訴えを認めることができるのに対し，債権説では賃借人に本権の訴えを認めることはできない。しかし，本権の訴えを提起するには，本権を有することの証明が必要であるから，実際上の意義においては，占有のみを証明すればよい占有訴権が重要であった[27]。

---

[25] M. Planiol, G. Ripert et M. Picard, *Traité pratique de droit civil français*, t. III, *Les biens*, 2ᵉ éd., 1952, n°209.

[26] 三ケ月章・前掲14頁。

第1節　古典的物権説

(エ)　賃貸人の担保責任

　なお，フランス民法は，賃借人が妨害行為を被った場合に関して，次のように規定している。

　1725条「賃貸人は，第3者が賃貸物について，いかなる権利も主張することなしに暴力行為（voies de fait）によって賃借人の享受を妨害することについて，賃借人に対して担保する義務を負わない。ただし，賃借人がその個人の名において（en son nom personnel）第3者を訴追することを妨げない。」

　1726条「反対に，家屋賃借人または定額借地農が資産の所有権に関する訴えの結果としてその享受を妨害された場合には，それらの者はその妨害及び障害が所有者に通知されたことを条件として，家屋賃貸借または定額農地賃貸借の賃料について比例的な減額を請求する権利を有する。」

　1727条「暴力行為を行った者が賃貸物についてなんらかの権利を有すると主張する場合，または，賃借人に対してその物の全部もしくは一部の放棄またはなんらかの地役権の行使の容認を命ずる訴えのために賃借人が本人として裁判に呼び出される場合には，賃借人は，担保のために賃貸人を呼び出さなければならない。賃借人が賃貸人を指名して要求する場合には，訴訟外に置かれなければならない。」

　暴力行為が権利主張を伴うか否かによって区別がある。権利主張を伴わない場合には事実上の妨害(trouble de fait)とされ，伴う場合は，法上の妨害(trouble de droit)とされる。事実上の妨害は，物を盗む等の不法行為による。法上の妨害は，妨害者が権利主張を行う場合である。当初，単なる侵害行為であったが後に侵害者が権利主張を行うようになれば，事実上の妨害から法上の妨害に移行する。

　1725条は，事実上の妨害については，賃貸人は担保責任を負わない旨を規定した。1725条但書は，「賃借人がその個人の名において第3者を訴追することを

---

(27)　滝沢聿代・前掲物権変動の理論142頁。また，これに関する近年の研究として，七戸克彦「所有権証明の困難性（いわゆる『悪魔の証明』）について——所有権保護をめぐる実体法と訴訟法の交錯」慶應義塾大学大学院法学研究科論文集27号（1987年）。

第1章　フランスの物権説

妨げない。」と規定しているが，これはまず損害賠償請求を意味し，占有訴権については，債権説に従う限り，賃借人にはレアンテグランド以外の占有訴権は認められないことになる（物権説を採用すれば異なる解釈が可能である）[28]。

なお，以上は，19世紀における占有訴権制度である。その後には，イエーリンクに代表されるドイツの学説の影響によって，債権に基づき物を管理する者にも占有を認めるべきであると主張する論者が現れ，またそれが立法にも影響して1975年の民法改正により賃借人にも広く占有訴権を認めるにいたる（フランス民法2282条）[29]。しかし，これはごく最近のことであることに注意が必要であり，ここでは，19世紀当時の占有訴権制度を前提とした物権説と債権説の相違が重要である。

また，この事実上の妨害は，賃借人の利用を妨害しているだけで，賃貸人には関係がないため，賃貸人としての立場では妨害を排除する権利がない。ただし，侵害が所有権そのものの侵害になる場合には，所有者としての資格で，妨害排除を行うことは可能である[30]。

法上の妨害については，賃貸人は担保責任を負う[31]。例えば，侵害者が賃借地について所有権を有するなどと主張した場合には，賃借人は通知義務を負うが，それが満たされれば，賃借地の利用が制限されたときは賃料減額を請求できる（1726条）。更に，契約解除及び損害賠償も認められている。法上の妨害の場合には，賃貸人が脅かされているのであり，賃借人はその反射的効果として影響を受けるに過ぎないとされている[32]。賃借人が法上の妨害に際して被告となるときは，本来賃貸人が被告となるべき筈である。そのため，1727条は，賃借人は賃貸人に通知義務を課した。また，賃借人が望んだ場合には，賃貸人は

---

(28) Baudry-Lacantinerie et Wahl, *op. cit*., n°533; Planiol, Ripert, Hamel, Givort et Tunc, t. X, *Contrats civils* première partie, 2ᵉ éd., n°521.

(29) Terré et Simler, *Les biens*, n°191; Zénati et Revet, *Les biens*, n°359.

(30) Baudry-Lacantinerie et Wahl, *op. cit*., n°532.

(31) Baudry-Lacantinerie et Wahl, *op. cit*., n°534; Planiol, Ripert, Hamel, Givort et Tunc, t. X, *Contrats civils* première partie, 2ᵉ éd., n°523.

(32) Baudry-Lacantinerie et Wahl, *op. cit*., n°540.

訴訟外に置かれなければならない旨を規定している。賃借人は，望むのであれば，訴訟の場に居続けることも可能である。いずれにせよ，1727条は，賃借人が妨害者に対して直接停止を求めることを規定していない。賃借人が法上の妨害によって損害を受けるときには，賃貸人の担保責任により問題を解決することを規定しているのである。

法上の妨害については，賃借人が物権を有していれば，物権は万人に主張できる以上，直接妨害者に妨害の排除を請求できる。しかし，賃借人は債権しか有していないと考える場合には，妨害者に対する手段は有していないことになる[33]。

(オ) 占有訴権の代位行使

なお，賃借人の妨害排除について，特に法上の妨害のように賃貸人が賃貸人の資格で妨害排除できる場合について賃貸人が有する占有訴権を代位行使しうるかが問題になる。

第1は，約定が明示的に代位行使を認める場合である。実際には，しばしば賃貸人と賃借人の約定によって賃借人に占有訴権行使の権限が付与されていた[34]。これは，賃借人の権利の法律的性質に直結する問題ではないので，ここでの検討は省略する。第2に，明示の約定がない場合にも，債権者代位権による救済が考えられないかが問題となる。この点は，債権論者の中にこれを肯定した学者があり，後に検討する（102頁）。

3 動産権と不動産権

(ア) 区別の意義

不動産権（droit immobilier）か動産権（droit mobilier）かの区別も重要である[35]。フランス民法は，物（chose）のみならず権利（droit）を動産と不動産の2種に区別する。フランス民法526条は，次のように規定した。

---

[33] Guillouard, *op. cit.*, n°22 et 29.

[34] R. de Clery, De la participation des fermiers à l'exercise de l'action possessoire, *Revue pratique de droit français*, t. LII, 1882, p. 205.

[35] Terré et Simler, *Les biens*, n° 26; Zénati et Revet, *op. cit.*, n° 58.

第1章　フランスの物権説

「[以下の権利は,] その目的とする物によって，不動産である。

不動産である物の用益権（usufruit）

地役または土地役務

不動産の返還を請求することを目的とする訴権」

以上のように，フランス法においては，特定の権利は，不動産権とされるが，それ以外の権利は，動産権とみなされる。物権は，不動産を目的とするときは，不動産権であり，動産を目的とするときは，動産権である。債権は，原則的に動産権である（529条）。これは，更には夫婦財産制と抵当とに関連する。

(イ)　法定夫婦財産制

ナポレオン法典が規定した法定夫婦財産制は，婚姻前から夫婦それぞれが有した不動産及び婚姻中に夫婦それぞれが無償で取得した不動産を夫婦それぞれの固有財産とし，それ以外の財産を共通財産とする動産後得財産共通制（communauté des meubles et acquêts）であった[36]。すなわち，夫の固有財産は，婚姻前から有する不動産と婚姻中に相続，贈与，遺贈等で無償取得した不動産からなり，夫は，その管理権及び処分権を有する（1421条）。妻の固有財産の構成は，夫の固有財産と同じであるが，夫はその財産について用益権（usufruit）——後述——を取得し，妻は固有財産について虚有権のみを有する（1428条1項）。しかも，妻は，無能力者であって（216条，これが改正されたのは1938年であった[37]。）虚有権であっても夫の同意なくしては処分できなかった。

夫婦共通財産（communauté）は，①婚姻前から有する動産，②婚姻後に取得した不動産(例外として不動産も相続，贈与，遺贈等で取得したときは，固有財産に帰属する)，③婚姻後に取得した動産(例外として，贈与者が受遺者の固有財産とする旨表明したときは固有財産に帰属する）から構成された（1404, 1405条）。共通財

---

(36)　夫婦財産制の歴史的展開について，稲本洋之助「フランスにおける夫婦財産関係法の現代的展開」社会科学研究28巻1号，29巻1号（1976年），後同・フランスの家族法（東大出版会，1985年）所収とりわけ163頁以下。また，P. Malaurie et L. Aynès, *Cours de droit civil, Les régimes matrimoniaux*, 4^{e}éd., 1999, n° 328.

(37)　稲本洋之助・前掲フランスの家族法23頁。

第 1 節 古典的物権説

産の管理権，処分権は，夫に属する（1421条（但し，無償処分については妻の同意が必要））。この共通財産は，婚姻の解消に際して折半して分割される。

以上の法定夫婦財産制においては，不動産権は，婚姻前に取得された場合は夫や妻の固有財産となり，共通財産に入らない。これに対し，動産権はその取得が婚姻前であるか否かを問わず，夫婦共通財産に帰属する。婚姻前からの賃借権が共通財産に帰属するか否かは，賃借人の権利が不動産権か動産権かによって定まることになり，通説に従って動産権であるとすれば共通財産に帰属した。また，夫が不動産の所有権を保有し，妻が賃借権を中核とする営業財産（fonds de commerce（詳しくは，第 6 項 II 参照））を保有する夫婦では，婚姻の解消の際に前者は夫の排他的所有に帰するのに対し，後者は分割される不都合があった。これは，物権である永借権がその物権性故に婚姻前に取得された場合にも夫婦共通財産に帰属しないのと対照的であった[38]。

(ウ) 抵　　　当

抵当についてフランス民法は，次のように規定した。

2118条「以下のもののみが抵当権に親しむ。

1　取引される不動産及び不動産とみなされるその付属物

2　その存続期間について，同様の財産及び付属物の用益権（usufruit）」。

2119条「動産は抵当権によって追及されない」。

永借権は，民法には規定がないものの，判例，学説によって物権と認められ，不動産権かつ抵当の目的となりうる権利と解された。後に，1902年法によって，この点が明確となった[39]。それゆえ，もし賃借人が物権を有すると理解されたならば，その権利は永借権と同様に抵当の目的となる。

4　賃貸借の対抗力と占有

賃貸借の対抗力と占有の関係についても問題がある。これについては，賃貸

---

[38]　Planiol, Ripert et Boulanger, *Traité pratique de droit civil*, t. VIII, *Les régimes matrimoniaux*, 1957, n°176-2. 稲本洋之助・前掲フランスの家族法175頁。この動産後得財産共通制は，1965年改正まで基本的に維持された。

[39]　例えば，Terré et Simler, *Les biens*, n° 856.

第1章　フランスの物権説

不動産の譲渡に対抗しうるには賃借人が賃借不動産を占有していなければならないかと，二重賃貸借はいかに解決されるべきかとが問題になる。

(ｱ)　賃借不動産の譲渡と賃借人の占有

確定日付を得たが引渡しを受ける前の賃貸借と，賃貸不動産の譲渡に関する紛争についても同様である。もしも，賃借人が物権を有するとすれば，これは，物権相互の争いになり，確定日付を得ただけで対抗要件を得ることになり，賃借人は賃貸借を新所有者に対抗しうる。これに対し，賃借人が債権しか有さないとすれば，賃借人が1743条により賃貸借を主張するには，引渡しを受けることを要すると解することができた(40)。

この問題の背景にあるのは，次のような事情である。既に述べたように，1743条は，賃貸借が確定日付を有していれば，賃貸不動産の取得者に対抗しうると規定した。確定日付を得るもっとも一般的な手続は，既に述べたように，登録である。しかし，この登録庁における登録の帳簿は，原則として契約当事者にしか公開されておらず，取得者がこれを閲覧するには，19世紀当時では治安判事 (juge des paix) の命令が必要であり，しかも必ずこれを得られるわけではない。そのため，取得者が不動産について対抗しうる賃貸借が存在するか否かを知ることが難しかった(41)。

1855年の謄記法以後は，18年を超える(1955年土地公示デクレ以後は，12年を超える)期間の賃貸借については謄記を対抗要件とするが，それ以下の賃貸借にはこのような公示の制度はない。これに対し，賃借人の占有があれば，取得者は賃貸借の存在を知ることが可能である。それゆえ，賃借人の占有を，「事実による公示（publicité de fait）」と呼ぶ論者がいる程である(42)。

---

(40)　Baudry-Lacantinerie et Wahl, *op. cit.*, n°1312.

(41)　A. Weill, *La relativité des conventions en droit privé français*, thèse, Strasbourg, 1938, n°523, p. 908. ＢＧＢ571条が，賃貸借の対抗要件として占有を要求することも，指摘する。

(42)　D. Veaux, Effet des conventions à l'égard des tiers: Les ayants cause à titre particulier et la force obligatoire du contrat, *Jurisclasseur civil*, art. 1165, Fasc. 2, 1989, n°11.

第1節　古典的物権説

　現在では，不動産の売買に際しては公証人証書の作成が必要であるが，公証人は，不動産の売主に対し不動産について賃貸借があるか等の現況調査書の署名を求める慣習がある。しかし，この署名に虚偽があっても，取得者は，単に損害賠償や売買契約の解除を請求しうるのみであり，言及されていない賃貸借を否定する権限を得るわけではない。それゆえ，確定日付を得ていても占有のない賃貸借の対抗力を否定する学説は，不動産取引の安全に配慮した見解として評価できる。

　(イ)　二重賃貸借

　また，二重賃貸借の問題では，賃借人が物権を有するとすれば，先に対抗要件たる確定日付を備えた者が優先権を持ち，不動産を利用しうる。これに対し，債権とすれば，債権が日付の先後で優先が決せられない以上，原則として債権者平等が支配するという考え方が成立する。この考え方に従えば，単に先に確定日付を備えただけでは優先権を主張できず，実際に先に占有を始めなければ，不動産の利用は主張できないことになる(43)。

　以上，物権説の具体的帰結として挙げた諸点は，あくまでも原則的として問題たりうる点を列挙したものである。物権説を唱えた論者が，以上のすべてについて肯定的に解し，積極的に主張した訳でもないし，また，債権説の論者が以上のすべての論点について否定的に解した訳でもない。むしろ，後述するように，物権説，債権説のいずれを採る論者にしても，種々の観点から，個々の具体的帰結については修正する例が多いのである。

Ⅲ　物権的利用権

1　他物権の代表としての用益権（usufruit）

　(ア)　フランス民法における用益権（usufruit）

　フランス民法が，明確に他物権として規定するものとして，用益権（usufruit）がある(44)。フランス民法578条は，「用益権（usufruit）は，他の者が所有権を有

---

(43)　Guillouard, *op. cit.*, n°23; Baudry-Lacantinerie et Wahl, *op. cit.*, n°137; Derruppé, *op. cit.*, n°147. 日本における議論として，高木多喜男「不動産賃借権の対抗力」同・不動産法の研究（成文堂，1981年）115頁。

63

する物を，所有者自身と同様に，ただしその実体を保存することを負担として収益する権利である。」と規定している。

用益権（usufruit）は，他人の物の有期利用権である点では賃借権と同様である。用益権（usufruit）においては，578条の文言が示すように，用益者（usufruitier）は，所有権の三つの権能である使用（usage, usus），収益（jouissance, fructus），処分（disposition, abus）のうち，使用と収益の二つの権能を有する[45]。もっともこれは，用益権が設定される不動産そのものの譲渡ができないという意味である（用益権自体の譲渡は可能）。このため，usufruitには，用益権または用収権の訳語が用いられる。本書は「用益権」という訳語を用いるが，日本の法学では「用益権」という言葉を利用権という意味で用いることがあるため，これと区別するため，「用益権（usufruit）」としてフランス語を付加する。

用益権（usufruit）は，債権，営業財産権及び著作権のような無体の権利の上に設定されることもある。この場合には，用益権（usufruit）は物権であるというのは正しくない。しかし，用益権（usufruit）は，土地のような有体物に設定されることが多いのであり，用益権（usufruit）は物権として理解するのが通常である[46]。また，用益権（usufruit）は所有権の支分権（démembrement de la propriété）とされる。フランス民法学においては，他物権（droit réel sur la chose d'autrui）を所有権の権能の分割された権利すなわち支分権として理解するのが現在にいたるまで主流的である。

用益権（usufruit）が設定される場合，所有者に残されるのは，処分権のみである。しかし，所有者は，用益権（usufruit）設定により使用と収益の権能を奪われ，実質的な所有者としての役割を果たすことはできない。このような所有者は，虚有者（nu-propriétaire）と呼ばれることになる。

---

(44) 用益権について，Terré et Simler, *Les biens*, n° 721; Zénati et Revet, *op. cit.*, n° 216.

(45) Terré et Simler, *Les biens*, n° 747.

(46) Colin et Capitant, *op. cit.*, t. I, p. 792.

第 1 節　古典的物権説

(イ)　用益権 (usufruit) の特徴

　用益権(usufruit)の設定については，フランス民法579条は，「用益権(usufruit)は，法律によって，または人の意思によって設定される。」と規定している。法律による用益権 (usufruit) 設定の典型的な場合としては，未成年の子の財産についての両親の用益権(usufruit)（フランス民法767条），フランス民法創設以来の法定夫婦財産制における妻の固有財産についての夫の用益権があった。また，後に1891年の法改正以後は，遺産について寡婦が用益権 (usufruit) を取得しうることになった。人の意思による設定とは，遺言や贈与による設定が一般的である。

　賃貸借は有償契約であるが，それと異なり，用益権 (usufruit) は，有償で設定されることを要件としていない。むしろ，先に見たように，親族間等において無償で設定されるのが一般的であったし，現在もそうである[47]。

　虚有者は，物を現状のままで引き渡せばよい（フランス民法600条）等，用益者に対し基本的に収益担保義務を負わない。また，期間は，通常用益者の1代限りであり，相続は許されない(同617条)。裁判管轄においては，不動産用益権の所在地の裁判所が管轄を有する。用益者は占有を有し，本権の訴と占有訴権の2種の物上訴権を行使することができる（もっとも，明文の規定があるわけではなく，解釈で認めている。）。更に，不動産権として抵当が許され，婚姻前に取得された場合，夫婦共通財産に属さない。要するに，用益権は先に挙げた物権の諸特性を備えるのである。

2　学説及び判例上の制度としての永借権 (emphytéose)

　フランス民法は，日本民法と異なり，他物権としての永借権や地上権の制度を規定していなかった。そもそも，地上権については，規定がないのみならず，日本民法と異なり，地上物の所有権として理解されているため，明確な条文がなく，また，不動産利用権の典型ではなく，比較の対象になり難い。これに対し，永借権は物権性が一般に認められていたが，19世紀を通じ物権としての永借権は，判例や学説（通説）が承認する制度であった（詳しくは，165頁）。

---

(47)　Colin et Capitant, *op. cit.*, t. I, p. 794; Terré et Simler, *Les biens*, n°729.

第1章　フランスの物権説

このため，賃借人が物権を有するか否かについて論ずる場合に，この用益権が他物権の具体的な代表として理解され，用益権と賃借人の権利の対比が，賃借人の権利の法律的性質を論ずる際に，しばしば重要な問題となった[48]。

第3項　物権説の具体的帰結

等しく物権説といっても，その具体的帰結は論者により異なっている。ここでは，まず，トロロンの物権説の具体的帰結を検討し（Ⅰ），次に，もう一方の物権説の代表とされるジョゾンの物権説の具体的帰結を検討する（Ⅱ）。

Ⅰ　トロロンの物権説
1　賃借権と用益権の相違

トロロンがその物権説の具体的帰結を論じた際にも，賃借権と用益権との対比という問題が関連する。トロロンは，賃借人は用益者と同様に物権を有すると論じた上で，賃借人の権利と用益権との相違について次のように述べる。

「用益権は，所有権を支分する。用益権は，所有権からその実質を奪い，生産の要素を取り去る。それゆえ，法は，虚有者という名で所有者，すなわち，用益権を奪われた所有者を呼ぶ。反対に，賃貸借は，所有権を支分しない(Le bail, au contraire, ne démembre pas la propriété)。賃貸借が設定されるのは，土地を生産的にし，所有者の手にその果実を入手せしめるためである。……ここから賃貸借と用益権との種々の相違が生まれる。」[1]。

トロロンは，賃借人の権利を支分権なき物権（droit réel sans démembrement de la propriété）として理解し，支分権の有無を賃借人の権利と用益権との相違として挙げた。ここから，トロロンは，賃貸人には収益担保義務(obligation de garantie)が存在するのに対し，虚有者にはそのような義務は存在しないと論じ

---

[48] この対比は，プルゥドン（Proudhon, *op. cit.*, n°98）が特に推奨したと指摘される（Feitu, *op. cit.*, p. 386）。用益権についての体系書的叙述の際に賃貸借との相違が問題にされることもあり，盛んに論じられた。

(1) Troplong, *op. cit.*, n°24.

第1節　古典的物権説

た(2)。

　以下に見るように，トロロンの議論の中心は，賃借人の権利と用益権とを対照的に理解するものであった。

2　物権説の帰結

　トロロンによれば，賃借人の権利と用益権の間には，支分権の有無といういわば理論的観点における相違のみならず，実際上の相違がある。これについて，トロロンは，以下のように指摘する。

㈦　管　　轄

　第1に，トロロンは，裁判管轄について，「賃貸借履行のための訴訟は，用益権履行のための訴訟とは同一の管轄には服さない。というのも，一般的に，賃借権は用益権ほどの重要性はないからである。」と論じている(3)。

㈤　占　　有

　第2に，賃借人は，占有を取得しえず，所持（détention）しか有さない。これについて，トロロンは次のように述べる。

　「借地農は，仮の占有（possession d'emprunt）しか有さず，その権利においてはいわば所有者のために用益，耕作し，果実を引き出す代理人であり，そ

----

(2) Troplong, *op. cit.*, n°24. もっとも，トロロンは，後に，1855年謄記法によって賃貸借が18年を超えて対抗するには謄記が必要になると，この点をとらえて賃借人の権利の物権性が示されたものと指摘した。その際に，18年を超える賃借権は「一種の所有権の支分権（une sorte de démembrement de la propriété）を含む」と指摘した（Troplong, *Droit civil expliqué suivant l'ordre des articles du code, De la transcription*, 2ᵉ éd., 1864, n°116）。この記述によれば，賃借人の権利と用益権とは相当に連続したものと理解しうることになる。しかし，こうした点については，賃貸借法の体系書との整合性が十分でなく，しばしば指摘されるトロロンの議論のアドホックな性格を見ることが可能であろう。

(3) Troplong, *De l'échange et du louage*, n°24. もっとも，ここで示しているのは，賃借物修復請求等について治安裁判所の管轄が成立する（旧民事訴訟法3条）ことのようでもあり，一般事案についてどのような管轄原理が成立するとするかは，必ずしも明らかではない。

第1章　フランスの物権説

の目的は，賃借人にはその労働に応じ，所有者にはその所有権という優越せる権利に応じて果実を分配することにある。賃借人は，占有するにしても，自己のための意思（amino domini）に基づき占有するのではない。賃借人は，他人のために占有するのである。その占有は，仮という要素（élément de précarité）に貫かれている。」[4]。

それゆえ，トロロンは，次のように論じて，賃借人に占有訴権を認めない。

「ムリコ（Mouricault，フランス民法の起草者のひとり……小栁注）が述べるように，賃借人は，占有者ではない。賃貸人が占有するのであり，賃借人の占有は，全く仮のもの（précaire）である。賃借人は，賃貸人の占有に支配されているのであり，第3者の目には賃貸人に吸収され，いわば消失しているかのように見える。賃借人は，所有者の代理人に過ぎない。また，次のことも承認されている。それは，フランス法においては，賃借人は，侵害をなす所有者に対しても，また侵奪をなす第3者に対しても，占有訴権を有さないことである。」[5]

本権の訴えについても問題にならない。これには，フランス民法1727条が関連した。同条は，第3者が賃貸物について権利あることを主張して妨害をなした場合（法上の妨害）について，賃借人が賃貸人のために占有することを明言し，妨害者に対して賃借人がみずから対抗する手段は規定せず，専ら賃貸人に保護を求めるとのみ規定している。トロロンが尊重しなければならないと述べた規定は，この1727条である[6]。

㈦　不動産権と動産権

第3に，賃借人の権利は，不動産権である。トロロンは，次のように述べる。

「理由は簡単である。賃貸借は，物権（jus in re）を創設する。賃借人の権利は，物にみずからの刻印を押しつけ，物が譲渡されるときでも物を追及し

---

(4) Troplong, *op. cit.*, n°4.
(5) Troplong, *op. cit.*, n°271.
(6) トロロンは，体系書の占有制度を論じた別の巻でも，賃借人の占有を「仮という要素」に貫かれているとして，用益者や永借人の占有と対照的であると論じていた（Troplong, *De la prescription*, 4ᵉ éd., 1857, n°366）。

ていく。それゆえ、賃借人の権利は、権利の客体による不動産権である[7]。」

しかし、不動産権として賃借人の権利を理解しても、その具体的な帰結は別である。トロロンは、賃借人の権利の抵当を許さない。その理由として、トロロンは次の点をあげる。①賃借人の権利は用益権と異なり、所有権の支分権ではない。②すべての不動産権が抵当権の客体となるのではない。例えば、地役権や使用権は不動産権であっても抵当権の客体とはならない。③賃借人の権利には担保としての安定した対象性（assiette fixe）がない。

③について、トロロンは、次のように論じた。

「賃貸借の目的は何か。それは、所有者の手に物の純益をもたらすことである。賃借人が得るのは、その労働の報酬と前払の補償である。それゆえ、賃貸人への賃料と経営のための支出を引き去った後、賃借人の権利への評価しうる程の報酬はどこにあるのか。一般的に言って、とくに賃貸人が賃借人に対しその正当な利得以外にはなしうる限り僅かしか与えないように努力するときは、賃借人への報酬はない。賃料が低廉で賃借人が相当の利益を得るときといえども、どのように評価するのであろうか。所有者利得と耕作費用とをさし引いて、どのようにそれを確保するのであろうか。明確なことは、賃借人の権利を抵当権の客体としても、賃借人の権利の価値は不確実であり、抵当は、安定した対象性を欠いていることである[8]。」

このトロロンの説明は、物権説についてのテーズの著者であるデュガスが評するように、十分な説得力を有するものとは言いがたい[9]。というのも、賃借人の権利の価値が確実でないことは、事実上の問題であり、その抵当が許されるか否かという法律問題ではないからである。しかし、トロロンの議論は、賃借人の権利の担保価値という重要な問題を指摘するものである。賃借人の権利の抵当を否定することの利点としては、通説的な理解に反しないことがある。実際、トロロンは、「賃借人の権利が物権であることから抵当の目的としうるという結論を導き出し、現在まで認められている原理に矛盾することは、自分の望

───────
(7) Troplong, *De l'échange et du louage*, n°15.
(8) Troplong, *op. cit.*, n°18.
(9) Dugast, *op. cit.*, p. 118.

第1章　フランスの物権説

むところではない」と論じていた[10]。

　ちなみに，トロロンは，永借権については，その物権性を承認した上で，賃借人の権利と異なり，抵当権の目的としうるとして，「永借権は，不動産権であって，安定した対象性（assiette fixe）を有するという点で用益権と同様であり，単なる賃借権とは異なる。永借権は，下級所有権の期限つきの譲渡を構成する。それゆえ，これが抵当権の客体とならないと考える理由はない」と論じていた[11]。ここでは，等しく物権といっても，通常の賃借人の権利と永借権との相違は明らかである。これは，所有権の支分権としての性質の有無によるものである。

　もっとも，トロロンは，夫婦財産制については，夫婦財産制に関する体系書の中で，賃借人の権利は，婚姻前に取得された場合でも固有財産になると指摘した[12]。その際，トロロンは，多くの論者は，債権説を維持し，それゆえ賃借権を動産権と理解しているため，婚姻前に取得した賃借権も共通財産に帰属すると論じていると指摘した後，自分は賃借権は不動産権であると証明していると論じ，この見地からは婚姻前に取得した賃借権が固有財産に帰属するという結果が簡単に得られると論じた。

　㈣　賃貸借の対抗力と占有

　これについては，トロロンは，物権説の帰結を維持する。まず，二重賃貸借について，トロロンは，フランス古法においては，先に占有を得た者が優先するというポティエの学説が正しいが，現在では，賃貸借を設定した所有者は，みずからの権利をそれにより制限されるのであり，占有の先後ではなく，先日付の賃貸借が優先すると論じた[13]。

　更に，引渡しを受けていないが確定日付を有する賃借人と，賃貸不動産の買主の問題については，物権説を採用して，賃借人を勝たせた判決(Dijon, 21 avril

---

(10) Troplong, *De l'échange et du louage*, n°18.

(11) Troplong, *Des privilèges et hypothèques*, t. II, n°405.

(12) Troplong, *Du contrat de mariage et des droits respectifs des époux*, 3ᵉ éd., 1857, n°402.

(13) Troplong, *De l'échange et du louage*, n°500.

第1節　古典的物権説

1827, S.27. 2. 116. この判決については後に第5項で紹介する。）を肯定的に評価する[14]。

　こうして見ると，トロロンの物権説は，占有訴権及び賃借権抵当については，物権説の帰結を貫徹しないものと理解しうる。そもそも，トロロンは，賃貸借について「賃借人が働くのは，賃貸人に収入をもたらすためである。賃借人は土地と賃貸人との仲介者（*intermédiaire entre la terre et le bailleur*）である。」という理解を有し[15]，先の引用文でも同様の見解を示している。ここには，賃借人を賃貸人の代理人とする伝統的な賃借人理解の影響が考えられる。トロロンの物権説は，賃借人の権利に対抗力を認める民法1743条の規定に注目し，賃借人の独立した土地利用権を明確化しようとするところにその由来があったと考えられる。そして，トロロンの物権説の背景としては，当時の定額借地農（すなわち賃貸人から独立した経営主体として資本と企業家精神を有する定額借地農）という社会的実態があった。しかし，トロロンの議論は，解釈論という枠もあり，実践的な帰結では徹底したものにはなりえていない[16]。例えば，賃借人に占有訴権を認めないことは，その典型的な例である。それゆえ，トロロンの物権説は，定額借地農の権限強化を目指したものというよりも，1743条の理論的な説明という色彩が強いものになっている。全体として，トロロンの物権説についての議論は，必ずしも首尾一貫したものではなく，また，「支分権なき物権」といった他の論者に見られない独自の概念を使用するという点で，特徴がある。トロロンは，19世紀の注釈法学者の間で必ずしも高い評価を受けた存在ではなかったことも，この限りでは無理からぬこととすら考えられる。

II　ジョゾンの物権説
1　物権説の論拠

　19世紀における物権説は，トロロンひとりではない。物権説であって，かつトロロンとは異なる具体的帰結を導き出した論者もいる。その例として，ここ

---

[14]　Troplong, *op. cit*., n°498.
[15]　Troplong, *op. cit*., n°4.
[16]　Derruppé, *op. cit*., n°15.

第1章　フランスの物権説

ではジョゾン（Jozon）を検討する。ジョゾンは，トロロンに影響を受けながら，1865年に賃借人の権利の物権性を主張する論文を発表した[17]。ジョゾンの論証は，トロロンに比べれば体系的である。ジョゾンは，まず物権の特性として追及権と優先権とを挙げる。これは，先に述べた物権についての古典的学説に連なるものと言えよう。その上で，ジョゾンは，民法1743条は賃借人の権利に追及権を与え，民事訴訟法684条は賃借人の権利に優先権を認めると論じた。民法1743条については，トロロンと同様であるが，民事訴訟法684条に注目する点で異なる。これは，公署証書または確定日付ある私署証書による賃貸借について賃貸不動産の差押えに対する対抗力を与える規定である[18]。ここからジョゾンは，賃借人は追及権と優先権とを備え，それゆえに物権を有すると論じた。更に，ジョゾンは，1855年謄記法が18年を超える賃貸借について謄記を対抗要件として規定したことを指摘し（この謄記法は，トロロンの物権説が提唱された後に成立したものである。），賃借人の権利の物権性が立法の上でも現れつつある動きとして評価する[19]。なお，1717条の規定する譲渡，転貸は，ジョゾンもまた物権説の論拠として援用はしない。

2　物権説の帰結
(ア)　管　　轄

ジョゾンは，賃借人の権利の物権性の具体的帰結として，裁判管轄と占有を挙げる。裁判管轄において賃貸不動産の所在地の管轄が成立することは，実際上は賃借人の利益になりうる。というのも，賃貸人は必ずしも賃貸不動産の近くに居住していないが，通常賃借人は賃貸不動産を利用するためにその近くに

---

[17]　Jozon, *op. cit.*, p. 366. ジョゾンはトロロンとともに物権説の代表とされ，一般的にはこの両者が物権説の論者として紹介される（Dugast, *op. cit.*, p. 93 à 126; Derruppé, *op. cit.*, n°17）。

[18]　民事訴訟法684条のその後の変遷については，参照，内田貴・前掲抵当権と利用権47頁注(3)。

[19]　トロロンの賃貸借の体系書は，1855年法制定前に成立しており，この点は，論じていない。

第1節 古典的物権説

居住する。このため，賃借人が賃貸人を訴えるときには賃貸不動産所在地の裁判所に訴えることができれば，賃借人にとり負担が少なくなるのである。

　(イ)　占　　　有

　また，ジョゾンは，賃借人に占有訴権を認める。この際，ジョゾンは，物権説を採用して，賃借人に直接の同業排除請求権を認めた一連の裁判例(Paris, 24 juin 1858; Paris, 29 mars 1860; Paris, 8 juillet, 1861; Paris, 12 Mars 1863，これらの裁判例は，後に第5項で紹介する。）を肯定的に引用する[20]。

　(ウ)　賃借人の権利の対抗力と占有

　ジョゾンは，二重賃貸借についても，先日付の賃貸借が優先すると論じた[21]。更に，確定日付を得たが引渡しを受けていない賃借人と不動産の買主の争いについても，占有の有無は問題にならず，賃借人が優先すると指摘した。その理由は，賃借人の権利は物権であるから優先権を有することである[22]。

　(エ)　不動産権と動産権

　ジョゾンは，賃借人の権利が動産権か不動産権かの問題については，次のような理由で動産権であると論じた。

　「確かに，債権が同時に物権であることは困難である。債権と物権は，その性質上相対立し，相異なるものである。しかし，物権と債権とが，ひとつの契約のためにひとりの人間に共存する（coexister）ことは可能である。例えば，売買契約では，買主は物権と債権とを同時に得る。抵当権を有する債権者にしても，同様である。また，賃借人についても，このことを指摘しうる[23]。」

---

[20]　占有訴権について論じた大著の中でベリーム（Bélime）は，1743条により賃借権は物権になったとし，賃借人に占有訴権を認めた。なお，賃借権は抵当権の目的とはならないと論じているが，その理由は，物権といえども抵当権の目的にならないものがあるからというものであった（W. Bélime, *Traité du droit de possession et des actions possessoires*, 1842, n°309）。

[21]　Jozon, *op. cit.*, p. 359.

[22]　Jozon, *op. cit.*, p. 362.

[23]　Jozon, *op. cit.*, p. 368. トロロンもまた債権の存在を無視するものではないが，賃借人の有する物権の従たるものとしていた（Dugast, *op. cit.*, p. 97）。

第1章　フランスの物権説

このようにジョゾンは，賃借人は賃貸物への物権と賃貸人への債権とを有するとして次のとおり指摘した。

「賃貸借の主な効果は，賃貸人が賃借人に対し物を用益させる義務を負うというところにある。反対に，物権は，存在するものの附随的な (accessoire) 権利にすぎず，賃借人がこれによるのは例外的な場合のみである。それゆえ，物権ではなく債権が主要なものである。賃借人の権利を全体として捉えれば，これは債権であり，かつ動産権として考えねばならない。それゆえ，賃借人の権利は，質権の目的となり（換言すれば，抵当権の客体とはならない……小柳注），夫婦共通財産に含まれる」[24]。

ここで，ジョゾンは，賃借権抵当を否定し，賃借権の権利質を認める際に，Cass. Req, 26 mars 1861の判決（先に第2項でも引用したし，後に第5項で検討する。）を肯定的に引用する。これは，賃借人の権利の債権性を論拠に賃借権質の有効性を認めた判決であり，実際には，営業質 (nantissement du fonds de commerce) の一環としての賃借権質としての賃借人の権利担保を肯定した判決である。それゆえ，ジョゾンは，この判決の結論部分を支持しながら，そうした結論は債権説によらず物権説によっても肯定しうると論じたのである。こうして見れば，先の引用でジョゾンが論じたところは，実質的に賃借人にその権利を担保の目的とすることを認める議論である。この意味で，不動産権となることを否定するジョゾンの説は，賃借人にとり実質的に不利になるものでは必ずしもない。

3　トロロンとジョゾンの比較

ジョゾンの説とトロロンの説を比較すれば，トロロンの説がその効果において物権説の帰結を貫徹せず，やや妥協的であったのに対し，ジョゾンの説は，占有訴権と裁判管轄において実質的に賃借人の利益になりうる議論であった。ジョゾンが物権説を主張する際に，どのような賃貸借を念頭に置いていたかは必ずしも明らかではない。当時のフランスの賃貸借法において重要な問題であったのは農地賃貸借であったことからすれば，あるいは農地賃貸借であるか

---

[24] Jozon, *op. cit.*, p. 369.

もしれない。しかし，同業競争や営業質の問題に関心を示すことからみて，建物賃貸借とりわけ商事賃貸借にも関心があったものと考えられる。

そもそも，ジョゾンは，トロロンによる物権説提唱後の立法をみずからの物権説の論拠として引用する。1855年謄記法はその例である。更に，トロロンの物権説に影響を受けたと考えられる裁判例を紹介し，支持することでも注目に値する。いわば，ジョゾンの議論は，トロロンの議論を展開したものと理解できるであろう。

また，トロロンやジョゾンにおいては，賃貸人の収益担保義務をいかに説明するかが重要な問題である。他物権の代表とされる用益権では，虚有者は原則として担保義務を負わない。そこで，賃借人が物権を有すると主張するとき，賃貸人の収益担保義務を否定することになりはしないかという疑問が生ずる。これを解決するために，トロロンは賃借人の権利は支分権なき物権であると論じ，またジョゾンは賃借人の権利全体において物権は附随的であるという理解を示したものと考えられる。この賃貸人の収益担保義務の問題は，債権説においては更に重視される。

ジョゾンの議論は，反響を呼んだ。このジョゾンの説を，経済的観点から支持する議論がある。ロジィ（Rozy）は，「経済的観点から見た1743条」という論文において，特に，農地賃貸借において賃貸借の存続（存続期間を含む）の重要性を指摘した。ロジィは，アダム・スミスを引用して，9年という期間は短すぎ，27年という期間でも賃借人の改良を促進するには十分ではないと述べ[25]，その関連で，1743条の重要性を指摘し，更に，ジョゾンの説には実際上の意義があると論じた。例えば，管轄について，賃借人が賃貸人を訴えるのに時間を使う必要がなくなり，賃借人の利益になると論じたのである。

第4項 債 権 説

債権説による物権説への批判は，種々のものがあり，個々の論者によって論

---

[25] H. Rozy, L'article 1743 au point de vue économique, *Revue pratique de droit français*, t. XXX, 1865, p. 475.

第1章 フランスの物権説

ずる内容は，かならずしも同一ではない。しかし，一定の傾向は，見てとることが可能である。ここでは，トロロンの物権説に対する批判として，最初にデュヴェルジェ（Duvergier）のものを採りあげる。これは，トロロンが売買法の体系書で賃借人は物権を有すると主張したのに極めて近い1836年に公表され，相当に詳細で多くの論点を提示する。また，デュヴェルジェの批判に対し，トロロンが1840年の賃貸借法の体系書において反論したこともあり，興味深い。ここでは，まずデュヴェルジェの債権説を紹介し（Ⅰ），次にトロロンの反論を検討し（Ⅱ），その上で債権説の多様性を明らかにする（Ⅲ）。

Ⅰ　デュヴェルジェの債権説
1　賃借権と用益権の相違

デュヴェルジェは，賃貸借と用益権との相違をまず指摘する[1]。デュヴェルジェによれば，賃借人の権利と用益権は，多くの面で類似があるが，しかし，両者は全く別のものであり，性質と効果における相違を決して見過ごしてはならない。用益権は，所有権の支分権（démembrement de la propriété）であり，物権（jus in re）である。それはだれの手に物が譲渡されようとも物を追及していき，不動産について設定されれば不動産権であり，抵当権の客体になしうる。これと反対に，賃借権は，物についての権利（jus ad rem）にすぎず，契約から生ずるものであり，当事者しか拘束しない，とデュヴェルジェは述べる。

デュヴェルジェによれば，このような相違は設定において現れる。

「用益権の設定に際しては，所有者は，所有権から収益の権利を支分し，それを用益者に引き渡す。所有者の義務は，ただ単に用益者に収益を許す（laisser jouir）ことにある。これに対し，賃貸借では，厳密には，所有者は，収益の権利を譲渡するのではない。その義務は，収益を許すというものにとどまらず，収益をなさしむる（faire jouir）というところにある[2]」。

用益権においては，所有者は，物を現状のままで引き渡せばよいのに対し，賃貸借では賃貸人は物を善良な状態に修理して引き渡す義務がある。更に，賃

---

(1) Duvergier, *Traité du contrat du louage*, n°28.
(2) Duvergier, *op. cit.*, n°28.

貸借においては，賃貸人は，賃借人に対して収益担保義務がある。用益権において，所有者は修繕義務を原則として負わないのに対し，賃貸借では，賃貸人は修繕義務を負う。また，賃貸人は，不可抗力による不作の場合に賃料を軽減する義務を負うが，用益権では，そのようなことはない，とデュヴェルジェは論じた。

2　1743条

デュヴェルジェは，賃貸借の対抗を規定する1743条についても次のように論じた。

「第3取得者が賃貸借を維持する義務を負うのは，賃借人の権利が物権だからであろうか，それとも，賃貸借の維持は賃借権が物権ではないにもかかわらず，義務づけられたものであろうか。私見は，何の躊躇もなく後者である[3]。」

デュヴェルジェの挙げる理由は，第1に立法者意思であり（ア），第2に1743条の限定性（イ）である。

(ア)　立法者意思の探求

デュヴェルジェは，立法者意思について，次のように論じた。

「もしも，立法者が，賃貸借のもたらす効果の性質について，根本的な変革を意図したのであれば，もしも，立法者が，賃借人に従来と同様の債権に代えて物権を与えようと意図したのであれば，それを明言していたはずである。新しい体系について原理をほのめかすかたちでは提示しないであろう。賃借権の物権性をいくつかの点で示すというのではなく，まぎれのない形で明らかにし，宣言し，章の冒頭に記し，賃貸借の定義において明示したであろう[4]。」

デュヴェルジェによれば，それとは反対に，民法の与える賃貸借の定義は，旧法下の学者であるポティエの賃貸借定義を基本的に踏襲する。すなわち，ポティエの定義は，「物の賃貸借は，2人の契約当事者の一方が契約した期間一定

---

(3) Duvergier, *op. cit.*, n°280.
(4) Duvergier, *op. cit.*, n°280.

の代価と引換えに他方に物の収益または使用をなさしむる義務を負う契約である」であったのに対し，民法1709条の賃貸借の定義は，「物の賃貸借は，当事者の一方が一定の期間一定の代価と引換えに他方に物の収益をなさしむる義務を負う契約である」というものである。両者の類似性は，明らかである。ポティエは，賃借人の権利を債権であると言明していた。定義中の「収益をなさしむる義務を負う（s'oblige à faire jouir）」という文言は，賃借人の権利の債権性に適合的であり，賃借権の設定により物権の譲渡があったという理解にはなじみ難い。しかも，民法が旧法と異なる原理を採用した売買の場合においては，その旨を明言する。すなわち，旧法下の法原理は，売買における所有権の移転には，意思表示のみならず一定の様式を要求した。これに対し，民法は，意思表示による所有権移転という新たな主義を採用することを1582，1583条により明文で示した。しかるに，賃貸借では，このようなことは見られず，民法は旧法下の定義を維持する。それゆえ，賃貸借の領域では，新たな法原理の導入はないと考えるべきことになる[5]。

(イ) 1743条の限定性

デュヴェルジェが，1743条は賃借人に物権を与えるものではないと論じた第2の理由は，同条の限定性である[6]。まず，同条は，不動産賃貸借のみに適用され，動産には適用がない。これは，同条が賃貸借一般についての規定ではなく，例外的な規定であることを物語る。仮に，同条によって賃借権に物権性を与えるのであれば，そのような限定は不必要であろう。賃貸借の一部にしか適用されない規定によって，賃借権そのものの性質が変化したとは考えられない。

デュヴェルジェによれば，そもそも，1743条は，いかにして成立したかを考える必要がある。賃借権に対抗力を与えるこの規定は，フランス民法の立法過程では当初は農地賃貸借にのみ適用されることを予定していたが，公布されたフランス民法においては，建物賃貸借にも適用されることとなった。1743条は，本来は農業の利益を目的とした規定であった。「立法者の念頭にあったのは権利についての理論ではない。立法者は単に社会経済について配慮したのである。」

---

[5] Duvergier, *op. cit.*, n°280.

[6] Duvergier, *op. cit.*, n°280.

第 1 節 古典的物権説

とデュヴェルジェは論じた[7]。

デュヴェルジェによれば，1743条で賃借人が賃貸不動産の買主に対抗しうるためには既に占有を開始している必要がある。また，二重賃貸借の場合についても占有が問題となる。その理由は，同条が「立ち退かせる（expulser）」という文言を用いることにある。これも，同条が限定的なことを示し，賃借人の権利の物権性と相容れない[8]。

3 他の規定との関連

以上の他に，デュヴェルジェは，民法の他の規定が賃借人の権利の物権性を予定していないと指摘した。「526条は，不動産の性格を有する権利を列挙するが，賃借権に言及しない。2118条は，抵当権の客体となる不動産の利用権を挙げ，所有権の支分権である故に用益権（usufruit）を抵当権の客体とするが，賃借権には言及しない[9]」。デュヴェルジェは，ここで所謂物権法定主義との関連を論じたのである。このように論じたとしても，物権たる永借権が526条及び2118条において言及されていない以上，526条及び2118条が賃借権に言及しないことは，賃借権の物権性の障害にならないという反論があるかも知れない。しかし，そもそも，民法は，永借権についてまったく規定していないのであり，この例を賃借権にもあてはめるのは適当ではない，とデュヴェルジェは述べる。デュヴェルジェは，物権法定主義について，必ずしも絶対的なものとは理解していないのである。

以上のように，デュヴェルジェの債権説は，立法者意思を重視し，その上で，第1に用益権との相違，第2に1743条の限定性，第3に他の規定との関連を指摘した。

---

(7) Duvergier, *op. cit.*, n°251.
(8) Duvergier, *op. cit.*, n°251.
(9) Duvergier, *op. cit.*, n°252. フランスにおける物権法定主義について，七戸克彦「物権法定主義——比較法的・沿革的考察」慶應義塾大学法学部法律学科開設百年記念論文集法律学科編（慶応通信，1990年）596頁以下が優れた研究である。

第1章　フランスの物権説

II　トロロンの反論
1　賃借権の定義

以上のデュヴェルジェによる債権説に対し，トロロンは，賃貸借法の体系書において次のように反論した。

確かに，フランス民法1709条はポティエの賃貸借定義を承継している。しかし，ポティエが賃借権を債権として理解した理由を考える必要がある。その理由は，旧法下における loi emptorem の存在であった。ところが，loi emptorem は，民法1743条により廃止されている。それゆえ，フランス民法下において賃借人は債権しか有さないと考える理由がない[10]。また，1709条の「収益をなさしむる」という文言も，物権説を否定する根拠にはならない。

「この『収益をなさしむる義務を負う』という文言に，デュヴェルジェは，デュラントン(Duranton)と同様に，いわば魔術的な意義を認めるが，この文言は，物権の移転という観念を必然的に排除するようなものではまったくない。その証拠に，同じ文言がbail à renteに使われているが，ここでは物権の移転がなされている。また，旧法下における9年を超える賃貸借 (bail au-dessus de neuf années) の定義にも，同じ文言がある。これについても，判例は，物権としていたのではないか[11]。」

「義務について規定があることは，権利について規定しているのと同じことである。何故ならば，義務は権利の反対物である。それゆえ，賃貸人が収益をなさしむる義務を負う以上，賃借人は，収益する権利 (droit de jouir) があることになる[12]。」

トロロンは，物権法定主義との関連では，どのように論ずるのか。まず，物権法定主義に関連する条文は，先に引用した526条の他に次の543条がある。

543条「財産に対しては，所有権あるいは単なる収益権 (simple droit de jouissance) を，あるいは主張すべき土地役務 (services fonciers) のみを有することができる。」

---

[10] Troplong, *De l'échange et du louage*, n°12.

[11] Troplong, *op. cit.*, n°14.

[12] Troplong, *op. cit.*, n°12.

第1節　古典的物権説

トロロンは，そもそも物権法定主義に否定的であり，526条及び543条は制限的なものではなく，単に物権の代表例を列挙したに過ぎないと論じた[13]。それゆえ，これらの規定は，トロロンの考えでは，物権説の障害にはならない[14]。

2　賃借権と用益権の相違

トロロンは，賃貸借と用益権との相違に関しても，それは賃借権の物権性の障害にならないとして，次のように論じた。「ナポレオン法典において，賃貸借の定義が用益権と異なることから導き出される結論は，賃貸借は用益権と異なり，混同してはならないことだけである[15]。」

そもそも，トロロンの物権説は，賃貸人の収益担保義務を否定するものではなかった。トロロンは，賃借人の権利は，用益権と異なり，「支分権なき物権」であるという概念によって，賃借人の権利と用益権の相違を指摘していた。しかし，トロロンの「支分権なき物権」という概念は，他の論者からすれば簡単には受け容れ難い概念であった。換言すれば，トロロンは，賃借人の権利と用益権の相違の所以を，説得的に説明することに成功したとは言い難く，また賃貸人の収益担保義務を十分に位置付けえていない。

これに対し，ジョゾンは，賃借権の用益権に対する特性や賃貸人の収益担保義務を，賃借人が賃貸物上の物権と賃貸人に対する債権とをあわせ有するという理論によって説明する。トロロンと異なり，ジョゾンは，賃貸人が債権上の義務に基づき積極的な役割を果たすことを十分に承認しうる理論を展開する。換言すれば，ジョゾンの物権説に対しては，賃貸人が「収益をなさしむる義務を負う」ことは，有力な反論たりえない[16]。

---

[13] Troplong, *op. cit.*, n°50.

[14] また，永借権は543条の言う「単なる収益権（simple droit de jouissance）」であると論ずる（Troplong, *op. cit.*, n°12）。賃借権に関しては，トロロンは，賃貸借は賃借人にdroit de jouirを与えると述べた（n°24）。

[15] Troplong, *op. cit.*, n°12, (p. 66).

[16] 債権説を主張するボドリー・ラカンチヌリ＝ワールもこのことを指摘する（Baudry-Lacantinerie et Wahl, *Du contrat de louage*, n°685）。

81

第1章　フランスの物権説

Ⅲ　債権説の多様性
債権説といっても，その論拠及び帰結において多様性を見せた。

1　債権説の論拠
物権説をめぐるテーズの著者であるデリュペ(Derruppé)の整理によれば，賃借人の妨害排除規定を重視する論者と賃貸借の定義規定を重視する論者とがあった[17]。

(ア)　妨害排除規定の重視

デリュペは，賃借人の妨害排除規定である1727条重視の代表として，オーブリー＝ロー（Aubry et Rau）を挙げている。実際，オーブリー＝ローは，次のように述べた。

「この問題について最も決定的なのは，1727条の規定である。それによれば，第3者が賃借人を賃貸物から追い立てようとするときには，賃借人は，賃貸人に担保責任を求めねばならず，その要求があれば，訴訟の局外に置かれる。もしも，賃貸借から生ずる権利が物権であったならば，賃借人は，みずから防御をなしえるはずであり，賃貸人に担保責任を求める必要はなく，またその反面，訴訟の局外に立つこともないはずである」[18]。

オーブリー＝ローは，他の論者とは違って，1743条や1709条について詳細に論及はしない。以上の，1727条が債権説の主たる論拠なのである。これは，賃貸借の対外的効力を重視するものであろう[19]。

(イ)　賃貸借の定義規定の重視

デリュペは，賃貸借の定義規定である1709条重視の代表として，ボドリー・ラカンチヌリ＝ワールの体系書を挙げる。ボドリー・ラカンチヌリ＝ワールの体系書は，「最も重要なのは，1709条である。これは，物の賃貸借を《当事者の一方が他方に物の収益をなさしむる義務を負う契約》と定義する。この規定は，とりわけ重要である。この定義をポティエの定義と比べるならば，賃借人の権

---

(17)　Derruppé, *op. cit.*, n°25 note 49.

(18)　Aubry et Rau, *op. cit.*, §365 note 11, §369 note 39.

(19)　Derruppé, *op. cit.*, n°25.

第1節　古典的物権説

利の法律的性質に関する理念を知りうる」と論じた。更に，この定義が明確な物権である用益権の定義と異なることを指摘した。ボドリー・ラカンチヌリ＝ワールは，賃貸人の収益担保義務を具体的に規定した1719条（賃貸物の引渡義務，賃貸物を用途に役立つ状態に維持する義務等），1720条（修繕義務），1721条（瑕疵担保責任）等について次のように論じた。

　「論者の中には，債権説の論拠として，1719条，1720条，1721条等を挙げるものがある。しかし，これは余り重要ではない。というのも，確かにこれらの規定は，賃貸人の義務を明らかにする。しかし，こうした賃貸人の義務は，賃借人が債権を有することを明らかにしても，賃借人が債権の他に物権を有することは排除しないからである。1719条は，賃貸人は物権しか有さないという議論に対する反論として有効なだけである」[20]。

　更に，1727条については，「論者の中には，これは，賃借人が物権，即ち万人に対抗しうる権利（droit opposable à tous）を有さないことを示すと確信をもって述べるものがある。私見によれば，これは決定的ではない。というのも，用益権について614条が同様のことを規定するからである」と述べた。

　このようにボドリー・ラカンチヌリ＝ワールは，1727条は，賃借権の債権性の根拠にはならないと述べた。用益権に関する614条は，妨害に対する用益者の通知義務に関する規定である。確かに，1727条は，614条と同様に賃借人の通知義務を規定した。その限りでは違いはない。実際のところ，用益者に占有訴権を認めるのは，フランス民法に明確な規定があるからではない。というのも，そもそもフランス民法は，占有訴権に関する具体的な規定に乏しいのである[21]。とすると，賃借人に占有訴権を認める規定がないことは，果たしてどれほど債権説に論拠になるか疑問が残る。しかし，1727条2項は，その要求があれば「賃借人は訴訟外に置かれなければならない」と規定した。こうした規定は，624条にない。それゆえ，ボドリー・ラカンチヌリ＝ワールが述べるように，この条文が物権説の障害にならないかは疑問が残る。また，ボドリー・ラカンチヌリ＝ワールのように賃貸借の定義規定が債権説の論拠であるという議

---

(20)　Baudry-Lacantinerie et Wahl, *op. cit.*, n°685.
(21)　三ケ月章・前掲占有訴訟論文。

論にもまた余りに形式的ではないかという印象を受けるのである。
　(ウ)　物権法定主義との関連
　更に，問題になるのは，物権法定主義との関連，具体的には永借権との関連である。既に論じたようにフランス民法は永借権について規定しない。そこで，これに物権を認めることができるかについて学説上争いがあった。その際，少数説であるが，永借権の物権性を否定する論者がいた。例えば，ギルアルは，永借権（emphythéose）を物権とは認めない。その理由は，フランス民法526条，543条，2118条が永借権について言及していないことである(22)。この点で，ギルアルは，通説的理解や判例とは対立する。これは，実質的に見れば，物権法定主義を根拠として永借権の物権性を否定するものである。ギルアルが賃借権を物権と認めないのも，根底的には，これと関連すると考えられる。しかし，ギルアルは，債権説の根拠を論ずる場合には，永借権の物権性を否定する場合より詳細であり，1709条の賃貸借の定義がポティエの与える賃貸借の定義に似ていること，1727条が賃借人に妨害排除の手段を認めていないこと，立法者意思を検討しても，賃借人に物権を与えるとは判断できないこと等を指摘した。
　フランス民法学は，物権を主要物権（droits réels principaux）と付随的物権（droits réels accessoires，担保物権に相当）とに分ける(23)。それゆえ，主要物権は，先に紹介した543条が規定したところに限られるかという物権法定主義が論じられる。物権法定主義を厳格に理解する論者では，ドゥモロンブ，オーブリー＝ローなどがいる(24)。ドゥモロンブは，543条を制限的なものと解釈し，物権法定主義を唱えた点でフランスの代表的な論者であるといわれる。ドゥモロンブは，永借権の物権性を否定する(25)。しかし，ドゥモロンブは，債権説を主張する際には，単に物権法定主義を指摘するのではなく，種々の論拠を挙げた。オーブリー＝ローもまた永借権を物権と認めない(26)。しかし，オーブリー＝

---

(22)　Guillouard, *Traité du contrat du louage*, n°10.

(23)　Derruppé, *op. cit.*, n°276.

(24)　七戸克彦・前掲「物権法定主義」598頁。

(25)　Demolombe, *Cours de Code Napoléon*, t. IX, n°491.

(26)　Aubry et Rau, *op. cit.*, t. II, §224 bis.

ローは，賃借人の権利の法律的性質を論ずるときには物権法定主義を論拠にするのではなく，むしろ1727条が賃借人に法上の妨害に対して妨害排除の手段を認めないことを指摘するのである。結局，物権法定主義だけを論拠とするのでは，あまりにも形式的になるので，これを避けたものと考えられる。しかも，19世紀の通説は，当事者は526条が列挙する以外の物権を創設しうるというものであり，物権法定主義を厳格に考えるのはむしろ少数説であった(27)。このことは，先に見たデュヴェルジェもその例である。こうした論者は，永借権の物権性を肯定しつつ，賃借権の債権性を主張する。物権法定主義を厳格に理解しない論者の場合は，物権法定主義の制約はそもそも決定的な問題ではないし，債権説の中心的な根拠には必ずしもならないのである。

(ｴ)　処分権限を有しない者の賃貸借

また，一部の論者であるが，処分権限を有しない者の賃貸借に関するフランス民法の規定を論拠にした場合がある。例えば，ドゥモロンブは，フランス民法595条（これは，日本民法602条の処分能力または権限を有しない者による賃貸借の源流となる規定である。詳しくは，後述第2章第1節第2項参照）を手がかりに，次のように述べる。

　「物権説は，用益者（usufruitier）がなした賃貸借が，用益権（usufruit）終了後も，能動的及び受動的に，賃借人と虚有者の間で存続するというフランス民法595条を全く説明できない。」(28)

ドゥモロンブによれば，仮に賃貸借が物権を賃借人に与えるとしたら，賃貸借が管理行為（un acte d'administration）であることをうまく説明できない。実際，フランス古法では，期間9年を境にした賃貸借の区別があり，9年を超える長期の賃貸借は物権であるとして，賃貸も処分行為とされ，また，9年以下

---

(27)　七戸克彦・前掲「物権法定主義」596頁。なお，後に，永借権は1902年法により物権と明確に規定されたため，物権法定主義の制約は考えなくともよくなる。また，地上権は，もともとフランスでは独立した一つの用益物権としてではなく，地上建物の所有権として理解されている（後述）。このため，物権法定主義とは抵触しない（Terré et Simler, *Les biens*, n°858）。

(28)　Demolombe, *op. cit.*, n°493.

の短期の賃貸借は債権しか生まないとして管理行為として理解されていた。こうした理解は、ドゥモロンブ以外の債権説の論者にも見ることができる[29]。更に、後の1902年法は、永借権を物権と規定したが、その設定には処分権限を要求したのである（後述169頁）。

(オ) 賃借人の権利の独立性

その他に、賃借人の立場を賃貸人の代理人に過ぎないとして、その権利の独立性に消極的な評価を示すことから、債権説を主張する者（トリエ Taulier）もいた。トリエは、まず、賃借人の権利は所有権の支分権であるかを問題にして、次のように論じた。賃借人の用益は、所有者の権限から分離できず、独立ではありえない。賃借人は、所有者の代理人、補助者である。農地賃貸借では、賃借人は、所有者のために耕作するのであり、また、建物賃貸借でも所有者のために用益する。この点は、用益者と異なるのであり、賃借人の権利は、所有者の権利と分離できず、賃借人は物の利用すべき部分の主人（maître de la partie utile de la chose）ではない。かくして、トリエは、賃借人の権利は所有権の支分権ではないと主張し、その結果、賃貸借の目的物が不動産であっても賃借人の権利は物権ではないと述べた。1743条については、留置権を規定したものであると論じ、また、起草者はこの条文により単に経営の安定性を確保し、農業と産業の利益を図っただけであると論じた[30]。

但し、トリエは、1743条の解釈論として、賃借人が占有をしている必要はないと論じた。その理由は、賃借人が占有を始める前であっても、農地賃貸借では家畜、肥料、農業用具等を準備し、また、建物賃貸借でも営業用の道具を準備することがあるからである。また、後の権原が先の権原に優先することは適切ではなく、1743条の「追い出す（expulser）」という文言は、賃貸借を否定するという意味に過ぎないとも指摘した。このように見ると、トリエが解釈論を展開するときには、実質的な利益考量を基礎とする場合があったことが明らかになる。

(カ) 1743条の説明

---

(29) Dugast, *op. cit.*, p. 124.

(30) M.J.F. Taulier, *Théorie raisonnée de code civil*, t. VI, 1847, p. 210.

第1節　古典的物権説

　トロロンの説明で明らかなように，1743条は物権説の中心的論拠であった。これに対して，債権説の多くの論者は，立法者の発言を手掛かりに，同条は賃借人に物権を与えるものではないことを指摘した。しかし，プルゥドン，デュラントン，トゥリエ（Toullier）などの論者に代表される初期の債権説を仔細に見るとき，1743条について必ずしも明快な説明を展開できていないことに気が付く（(a)初期の債権説）。ところが，後の債権論者の説明によれば，他ならぬこの1743条自体が賃借権は物権でないことの論拠とされる。それは，賃借物が売却されて賃貸借が対抗しうる場合に，賃借人とあらたな所有者との間に契約関係が生ずるが，これを代位（(b)フェリー（代位説），(c)ドゥモロンブ（代位説の強調））更には，前主義務の承継（(d)ムルロン（前主義務法定承継説））という形で説明したことによる。この点は，重要であって，議論の展開の結果，1743条は，むしろ債権説の論拠とされるようになるのである。

　(a)　初期の債権説　　(i)　プルゥドン　プルゥドンは，トロロンの議論をとりたてて紹介はしていない。プルゥドンは，用益権についての体系書において，用益権と賃貸借との相違を強調する(31)。すなわち，用益権は，不動産の上の物権をもたらすのに対し，賃貸借は契約関係のみを創設すると論じた。例えば，賃貸人は収益をなさしむる義務があり，物をよく修繕された状態で引き渡す義務を負うが（1720条），用益者は現状で物の引渡しを受ける（600条）。賃貸人は，賃貸借の期間でも賃借人を平穏に使用，収益させる義務を負う（1719条），また，不可抗力に基づく不作の場合は，小作料減額の義務を負う（1769条）等である。更に，用益者は，物における真の使用収益の権利を有するのに対し，賃借人はその権利を有さないとも論じた。これは，ポティエに従ったものとも考えられるが，後の多くの債権説の論者に影響を与える。そして，プルゥドンは，1743条の規定する賃貸借の対抗力を説明するに際して，これを賃借人の用益上の留置権（droit de rétention sur la jouissance）として位置付けた(32)。賃貸借契約において，賃貸不動産の売却の場合取得者が賃借人を立ち退かせることがで

---

(31)　Proudhon, *Traité de droits d'usufruit, d'usage personnel et d'habitation*, 1836, n°s99s.

(32)　Proudhon, *op. cit.*, n°101.

きる旨の約定があるときは，賃借人は賃貸人に対して損害賠償の請求権を有する(1744条)。このとき，賃借人は，賠償金を得るまでは退去させられない(1749条)。プルゥドンは，この場合の賃借人の留置権を基礎に置くのであろう[33]。しかし，これに対しては，トロロンは，留置権は，債務を弁済しない債務者がある場合の権利であり，1743条の規定する賃貸借の対抗力とは別の問題であり，1743条の規定の説明にならないと反論した[34]。

(ii) デュラントン　デュラントンもまた，用益権と賃貸借の民法の定義規定の相違を指摘し，526条の列挙する物権に賃貸借が含まれないことを指摘するとともに，1743条は農業の利益のために導入された規定であると述べた[35]。しかし，これに対して，トロロンは，建物賃貸借にも適用があることを指摘し，更に，1743条は農業の利益のために農民に物権を与えたと理解することができると指摘した[36]。

(iii) トゥリエ (Toullier)　トゥリエもまた，用益権と賃貸借の相違を指摘して債権説を強調すると同時に，1743条について，これによって公署証書等による賃貸借は「物権的な性格 (caractère de réalité)」を有することになったと述べた[37]。これについてトロロンは，「物権的な性格」を有することを認めながら債権説を維持するのは，矛盾であると批判した[38]。

総じて，以上のプルゥドン，デュラントン，トゥリエ等の初期の債権説は，1743条の規定する賃貸借の対抗力を説明するのに苦心していた[39]。

(b) フェリー (代位説)　債権説による1743条の説明で重要なのは，代位説である。フェリーは，1841年に発表した論文の中で，賃貸不動産が譲渡された

---

[33] この場合については，賃借人に留置権があると理解される。例えば，Troplong, De l'échange et du louage, n°520; Guillouard, op. cit., n°374.

[34] Troplong, op. cit., n°10.

[35] Duranton, op. cit., t. 4, n°73.

[36] Troplong, op. cit., n°12.

[37] Toullier, op. cit., t. III, n°133.

[38] Troplong, op. cit., n°15.

[39] Daînow, op. cit., p. 69-70; Derruppé, op. cit., n°143.

第 1 節　古典的物権説

ときに，1743条により取得者は賃貸人の地位に代位するという議論（代位説）を次のように唱えた。

　もともと，フランス古法においては，loi emptorem の法理が支配し，売買は賃貸借を破るのが原則であった。しかし，売買契約において賃貸借の維持を目的とする特約が締結されることが多くなった。この場合に，取得者は賃貸人の権利，義務を承継する。1743条は，このような賃貸借維持の特約慣行をもとに立法化された条文である。「譲渡があった場合，賃借人を追い出すことができないとすると，取得者は賃料を得る権利を得る。この権利は債権であるが，取得者は売主に黙示のうちに代位するものとして，この権利を得る」[40]。フェリーは，取得者は賃貸人の権利義務を代位するという説明により1743条を債権説によって説明しうるとする。この説明は，1743条をフランス古法における賃貸不動産の売買に際しての賃貸借維持の特約慣行に由来するという議論に相通ずるものがある。また，賃貸借が維持される場合の賃貸人と賃借人の関係を比較的明確に理解しうるという利点もある。

　(c)　ドゥモロンブ（代位説の強調）　ドゥモロンブもまた，この代位という説明を強調した。そもそもドゥモロンブは，1709条の賃貸借定義規定がポティエの賃貸借定義に類似すること，用益権と賃借権の相違などを手がかりに債権説を採用する。その上で，1743条について言及して，「果たしてこの条文は，この条文だけで，賃借人の権利を物権とするような根本的改革を行ったのか？」と問いかけ，そうではないことを強調して次のように述べた[41]。

　　「1743条の内容は，取得者が賃借人に対して契約上債務を承継することにとどまる。取得者は，賃貸人の地位に立つ。取得者は，債務について賃貸人に代位する。それだけのことである。」

　ドゥモロンブは，トロロンの議論について，賃借人が物権を有するというだけでは，賃借物の取得者が賃貸人の賃借人に対する義務を代位すること（これをドゥモロンブは，賃貸借の受動的側面（au côté passif du bail）と表現した。）もま

---

[40]　M. Ferry, *De la nature du droit du fermier ou du locataire de maisons*, 1841, p. 22.

[41]　Demolombe, *Traité de la distinction des biens*, t. IX, n°493, 1861.

た，賃貸人が賃借人に有した債権を代位すること（これは積極的側面au côté actifと表現した）もうまく説明することができないと強調した。

　(d)　ムルロン（前主義務法定承継説）　　以上のように，債権説は，賃借物の譲渡があった後の取得者と賃借人の関係に注目するようになったが，ムルロンは，1870年の論文で，フェリーの説明（代位説）を一層展開し，特定承継人の前主義務法定承継説を主張し，更に1743条を債権説との関連で位置付けることを試み，大きな成果を挙げた[42]。ムルロンの議論を理解するには，19世紀当時における特定承継人の義務承継に関する問題状況はいかなるものであったかを検討し，その後，ムルロンが1743条を特定承継人の義務承継論のなかにいかに位置付けたかを考える必要がある。

　(ⅰ)　特定承継人の義務承継論　　特定承継人の義務承継という問題については，次の二つのフランス民法の規定が重要である。

　　1122条「約定は，自己，その相続人及び承継人のために行われたものと見做す（On est censé avoir stipulé pour soi et pour ses héritiers et ayants cause）。但し，反対の趣旨が表明され，または，合意の性質から生ずる場合には，その限りではない。」

　　1165条「合意は，契約当事者の間でなければ，効果を生じない。合意は第3者を何ら害さない（Les conventions n'ont effet qu'entre les parties contractantes; elles ne nuisent point au tiers）。合意は，第1121条（第3者のためにする約定に関する条文……小柳注）によって定められる場合でなければ，第3者の利益とならない。」

　1122条は，単に承継人とのみ規定し，包括名義の承継人と特定名義の承継人を区別していない。しかし，この場合の承継人を包括名義の承継人に限ると理解するのが，一般的であった。というのも，特定名義の承継人まで含むと理解すれば，特定名義の承継人が前主の締結した契約の履行を請求されることになり，1165条の規定した契約の相対性（relativité des contrats）と矛盾することになりかねないからである。また，契約の相対性自体も，とくに限定を設けることなく，広く解釈されていた[43]。

---

[42]　Dugast, *op. cit.*, p. 126-135は，ムルロン説の意義を強調している。

第1節　古典的物権説

　(ii)　1743条の位置付け　こうした状況の下で，ムルロンは，次のように論じた。そもそも，一般には，契約が生み出す債権，債務関係は契約の当事者や相続人等の包括名義の承継人しか拘束しない。これに対し，不動産買主等の特定名義承継人は，当事者と同一視しえず，その不動産を目的とする債務に拘束されない。古法におけるloi emptoremすなわち「売買は賃貸借を破る」の法理は，①特定名義の承継人は前主の義務を承継しないという原理と②古法における賃貸借の債権性という二つの前提から生みだされた結果である[44]。しかし，loi emptoremの法理は，取得者が負担のない不動産を取得できるという点で不動産の流通には適的であっても，賃借人の安定した用益には害があり，全体として，好ましくない結果をもたらす。

　このloi emptoremの法理を廃止して，「売買は賃貸借を破らない」という結果を実現するには，二つの方式が考えられる。一つは，②を変更して，賃借人に物権を与えることである。しかし，この方法は適切ではない。というのも，これでは，単に取得者が賃借人の物権を尊重する，すなわち賃借人に明渡請求ができないことしか規定しえない。換言すれば，取得者が新しい賃貸人として賃貸借契約に拘束され，賃借人に収益をなさしむる（faire jouir le preneur）ことを十分規定できない[45]。

　ムルロンによれば，必要なのは，所有権の取得者が賃借人に収益をなさしむる債務もまた負うことを規定することである。ムルロンは，このためには，もう一つの方式，すなわち①の原則の例外を設けることが有益であると述べた。「この問題の解決は，極めて簡単である。目的を達成するには，次のように言明すればよい。確かに，賃貸不動産の第3取得者は，特定名義の承継人であるせよ，包括名義の承継人と同様に，賃貸人の賃借人に対する義務を承継する

---

[43]　野澤正充「契約の相対的効力と特定承継人の地位(1)」民商法雑誌100巻1号（1989年）123頁。

[44]　F. Mourlon, De la question de savoir si le preneur n'a qu'un seul droit, un droit purement personnel, ou s'il en a deux, un droit personnel et un droit réel, *Revue pratique de droit français*, t. XXIX, 1870, p. 197.

[45]　Mourlon, *op. cit*., p. 225.

と⁽⁴⁶⁾。」ムルロンによれば，これを実現したのが1743条である。

以上のように，ムルロンは，1743条を特定承継人の義務承継という例外を法定する条文として理解するのであり，承継人の賃借人に対する義務は1743条に由来すると述べた。更に，1743条について，トロロンの物権説によっても説明は可能であるが，これでは取得者が賃貸人の義務までも承継することを説明しえず，不十分な結果になり，債権説の方が一層適切な結果を導きうると論じた。

以上のムルロンの見解は，債権説により賃貸借の対抗を説明するには巧妙であり，その主張するところによれば，賃貸借が維持しうる場合の賃借人と取得者の関係を物権説に比べて明確に説明しうるという利点があった。もっとも，トロロンは，ここでムルロンの述べるような議論をしているわけではない。実際には，トロロンは，確定日付を有する賃貸借に対しては，賃貸人の義務が取得者に移転するという議論を唱えている⁽⁴⁷⁾。それゆえ，ムルロンが物権説の帰結として指摘するものは，実際にはムルロン流の解釈または理解による物権説の帰結という意味であった。とはいえ，ムルロンの見解は，物権説では賃借人と取得者との債権債務関係をどのように説明するかという問題が生ずることを指摘するものと理解できるであろう。

(e) オーブリー＝ロー（法定承継説批判） (i) 契約の相対性と特定承継人の義務承継　ムルロンの説では特定名義の承継人に関する原則，より広く言えば，契約の相対性（relativité des contrats）の原則という大きな問題が関連する。これについて，同じ債権説であるオーブリー＝ローは，フェリーやムルロンの説を批判する。オーブリー＝ローは，次のように述べる。

「我々は，フェリーやムルロンの説を承認することはできない。というのも，この説によれば，取得者は，売買の効果そのものにより，賃貸人の権利のみならず義務も実質的に代位することになるというのである。この議論は，特定名義の承継人は前主の債務を承継しないという原理に反することになり，また，取得者が賃貸借を終了させるという権利を奪われるというだけにとど

---

(46) Mourlon, *op. cit.*, p. 198; F. Mourlon, *Répétitions écrites sur le code civil*, 11ᵉ éd. revue et mise en courante par C. Demangeat, t. III, 1883, n°770-1.

(47) Troplong, *De l'échange et du louage*, n° 9.

まらず，賃料の支払を要求しない場合でも売主である賃貸人の義務を履行しなければならないことになる[(48)]｡」

以上のように，オーブリー＝ローによれば，1743条により賃貸借が対抗しうる場合の効果は，取得者が賃借人を排除できないという消極的なものに止まり，取得者が賃貸人としての義務を負うことまでは及ばないというのである｡

(ii) オーブリー＝ロー説の実際的効果　このオーブリー＝ローの議論を理解するために，その特定名義の承継人論を検討する必要がある｡そもそも，オーブリー＝ローは，特定名義の承継人と契約の相対的効力の関連という問題について詳細な議論を展開した学者であり[(49)]，権利の承継については，特定名義の承継人は，その物と一体視することができる（droits et actions qui se sont identifiés avec cette chose），または，その従物となる（qui en sont devenus des accessoires）権利や訴権を承継するという議論を主張する｡当時の通説と異なり，1122条の承継人に特定名義の承継人を含めて，積極説を主張する｡実質的な根拠としては，「附従物は，主物に従う」という法理の適用である｡これに該当しないものについては，1165条の規定する契約の相対性を根拠に，承継を認めない｡オーブリー＝ローが承継を認めるのは，具体的には，不動産の買主が当該不動産について設定された地役権を取得すること，債権の譲受人がその債権に付随した抵当権や先取特権等を得ることなどである｡しかし，オーブリー＝ローは，債務の承継については一般論として消極説の主張者であり，「特定名義の承継人は，その前主の債務に，当然にはまたそれとしては（de plein droit et comme tel）直接拘束されることはない｡」と論じた[(50)]｡かくして，オーブリー＝

---

(48) Aubry et Rau, *op. cit.*, §369 note 32 (p. 501)．オーブリー＝ローは，1743条の根拠を『誰もみずから有する以上の権利を他人に譲渡することはできない』の法格言に求める｡これは，二つの物権相互の衝突の場合に有効な法格言だが（滝沢聿代・前掲物権変動の理論82頁，七戸克彦・前掲「『対抗』のフランス法的理解」慶大法研論集26号69頁），所有者がその権利を債権により制限される場合にも適用されるというのである｡

(49) 野澤正充・前掲「契約の相対的効力」民商法雑誌100巻1号は，特定承継人に対する前主の権利や義務の承継という問題を最初に指摘したのは，オーブリー＝ローであると指摘する（126頁）｡

ローは，特定名義承継人論でも，「売主により賃貸されている不動産の取得者は，賃貸借から生ずる債務に拘束されない。そして，これは，賃借人に対し明渡請求ができないときでも同じである」と述べた[51]。

ところで，賃貸借において賃貸人は義務のみならず権利も有する。それゆえ，取得者は，義務のみ承継しないことになるのであろうか。そうではない。先に，オーブリー＝ローは，特定名義の承継人は権利を承継すると述べたが，賃貸借の場合には賃料請求権等の権利自体も特別の譲渡（cession spéciale）がない限り，当然には承継しないと述べた。これは，取得者が義務を承継しない以上，賃料請求等の権限がないことになるからである。オーブリー＝ローは，取得者が賃料請求等の権利を得るには，前主がこれを譲渡すればよいのであり，そうしたことがない限り，賃貸人が賃貸人としての地位を継続すると論じた[52]。

このオーブリー＝ローの議論は，興味深い内容である。その特徴は，第1に，賃貸借が対抗しうる場合であっても，取得者は賃貸不動産の所有権を取得しても単に賃借人に明渡請求をできないというだけで，（前主である）賃貸人が賃貸借関係における権利，義務を依然として有することである。

第2に，取得者が賃貸人としての権利，義務を得るには，特別の譲渡（cession spéciale）を必要とする。取得者があらかじめ売買の目的である不動産について対抗しうる賃借人がいることを認識している場合には，このような特別の譲渡が売買契約に際して行われることが通例となるであろう。それゆえ，オーブリー＝ローにあっては，常に取得者が賃貸人の権利，義務を承継しないというのではない。むしろ，オーブリー＝ロー説の内容は，特別の手続がない限り，承継しないというものであり，実質的には，承継について否定説というよりも，厳格説として理解しうるであろう。換言すれば，フェリー説・ムルロン説との実質的な相違は，賃貸人の地位の譲渡について特別の手続を不要とするか否かにある。特別の譲渡は，売買の当事者間では，特約によることが考えられるが，

---

(50) Aubry et Rau, *op. cit*., t. II, §176bis (p. 71) ; Terré, Simler et Lequette, *Les obligations*, n°474.

(51) Aubry et Rau, *op. cit*., t. II, §176 (p. 70).

(52) Aubry et Rau, *op. cit*., t. II, §176bis note 8 (p. 72).

第1節　古典的物権説

これを賃借人に対抗するには，賃料請求のためには，債権譲渡等の通知が必要になるのかが問題になる。もっとも，こうした点で，オーブリー＝ロー説は，明らかではない問題も残っている。

　(f) ギルアル（非承継説の批判）　多くの民法学者は，オーブリー＝ローの見解には同意せず，取得者が賃貸人の権利，義務を承継すると論じた。例えば，ギルアルは，オーブリー＝ローの議論は，承認し難い結果をもたらすと批判する。賃貸不動産の売買があっても取得者が賃貸人の権利，義務を承継しないとすると，売主である賃貸人が破産した場合であって賃貸不動産の修理が必要になったときに，賃借人が困難に陥る。というのも，賃貸人に修理を請求しても賃貸人は破産しており，また，取得者に修理を請求しても取得者の側が自分は賃貸人としての義務を承継していないと反論しうることになる。これでは，1743条が賃借人の権利の維持という目的を達成することができない。

　以上のように述べた後に，ギルアルは，1743条は多くの誤解を生んだ条文であると論じた。なぜならば，トロロンは，この条文故に賃借人に物権が与えられたと指摘したし，オーブリー＝ローは代位という考え方を否定した。「我々は次のように信ずる。1743条を解釈するに際しては，以下の簡単な考え方を採用するべきである。すなわち，民法は，取得者がその売主の代わりに賃貸借を保持することを承諾した（l'acquéreur a consenti à entretenir le bail au lieu et place de son vendeur）と推定するという考え方である」(53)。

　ギルアルは，取得者の賃貸人への代位の実質的必要性を議論の中心に置く。これは，いわば，フェリーの議論を支持するにとどまる。換言すれば，ギルアルは，ムルロンのように取得者の義務承継という点を債権説の論拠として位置付けることまではしていない。

　コルメドサンテル(54)，ローラン(55)，ボドリー・ラカンチヌリ＝ワール(56)等の

---

(53) Guillouard, *op. cit.*, n°369.
(54) Colmet de Santerre, *op. cit.*, t. 7, n°198 bis XV et XXXVII.
(55) Laurent, *op. cit.*, t. XXV, n°292.
(56) Baudry-Lacantinerie et Wahl, *op. cit.*, n°1313. 更に，Huc, *op. cit.*, t. X, n°344.

95

第1章　フランスの物権説

多くの学者は，オーブリー＝ローの学説を批判し，取得者が賃貸人の権利義務を承継するという解釈を承認する。なかでも，コルメドサンテルは，明らかにムルロンに影響されて，債権説の方が取得者の義務承継を適切に説明できると述べた。取得者の代位という点から，債権説による代位の説明への距離は近いのであるから，これは当然のことであろう。

以上のように，物権説と債権説の対立の具体的な帰結として，賃貸借が対抗しうる場合，物権説では取得者は賃借人の権利を否定できないだけで，売主である賃貸人の諸々の義務までは承継しないことになるのに対し，債権説では賃貸人としての権利義務を承継すると指摘されることがしばしばみられるようになったのである[57]。

　(g)　ルパルニェル（取得者の義務承継と契約の相対性）　(i)　「契約の相対性」原理の再検討　ムルロンの指摘した特定承継人の例外的義務承継という法理は，次第に承認されるようになる。例えば，ルパルニェルは，特定承継人の権利，義務の承継について，詳細な議論を展開する。ルパルニェルは，1165条の規定する契約の相対的効力を根拠に特定承継人の権利承継を否定する当時の通説を批判する。ルパルニェルは，通説と反対に，特定承継人は，譲り受けた物に関する権利を特約なくとも承継しうるというのが常識や衡平の理念の要求するところであると述べた。そのための手掛かりとなるのが，1165条すなわち，契約の相対的効力規定の限定的な解釈である。しかし，義務については，これと反対に，特定承継人は義務を承継しないのが原則であると指摘した[58]。

更に，譲り受けた物を目的とする双務契約がある場合について，特定承継人が権利のみ承継し，義務を承継しないことになるのではないかという疑問に対し，同時履行の抗弁権等を相手方が有することを理由に，権利の承継を求める特定承継人は，義務の履行をも承認せざるをえないことになると述べた[59]。

---

[57]　例えば，v° Bail en général, *Pandectes françaises: Nouveau répertoire de doctrine, de législation et de jurisprudence*, 1892, t. X, n°2018; Guillouard, *op. cit.*, n°368.

[58]　野澤正充・前掲「契約の相対的効力」民商法雑誌100巻2号285頁。

[59]　野澤正充・前掲「契約の相対的効力」民商法雑誌100巻2号289頁。

第1節　古典的物権説

もっとも，賃貸借の場合は，この原理が直ちに妥当する問題ではない。というのも，ルパルニェルの以上の説明は，賃貸不動産の買主が賃料を請求するときは，賃貸借契約に伴う義務の履行を否定しえないことにとどまっている。買主が，そもそも権利の承継を認めず賃貸借関係自体を否定するときについては，義務の承継を導き出すことができないのである。結局，ルパルニェルは，特定名義の承継人は義務を承継しないという原則に対する・法律が定めるもっとも重要な例外として1743条を位置付けた[60]。先に，ムルロンの指摘した特定承継人の例外的義務法定承継という考え方に従ったのである。

(ⅱ)　契約の相対性と1743条　立法においては，例えば，1928年7月19日法は，営業財産の取得者に対し，その前主によって締結されていた雇用契約維持を義務づける[61]。前主義務の法定承継の例が増えたのである。更に，興味深いことに，20世紀に至ると，第3者による債権侵害の場合等を手掛かりに，契約の相対性という原理そのものが種々の限定を加えられるに至る[62]。例えば，この点について代表的な学者であるヴェイユは，民法1165条に関して，契約の効力 (effet) と契約の対抗 (opposabilité) を区別した。そして，1165条について，契約は，当事者の負担において権利及び義務を発生させるという意味で，相対的であることを規定した，しかし，同時に，契約は，社会的事実を作り出し，それは第3者であると当事者であるとを問わず，社会の如何なる構成員も無視しえない状況を作り出すという意味で第3者に対抗しうる，と論じた。換言すれば，1165条を余りに広く適用することに対して批判したのであった。これは，第3者による債権侵害によく妥当する。契約は原則として第3者に対抗可能で

---

[60] J. Lepargneur, De l'effet à l'égard de l'ayant cause particulier des contrats générateurs d'obligations relatifs au biens transmis, *Revue trimestrielle de droit civil*, 1924, n°23 (p. 546).

[61] 野澤正充・前掲「契約の相対的効力」297頁，山口俊夫・前掲フランス債権法67頁。Terré, Simler et Lequette, *Les obligations*, n°464.

[62] 片山直也「一般債権者の地位と詐害行為取消権——19世紀フランスにおける議論を中心に」民法と著作権法の諸問題——半田正夫教授還暦記念論集（法学書院，1993年）334頁，同「一般債権者の地位と『対抗』——詐害行為取消制度の基礎理論として」法学研究（慶大）66巻5号（1993年）13頁。

あるという見解は，フランスにおける通説となった[63]。かくして，物権変動についてすら，契約は，物権の設定，移転に関するものであれ，その他の権利に関するものであれ，誰にでも対抗することができるのが原則であるが，一定の例外的な場合に，特別の要件を満たすときでなければ第3者に対抗しえないとの制限があり，謄記がなければ第3者に対抗できないという謄記法の規定は，その例外的な制限の一場合に過ぎないと理解されるようになった。こうした議論を前提とすれば，1743条が賃借権の債権性と矛盾するとは，とりたてて考える必要がなくなるのである。かつては，物権と債権の違いを対外的効力に求める古典的物権観に基づき，1743条は，物権説の根拠とされた。しかし，その後，債権といえども不可侵性を有することなどが注目され，第3者に対抗しうるという理論がフランス法において有力になると1743条を根拠に賃借人に物権が与えられたという説は説得力が乏しくなってきたのである。

(h) 契約の承継　以上の論者で興味深いのは，不動産の第3取得者は，賃貸借契約における義務を承継するかが議論の中心になっていることである。しかし，問題の核心は，賃貸借契約における賃貸人の地位（権利，義務の総体）の承継であるはずである。

このため，近年の多くの論者は，この問題を契約の譲渡（cession de contrat）として取り上げる。契約の譲渡は，契約履行中における当事者の第3者による代替であり，権利と義務が一体として移転される。賃借権譲渡，売買の一方予約の譲渡（cession de la promesse unilatéral de vente）等の合意による譲渡（cessions conventionelles）と法定譲渡（cessions légales）がある。1743条は，法定譲渡の典型的な例の一つとして位置付けられる[64]。

---

[63] Terré, Simler et Lequette, *Les obligations*, n°464; Larroumet, *Les obligations*, n°744; J. Ghestin et M. Billiau, *Traité de droit civil*, *Les obligations Les effets du contrat*, 1992, n°594. 吉田邦彦・債権侵害論再考（有斐閣，1991年）430頁（初出は，「第三者の債権侵害に対する基礎的考察——不法行為法による契約の対第3者保護」法学協会雑誌102巻9，11，12号，103巻1，2，3，7号104巻1，7号(1985—1987年)），鎌田薫「不動産物権変動の理論と謄記の実務」法務省法務総合研究所編不動産謄記をめぐる今日的課題67頁。

第1節　古典的物権説

　契約の合意による譲渡は，意思自治の原理に由来するものであり，契約が譲渡不可能なときまたは一身専属的であるときは不可能である。その方式としては，原則として契約の他方当事者に対抗するためには債権譲渡に関するフランス民法1690条が定める方式に従うことが必要である。

　これに対し，1743条の法定譲渡の要件は，賃貸不動産の譲渡があることと，賃貸借が確定日付を有することであり，その結果として，賃貸人の地位が移転される。比較的近年，契約の譲渡を論ずるリーグ(Rieg) は，「これは，法律の効果として当然になされるのである。賃貸不動産の譲渡があるときには，賃貸人の地位の移転は何らの方式も要することなく，賃借人に対抗しうる(フランス民法1743条)。」と述べた。それゆえ，賃料請求にも1690条の債権譲渡の通知は不要である。但し，売買前の賃貸借における未払賃料については，旧賃貸人に帰属するため，これを新賃貸人が賃借人に請求するには，債権譲渡の対抗要件が必要になる[65]。以上のように，1743条は，現在に至るまで様々な議論を呼び起こした条文である。そして，現在では，買主の義務承継や契約の譲渡という概念の導入により，債権説に基づいて1743条を説明しうることになった。物権説について第2次大戦後にテーズを発表したデリュペ(現代的物権説)すら，1743条は必ずしも物権説の十分な論拠にならないと論じ，その理由として，この買主の義務承継の問題を挙げるほどである[66]。

　(i) 最近の1743条解釈　最近の1743条解釈は，次のようになっている[67]。
　① 1743条は，賃貸不動産の第3取得者に賃貸借上の義務を課するが，これは，賃借人の権利を物権とするものではなく，契約の相対的効力の例外であり，

---

[64] Larroumet, *op. cit.*, n°785; Ghestin et Billiau, *op. cit.*, n°1026; A. Sériaux, *Droit des obligations*, n°167; A. Rieg, Cession de contrat, *Répertoire de droit civil Dalloz*, 1987, n°8. J. Duclos, *L'opposabilité (Essai d'une théorie générale)*, 1984, n°70 note 261. 法定譲渡の例としては，雇用契約，保険契約等がある。

[65] Rieg, *op. cit.*, n°34. なお，滝沢聿代・前掲物権変動の理論203頁。R. Demogue, *Traité des obligations en général*, t. VII, 1933, n°694 note 5; A. Bénabent, *Les droit civil: Les contrats spéciaux*, 1993, n°347.

99

第1章　フランスの物権説

特約で排除しうる[68]。

②　1743条は，売買のみならず，交換や贈与にも適用され，強制売買にも適用がある。動産の賃貸借には適用がない。というのも，動産の賃貸借は例外的であり，また一般原則からして特定名義の承継人は，前主のなした契約による債務に拘束されないからである[69]。その反面賃貸借は真正の賃貸借であることが必要である。雇用契約に付従した社宅等の賃貸借や単なる賃貸借の予約(projet)は，これに含まれない[70]。

③　しかし，1743条が適用されるには，賃貸借が公署証書によるか確定日付を有することが必要である。これは，前日付という詐害を防止するためである[71]。賃貸借が公署証書によらないときは，1328条に従い確定日付を有することが必要である。登録はその代表的手続である。なお，賃貸不動産の売買契約が賃貸借の存在について明示的に言及するとき，または取得者が賃貸借の確定日付の欠缺による利益を放棄するとき（黙示の場合を含む。），賃貸借は対抗しう

---

(66)　Derruppé, *op. cit.*, n°144. 賃借人の権利の法律的性質と賃貸不動産取得者の債務承継との関連について，物権説＝債務承継の否定（賃借物の譲渡があった場合には取得者は単に賃借人を追い出すことはできないというにとどまる），債権説＝債務承継の肯定という以上の図式は，先に述べたように，ムルロンが強調したところであった。しかし，ルパルニェルが指摘するように，物権説の主唱者であるトロロンは，取得者による賃貸人の債務承継を認めていたのに対し，逆に，債権説を採用したオーブリー＝ローは取得者による賃貸人の債務承継について厳格であったから，ムルロンが指摘したような厳格な結びつきは必ずしも成立しない（Lepargneur, *op. cit.*, n°23 p. 548 note 2）。とはいえ，ムルロンの指摘は相当の影響力を有したのであり，ここでのデリュペの議論も同様である。

(67)　v°Bail, par E.K., *Répertoire de droit civil Dalloz*, 1987; D. Veaux, Contrats et obligations, Effet des conventions à l'égard des tiers, *Jurisclasseur civil*, art. 1165, Fasc. 2, 1989; B. Vial-Pedroletti, Fin du bail: vente de la chose louée, *Jurisclasseur civil*, art 1708 à 1762, Fasc. 289, 1988.

(68)　v°Bail, n°597.

(69)　v°Bail, n°599; Vial-Pedroletti, *op. cit.*, n°4.

(70)　v° Bail, n°601; Vial-Pedroletti, *op. cit.*, n°6.

(71)　v° Bail, n°602; Veaux, *op. cit.*, n°9; Vial-Pedroletti, *op. cit.*, n°9.

第1節　古典的物権説

る。更に，取得者が賃貸借の存在を認識するのみでは賃貸借は対抗しえないというのが旧時の判例であったが，近年これについて（例外はあるが）判例変更があり，対抗しうるようになった[72]。確定日付のない賃貸借も実際には相当存在するようであり，この法理は，賃借人保護のために重要である。

④　取得者が賃貸借の確定日付の欠缺を主張するためには，確定日付すら不要であるという説も以前は存在したが，現在では，取得者が確定日付を有することが必要であると解されている。もっとも，譲渡が公示に服していることは，必要ない[73]。その理由は，これは，ある証書と他の証書のいずれが前かという問題であり，物権の対抗の問題ではなく，また，賃借人は，公示の欠缺を主張しうる《第3者》ではないからである[74]。取得者が賃借人の退去を請求するには，あらかじめ解約申入れ（congé）をなすことが必要である。

⑤　1743条の文言は，その効果について明確でない。しかし，判例によれば，取得者は，賃借人を立ち退きせしめえないだけではなく，取得者は，旧賃貸人の地位に代替し，契約上賃貸人と同じ義務を負う。反対に，賃借人も取得者に対し義務を負う[75]。

⑥　旧賃貸人は，契約の場から全く解放されるわけではない。賃貸人は賃借人に義務を負い，賃借人は，取得者がその義務を履行しないときは賃貸人に損害賠償の請求ができる。それどころか，売買契約の前に原因のある用益障害について，賃借人の請求により，工事をなすことを命じられうる[76]。

⑦　取得者の賃貸人への代位は，遡及効を有さず，所有権取得の時点からの

---

[72] v° Bail, n°604; Veaux, *op. cit.*, n°12; Vial-Pedroletti, *op. cit.*, n°12; Dutilleul et Delebecque, *Contrats civils et commerciaux*, n°470.

[73] A. Bénabent, *op. cit.*, n°152; v°Bail, n°605; 同旨Baudry-Lacantinerie et Wahl, *op. cit.*, n°1284.

[74] このことを示す判例として，Soc. 17 oct. 1958; D. 1959. 1. 465 note R. Savatierがある。

[75] v°Bail, n°606; Veaux, *op. cit.*, n°14; Vial-Pedroletti, *op. cit.*, n°22; R. Dallant, Les positions actuelles de l'article 1743 du code civil, *J.C.P.*, 1958, doc. 1431, p. 19.

[76] v°Bail, n°607; Veaux, *op. cit.*, n°18; Vial-Pedroletti, *op. cit.*, n°27.

ものに限定される。それゆえ，特別の債権譲渡がない限り，新賃貸人は，売買契約前の未払賃料を請求しえないし，それを理由に契約の解除をなしえない。賃貸借から生ずる訴権は，全く債権かつ動産権であり，賃貸人は不動産を譲渡するが，賃貸借から由来する売買前の債権や訴権は，賃貸人の家産(patrimoine)にとどまり，取得者に帰属しない。また，新賃貸人は，敷金返還義務を負わない(77)。もっとも，前主の解除権を承継しないという判例や解釈については，あまりにも厳格すぎるという批判がある(78)。

2 債権説の帰結

債権説といっても，論者によりその論拠において差異があったように，債権説の帰結において，管轄，占有訴権，動産権と不動産権，賃貸借の対抗力(二重賃貸借及び賃借人の占有)について物権説の帰結と同様の結果を一部であれ解釈として認めるものがある。その1例を紹介する。

(ア) 管　　轄

管轄については，前に述べたように，賃貸不動産所在地の裁判所の管轄を否定するのが一般的である(79)。但し，ギルアルは，管轄について，一般的な裁判管轄については，物権説が賃借人に利益を与えると論じた。その理由は，賃借人が賃貸人を訴えるときは，賃貸不動産所在地の裁判所の管轄が有利なことである。そして，ギルアルは，債権説を支持しつつ，管轄について，一般に賃借人が賃貸人を訴えるときは被告の住所地の管轄が成立するが，フランスにおける仮処分類似の手続であるレフェレ(référé)に関しては，賃貸不動産所在地の裁判所の管轄が成立すると述べた(80)。ボドリー・ラカンチヌリ＝ワールも，同様である(81)。もっとも，これは，レフェレに関連した例外として理解すること

---

(77) v°Bail, n°608; Veaux, *op. cit.*, n°15; Vial-Pedroletti, *op. cit.*, n°24.
(78) Terré, Simler et Lequette, *Les obligations*, n°475.
(79) Aubry et Rau, *op. cit.*, t. IV, §365.
(80) Guillouard, *op. cit.*, n°30.
(81) Baudry-Lacantinerie et Wahl, *op. cit.*, n°1590.
(82) J. Vincent et S. Guinchard, *Procédure civile*, 25e éd., 1999, n°239.

第1節　古典的物権説

が可能である[82]。

(イ)　占有訴権

これについて，賃借人に占有を認めず，それゆえ占有訴権を許さないのが一般的である[83]。しかし，例外として，ボドリー・ラカンチヌリ＝ワールは，賃借人は，法上の妨害に際して，みずから妨害の停止を請求しうるかという問題について，次のように述べる。

「賃借人に物権を認める説によれば，これを肯定することができる。というのも，物権の特性は，万人に対して，みずからの権利を承認せしめうることにある。しかし，多くの論者は，賃借人には債権しか認めず，それゆえ，妨害をなす者に対してその停止を請求できないと主張する。ところが，この主張は，不正確である。もちろん，賃借人は，賃貸人に対する請求権しか有していない以上，みずからの名前において，妨害者に請求できない。とはいえ，賃借人は賃貸人の債権者として，1166条の規定により，妨害の排除を請求しうるのである。それゆえ，賃借人は，賃貸人の名において，占有訴権を第3者に対して，行使しうる。」

ボドリー・ラカンチヌリ＝ワールは，債権者代位権に関するフランス民法1166条の規定により，賃借人に賃貸人の占有訴権の代位行使を認める。これは，日本民法の解釈論として，賃借人に賃貸人の所有権に基づく妨害排除請求権を代位行使することを認める通説を彷彿させるものである。しかし，これは，ボドリー・ラカンチヌリ＝ワールによれば，必ずしも支持を受けた議論ではないとのことである[84]。もっとも，「賃借人にこの権利を拒否することは，賃貸人が支払不能（insolvable）であり，また賃借人に重大な事由があってこの手段を正当化しうる場合には，困難である。」という指摘が他の論者によってもある程であり[85]，一般に債権者代位権の要件を満たすときには，これを適用できることになる。

近年では，第2賃借人に賃貸借の約定で競争を制限したという場合（第1賃借人が飲食店を建設するために土地を賃借し，第2賃借人が近隣地に脱衣場を建築する

(83)　Aubry et Rau, *op. cit.*, t. IV, §365.
(84)　Baudry-Lacantinerie et Wahl, *op. cit.*, n°543.

103

第1章　フランスの物権説

という約定で借りたにもかかわらず，この約定を破り，スナック・バーを建築したという事例)であるが，この競争の問題について，債権者代位権(フランス民法1166条)を手掛かりに，第1賃借人が直接第2賃借人を訴えうるとして第1賃借人の救済を図る裁判例もあるが，新しい動きとされている[86]。

日本民法では賃借人に占有を認めるため，賃借人は占有訴権の行使ができる。しかし，賃借権の債権性故に，賃借権そのものによる妨害排除は賃借権が登記等の対抗要件を得たときに限られるというのが，判例，通説である。但し，賃借人は対抗要件を得ないときでも全く手段がないわけではなく，賃貸人の物上訴権を債権者代位権により代位行使することもできる[87]。日本民法の債権者代

---

[85] v°《action possessoire》, *Pandectes françaises, Nouveau répertoire de doctrine, de législation et de jurisprudence*, t. II, 1887, n° 793. は，一般に，債権者代位権行使の要件は，債権がcertaine, liquide et exigibleであり，また，債権者にintérêt sérieuxがあることとされているから，この指摘は，債権者代位権についての一般論を賃貸借に適用できると言うことに他ならない。フランスの債権者代位権においては，賃貸人の訴訟参加が理論的には不要である。しかし，判決を第3者に対抗するために，実際には殆どの場合に債務者を訴訟に参加させている(山口俊夫・前掲フランス債権法264頁，工藤祐厳「フランス法における債権者代位権の構造と機能」民商法雑誌95巻6号38頁(1987年))。賃借人による賃貸人の占有訴権の代位行使の場合にも，実際上は賃貸人の訴訟参加が必要であるとの記述がある(v°《action possessoire》, *Pandectes françaises*, n°798)。ボドリー・ラカンチヌリ＝ワールの説明よりも詳しく，賃貸人の無資力要件と訴訟参加を要求するものである。賃貸人の無資力を要求する点で，現在の日本の判例と異なる。

[86] これは，契約の相対性に修正を加え，債権者代位権の新たな展開を示すものである (A. Sériaux, Droit des obligations, n°215)。但し，Sériauxは，このような場合の債権者代位権の転用を認める1980年代の判例 (Civ. 3e, 4 déc. 1984, Bull. civ., III, n°203; *Revue trim. d. dr. civ.* 1985. p. 580, obs. J. Mestre) について，債権者代位権の新しい顔として紹介しつつ，債権者代位権に執行機能を認めすぎるものとして，批判的である。

[87] 吉田豊「賃借権の妨害排除」現代契約法体系第3巻不動産の賃貸借・売買契約(有斐閣，1978年) 93頁。

第1節　古典的物権説

位権は，フランス民法1166条に由来する制度であり[88]，フランス法でも賃借人が賃貸人の占有訴権等を代位行使できるかが問題になる。これについては，賃借人は賃貸人の占有訴権を代位行使しうるという論者も存在したのである。もっとも，全体として見れば，この点に言及する論者は例外的であった[89]。

(ウ)　動産権と不動産権

賃借権を動産権とするのが一般的である[90]。例外として，コルメドサンテル[91]とボドリー・ラカンチヌリ＝ワールが賃借権を不動産権であると指摘した。例えば，ボドリー・ラカンチヌリ＝ワールが賃借権を不動産権とするのは，526条による不動産の定義の一つである「不動産の返還を請求することを目的とする権利（Les actions qui tendent à revendiquer un immeuble）」を拡張して，これに賃借権が含まれると理解するのである。ボドリー・ラカンチヌリ＝ワールは，「526条は，(動産権を規定した……小柳注)529条との関連において解釈されなければならない。529条は，動産を目的とする権利のみを動産とするのであるから，不動産の占有または保持を目的とする権利は，不動産権である」と論じた[92]。但し，これが法定夫婦財産制における賃借権の位置を変えることや賃貸借の抵当を認めることになるのかは，むしろ疑問である。例えば，抵当については，2118条が抵当権の客体としうる権利として賃借権を挙げていないことを理由に賃借権抵当を認めない[93]。

(エ)　賃借権の対抗力と賃借人の占有

---

[88]　平井一雄「債権者代位権(2)」同・民法拾遺2巻（信山社，2000年）17頁（初出は，星野英一編集代表・民法講座4巻債権総論（有斐閣，1985年））。

[89]　なお，第2項注[34]で引用した賃借人の占有訴権行使の手段についてのde Cleryの論文は，レアンテグランドと賃貸借の約定による占有訴権の行使を論ずるのみで，債権者代位権による代位行使については論じない。

[90]　Aubry et Rau, *op. cit.*, t. II, §165 note 19; Guillouard, *op. cit.*, n°29; Demolombe, *Cours de Code Napoléon*, t. IX, n°4154.

[91]　Demante et Colmet de Santerre, *Cours analytique de code civil*, t. VII, n° 198 bis XIX.

[92]　Baudry-Lacantinerie et Wahl, *op. cit.*, n°688.

[93]　Baudry-Lacantinerie et Wahl, *op. cit.*, n°690.

第1章　フランスの物権説

　この問題についても，占有説と対抗要件説がある。債権説のなかでも，賃借人は，賃貸人に賃借物を引き渡すよう請求する権利しか有さないとして，確定日付ある証書による賃貸借でも賃借人が占有していなければ，賃貸不動産の買主に対抗しえないという論者がいる[94]。

　しかし，例えば，マルカデは，賃借人は，証書が確定日付を得れば，占有を得ていなくとも，賃借物の買主に対抗しうると論じた。その理由として，マルカデは，1743条の規定は，売買に関する賃借権の解除に関する条文であり，占有の有無を問題にしない，条文中の「賃借人を立ち退かせる (expulser) ことができない」という文言は，「賃貸借を尊重し，維持する (respecter et entretenir le bail)」という意味にほかならないと論じた。そして，トロロンの誤った理論に依拠しなくても判例 (Dijon, 21 avril 1827 (第5節判例番号 [4])) を説明しうると強調する[95]。ボドリー・ラカンチヌリ＝ワールもまた，債権説によっても，同様の帰結を導き出すことができると論じた。というのも，1743条により賃貸借が対抗できる場合には，取得者は，原賃貸人と同一の権利，義務を有し，原賃貸人よりも多くの権利を有するのではない。そして，原賃貸人には賃借人が占有を始めることを妨げる権利を有しない以上，取得者もまた占有をまだ有していない賃借人が賃貸借を主張して占有することを妨げることはできない。賃借人が占有を開始していないと取得者が賃貸借を認識することが難しいことから，賃借人が対抗しうるには占有が必要であるという議論もあるが，しかし，1743条はそのような認識の問題は何も規定せず，単に賃貸借が売買よりも先の確定日付を得ていることを対抗の条件とするのであるから，このような議論は意味がないというのである。このような主張を支持する債権説者も多い[96]。

---

[94]　Duranton, *Cours de droit français*, t. XVII, n°139; Proudhon, *Traité des droit d'usufruit, d'usage, d'habitation et de superficie*, n°102.

[95]　Marcadé, *op. cit.*, t. VI, article 1743 II.

[96]　Baudry-Lacantinerie et Wahl, *op. cit.*, n°1313. 同様の見解として，Aubry et Rau, *op. cit.*, t. IV, §269 note 33; Demante et Colmet de Santerre, *op. cit.*, n°185 bis V; Guillouard, *op. cit.*, n°s143 et 367; Laurent, *op. cit.*, n°393; Huc, *Commentaire théorique et pratique du code civil*, t. X, n°s291 et 344.

第1節　古典的物権説

(オ)　二重賃貸借

　債権説の論者でも，この問題に関しては，占有説と対抗要件説がある。例えば，ギルアルは，占有説であり，二重賃貸借のケースでは，日付の先後にかかわらず占有を先にした賃借人が優先し，いずれの賃借人も占有を得ていないときには，両者はともに賃貸人に対し債権を有し，債権者平等が支配し，いずれも優先しないと論じた[97]。このような議論も多い[98]。

　しかし，占有の先後ではなく，対抗要件としての確定日付の先後で優劣を決するという議論も，債権説の論者の中には相当見出すことができる。例えば，ボドリー・ラカンチヌリ＝ワールは，債権者平等というのは，この問題に関係がないとして，次のように論じた。

　「一般債権者どうしでは日付が先であることは優先権の理由にならないという議論は，ここでは無意味である。というのも，債権者平等は，多くの債権者が債務者の資産全体を分割するときに妥当する議論であり，特定の物に関して契約を締結し，かつ権利を主張する債権者については妥当しない。この場合は，1328条がその一般性故に妥当する。我々は，一般債権者の平等の原則を無視してはいない。というのも，(日付が後という事実から)劣後した賃借人は，損害賠償を賃貸人の全財産に関して請求しうる。このように解釈するのでなければ，我々は，1328条を不動産賃借人に関して適用排除することになる」[99]。

　更に，ボドリー・ラカンチヌリ＝ワールは，確定日付を得ている賃借人は所有者にすら対抗しうるのであるから，他の賃借人に対抗しうることは当然であると論じた[100]。

---

[97]　Guillouard, *op. cit.*, n°23.

[98]　Demante et Colmet de Santerre, *op. cit.*, n°198 bis XIX; Laurent, *Principes du droit civil français*, t. XXV, n°128.

[99]　Baudry-Lacantinerie et Wahl, *op. cit.*, n°137.同様の見解として，Marcadé, *op. cit.*, article 1743 III; *Planiol, Traité élémentaire de droit civil*, t. II, n° 1709. この問題について，Derruppé, *op. cit.*, n°147; Mazeaud et de Juglart. *Principaux contrats* 2ᵉ partie, n°1091.

107

第1章　フランスの物権説

3　債権説の多様性

以上のように，債権説の根拠として説かれたのは，第1に，立法者意思，第2に，1743条，第3に，賃貸人の収益担保義務，第4に，1727条であった。個々の論者は，必ずしもその総てを指摘するのではない。また，物権法定主義に関連する条文であるフランス民法526条を論拠にする論者は，必ずしも多くない。ある意味では，この規定を指摘し，物権法定主義を厳格に貫くと極めて簡単に（賃借権）物権説を退けることができる。しかし，これでは余りに形式的に過ぎると考えたのであろうか。また，1743条については，特定名義の承継人が前主の債務を例外的に承継することを規定する条文として理解し，取得者が賃借人への債務を承継することを債権説の方が説明しやすいと論ずる場合がある。これは，トロロンに代表される物権説の殆ど唯一の根拠が1743条であることを考えると重要な反論である。

　債権説の効果としても，二重賃貸借，占有を開始していない賃借人と賃貸物の譲渡に関して，物権説と同様の結果を導く者が相当多い。特に，しばしば紹介したボドリー・ラカンチヌリ＝ワール（フランス注釈法学の最後の世代[101]）は，債権説を採用しつつ，その具体的な帰結については相当程度物権説に近いものになっている。その際，ボドリー・ラカンチヌリ＝ワールは，賃借人の権利が特定の不動産を目的とする債権であることをしばしば指摘し，債権説を採用するにしても，通常の債権と賃借権との相違に注目するようになる。こうした指摘は，債権説として最初に紹介したデュヴェルジェの議論には必ずしも十分見られなかった点であり，ここに，等しく債権説といってもその内容が異なる理由がある，と筆者は考える。

　そして，個別の論者では，例えば，ボドリー・ラカンチヌリ＝ワールの債権説をトロロンの物権説と比較することも興味深い。ボドリー・ラカンチヌリ＝

---

(100)　この議論は，確定日付の先の賃借人が，日付において後であっても占有が先の賃借人に対して優先するものとして理解されている（D. 1917. 2. 88 note(2)）。フランス法における二重賃貸借について，横山美夏「競合する契約相互の優先関係(2)」法学雑誌（大阪市立大）43巻4号（1998年）100頁以下。

(101)　山口俊夫・前掲概説フランス法（上）108頁。

第1節　古典的物権説

ワールは，賃貸借が賃借人に与える権利の法律的性質については，トロロンと対立する。しかし，ボドリー・ラカンチヌリ＝ワールの債権説は，その具体的帰結において，相当に「物権説的」である。これは，賃貸借が賃借人に与える権利の法律的性質に関する議論は，具体的帰結において様々な修正がありうることの1例として理解しうる。

4　立法論としての物権説評価
(ア)　解釈論と立法論
　第5項に見る判例の態度とも関連して，債権説は，ほぼ確定的な立場を得た。もっとも，19世紀の最後から20世紀前半の債権説論者の中には，物権説を解釈論としては批判しつつも，立法論として評価する者がいる。しかも，このように立法論として物権説を評価するのが，ブーダン，コラン，カピタン，プラニオル等の一流の学者であることが注目される。
　(a)　ブーダン＝ルルブール・ピジョニエル＝ブレトゥ・ドゥ・ラ・グレセ
　ブーダン＝ルルブール・ピジョニエル＝ブレトゥ・ドゥ・ラ・グレセは，物権説は解釈論としては承認し難いと論じた後に，立法論として評価する。特に，賃借権抵当の有用性を農地賃借人について認めて，次のように述べた。
　「民法1743条と民事訴訟法684条の規定に由来する法律学的な議論とは別に，不動産賃借人の権利を物権とする見解は，経済的な観点からの検討に価する。その内容は，次のようなものである。賃借権を物権とすれば，この権利に独立性，安定性，そして信用とを与える。これは，債権説では欠けているし，もし認められれば，賃借人にとり極めて有益である。単なる債権は，不安定なものではあるまいか。
　確かに，賃借権が確定日付を有すれば，民法1743条により第3取得者に対抗でき，民事訴訟法684条によって差押えをなす債権者に対抗しうる。それゆえ，債権としての不安定性は，減少している。しかし，以上が物権の特性のすべてではない。現在の規定は，賃借権を金融の手段として抵当になしうるとはしていない。
　物権説もまた，賃借権を抵当権の客体になしうるというところまでは進んでいない。実際，このように主張しようとしても，2118条の規定に抵触する

第1章　フランスの物権説

ことになる。というのも，あらゆる物権が抵当権の客体になりうるのではなく，ただ2118条が規定する物権のみが抵当権の客体になりうるからである。

しかし，物権説は，礎石である。これを支持するものは，意識的にせよ無意識的にせよ，経済的配慮の問題である。不動産賃借権を物権とするのは，第1段階である。第2段階は，この権利を単に物権とするのみならず，不動産権である物権，用益権と同様に抵当にしうる権利となすことである。

農業には，信用手段が欠けていると広く問題になっている。海運業界が1874年12月10日法，1885年7月10日法により船舶を約定抵当権の客体になしえたが，農業では何故それが許されないのか。」(102)

(b)　プラニオル　　また，プラニオルは，次のように述べる。

「物権説は，判例，学説により打ち破られた。しかし，賃借人に物権を与えるとすれば，非常に大きな利益がある。賃貸借の歴史的発展がこの方向にあることは，疑いがない。賃借権は『第3者に対抗しうる』こととなった。これにより，物権に近くなった。依然として，障害となる規定は存在する。1727条である。……賃借人に物権を与えるには，立法的改革が必要であろう。その場合の主要な利点は，農地賃借人に賃借権抵当を許すことになるであろう

（L'avantage principal qu'on y trouverait serait de permettre au preneur d'un bien rural d'hypothéquer son droit）。」(103)

---

(102)　C. Beudant, P. Lerebougs-Pigeonnière et J. Brèthe de la Gressaye, *Cours de droit civil français*, t. XI, *La vente le louage des choses*, 2ᵉ ed., 1938, n° 539.

(103)　Planiol, *op. cit.*, n°1711. 同趣旨の指摘として，Planiol, Ripert et Perreau, *op. cit.*, n°348. プラニオルは，用益権と賃貸借との相違という議論は，物権と契約の比較になり，債権説の論拠としては必ずしも適当ではないとして，重視しない(Planiol, *op. cit.*, n°1707 note(1))。プラニオルがもっとも重視するのは，1727条の規定であり，これは物権と矛盾すると論ずる。また，1743条については，古法の特約慣行に由来する規定であり，債権説と矛盾しないと指摘する。賃貸借が対抗しうる場合の具体的な効果については，第3取得者は賃貸人に代位するとの通説を支持する。占有訴権，管轄，動産権か否かについては債権説の帰結を維持するが，二重賃貸借は確定日付の前後による。

110

第1節　古典的物権説

　ここでも，ブーダン＝ルブール・ピジョニエル＝ブレトゥ・ドゥ・ラ・グレセと同様に，賃借人に物権を与える説を立法論として評価し，特に賃借権抵当を好意的に評価する傾向を見い出すことができる。

　(c) コラン＝カピタン　　コラン＝カピタンも，解釈論としては債権説を支持しつつ，次のように指摘した。「経済的には，もしも賃借人の権利に物権性を与えることになれば，その権利を強固なものにしうる。とりわけ，賃借人に抵当を認めることによってである。このような解決は，望ましいものである」[(104)]。

　コラン＝カピタンが解釈学説として債権説を支持する理由は，賃借人の権利と用益者の権利の比較であり，歴史である。もっとも，19世紀の多くの論者の様に，積極的に理由を列挙するわけではない。また，債権説の帰結としては，賃借不動産の所在地の管轄は認めず，賃借人の権利は動産権 (droit mobilier) であるとし，賃貸不動産の譲渡と賃借人の占有の問題では占有不要説である。

　(イ)　民法学の変化

　これらの論者は，等しく債権説でありながら，それまでの多くの債権説との評価の力点に相違がある。この相違は，どこから生まれたものであろうか。19世紀においては，債権説の論者はいわば解釈学的に激しい議論をしたのに対し，19世紀末や20世紀に入ると，より広い観点から賃借人に物権を与える説を評価する余裕が生まれた。そしてまた，このことは，19世紀の注釈学派的な傾向から20世紀の科学学派以後への変化の1例とみることができる。既に見たように，トロロンの（賃借権）物権説は，条文中心の理論的あるいは解釈学的な関心からという色彩が強く，社会的必要という問題意識は少なくとも表面的には打ち出されていない。フランス民法学史を論ずる多くの論者は，トロロンを注釈法学派の一人とするが[(105)]，賃貸借に関する限り，筆者も同感である。ただし，このように述べるからといって，トロロンには全く社会的関心はなかったと指摘したいのではない。トロロンの著作の序文に見えるように，トロロンには賃貸借

[(104)] Colin et Capitant, *op. cit.*, t. II, p. 511.
[(105)] 例えば，山口俊夫・前掲概説フランス法上102頁，J. Bonnecase, *L'école de l'exégèse en droit civil*, 1924, n°38, p. 110は，トロロンを「注釈法学派の哲学者」と呼ぶ。

第1章 フランスの物権説

の社会的意義に関する深い関心があったと思われる。ただ，トロロンの場合にはそのような社会的関心を，立法論なり，解釈論なりと有機的に結び付けて展開するという態度がはっきりとは見られなかったのである。

これに対し，山口俊夫教授は，プラニオル，コラン，カピタン，ブーダン等の著作について，それ以前の注釈学派の著作との相違を次のように指摘する。「これらの著作はいずれも純理を避けて新しい社会的要請から生まれる実際上の必要に深く配慮し，法典の樹てた秩序と体系にはもはや束縛されない。法典の規定に対してしばしば個別の立法規定に優越的価値を認め，実定法規の解釈については目的論的解釈，進化論的解釈，利益衡量的解釈など新たな解釈方法を導入し，判例には評釈を付してこれを整序し，実定法および判例に対して批判を加えて活発な立法論を展開しつつ，かくて法典の体系とは異なった新しい体系を構想する[106]。」債権説の論者について言えば，立法論として物権説を評価するという議論については，やはり民法学における学風の変化を指摘しうる。

このような評価の延長線上に，現代のもっとも有力な民法学者であるカルボニエのトロロン評価やその物権説評価を位置付けることができる。カルボニエは，民法学の歴史を検討した際に，トロロンについて，矛盾が数多いものの，その議論は，歴史的な感覚や社会的な見識のあるものであり，この点では当時の注釈法学で異色であること，更に，その議論の中には未来を見通したものがあることを論じ，その1例として賃借人に物権を与える説を指摘したのである[107]。

そしてまた，後に触れる19世紀後半における賃借人の担保金融のための様々な判例，立法，学説等が以上の物権説評価の変化に影響を与えたとも考えられる。こうして，物権説を広い観点から評価する際には，賃借人の担保金融という問題を考える必要があることになる。この点は，次の第5項で判例を検討した後，第6項で論ずる。

---

[106] 山口俊夫・前掲概説フランス法上110頁。
[107] Carbonnier, *Droit civil 1/Introduction Les personnes*, [36] p. 193.

112

第1節　古典的物権説

第5項　物権説をめぐる裁判例

I　裁判例の概要

　物権説は，裁判例においてどのような評価を得たのであろうか。裁判例において問題となったのは，当然のことではあるが，具体的紛争であり，その検討は，物権説の実質的・具体的な意義を明らかにするために有益である。古典的物権説との関連において賃借権の性質についての判決としては，物権説に関するテーズの著者であるデュガス (Dugast)，ダイノウ (Daînow)，デリュペ (Derruppé) やその他の論者が以下の諸判決を紹介している。

表1　物権説をめぐる判決

番号	判決年月日及び搭載誌	賃貸不動産	紛争形態[1]	論点	判決内容	備考
[1]	Paris, 16 fév. 1808 S.7.2.771	建物(倉庫)	賃貸人→賃借人	賃貸不動産所在地の裁判所の管轄	原告勝訴 物権説的 (action mixteを認める)	
[2]	Bruxelles, 3 avril 1811 S., c. Nap. 3.2.469	農地	賃借人→妨害者	物上訴権	原告勝訴 物権説的 (妨害排除を認める)	
[3]	Cass. Req., 14 nov. 1825: D.1825.1.456[2]	宿屋	紛争当事者→仲裁人	仲裁人が紛争相手方 (賃貸人) の食堂で準備された料理を宿屋(賃借場所)で食べたことは忌避理由に当たるか	原告敗訴 傍論的	
[4]	Dijon, 21 avril 1827; S.1827.2.116	農地	賃借人→賃貸人	賃借人の占有開始前の賃貸不動産譲渡	原告勝訴 物権説的 (不明確) 債権説でも同じ結論可能	

113

第1章　フランスの物権説

[5]	Nîmes, 24 déc. 1827 S.1828.2.271	農地及び建物	賃借人→賃貸人	賃貸人が共有する賃貸物の分割を賃借人が請求しうるか	原告敗訴 債権説	
[6]	Cass. Req., 14 nov. 1832 S.1833.1.32	居住用建物	賃借人→賃貸人	治安裁判所の管轄が成立するか	原告勝訴 債権説（明確）	
[7]	Caen, 24 janv. 1848 S.1849.2.533; D.1849.2.254	農地	賃借人→賃貸人	賃貸不動産所在地の裁判所の管轄	原告敗訴 債権説（明確）	
[8]	Saint-Amand, 31 juill. 1851; D.1853.2.31	農地（石の取得目的）	賃貸人→賃借人	管轄	原告勝訴 物権説	[10]へ控訴
[9]	Sétif, 29 déc. 1851 D.1854.1.273	居住用？建物	賃貸人→賃借人	管轄	原告勝訴 物権説（比較的明確）	[11]へ破毀申立て
[10]	Bourges, 27 fév. 1852 D.1853.2.31; S.1852.2.638	農地	賃貸人→賃借人	賃貸不動産所在地の裁判所の管轄	債権説（明確）	[8]の控訴審
[11]	Cass. Civ., 16 août 1854 D.1854.1.273	居住用建物	賃貸人→賃借人	賃貸不動産所在地の裁判所の管轄	債権説	[9]の破毀申立審
[12]	Rouen, 30 juill. 1855 S.1856.2.565; D.1857.2.33	農地	賃貸人→賃借人	賃貸不動産所在地の裁判所の管轄	原告勝訴 物権説	
[13]	Lyon, 15 juill. 1857 D.1859.1.915	営業用建物	質権者→破産管財人	賃借権質の有効性	物権，債権は争点でない。	[14]へ控訴
[14]	Lyon, 1 déc. 1857 D.1859.1.915	営業用建物	質権者→破産管財人	賃借権質の有効性	物権，債権は争点でない。	[13]の控訴審 [16]へ破毀申立て

第 1 節　古典的物権説

[15]	Paris, 24 juin 1858 D.1859.2.217; S.1859.2.146	営業用建物	賃借人→ 妨害者	同業競争	原告勝訴 物権説	
[16]	Cass. Civ., 13 avril 1859 D.1859.1.915	営業用建物	質権者→ 破産管財人	賃借権質の有効性	物権, 債権は争点でない。	[14]の破毀申立審[17]へ移送
[17]	Grenoble 4 janv. 1860 D.1860.2.191	営業用建物	質権者→ 破産管財人	賃借権質の有効性	物権, 債権は争点でない。	[16]の差戻審[19]へ破毀申立て
[18]	Paris, 29 mars 1860 D.1860.2.185; S.1860.2.122	営業用建物	賃借人→ 妨害者	同業競争	原告勝訴 物権説	
[19]	Cass. Req., 6 mars 1861 D.1861.1.418; S.1861.1.713	営業用建物	質権者→ 破産管財人	賃借権質の有効性	質権者勝訴 債権説	[17]の破毀申立審
[20]	Paris, 8 juill. 1861 D.1861.2.196; S.1862.2.274	営業用建物	賃借人→ 妨害者	同業競争	原告勝訴 物権説	
[21]	Chateau-Chinon, 9 nov. 1861 D. 1865.1.133	居住用建物	賃借人→ 賃貸人	管轄	原告勝訴 物権説	[22]へ控訴
[22]	Bourges, 14 juin 1862 D.1865.1.133; S.1865.1.113	居住用建物	賃借人→ 賃貸人	管轄	原告勝訴 物権説	[21]の控訴審[25]へ破毀申立て
[23]	Chambéry, 28 nov. 1862 D.1863.2.67	農地	賃借人→ 賃貸人	賃借人の占有開始前の賃貸不動産の譲渡	原告勝訴 物権説	
[24]	Paris, 12 mars 1863 S.1863.2.221	営業用建物	賃借人→ 妨害者	同業競争	原告勝訴 物権説	

115

第1章　フランスの物権説

[25]	Cass. Civ., 21 fév. 1865 D.1865.1.133; S.1865.1.113	居住用建物	賃借人→ 賃貸人	管轄	原告敗訴 債権説	[22]の破毀申立審
[26]	Cass. Civ., 17 déc. 1867 D.1867.1.486; S.1868.1.26	農地	賃借人→ 賃貸人	管轄	原告敗訴 債権説	
[27]	Cass. Civ., 16 juin 1880 S.1880.1.456	農地	賃借人→ 隣地所有者	賃借人は通行権を直接主張できるか	原告敗訴 債権説	
[28]	Lyon, 1 juill. 1881 D.1882.2.231; S.1883.2.212	漁業権	賃借人→ 賃貸人	管轄	原告敗訴 債権説	
[29]	Lyon, 30 juil. 1881 D.1882.2.232	営業用建物	賃借人→ 賃貸人	二重賃貸借で賃貸人に損害賠償請求	原告勝訴 言及なし	債権説の評釈あり
[30]	Cass. Civ., 13 déc. 1887 S.1889.1.473	事実関係記載なし	賃借人→ 競落人か？	増価競売と賃借権	原告敗訴 債権説	事実関係記載なし
[31]	Cass. Req., 11 avril 1892 S.1892.1.433; D.1892.1.345	建物	破産管財人→賃貸人	転貸と先取特権の行使	原告敗訴 言及なし	債権説の評釈あり
[32]	Cass. Civ., 19 juill. 1893 S.1894.1.241	風車隣接設備	賃借人→ 賃貸人	地上建物の帰属	原告勝訴 言及なし	債権説の評釈あり
[33]	Seine, 20 juin 1901 D.1902.2.379	営業用建物	賃借人→ 妨害者	妨害排除	原告勝訴 物権説	
[34]	Toulose, 29 nov. 1915 D.1917.2.87	営業用建物	賃借人→ 第2賃借人	二重賃貸借	原告勝訴 債権説	

第1節　古典的物権説

[35]	Cass. Civ. 8 mai 1917 D.1917.1.99	農地	旧賃貸人→賃借人	賃貸不動産譲渡と賃貸人の損害賠償請求	原告勝訴 言及ない	債権説の評釈あり
[36]	Cass. Civ., 14 mai 1918 D.1918.1.53	営業用建物	賃貸人→賃借人	管轄	原告敗訴 債権説	
[37]	Cass. Civ., 8 juill. 1920 D.1922.1.57	工場	賃借人→妨害者	賃借人は，法上の妨害で妨害者を提訴（損害賠償請求）できるか	原告敗訴 言及ない（1727条を理由とする）	用水供給妨害が争点
[38]	Cass. Req., 4 mai 1925 D.1925.1.141	営業用建物（商事賃貸借）	明確でない	賃借権譲渡の対抗要件	不明確 債権説	事実関係不明
[39]	Seine, 10 fév. 1926 D.1926.2.112	居住用建物	賃貸人→賃借人の妻	夫婦財産制	原告敗訴 債権説	
[40]	Dijon, 8 déc. 1925 D.1927.2.111	居住用建物	賃貸人→賃借人の妻	夫婦財産制	原告敗訴 債権説	

(1) 当初の紛争形態を示すために，上訴されたときにも，第1審における原告及び被告の関係を記載した。
(2) 本判例集は，日本では，姫路獨協大学及び東北学院大学が所蔵する。

　物権説に関する代表的テーズの著者であるデュガス（Dugast）の指摘によれば，賃借権の法律的性質に関する裁判例は，時期的に3期に分類することができる[(1)]。第1期は，民法が施行されてから，1832年の破毀院判決が債権説を明らかにするまでの時期で，しかもトロロンの物権説登場前である。判決番号[1]から[6]までがこれに該当する。

---

(1) 物権説に関する裁判例については，以下の文献，とりわけ，デュガスが詳細であり，デリュペは詳細ではない。Dugast, *op. cit.*, p. 142-163; Daînow, *op. cit.*, P. 77-88; Derruppé, *op. cit.*, n°27.

第1章　フランスの物権説

　第2期は，トロロンが物権説を主張し，下級審において反響を見出し，物権説，債権説の裁判例が交錯した時期である。判決番号［7］から［25］までがこれに該当する。

　第3期は，1865年以降であり，破毀院判決を代表として，債権説が確立した時期である。判決番号［26］から［40］までがこれに該当する。これらの裁判例のうち，とりわけ興味深いのは，物権説，債権説の裁判例が交錯した第2期までであろう。第3期は，いわば確立した判例理論の繰返しになる。

　第1期から第3期までを通じて概観すると，同一の紛争がいくつかの審級で繰り返し争われている場合があるので，単純に数を計算することにはそれほどの意味はないが，農地賃貸借（トロロンは，賃貸借の教科書の序文で主としてこれについて論じた。）のみならず建物賃貸借の事例が相当多い。紛争の内容を見ると，農地賃貸借では，管轄，妨害排除，賃貸不動産の譲渡と賃借人の占有の問題が見られ，居住用の建物賃貸借では，裁判管轄と夫婦財産制に関する事例が多く，営業用の建物賃貸借では，管轄，同業競争，賃借権質の有効性，二重賃貸借等がある。全体を通じて，裁判管轄に関するものが最も多く，裁判例の3分の1程度がこの問題である。以下では，第2期までは，主にデュガスに従い，第3期については，主にダイノウ（Daînow）に従いながら，裁判例について紹介する[2]。

II　第1期の裁判例
1　物権説の裁判例

　デュガスの指摘によれば，第1期では，裁判例は基本的にフランス古法における伝統に従い，ポティエに倣って，裁判管轄，占有訴権について債権説を維持する。判例集は，債権説の裁判例を数少なくしか集録していないが，デュガスは，これについて，伝統に従う裁判例は当然のものとされ，判例集編集者の注意をひかなかったためではないかと推測している[3]。

---

(2)　デュガスの判例研究においても，第2期までで実質的な検討は終わっている（Dugast, *op. cit.*, p. 162.）。

(3)　Dugast, *op. cit.*, p. 142.

第1節　古典的物権説

　そして，注目すべきことは，この時期の判決が物権説を採用しているとして理解される場合でも，判決文のなかでは賃借権の法律的性質についてはっきりと述べてはいないことが通常なことである。それゆえ，この時期の裁判例では，物権説に近いものとして理解するのがせいぜいである。

　物権説に近い裁判例としては，まず［1］がある。これは，賃貸人が解約申入れをなすと共に賃借人に賃貸不動産の明渡しを請求したものである。この事案の管轄について，裁判所は，賃貸建物所在地の裁判所が管轄を有すると判示した。ただし，この判決は，判例集の脚注(1)が述べるように，レフェレ(référé)に関する旧民事訴訟法554条の判決と理解することも可能であり，物権を直接問題にしていないとも理解しうる微妙な例である。

　また，［2］は，農地賃借人が妨害者に対し，直接妨害排除ができるかを問題にした。妨害者は，これは占有訴権であり，賃貸人は行使しえても賃借人は行使しえないと主張した。これに対し，裁判所は，賃借人の妨害排除を認めた(4)。もっとも，賃借権の性質について直接判決での言及は見られない。注釈は，これが賃借権の性質に関する問題であると指摘した。

　［3］は，破毀院における物権説の判例として引用されることがある(5)。確かに，判例集掲載の要旨には「建物の賃貸借は，一時的譲渡(aliénation temporaire)であってその間は建物が所有者と疎遠なもの(étrangère)になると考えねばならない」という記載があり，注目に値する。

　この事案の中心的な問題は，仲裁人の忌避(récusation)であった。現場検証の際に，仲裁人が，相手方当事者の所有・賃貸する建物の宿屋で食事をとり，そこでコーヒーとリキュール酒を飲んだ。原告は，仲裁人が更に相手方当事者の家において準備された料理を食したことを理由として忌避申立てを行った。これに対し，仲裁人は，宿屋で食事をとったがその料理は宿屋で準備されたものであり，代金を支払った，コーヒーを飲んだときには，原告のうち二人と同席していたとの抗弁を提出した。

　これに対し，(控訴)院(6)は，コーヒーを飲んだ時には原告のうち二人の許可が

---

(4)　それゆえ，この判決の注釈は，これを賃借人に物権を認めたものと理解する。
(5)　Dugast, *op. cit*., p. 145.

第1章　フランスの物権説

あったと考えられることなどを理由に忌避申立てに十分な理由がないとして排斥した。原告はこれを不服として，破毀院に破毀申立てを行った。

　これに対する破毀院の判決は，再び忌避申立てを排斥するものであった。その理由は，一方当事者とだけではなく，両当事者と一緒に飲食を共にしたことは，公正を疑わしめるものではなく，忌避の理由にならないことであった。そして，宿屋で飲食したことについては，確かに，この宿屋は相手方の所有物であり，隠し扉によって相手方住居と接続し，食事が相手方において準備されたものであったにしても，仲裁人は宿屋に代金を支払っており，この状態においては「建物の賃貸借は，一時的譲渡（aliénation temporaire）であってその間は建物が所有者と疎遠なもの（étrangère）になると考えねばならない」から忌避の理由にならないと論じた。

　以上の具体的事実関係を照らしてみれば，判例集掲載の要旨は決してそれだけを取り上げて理解すべきではないことが明らかである。ここで破毀院が述べたのは，当該事情においては賃貸借による宿屋は賃貸人の支配するところではなく，それゆえ，宿屋で食事をしたことと相手方で食事をしたことを同視することはできないという程度のことである。破毀院は，ここで正面から賃貸借の法律的性質を論じたものではなく，ましてや賃借人に物権を認めたものでもない。それゆえ，この判決を物権説を採用した判決として引用するのは不適切とすら考えられる。

　［4］は，いまだ用益を開始していない賃借人と賃貸不動産の買主との争いである。賃借人は，1823年7月26日付の公署証書によって1827年4月23日より9年間の農地賃貸借契約を所有者との間で締結した（当該農地は，別人がその時まで賃借する契約が存在していた。）が，当該農地の所有者は1825年5月10日付で当該不動産を売却した。そこで，賃借人は，買主に対し予定の日付からみずからの賃貸借契約を履行できるように請求した。第1審では，契約履行を認める判決があった。そこで，買主がディジョン（控訴）院に控訴して，賃借人が1743条の

---

(6)　フランス革命後は，フランス裁判制度にめまぐるしい変遷がある（山口俊夫・前掲・概説フランス法上58頁）。ここでは，控訴院に相当する審級について，正確な名称を記載することなく，（控訴）院と記述する。

第1節　古典的物権説

保護を受けるには既に用益を開始していることが必要であると論じ，その理由として①賃借人は，賃貸借契約により債権を有するにすぎず，賃借物の上の物権（droit réel sur la chose louée）を有するものではなく，それゆえ，賃借物への追及権を有さない，②1743条の「立ち退かせる（expulser）」という文言は，その適用の条件として賃借人の占有を必要とする，と主張した。

ディジョン（控訴）院は，賃借権が1743条の保護を受けるには，賃借人が用益を開始している必要はないと論じた。その理由として，1743条を買主の主張のように限定的に解釈することは立法者の意思に反すること，「立ち退かせる」という文言は賃借人の占有を前提とはしないこと及びメルラン（Merlin）に従いloi emptoremは完全に廃棄されたという変化が生じたことを述べた。もっとも，判決文は，賃借人が物権を有するとは明言していない。賃借権の法律的性質は，単に買主側の主張として述べられていただけである。この問題については，本判決の注釈が詳細に論じているように，債権説を採用しつつ用益開始前の賃借人の権利を保護することも可能である[7]。

2　債権説の裁判例

これらの物権説またはそれに近い立場の裁判例に対し，[5]は，控訴審であって，事実関係が明らかではない事案であるが，共有賃借不動産（農地と建物を含む）の共有者の一人としか契約していない定額借地農がこの遺産の分割請求をなしうるかを問題とした。同様の立場の用益者（usufruitier）は，分割請求をなしえるのであった[8]。裁判所は，賃借人は人的訴権（action personnelle）しか有さず，物的訴権（action réelle）もまた複合訴権（action mixte）も有しえないとして，これを否定した。

1832年の破毀院判決［6］は，賃借人が書面によらない賃貸借契約により毎月9フラン34サンチームの家賃で建物を賃借したところ，賃貸人が29フラン56サンチームの不払賃料等の支払を求めて賃借人を治安裁判所に訴えた事案であ

---

(7)　なお，原田純孝・前掲近代土地賃貸借法の研究478頁。Baudry-Lacantinerie et Wahl, *op. cit.*, n°137 et 1312.

(8)　Troplong, *De l'échange et du louage*, n°502.

第1章 フランスの物権説

る。治安裁判所は賃貸人の請求を認めた。これに対し，賃借人は，（控訴）院に控訴して，賃借権は物的訴権（action réelle）であるか少なくも複合訴権（action mixte）であり，それゆえ，治安裁判所は管轄しえないと述べた。これに対し，賃貸人は債権説を主張し，また，50フランに満たない賃料の請求をするのには治安裁判所の管轄が成立すると述べた。（控訴）院は，賃貸人の主張を支持したところ，賃借人は破毀院に破毀申立てを行った。破毀院は，債権説を支持し，治安裁判所が管轄を有する旨の控訴院判決を維持して，次のように述べた。

「その性質上，賃貸借契約は，賃借人にも賃貸人にも物権を創設するものではない。何故ならば，賃借人の権利は，賃借物の用益を目的とする単なる債権に過ぎない。賃貸人の権利もまた，賃料の支払や，賃貸物の返還などの契約履行を求めることにある。それゆえ，原判決が賃貸借についての訴えは，複合訴権（action mixte）ではなく，人的訴権（action personnelle）としたのは理由がある。」

Ⅲ 第2期の裁判例

第2期は，トロロンの学説が登場した後，物権説，債権説の裁判例が交錯した時期である。この時期の判決の特徴は，判決のなかで賃貸借が賃借人に与える権利の法律的性質について明確な言及があることが多いことである。これもトロロン説の登場の影響と考えられる。

1 物権説の裁判例
物権説の裁判例から概観する。
㈦ 管　轄

第1に，管轄についての裁判例である。[8]は，賃貸人が賃料不払の借地農に対し，賃料支払と契約解除宣告を賃貸不動産所在地の裁判所に請求した事案である。これについて，賃借人は，賃借権は人的訴権しか成立させえず，それゆえ，被告住所の裁判所の管轄しか成立しないという抗弁を提出した。サン・アマン裁判所は，「石材取得のための土地についての農地賃貸借は，賃貸人にjus ad remを超える権利（droit plus que jus ad rem）を与える」と述べ，賃借人の権利は不動産権であるとして，賃貸不動産所在地の裁判所の管轄を認めた（この

第 1 節　古典的物権説

判決は控訴され，控訴審［10］は，債権説を採用した）。

　また，［ 9 ］は，賃貸人（原告）が賃料不払で賃借建物を放棄した賃借人（被告）に対し，賃料の支払，賃貸不動産修復費用及び賃貸借契約の解除を求めた事案である。これについて，Sétif（植民地）高等指揮官は，この訴権は全体としてみれば単なる人的訴権ではなく，複合訴権であるとの理由によって，賃貸物所在地の裁判所もまた管轄を有すると判示した。（この判決については破毀申立てがなされ，破毀院［11］は，債権説を採用した）。

　賃借人が賃貸人を訴えた場合の管轄も問題となった。この場合は，先の賃貸人が原告の場合よりも実際上の意義は大きいと指摘された[9]。その理由は，農業における不在地主に代表されるように，賃貸人は賃貸不動産よりもはるかに離れた場所に居住する場合があるが，賃借人は賃貸不動産を利用するため賃貸不動産の近くに通常居住する。賃借人が賃貸人を訴えるために遠くの裁判所に出かけなければならないというのは，賃借人にとって不便である。なお，［ 7 ］のように，債権説を結論として採用する判決でも，物権説の利点としてこの点を承認するものがあった。また，物権説の裁判例の多くは，管轄とりわけこの賃借人の賃貸人への訴えであるという指摘もある[10]。

　［12］は，借地農が農地の修復を請求して賃貸不動産所在地の裁判所に賃貸人を訴えた事案について，ルーアン（控訴）院は，次のように判示して管轄を認めた。

　「賃貸借契約から生ずる権利が人的なものであり，賃貸人に契約の履行を請求することを目的としているとしても，同時に，この権利は，物的性格（caractère réel）をも有する。何故ならば，民法1743条によって，この権利は，不動産に結びついているものであり，不動産の売買の後も買主に追及していく。それゆえ，この権利は複合的（mixte）なものであり，その結果（賃貸不動産所在地と被告住所地の……小柳注）二つの裁判所の管轄が成立し，その選択は，原告に委ねられる。」

(ｲ)　賃借人の訴権

---

(9) Dugast, *op. cit.*, p. 151.
(10) Dugast, *op. cit.*, p. 151.

第1章　フランスの物権説

　物権説の判例の第2の類型は，賃借人の訴権に関するものである。賃借権が物権であるとすれば，ある賃借人が他の賃借人によってその用益を妨害された場合に，賃貸人に保護を求めるだけではなく，みずからの物権を侵害されたとしてみずから訴えることが可能である。［15］，［18］，［20］，［24］はいずれもパリ控訴院が下した，注目すべき判決である。

　［15］は金装身具製造のために建物を賃貸し，賃貸借契約中に建物の他の部分について同種装身具製造業者への賃貸を禁ずる特約があるにも拘らず，金装身具製造業者に賃貸された事案である。装身具製造業者は，みずから新しい製造業者に対し，退去を求めた。セーヌ裁判所は，これに対し，賃貸借契約は賃借人に賃借物への物権を与えるものではないとして，この訴えを認めなかった。賃借人はこれに対し控訴し，パリ控訴院［15］は，1743条故に賃借人は物権を与えられ，それゆえみずから直接他の業者を排除できると述べた。［18］及び［24］は，ともに建物の一部分が写真館として賃貸されたのち，別の部分がやはり写真館として使用され，最初の賃貸借契約には同業への賃貸禁止特約は存在しなかったという事案である。また，［20］は，隣接する二つの建物を所有する賃貸人から一方の建物を用途特定しないで借りた賃借人がホテルとして使用した後に，隣接する他の建物が用途の特定なく賃貸され，これもホテルとして使用されたという事案である。いずれも，単なる賃借人の妨害排除というよりも商業用または産業用の賃貸借における競争排除の場合であった。同一不動産のなかで競争者に賃貸をなしうるかが，ここでは重要な問題である[11]。

　この同一不動産内での競争者への賃貸は，二つの問題からなる。ひとつは，①賃貸人が同一不動産のなかの他の場所を（第1）賃借人の競争者（類似または同一の営業を営む者）へ賃貸する行為を，賃貸人の「平穏に収益させる義務」（1719条3号）違反として争うことができるか，いまひとつは，②仮に前者を肯定的に解するとして，（第1）賃借人は，直接競争者（第2賃借人）に営業の禁止を請求しうるか，である。［15］，［18］，［20］，［24］などの裁判例は，以上の①，②二つの問題をともに肯定的に解したものである。但し，①について［15］は特約を理由にするのに対し，［18］，［20］，［24］はそのような特約がないために，一

───────
　(11)　Dugast, *op. cit*., p. 154.

第1節　古典的物権説

般的な賃貸人の義務として認めるところに若干の相違がある[12]。

(ウ)　用益開始前の賃借人

第3の類型は，[23]のように，用益を開始していない賃借人と賃貸不動産の買主との争いである。シャンベリー裁判所は，1743条故に，賃借人は，絶対的な物権や所有権の支分権ではないものの賃借物の譲渡に追及する「独特の物的な性格（un caractère d'une réalité spéciale)」の権利を有すると判示して，賃借人を勝訴させた。ここで，裁判所が賃借権の性格について論じたところは，トロロンの支分権なき物権を想起させる議論である。もっとも，これに関する判例は，第1期においても見られたところである（[4]）。この判決で重要なのは，判決文のなかで比較的明瞭に物権説を支持していることである。しかし，この判決の注釈が，物権説を採用せずとも同じ結論を導き出しうるとして，マルカデやオーブリー＝ローの学説を紹介している。

2　債権説の裁判例

以上の物権説による裁判例に対立したのが，債権説による一連の裁判例である。

(ア)　管　　轄

第1の類型は，管轄に関するものである。とりわけ，賃借人の賃貸人に対す

---

[12] ところが，このような判決は，裁判例全体から見れば，例外的なものであった。①について，19世紀半ばに相対立する裁判例があったものの，これを否定する解釈が破毀院判例や学説により採用されたこと（論拠とされたのは，民法544条に定められる所有者の絶対的処分権と，一般原則としての営業の自由であった（吉田克己・前掲「フランスにおける商事賃貸借法制の形成と展開(1)」社会科学研究29巻6号52頁））。それゆえ，[15]の場合は別にして，[18]，[20]，[24]については，第1賃借人は，賃貸人の義務違反を追及しえないことになる。
②についても，後に見るように，賃借人は，債権しか有さないため，第1賃借人は直接第2賃借人を訴えることはできないというのが，判例の採用する法理であった（Guillouard, *op. cit*., n°142; Planiol, Ripert, Hamel, Givord et Tunc, *op. cit*., n°519. なお，Baudry-Lacantinerie et Wahl, *op. cit*., n°506も同趣旨である）。

る訴えは，先述のように物権説の採用が実益上最も必要と考えられた。[7]は，これに関する債権説による判決のうちで理由が詳細なもののひとつである。これは，借地農が灌漑施設の掘削と賃貸不動産の修理の完成を賃貸不動産所在地の裁判所において賃貸人に対して請求した事案である。原審は，賃借人の請求を認めなかったため，賃借人は控訴した。控訴院の判決によれば，民法1743条が賃借権の法律的性質を変えたものではないことの理由は，次の諸点にある。①立法者の念頭にあったのは，loi emptorem の排除にとどまる。これは，公益上必要とされた。②「立法者が今日まで認められてきた理論を覆し，賃借権を物権としたと考える必要がない」。③「もしも，立法者が賃借権の性質を変えたのであれば，売買についての1583条についてそうであったように，その旨を明言しているはずだが（ローマ法以来の要式主義の伝統を覆し，フランス民法は売買において契約により所有権が移転するという意思主義を採用し，その旨を1583条に規定した……小柳注），そうなっていない。」。④「516条は，賃借権を不動産権として規定していない」。⑤「2118条は，不動産用益権を抵当権の目的としうると規定するが，賃借権については何も規定していない」。裁判所は，こうして債権説を採用し，その結果，賃貸不動産所在地の裁判所の管轄が成立しないことは，賃借人にとって不便であることを承認しつつも，賃貸人の主張を認めた。

また，賃貸人から賃借人に対する訴えについては，[10]（[8]の控訴審）があり，明確に債権説を採用して，賃貸不動産所在地の裁判所の管轄を否定した。また，[11]（[9]の破毀申立審）は，賃借人の権利の法律的性質についての明示的言及はないが，この場合には対人訴権しか存在しないとして，被告住所地の裁判所のみが管轄を有すると判断した。

(イ) 賃借権質の有効性

第3の類型として，賃借権質の有効性に関する同一事案についての一連の判決（[13]，[14]，[16]，[17]，[19]）がある。

(a) 事実関係　　事実関係は，次のとおりである。リヨンのカフェ経営者（limonadier）ヴォロ（Vollot）は，リヨン市との間に不動産賃貸借契約を結んだ。契約内容は，ヴォロがリヨン市所有の土地の上にみずからの費用で二つの建物（pavillon）を建築し，1855年9月24日から50年の期間その建物を賃借し，営業用に使用するというものである。特約により，ヴォロはリヨン市の承諾の

ない限り，建物の転貸借をなすこと（sous-louer）ができなかった。

ヴォロは，ショソグ＝デュボールとの間で建物建築請負契約を締結した。ショソグ＝デュボールは，87727フラン90サンチームの請負代金の担保として，建物賃借権について質権を取得した。ちなみに，この質権の目的は，ヴォロが建てた建物ではない。建物の所有権は，リヨン市に帰属した。質権の目的は，この建物を利用する権利（droit d'occuper le pavillon）すなわち賃借権であった。手続は，正当に行われ，賃貸借証書のショソグ＝デュボールへの交付とリヨン市への通知とがなされた。こうしてヴォロは，建物に飲食施設を作ったが，経営に失敗し，破産した。そこで，ショソグ＝デュボールは，賃借権質の有効性を主張し，これに基づき賃借権を競売に付し，その代金について先取特権を有するとして裁判所に訴えた。これに対し，ヴォロの他の債権者を代表する破産管財人は，通常の債権質とは異なり，賃借権質では質権者に単に証書を交付するだけでは不十分であり，賃借物を現実に引き渡す必要があると主張して，この賃借権質の有効性を争った。

(b) リヨン裁判所　第1審のリヨン裁判所は，1857年7月15日付の判決[13]で，当該質権は有効であると判示した。その理由は，民法，また判例は，2075条により，無体動産（meuble incorporel）たる権利の質を許し，その要件を証書の交付と被譲渡債権の債務者への通知としている。この要件が満足せしめられている以上，質権は有効となる，ヴォロは，質権設定後も占有を継続しているが，当該質権の目的は建物そのものではなく，賃借権に基づき建物を利用する権利という無体の権利であり，これは問題にならない，というものであった。

なお，本賃貸借契約においては，リヨン市の許可なくしては賃借物を転貸してはならない旨の条項があり，賃借権の処分が制限されていることが問題となるが，これについては次のように判示した。

「この条項の意義を明確にすることが，重要である。この条項の意義は，市当局は，Bellecourに築造されたカフェ・レストランの経営を，みずからが承認する者にしか許さない，という権限を留保することである。それゆえ，市当局のために設けられたこの条項は，譲渡を条件付のものとするという意義を有するにとどまる。ヴォロは，みずからの賃借権を絶対に譲渡しえぬとい

127

うのではなく，彼のなしうる譲渡と新しい賃借人への交代は，市当局によって承認されてはじめて有効かつ確定的になるのである。原告の主張する質契約が有効とみなされる以上，民法2075条により，賃借権は条件付，すなわち，競落人が市当局により承認されるという条件付で競売に付されうる。」

以上のように，リヨン裁判所は，賃借権の処分制限は直接には質権設定の障害とならず，また，質権を無効とするものでもないと判示する。そして，これ以後の裁判での判例集所載の判決文には，この点への言及がない。

(c) リヨン控訴院　この判決に対し，破産管財人が控訴したが，リヨン控訴院は，1857年12月1日の判決 [14] で，控訴人の主張を容れ，原判決を取り消した。その理由は，賃借権質の場合には，現実においても占有の移転をなすことを要し，これによって，第3者や一般債権者に対して権利関係を明確に公示する必要があるというものであった。これに対し，ショソグ＝デュボールは，従来の判例や学説に反すると主張して，破毀院に破毀申立てした。

(d) 破毀院　破毀院の審理において，破産管財人は，賃借権質においては，賃借権が明確な目的物を有する以上，通常の債権質と異なり，現実に占有移転をなす必要がある，というこれまでの主張を繰り返す他に，ヴォロの不動産利用権は賃借権ではなく，物権たる用益権であり，それゆえ2075条の手続による権利質設定はなしえないと論じた。

1859年4月13日の破毀院判決 [16] は，賃借権質においては他の無体動産質と同様に証書の交付と賃貸人への通知とをなせば十分であり，賃貸物を現実に質権者に引き渡す必要はないと判示して，控訴院判決を破毀した。もっとも，当該不動産利用権は物権たる用益権であるという被破毀申立て人（破産管財人）の新たなる主張については，改めて事実問題と法律問題について判断する必要があると述べた。

(e) グルノーブル控訴院　破毀院は，原判決を破毀する場合にも，原則として，みずからは訴訟の実態に関して判決することなく，原審と同系統，同性質，同審級の他の裁判所に事件を移送 (renvoi) する。かくして，事件は，グルノーブル控訴院に移送された[13]。

破産管財人は，ヴォロの不動産利用権は物権であって，2075条の手続による質権設定は許されないと主張した。具体的には，当該不動産利用権は，設定証

書によればヴォロが建物建築義務を負っており，また期間も50年の長期にわたっている以上，永借権（bail emphytéotique）であるか用益権である。仮に，当該不動産利用権が賃借権であるとしても，賃借権は物権であり，2075条の手続による権利質設定は許されないと論じた。この事件は，この破産管財人の主張で始めて賃借権の性質を争点にするに至った。

これに対し，グルノーブル控訴院は，1860年1月4日に，破産管財人敗訴の判決［17］を下した。その理由として，第1に，賃借権は債権であり，物権を創設するものではないと次のとおり論じた。

「鑑みるに，現在賃貸借が物権（jus in re）であるというのは正しくない。何故ならば，この権利は，何ら所有権の支分権でもないのである。また，他ならぬ賃貸人が依然として占有を継続し，更に，正当な意義における用益をなしている。賃貸人が受け取る賃料は，この用益を表示するものである。鑑みるに，ナポレオン法典1743条の規定によって，古法におけると異なり，賃貸借は不動産の売買によっては解除されなくなったとしても，これは，賃借人が物権を有し，それにより物を追及し，下級所有権（domaine utile）の関係を取得し，物の返還請求をなしうるということではない。これは，賃貸不動産の譲渡は賃貸借を維持するという人的な義務の下においてのみなしうると，立法者が望んだということである。賃借人に与えられたのは，用益を留保する権利であって，不動産についての物権ではない。」

第2に，グルノーブル控訴院は，ヴォロとリヨン市との契約は，物権たる永借権を創設するものではないと論じた。設定期間が長期であり，借主に不動産の改良義務が課されているからといって，当該契約は，永借権を設定するのではない。

「鑑みるに，賃貸借と永貸借とを区別するものは，第1に，永借人は，上級所有権（domaine direct）と区別された下級所有権（domaine utile），すなわち所有権の支分権を有し，第2に，その結果として永借人は当該不動産を所有

---

(13) 「破毀院は判決を裁判し，訴訟を裁判するものではない」と言われる。詳しくは，山口俊夫・前掲概説フランス法上346頁，北村一郎「契約の解釈に対するフランス破毀院のコントロオル(1)」法学協会雑誌93巻12号（1976年）7頁。

者の承諾なく譲渡，転貸し，また改良のために種々の改変をなす権利を有するというところにある。」

ところで，本契約において，ヴォロは，リヨン市当局の許可なくしては転貸借をなすことができない。それゆえ，本契約は，通常の賃借権を設定するものであり，物権を創設するものではない。本契約が用益権を創設するものではないことも，これと同様である。通常の賃借権については，2075条の規定に従い権利質を設定しうる故に，当該質権は有効である。以上のように論じて，控訴院は，破産管財人の訴えを退けた。

(f) 破毀院　　事件は，破産管財人の破毀申立てにより，再び破毀院の審理するところとなった。破産管財人の申立理由は，①当該契約は物権たる永借権を設定したものである，②物権である地上権である，③または物権である用益権を設定したものである，そうでなければ，④賃借権は物権であり，それゆえ権利質の目的とすることはできない，または，⑤賃借権質の設定には現実に占有を移転することを必要とする，というものであった。これに対して，破毀院[19]は破産管財人の破毀申立てを棄却した。その理由は，グルノーブル控訴院と同様のもので，次のように述べた。

第1に，当該契約は，永借権を設定するものではない。

「鑑みるに，契約期間が長期であり，借主にみずからの費用で建物を建て，改良をなし，定められた期間満了後無償で所有者に返却するという義務が課せられているからといって，通常の賃貸借ではないと理解することはできない。永借権には特性があり，固有の効果がある。通常の賃貸借と異なり，永借権は，所有者と借主との間で所有権を支分するのであり，永借人に物権を与える。この物権は，所有者の権利を害しない範囲で，所有権自身と同様に売却や抵当などの種々の処分をなしうる。この自由処分権は，永借権の本質的特性である (ce droit de libre disposition constitue l'un des caractères essentiels de l'emphytéose)。鑑みるに，1855年2月9日の契約条項によれば，ヴォロは，市当局の許可なくして転貸借をなすことが許されない。この条項故に，当該契約は，何ら所有権の支分権を創設するものではなく，両当事者は通常の賃貸借をなしたものと判断しうる。」

第2に，賃貸借は，物権を創設するのではない。

第1節　古典的物権説

　「鑑みるに，賃貸借は，何ら所有権の支分権を創設するものではない，……永貸借や用益権と異なり，賃借人は，自己固有のまた自分のための占有を有するものではなく，賃貸人のために占有するものである，……鑑みるに，古法においては，賃貸借契約が賃借人に与える権利の性質が人的なものであり，かつ動産権であることはまったく疑問の余地の無いものであった，……ナポレオン法典がポティエの賃貸借の定義を踏襲している以上，賃貸借の性質を変え，その効果を改変したと論ずるのは不可能である。鑑みるに，破毀申立人は，1743条故に賃借権の性質が変ったと主張する。1743条は，賃貸借に第3者に対する効果を与え，第3取得者に賃貸借を維持する義務を課するものであるが，この規定故に民法が賃借人に物権，すなわち物に結び付き，物の譲渡の際に物に追及していく物権を与えたと論ずるのは，この規定の内容を誇張するものである。この規定の意義について理解するには，立法者が明文によって第3取得者に例外的な人的義務を課したと考えれば十分である。」

　(g) 物権説と賃借権質　　以上の興味深い事件における物権説の主張は，賃借人の側からなされたものでも，最初から主張されたものでもない。この場合における物権説は，破産管財人の側から賃借権質の有効性を否定するために一種苦しまぎれに主張されたとの印象を否み難いものがある。それはさておき，当該事件は，その内容からも明らかなように，レストランのための建物賃貸借という商事賃貸借に関する事件である。破産管財人自身も，このことを指摘しているのであり，それによれば，賃借人がその賃借権を担保とするのは稀であって，それは賃借人の真の債権者は賃貸人であることによる。しかし，商業を目的とする賃貸借にあっては，賃借権とは別個ではあるが，極めて密接にこれと関連する商業的価値（valeur commerciale），即ち経営権とか暖簾とか呼ばれるものがあり，これが担保価値を有するという[14]。一般に，商事賃貸借においては，商人が安定した用益を目的として長期の賃借権が設定されることがあったと指摘されるが[15]，本契約で設定された賃貸借も期間が50年という長期のものであり（長期である理由として，賃借人自身が建物を建築することが関連すると推測

---

(14)　S.1859.1.917.
(15)　詳しくは，賃貸人の先取特権について論ずる本章本節第6項を参照。

第1章　フランスの物権説

される。)，これが先述の商業的価値と相まって担保価値を有するに至ったと思われる。換言すれば，この判決は，後述の商事賃貸借に関する営業質(nantissement du fonds de commerce)の問題と関連するものである。それゆえ，賃借権担保の詳細については，営業質について論ずる本節第6項に譲り，ここでは，賃借権の物権性の否定は，賃借権抵当の道を塞ぐが，賃借権担保そのものの否定には結び付かず，賃借権質による賃借権担保を許す（その場合でも引渡しのない担保が可能である。）ことを確認するにとどめる。

3　1865年の破毀院判決

判例における債権説の勝利を確定的にしたのは，1865年の破毀院判決であった。これは，物権説にとり最も有利である賃借人から賃貸人への訴えの事例である。シャトー・シノン郡にある建物の賃借人(原告)は，壁の修復を賃貸人(被告)に請求し，賃貸人の住所地の裁判所ではなく，シャトー・シノンの裁判所に訴えを提起した。これに対し，同裁判所 [21] は，管轄は賃借権の法律的性質により決定されるとした上で，賃借権は物権と債権の性格を両方有するdroit mixteであると論じ，みずからが管轄を有すると判示した。賃貸人は控訴したが，ブルジュ控訴院も同様の判決 [22] を下した。そこで賃借人は，賃借権は債権にすぎず，それゆえ，被告住所の裁判所だけが管轄を有し，賃貸不動産所在地の裁判所の管轄は成立しないと主張して破毀申立てした。これに対し，破毀院は，1865年2月21日の判決 [25] で次のように判示して，賃貸人の主張を支持した。

> 「鑑みるに，賃貸借契約は，賃貸不動産についての何らの支分権を創設するものではなく，また，賃借人に賃貸人に対する物権を与えるものではない。それゆえ，賃貸借契約に関する訴えは，いかなる性質のものであろうと，純粋に債権的性格のものであり，民事訴訟法59条の適用により被告住所の裁判所が管轄する。」

この破毀院の判決は，判例集でも25行程の極めて簡単なものである。それは，詳細に理由を挙げて債権説を説きあかすというよりも，単に破毀院が債権説を採用する旨宣言をしたものである。いずれにせよ，これが決定的判決となり，以後物権説の判例は極めて稀にしか見られなくなった。それ以後の裁判例につ

いて，デュガスは，「1865年の判決は，判例を固定した。賃借人は，債権しか有さないことが確定的になった。以後の判決は原則的に確立したものとなり，1865年の判決の適用にとどまることになる。」と述べた[16]。

Ⅳ 第3期の裁判例
1 物権説の裁判例

1865年以後，物権説の裁判例は，殆んど見ることができない。唯一の例は，[33] である。これは，商事賃貸借（レストラン）において同一建物の中の他の賃借人（ホテル経営）が通路の利用を妨げたため，これを排除しようとした事案である。ホテル側は，同一建物内の賃借人相互間には何の法的関係もない以上，賃借人は賃貸人を提訴すべきであると論じたが，セーヌ裁判所は，「賃貸借契約が賃借人に与える権利は債権と物権の二つからなる複合権（droit mixte）であり，それ故，賃借人は誰であれその利用の妨害をなす者に対して，排除を請求できる」として，妨害排除請求を認めた。この判決は，先に見た第2期の裁判例では，パリ控訴院がしばしば認めた商事賃貸借の妨害排除を想起させるものであり，注釈も，長い間賃借人に物権を認める判決を見い出すことはできなかったが，久しぶりに現れたこと，パリ控訴院が商事賃貸借について賃借人の妨害排除に積極的であったことを指摘している。もっとも，本判決は，第3期において物権説を採用したという点で，極めて例外的なものである。

2 債権説の裁判例
(ア) 管　轄

管轄については，[26]，[28] 及び [36] がある。その内容は，第2期と同様であるから特に検討する必要はない。

(イ) 妨害排除

賃借人による妨害排除については，賃借権は債権であるとして，賃借人から妨害者への直接の妨害排除等を否定した [27] 及び [37] がある。その内容は，第2期と同様であるからここでの紹介は省略する。

---

(16) Dugast, op. cit., p. 160.

第1章　フランスの物権説

(ウ)　夫婦共通財産制

夫婦共通財産制と賃借権に関する判決もある。これは，これまでの裁判例になかったものである。

[39]は，結婚後に夫が締結した建物賃貸借契約について，別居の判決がでたのち，賃貸人が夫にのみ解約申入れをしたというものである。別居(séparation de corps)とは，離婚と異なり，婚姻の解消はないが同居の義務を終了させる制度であり（フランス民法299条），婚姻の実質的破綻の際に用いられた[17]。フランスでは，フランス民法（1804年）が離婚を承認したものの1816年から1884年に至るまで離婚が再び禁止され，その後も離婚事由が厳格であったため，別居制度は大きな役割を果した。別居により夫婦共通財産は解消され，分割された（302条）。裁判所は，賃借権は物権ではなく，債権であるため動産権であり，それゆえ夫婦共通財産に帰属し，婚姻継続中であればともかく，別居により夫婦共通財産は，分割されることになる以上，夫だけに対する解約申入れは，妻に対抗しえないとの判決を下した。

[40]は，やはり賃借権の債権性を根拠に賃借権は夫婦共通財産へ帰属するとし，離婚にともない夫婦共通財産の解消が生ずるが，それが確定するまでは，夫は妻を追出すことはできないと述べた。いずれの判決も，賃借権が夫婦共通財産に含まれることを前提とし，共通財産の解消の際には，賃借権は賃貸契約を締結した夫単独に帰属しないことを述べる内容である。

(エ)　二重賃貸借

二重賃貸借に関する判決もある。

[29]は，二重賃貸借において，第1賃借人が保護されるには，確定日付が先なだけでは不十分であり，占有を取得する必要があると述べ，賃借人の賃貸人に対する損害賠償を認めた（但し，この判決文の中で賃借権が債権であるとの言明はない。）。

[34]は，確定日付が先の賃貸借が優先するとして次のように述べる。

「確かに，賃借人の権利は物権ではなく，債権かつ動産権であり，賃貸借の登録は，物権が謄記されたのと同じ効果を持つものではない。しかし，学説

---

(17)　Colin et Capitant, *op. cit.*, t. I, p. 191.

第 1 節　古典的物権説

と裁判例の多数は，同一の不動産が所有者により相異なる 2 人に賃借されたときは，確定日付を有する者を優先させるべきことを論じている。」

この事案は，二重賃貸借の双方が確定日付を得ていた（一方は登録，他方は当事者の死亡）場合であるが，判決は確定日付が先でかつ既に入居していた賃貸借が優先するという判断を示した。既に，債権説の多様性を論じた際に，二重賃貸借について，確定日付の先後で優劣を決するという見解が有力であり，債権説の論者も比較的多くこの見解を支持していたことを論じた。裁判例もこれに従ったのである。その後の判例の傾向は，一般的には確定日付の先の賃借人に優先権を認めるものであった[18]。

(オ)　そ　の　他

物権説に関するテーズが物権説をめぐる裁判例として紹介するものは，以上の紹介例にとどまらない。滌除，先取特権，賃借地上の建物所有権の帰属等に関連する判決が物権説に関連するとして引用されている。

(a)　滌　除　　[30]は，破毀院の判決のみが引用され，事実関係は全く明らかではないが，滌除に対する増加競売と賃借権の性質を問題にする。フランス民法2177条 1 項は，抵当不動産について第 3 取得者に譲渡がなされ，更にその不動産が競売に付されて，第 3 取得者以外の者が競落した場合等について，「第 3 取得者がその占有前に不動産上に有していた地役（servitude）及び物権（droits réels）は，委付（délaissement）[19]またはその者に対して行う競売の後に，復活する。」と規定した。第 3 取得者が取得前に不動産に物権を有していた場合，当該不動産の取得により混同が生じ，その物権は消滅する。これに対し，競落の後は，一旦混同により消滅した物権が復活するというのが2177条 1 項の規定趣旨

---

(18)　Derruppé, *op. cit.*, n°147; Planiol, Ripert, Hamel, Givord et Tunc, *op. cit.*, n°549.

(19)　委付（délaissement）とは，第 3 取得者による所有権の放棄であり，この場合には委付された不動産について財産管理人（curateur）が設けられ，不動産の売却は，強制徴収について規定する形式に従い，第 3 取得者に対してではなく，その者に対して追行される（フランス民法典2172条 2 項）。第 3 取得者は，委付によって，みずからの名前に対して差押えられるという事態を回避できる（Colin et Capitant, *op. cit.*, t. III, 1915, p. 964）。

第1章 フランスの物権説

である。滌除に対する増加競売による競落の場合に2177条の物権と同様の扱いが賃借権についてもなされるべきかが争われた。しかし、破毀院は、賃借権は債権であり、ここで言う物権には含まれず、それゆえ復活しないと判示する[20]。ちなみに、旧民法では、賃借権もまたその物権的構成故に復活すると規定した（旧民法債権担保編282条）。この問題は、賃借権が債権か物権かで違いが生まれることがらである。

(b) 転貸借における賃貸人の先取特権　　[31]は、転貸借の際の先取特権の範囲について問題にした事案である。賃借権の転貸禁止があるにもかかわらず、営業用建物が無断転貸され、再転借人が破産した際に、商品等が持ち出された。これに対し、原賃貸人が不動産賃貸人の先取特権を根拠にして、再転借人の動産について取戻差押え及び質物差押え（詳細は、本節第6項Ⅱ　民法の先取特権規定を参照）を行ったという例である。これは、無断転貸と賃料先取特権の範囲の判例であり、破毀院は、転借人は原賃貸人に差押え時に負っている転借料の限度としてでなければ、賃貸人に責を負わないというフランス民法1753条は賃借権の無断転貸があるときには、適用されないと判示した。この判決は、判決文の中では賃借権の性質に論及していない。判決法理を支持するラベ（Labbé）の長大な注釈の冒頭において賃借権は債権である旨の言及があるために、賃借権の性質に関する判例として紹介されると考えられる。なお、この判例法理については、転貸借が禁止されている場合には、転貸借自体が賃貸人にとり何らの効果も存在しないものとなり、それゆえ、転借人の動産もまた賃貸人の先取特権の目的物として原賃貸借の担保になり、1753条が転借人に与える利益を認め

---

(20) この判例理論の前提となったのは、増加競売の際に第3取得者以外の者が競落人になるときは、第3取得者の所有権取得は、さかのぼって解除され、競落人はもとの所有者から直接所有権を取得するという考え方である。本判決は、この判例理論を明示したものとして著名である（Colin et Capitant, *op. cit.*, t. III, p. 991; M. Planiol, G. Ripert et E. Becqué, t. XIII, *Sûretés réelles* deuxième partie, 2^{e}éd., 1953, n°1293.）。現在では、滌除自体が稀になったため、この問題自体が実益を失った（P. Simler et P. Delebecque, *Droit civil Les sûretés La publicité foncière*, 3e éd., 2000, n°431; M. Cabrillac et C. Mouly, *Droit des sûretés*, 1990, n°920)。

第1節　古典的物権説

ることはできないとして，この判例を支持するのが通説である[21]。

(c) 賃借地上の建物の所有権の帰属　　［32］は，風車を賃貸し，賃借人が風車に種々の隣接設備を建築し，その後，賃料不払をしたため，賃貸人から委任を受けた銀行が賃借人の隣接設備に関して執行差押え（saisie-exécution有体動産の差押＝執行）をしたところ，これに対し，賃借人みずからがこれらの隣接設備に有する所有権は不動産権であり，不動産差押え（saisie immobilière）によらねば差押えできないとして争った事案である。ここでは，賃借地上の賃借人による築造物の所有権が賃貸人に帰属するか賃借人に帰属するかについて問題になり，破毀院は，賃借人帰属説を説き，更に，賃借人の権利は不動産権であるとして不動産差押えでなければならないと判示した。

この事案は，地上権を問題にしたものと見るべきで，賃借権の性質は判決の中では論じられていない[22]。

(d) 損害賠償請求権の帰属　　［35］は，賃貸不動産の譲渡と，賃貸人の賃借人に対する損害賠償請求権の帰属について論ずる。フランス民法1732条は，賃借人がその用益中に生ずる毀損または滅失について責任を負う旨規定した。これに関して，賃借期間中の毀損について賃貸不動産（農地）が譲渡された後に，元の賃貸人が賃借人に賠償を請求しうるかが争われた。破毀院は，賃借権の性質が債権であり，賃貸人の賃借人に対する権利もまた債権であるとして，これは賃借不動産の譲渡と共に譲受人に譲渡されるものではなく，元の賃貸人の権利としてとどまっていると論じた。もっとも，判決文の中には，賃借人の権利

---

[21] Baudry-Lacantinerie et Loynes, *op. cit.*, n°375; Guillouard, *Traité des privilèges et hypothèques*, n°304.

[22] もっとも，地上権の問題も賃借権の性質とまったく無縁ではない。フランスにおいては，建物までも土地に附合する。このため，土地の賃借人の建築物が土地に附合するか否か，換言すれば，建物所有権は土地賃借人にあるのかそれとも附合により土地所有者に帰属するかが問題になる。学説の中には，賃借人は債権しか有さないということから，賃借人の建物に対する権利もまた債権に過ぎないとして，建物の土地所有権への附合を認める議論があった。これに対し，債権説を前提としつつ，建物所有権の帰属はこれと独立の問題であると理解するのが通説になる（詳しくは，第2章第1節第8項参照）。

の法律的性質について特に言及してはいない。

(e) 賃借権譲渡の対抗要件 [38]は，賃借権譲渡の対抗要件について，賃借人の権利は債権であるからその譲渡の対抗要件は，債権譲渡の対抗要件である1690条[23]によるとした。

先に述べたように，第3期においては，債権説は，判例において確定し，これに反する判決を見るのは，極めて困難になったのである。

第6項　賃借人のための担保立法

先に見たように，物権説と債権説の対立においても，賃借人の金融のための担保が重要な論点となっていた。裁判例においても賃借人の担保が問題であった。実際に，フランスにおいては19世紀末から20世紀初頭にかけて，不動産の利用権者のための担保立法が相次いで成立していた。それらの立法は，フランス民法制定以来の古典的秩序，農業社会に対応した土地所有権中心の秩序の変化を示すものであった[1]。

一般に賃借人が担保に供しうるものとしては，賃借権そのもの，賃借人の動産及び賃借人の建設した建物等の不動産の三つが考えられる。そして，以上の三つについても，それぞれ議論を必要とする点がある。

賃借権そのものを担保に供するためには，賃借権について非占有移転型の担保を考える必要がある。このための方策としては，賃借権抵当及び賃借権質がある。賃借権抵当では，占有移転は必要ないが，そもそも賃借権に抵当権を設定できるかが問題になる。これに対し，賃借権質では，占有移転が必要であるかという点が問題になりうる。

賃借人の動産については，これが賃借人の所有物であるため，担保に供する

---

[23] フランス民法1690条「譲受人は，債務者に対し行う移転の送達によってでなければ，第3者に対抗することはできない。

ただし，譲受人は，公署証書において債務者が行う移転の承諾によって同様に，第3者に対抗することができる。」

[1] G. Ripert, *Aspects juridiques du capitalisme moderne*, 2ᵉ éd., 1951, n°13.

第1節　古典的物権説

ことに余り問題はないようにも見える。しかし，賃借人の動産については賃貸人の先取特権が成立している。換言すれば，賃借人の動産について担保権者と賃貸人の利益が衝突するのである。両者の利益の調整の必要がある。また，賃借人の動産が，賃借権と一体化できれば担保価値が増大するため，そのような一体化が可能かの検討が必要になる。

　賃借人の不動産については，例えば，日本法では建物は土地に附合しないという原則があるために，建物自体を担保に供することは簡単なように見える。ところが，フランスでは，地上物は土地に属するという土地建物一体の原則が存在しているため，そもそも，賃借人が建築した建物の所有権が賃借人に帰属するかが問題である。更に，日本の建物抵当において借地権との関係が問題になったように，建物の利用権原である賃借権と建物を一体化して担保の目的とすることが必要になる。

　本項では，フランスにおいて法律として整備された時代順に，営業質（Ⅰ），農産証券（Ⅱ），永借権（Ⅲ）の三つの制度について，以上の観点を念頭に置いて検討を進めていく。

Ⅰ　営業質

1　営業財産

(ア)　立法理由

　中小商工業者は，必ずしも不動産を有していない場合があり，しかも事業の性質上金融の必要性は大きい。自己の営業用に供された個々の資産について質権を設定する場合には，質権設定が目的物の引渡しを要件とする以上，営業継続の支障となる。また，質入れの客体となる商工業用資産は，全体としての営業の1分子となって始めて独自の機能を果たすのであり，ばらばらな状態では担保価値が低下する。商品のストックを有する場合には，倉荷証券の利用が可能であるが，これができるのは一部の大商工業者に限られる。そのため，商工業者の営業用資産を一括して，しかも占有移転を要件としない担保制度が必要であると指摘された。そして，営業の継続を考えれば，営業用資産と賃借権とを一体化して担保とできれば極めて有効である。

　この場合には，引渡しに代わる公示制度の創設が重要課題となる。フランス

第1章　フランスの物権説

においてこうした要請に応えたのが，営業質 (nantissement du fonds de commerce)制度である。この問題は商法の領域に属し，しかも，日本において早くから福井勇二郎，福井守，吉田克己教授などによる優れた制度研究が存在する[2]。そこで本書では，賃借権の物権性の意義を問題にする本書の問題関心との関連に注意しながら，そうした研究に従い制度の概要を必要な限りで紹介する。更に，賃貸人の先取特権との調整が重要になったことを指摘する。

この営業質制度は，立法的には1898年に創設されたが，それ以前から判例，慣行により商人の実際上の必要を背景にして育まれてきた制度である。もっとも，制度確立までの過程は単純なものではなかった。

(イ)　営業財産

営業財産 (fonds de commerce) という言葉は，ナポレオン法典制定当時においては商人の有する商品の総体という有体財産を中心にしたものであったが，19世紀半ばころには顧客 (clientèle et achalandage)，賃借権 (droit au bail)，商号，特許権，製造・営業上の秘密の無体財産をも重要な要素とするものに転化した。これは，商工業の発展により顧客等の無体財産が商人の営業に占める意義が増大したことによる[3]。更に，これらを一体として担保とする方法の必要性が認識されるに至った。

(ウ)　営業財産質

かくして，この営業財産の質入れという方法が慣行により採用されるようになった。フランス民法2075条は，債権などの無体動産(meubles incorporels, tels que les créances mobilières) の質入れについて証書を引き渡し，公署証書または登録された私署証書により質入れ債権の第3債務者に通知することを要件と

---

(2)　福井勇二郎「仏法に於ける営業質に就いて」(1)～(3)法学協会雑誌51巻2，3，4号 (1933年)，同「1909年3月17日の仏国営業財産法に就いて」(1)，(2)法学協会雑誌55巻6，7号 (1937年)，福井守・営業財産の法的研究 (成文堂，1973年)，吉田克己・前掲「フランスにおける商事賃貸借法制の形成と展開」(1)，(2)社会科学研究29巻6号，30巻1号。M. de Juglart et B. Ippolito, *Traité de droit commercial*, t. I, 4e éd., 1988, n^{os}220 et s.

(3)　福井勇二郎・前掲「営業質に就いて」法学協会雑誌51巻2号68頁。吉田克己・前掲「商事賃貸借」社会科学研究29巻6号20頁。

して認めている。これは本来債権質に関する条文であり、このような営業財産の質入れを想定した規定ではないが、転用されたのである。営業財産の法律的性質は、集合体と解される。営業設備、商号、商品、特許、賃借権、得意先、顧客などは、営業という目的のために各自の個性を融合し抽象的統一体を形成する。そして、こうした異質の諸構成物件の個性を超越した独自の統一体として債権契約や物権の対象となる。フランスにおいては、物（chose）を有体物に限定せず、有体物、無体物に通ずる広い概念としているが故に、一つの無体物である営業財産に対する物権の存在が比較的自然に肯定された[4]。

(エ)　不動産の除外

不動産は営業財産から除外された。吉田克己教授によれば、これは「不動産関係を紀律するのは、民法の領域に属し、商法の領域には属さないという『古い伝統』に求められている[5]。」このような解釈は不適当であるという判例、学説もないではないが、結論として現在までも維持されている。このため、商人が単なる賃借人ではなく、不動産の所有者でもある場合には、不動産所有権をも一体として包括的な営業財産として担保の客体とすることは不可能である。これは重大な不便ではあるが、商工業者が不動産所有者であるときには用途による不動産の制度の利用により機械、設備などを不動産と一体として抵当権の客体とすることができるので、この方法によることになる[6]。

営業財産に属するものは、得意先、賃借権、商号、商標等の無体動産と商品、機械等の動産になる。フランスの通説は、営業財産の本質的構成部分は得意先、賃借権、商号、商標等の無体動産であり、商品、機械等の有体物は従属的構成部分に過ぎないとして営業財産全体の無体性を論じた。かくして、営業財産は無体動産（meubles incorporels）と解釈されることになった。営業財産の質入れ

---

(4)　福井勇二郎・前掲「営業質に就いて」法学協会雑誌51巻2号84頁注4。吉田克己・前掲「商事賃貸借」社会科学研究29巻6号25頁。

(5)　吉田克己・前掲「商事賃貸借」社会科学研究29巻6号26頁。なお、福井勇二郎・前掲「営業質に就いて」法学協会雑誌51巻2号70頁、75頁注13。

(6)　福井勇二郎・前掲「営業質に就いて」法学協会雑誌51巻2号71頁、51巻3号113頁注10。

に関し，無体動産の質入れについての民法2075条が適用されるのもこのためである[7]。

(オ) 賃借権質

ところが，この民法2075条の適用に関しては議論があった。この規定が質権設定の要件とする証書の引渡しと第3債務者への質権設定の通知という方式に従い，営業財産の所有権を証する証書の質権者への交付と第3債務者としての賃貸人への営業質設定の通知，賃貸借証書の交付という手続で営業質設定は行われた。しかし，これでは実質的に公示の役割が果たすことができない。この方式による営業質設定の際，営業財産に関する質権の存在について公示せられざることになり，一般第3者にとり著しく不公平である。一般第3者は営業質設定者が破産した場合にはその重要な資産である営業財産について特定の営業質権者の優先弁済の対象になることを全く知らされることがないからである。また，賃借権についても通常の債権とは性質が異なるのであり，現実の引渡しが必要と解釈する余地が大いにある。現実の引渡しが必要と解釈した場合は，営業質は実際上不可能になる。

破毀院が営業質商事慣行の有効性を承認したといっても，当初は判例の動揺があった。福井勇二郎教授の研究が当初の判例の動揺の例として紹介するのは，営業動産についての質権設定に関する1851年7月26日のパリ控訴院判決である[8]。これは営業用の動産に関し，現実の移転を要求した。いまひとつは賃借権の質入れに関し現実の引渡しを必要とするか否かに関する1857年12月1日のリヨン控訴院判決以下の一連の判決である。ところで，この後者の一連の判決については，本書は，既に物権説に関する判例として紹介した（[13]，[14]，[16]，[17]，[19]）。第5項で述べたように，結局破毀院は賃借権質について現実の引渡しを必要としないという判決を下すのであるが，これについて福井勇二郎教授は「然るにこれは一般に公示せられざるが故に諸々の弊害が伴ふことは当然であった。」と指摘している[9]。破毀院が最終的に2075条による営業質の有効性を確定するのは，1888年3月13日の判決によってであり，営業質の経済的

---

(7) 福井勇二郎・前掲「営業質に就いて」法学協会雑誌51巻2号85頁。
(8) 福井勇二郎・前掲「営業質に就いて」法学協会雑誌51巻3号121頁注3。

第1節　古典的物権説

意義が理論的また実際的欠陥を補ったのである。しかし，商事裁判所は取引安全の原則から商工金融の逼迫を顧みず営業財産の現実的移転を要求した。それゆえ，民法2075条による営業質は無効とされた。かくして，裁判所の間で判例の対立が存在した。このような状態に終止符を打ったのが，1898年法の制定である。ただし，それ以前にも重要な立法があった。それは，商事賃貸借について賃貸人の強大な先取特権を制限した1872年法である。というのも，賃借人の動産は，賃貸人の先取特権の目的であったからである。

2　民法の先取特権の問題性
(ア)　民法の先取特権

(a)　民法2102条　以上のように，賃借人の動産を賃借権とともに担保になしうるときは，その担保価値が維持され，賃借人の信用にとってきわめて有益である。しかし，この動産は，不動産賃貸人の先取特権(privilège du bailleur d'immeuble)の客体でもある。両者については，調整の必要がある。特に，この不動産賃貸人の先取特権の制限が必要であった。

不動産賃貸人の先取特権は，ローマ法にまでさかのぼる。賃借人が賃借した場所において所有している物は，特約なくして，賃貸人の賃料債権の担保としてその質権に服した。この慣行は，フランス古法において広まり，フランス民法2102条において成文化された。この質権は，通常の質権とは異なり，賃借人が用益に入ることにより当然に成立し，約定を必要としない質(gage tacite)であり，賃借人が質権の目的物の占有を継続しえる引渡しのない質である[10]。

民法2102条1号は，先取特権について次のように規定している。

「次の債権は，特定動産の上に先取特権を有する。

1　不動産賃料の先取特権は，賃貸借が公署証書によるとき，または，私署証書による場合でも確定日付を有するときは，弁済期の到来せざるものおよび到来するものの全額につき（pour tout ce qui est échu, et pour tout ce qui est à échoir），当年収穫の果実，借家または賃借地に備え付けたすべての動産及び賃借地の利用に供したすべての動産の価格の上に存する。公署証書による

---
(9)　福井勇二郎・前掲「営業質に就いて」法学協会雑誌51巻3号121頁注4。

第1章　フランスの物権説

場合及び確定日付ある場合には，その他の債権者は，賃貸借の残存期間（résultant du bail）について，その家屋または農場を再賃貸（relouer）し，その賃貸借または定額小作から利益を得る権利を有する。但し，所有者に対してなお支払うべきものは，すべて支払うことを要する。

　公署証書による賃貸借がない場合，またはそれが私署証書によるものであって確定日付を有しない場合には，前項の先取特権は，当年の満了（expiration）後1年分につき存する。先取特権は，賃借人負担の修繕及び賃貸借の履行に関するすべての債権につき成立する。

　不動産の所有者は，その家屋またはその農場に備え付けた動産がその同意なくして搬出されたときには，それを差押えることができる。その場合には，所有者は，その動産に対する自己の先取特権を保全する。但し，農場に備え付ける動産に関するときは40日の期間内に，家屋に備え付ける動産に関しては15日の期間内に，所有者が返還請求（revendication）を行うことを要する。」

(b)　1752条　先取特権が実効性を持つには，賃借人が十分な動産を備え付けることが必要である。以上の先取特権規定と密接に関連するのが，賃借人の担保物備付義務規定であるフランス民法1752条であった。同条は，「家屋に十分な動産を備え付けない賃借人は立ち退かせることができる。但し，賃借人が賃料を保証することができる担保を提供する場合には，その限りでない。」と規定した。

　そこで，問題であったのは，賃借人はどの程度の動産を備え付けることを義務づけられるか，とりわけ何期分の賃料に相当する動産を備え付けねばならな

---

(10)　原田純孝・前掲書112頁，下村信江「フランス先取特権制度（上）」帝塚山法学3号101頁（1999年）。G. Baudry-Lacantinerie et P. de Loynes, *Du nantissement des privilèges et hypothèques*, 2ᵉ éd., 1906, n°355.; Planiol, Ripert et Becqué, *Sûretés réelles*, n°142 Mazeaud et Chabas, *Sûretés——publicité foncière*, 1977, n°166; Malaurie et Aynès, *Cours de droit civil Les sûretés* (*Le droit de crédit*), 2ᵉ éd., 1988, n°602; Cabrillac et Mouly, *Droit des sûretés*, 1990, n°628. Veaux, Privilège du bailleur d'immeuble, *Jurisclasseur*, Droit Civil, Art. 2102, Fasc. 20, 1989, n°2; Simler et Delebecque, *Les sûretés La publicité foncière*, n°661.

第 1 節　古典的物権説

いかであった。というのも、同条の文言は、単に「十分な動産 (meubles suffisants)」とあり、具体的でなかったからである。

そもそも、フランス民法の立法者のひとりは、地方の慣習 (usage des lieux) を理由に被担保期間について明示しなかったと述べている[11]。トロロンによれば、パリの慣習では1年分 (パリでは賃料の支払は3ヶ月毎であり、換言すれば4期分) の賃料に相当する動産の備付けが義務づけられ、オルレアンでは当期と将来1期分 (なお、ここでは賃料の支払は6ヶ月毎) と競売費用に相当する動産の備付けが要求された[12]。また、賃借人の職業や賃貸借の目的によっても十分な動産の具体的内容は異ってくると学説、判例は指摘している[13]。しかし、地方の習慣が不明確で、かつ賃借人の職業や賃貸借の目的により十分な動産の担保期間が不明瞭なときには、どの程度の期間についての動産が備え付けられねばならないかに関し議論があり、ボドリー・ラカンチヌリ＝ワールによれば、将来の全ての賃料と解する論者、現在の期間と将来1期分と解する論者、1年分 (即ち、通例4期分) と解する論者等があった[14]。

(イ)　先取特権の目的物

賃貸人の先取特権の目的物は、賃貸借の性質によって異なる。建物賃貸借では、2102条1項は、賃貸家屋に備え付けられた物すべて (tout ce qui garnit la maison louée) について先取特権が成立すると規定した。この「備え付ける (garnir)」という文言は、単に「家にある (être dans la maison)」のでは不十分であり、継続的関係の存在の必要があると理解されている。それゆえ、持ち込まれた家具、絵画や書籍などはこれに含まれるが、単なる金銭や宝石、債権などは含まれない[15]。

農地賃貸借においては、先取特権は、農場に備え付けたすべての動産 (tout ce

---

[11] Baudry-Lacantinerie et Wahl, *Du contrat de louage*, n°699.

[12] Troplong, *op. cit.*, n°531.

[13] Baudry-Lacantinerie et Wahl, *op. cit.*, n°700.; Planiol, Ripert, Hamel, Givord et Tunc, *Traité pratique de droit civil français*, t.X, *Contrats civils*, n°598.

[14] Baudry-Lacantinerie et Wahl, *op. cit.*, n°701.

qui garnit……la ferme）及び農地の利用に供したすべての動産（tout ce qui sert à l'exploitation de la ferme），更には，当年の収穫物（récolte de l'année）の上にも成立する。農地の利用に供したすべての動産の意義は，判例によればきわめて広く，家にはないものの賃貸された土地の上にある動産というだけにとどまらず，借地農が他に自己の土地を有し通常はそこの経営に利用する動産や動物なども，やはりこの先取特権の客体とされる[16]。更に，農地賃貸借に関しても，1767条が耕作に必要な家畜及び機具の備付けを賃借人の義務としていた。

動産が滅失した場合について，滅失それ自身は単に賃貸人の先取特権の目的物がなくなることを意味する。しかし，滅失した動産に対する保険金については，賃貸人は1889年2月19日法（現在では，保険法典L. 121—13条3号）により物上代位によりその先取特権を成立させることができる[17]。

また，動産は，賃借人の所有である必要はない。賃貸人が善意であれば，賃借人以外の第3者の物でもそれが「備え付け」られている限り，先取特権の客体になる。その理由は，まず2102条の法文が先取特権の目的物を賃借人の所有物に限定していないことと，先取特権の根拠となる黙示の質の観念から言えば賃貸人が賃借物に備え付けられている物が賃借人の所有と信じた限りで先取特権の成立を認めるのが正当だからである。賃貸人の善意は推定される。それゆえ，第3者がみずからの所有物について賃貸人の先取特権の成立を防止するためには，その動産の搬入の際に賃貸人がその動産が賃借人の所有に属するものでないことを認識していたことを証明しなければならない。そのための確実な手段は，物の搬入の際に賃貸人に通知することである。通知が遅れた場合には，

---

[15] 原田純孝・前掲書36頁。Planiol, Ripert et Becqué, *op. cit.*, n°144; Baudry-Lacantinerie et de Loynes, *op. cit.*, n°363.; Simler et Delebecque, *op. cit.*, n°666.

[16] Planiol, Ripert et Becqué, *op. cit.*, n°157; Baudry-Lacantinerie et de Loynes, *op. cit.*, n°369.; Simler et Delebecque, *op. cit.*, n°582.

[17] Planiol, Ripert et Becqué, *op. cit.*, n°161. この規定ができるまでは，保険金請求権は保険金が支払われるまでは賃借人の債権であり，債権は先取特権の目的物でなく，また，保険金が支払われた後は金銭としてこれまた先取特権の客体にならないという不便な状態であった。

第1節　古典的物権説

賃貸人の先取特権の成立を妨げることはできない[18]。

(ウ)　賃貸人の先取特権の実行手段

既に賃借人は「十分な」担保物を備え付けることが義務づけられていた。しかし，この担保物が流出しては，賃貸人の先取特権は，実効性を欠いてしまうことになる。

(a)　取戻差押え　　先取特権を実効あらしめるため，賃貸人は，動産の取戻権を有した[19]。民法2102条1号末段は，賃貸人はその同意なくして搬出，売却された動産を引き渡すことを請求しうると規定した。賃貸人は，善意の第3者に対しても取戻し（revendication）の権利を行使しうる。それゆえ，賃貸人は，一種の追及権（droit de suite）を有することになる。民法2102条の規定する動産先取特権のうちで，追及権を認められるのは，賃貸人の他に旅店主（aubergiste, 5号）と運送人（transporteur, 6号）があるに過ぎない。というのも，一般に「動産に関しては，占有は，権原に値する。」との民法2279条1項が動産についての追及権を制約するからである。

取戻権のための具体的手続として，旧民事訴訟法826条以下に取戻差押え（sasie-revendication）の規定があった。取戻差押えのためには，裁判所の許可が必要であり，取戻差押えの実行は，動産の取戻しで完了し，動産を公売することはできない。賃貸人は，建物賃貸借では15日，農地賃貸借では40日内にこの権利を行使することを要する。農地賃貸借で行使期間が長いのは，賃貸人が事情を知るのが建物賃貸借に比べて困難なことによる。なお，賃貸物に賃貸人の債権を担保するに十分な動産が残されているときには，この取戻権は行使できない[20]。

---

[18]　Planiol, Ripert et Becqué, *op. cit.*, n°158; Baudry-Lacantinerie et de Loynes, *op. cit.*, n°377.; Mazeaud et Chabas, *op. cit.*, n°171.

[19]　Planiol, Ripert et Becqué, *op. cit.*, n°240; Baudry-Lacantinerie et de Loynes, *op. cit.*, n°441.; Simler et Delebecque, *op. cit.*, n°584. 取戻差押え（sasie-revendication）は，動産の公売を目的とするものではなく，単に動産の元の場所への返却を目的とすることについて，J. Vincent et J. Prévault, *Voies d'exécution*, 19^{e}éd., 1999, n°333; M. Donnier, *Voies d'exécution*, 2e éd., 1990, n°424. 但し，実際には，その後公売手続に転換することが多い。

第1章 フランスの物権説

　この取戻権は，善意の第3者に対しても行使しえた。例外となりうるのは，第3者が市場もしくは公売においてまたは商人より物を取得せる場合である。この場合でも，賃貸人はその代金の提供を必要とせずに物の取戻しをなすことができるという判例，学説と，代金の支払を条件に物の取戻しをなしえるという判例，学説の対立があった[21]。後に1892年7月11日法は，これについて後者の解決（こちらが通説であった。）を採用し，民法2280条2項として「第2102条により賃貸人の同意なくして取り去られ，かつ同一条件において買い受けられる動産を取り戻す賃貸人は，同じく買主に対しその支払たる代価を弁償することを要する」という規定を付加した[22]。

　なお，この取戻権は，賃借人が商人であってその商品を販売するときには，行使できない。賃貸人は，これらの動産は売却を予定した商品であると知っており，その結果，賃貸借契約締結時に，商品の譲渡について承諾を与えているとされるのである[23]。

　(b) 質物差押え　旧民事訴訟法819条以下は，賃貸人に質物差押え（sasie-gagerie）という特別の差押手続を認めた。そもそも，フランス法では，先取特権の主たる効力は換価金からの優先弁済権にあるとして，原則として換価手続そのものを行う権利を先取特権に含めなかった[24]。先取特権者が目的物の換価手続を行うためには，債務者の一般債権者と同様に，公証人証書や判決書のような執行名義（titre exécutoire）が必要であり，その具体的な手続は強制執行の手続による。それゆえ，賃貸借が公証人証書により執行名義を有している場合は，賃貸人は，直ちに賃借人の動産について動産執行のための通常の手続である差押＝執行（saisie-exécution）をなしうる。ところが，私署証書による賃貸借及び口頭の賃貸借のように賃貸人が執行名義を有していない場合には，本来は賃貸人が差押＝執行をなすためには裁判所の審理を受けねばならず，審理の間

---

(20) Guillouard, *Privilèges et hypothèques*, t.I, n°293.

(21) Baudry-Lacantinerie et de Loynes, *op. cit.*, n°446 note (3).

(22) Baudry-Lacantinerie et de Loynes, *op. cit.*, n°446; Planiol, Ripert et Becqué, *op. cit.*, n°241.

(23) Colin et Capitant, *op. cit.*, t. II, p. 798.

第1節　古典的物権説

に賃借人が先取特権の目的物である動産を消滅せしめるおそれがある。これでは，賃貸人の先取特権は実効性に乏しくなる。

　これに対し，不動産賃貸借のための特別手続である質物差押えの手続によれば，賃貸人は，執行名義を有していなくとも，裁判所の許可を得ることなく，賃借人に支払催告をした1日後に動産を差押えることができた（旧民事訴訟法819条1項）。更に，裁判所が必要と認めたときは，事前の支払催告や1日の期間の要件を省略することもできた（同2項）。賃貸借の場合は賃貸人の有力な動産が存在しなくなることも考えられるので，これは賃貸人に特に有益であり，この事前の支払催告や1日の期間の要件を省略する方法が通常用いられた[25]。

　質物差押えの後，賃借人が賃料等を支払うことがある。この場合には，質物差押えは，取り消されるが，賃借人が賃料等を支払わないときは，差押えが有効であるとの裁判所の宣告を待って公売手続が開始される（824条，これにより差押＝執行に転換する。）。こうして，賃貸人は，最終的には，動産公売をさせることができる。この賃貸人の差押えに関する権利は，賃借人の他の債権者が動産を差押え，公売せしめるのを妨げるものではないが，その場合でも価額の上に優先権を行使しうるのであり，賃貸人に不利益となるものではない。

　(c)　保全差押えとの関係　　制定時の旧民事訴訟法は，保全差押え（saisie

---

[24] Simler et Delebecque, *Les sûretés La publicité foncière*, n°529; G. Marty, P. Raynaud et P. Jestaz, *Droit civil: Les sûretés la publicité foncière*, 2ᵉ éd., 1987, n°139. 三ケ月章「任意競売概念の終焉――強制執行制度改正の担保物権法に及ぼす影響の一考察」同民事訴訟法研究7巻（1978年）193頁，初出は，鈴木竹雄先生古稀記念，現代商法学の課題下（有斐閣，1975年）。これに対し，日本法では，先取特権の効力は優先弁済権であるとし，更にその優先弁済権の内容は，目的物を換価してその換価金から優先弁済を受けることであるとする（例えば，我妻栄・前掲新訂担保物権法94頁〔126〕）。このため，先取特権者が換価手続を行うには債務名義は不要である（民事執行法181，190条）。日本民法典の先取特権制度の母法はフランス法であるが，この点は，フランス法には見られない。但し，フランス法でも，不動産賃貸借に関してはここに見る質物差押えという特別手続が存在し，差押えに執行名義不要とする。

[25] Donnier, *op. cit.*, n°341.

第1章　フランスの物権説

-conservatoire)についての規定を欠いていた。一般的な保全手段の規定が旧民事訴訟法に付加されるのは，漸く1955年12月12日法に至ってからである。それまでは，旧民事訴訟法が認めた保全手段としては，以上の取戻差押え，質物差押え等に限られていた。このことは，1955年前は，賃貸人が特別の権利保全の手段を有していたことを意味した(26)。また，1955年以降は，こうした取戻差押え，質物差押え等の旧来からの保全差押えの手続と新たに導入された一般的な保全差押えの手続との関係が問題になった。1955年の民事訴訟法改正の際に，一般的な保全差押えの手続の導入にともない，旧来からの特殊な保全差押えの廃止ができないかが議論された。しかし，伝統と具体的な状況への適合性を理由として質物差押えも維持され，2本建て体制が成立した(27)。

その後，フランスは，近年強制執行制度について根本的改正を実施した。その結果，1991年に公布された動産執行制度の改正法(1991年7月1日の91―650の法律)は，質物差押えに関する条文を削除した。その理由は，通常の保全差押え以外に特別の保全手続を不要としたことにある(28)。なお，取戻差押えについては，デクレ(1992年7月31日のデクレ451号155条以下)によりその制度が維持されている(29)。

　(エ)　被担保債権の範囲

不動産賃貸人の先取特権における被担保債権については，賃貸借の履行に関するすべての債権（tout ce qui concerne l'exécution du bail）と理解された。そ

―――――

(26)　この結果，1955年法前は，大きな不便があった。この点について，Donnier, *op. cit*., n°201; E. Garsonnet et C. Cézar-bru, *Traité théorique et pratique de procédure civile et commerciale*, t. VII, 1921, n°62; E. Glasson, A. Tissier et R. Morel, *Traité théorique et pratique d'organisation judiciaire, de compétence et de procédure civile*, t. III, 1932, n°1207.

(27)　Vincent et Prévault, *op. cit*., n°114. この二本建ての体制について，質物差押えの個別手続としての適合性を理由にした比較的に好意的な評価もあったが (Donnier, *op. cit*., n°345)，独自の存在理由に乏しいという評価もあった (Veaux, *op. cit*., n°57)。

(28)　Simler et Delebecque, *op. cit*., n°668.

(29)　Vincent et Prévault, *op. cit*., n°334.

れゆえ,被担保債権は,賃料債権に限られない(30)。修繕負担金,損害賠償金及び水道費管理費等諸費用なども被担保債権となる。もっとも,賃貸借に直接関係しないものは,被担保債権に含まれない。このため,賃貸人の賃借人への貸付金は被担保債権ではない。

　賃料に関しては,賃貸借契約が確定日付を有するときと有しないときとで区別がある。賃貸借契約が確定日付を有するときは,過去のすべての期間に関するもののみならず,弁済期の到来しない将来のすべての賃料にまで被担保債権となる。これに対し,賃貸借契約が確定日付を有さない場合には先取特権は当年の満了後1年分の賃料についてしか存在しない。

　確定日付の有無により先取特権の担保する債権の範囲を変える理由は,次のようなものである。賃貸人と賃借人が通謀ある詐害(fraude concertée)により先取特権の担保する賃料の額を増大させ,賃借人の他の債権者を害することがありうる。考えられる方法としては,本来の契約に代えて新たに契約期間を長くすること,また,賃料を高くし,更に,日付をさかのぼらせること等がある。それゆえ,確定日付のない場合は,先取特権の担保する債権の範囲を狭くする必要がある(31)。

　賃貸借証書の確定日付は,賃貸借に対抗力を与えるという限りにおいて賃借人に利益を与える(1743条)。同時に,賃貸人の先取特権を拡張するという点では,賃貸人にも利益を与える。重要な賃貸借は,先述のように,登録などにより,通常の場合確定日付を得ていたと言われるが,それは以上のことと関連する。

　また,(賃借人の)他の債権者は,賃貸借の残存期間について家屋または農場を再賃貸する権利を有するものの,この場合には他の債権者は「所有者に対してなお支払うべきものはすべて支払うこと(payer au propriétaire tout ce qui lui serait encore dû)を要する」。これは,先取特権の目的たる動産の価値が賃貸借

─────
(30) Planiol, Ripert et Becqué, *op. cit.*, n°146; Baudry-Lacantinerie et de Loynes, *op. cit.*, n°394; Simler et Delebecque, *op. cit.*, n°584.
(31) Planiol, Ripert et Becqué, *op. cit.*, n°147; Baudry-Lacantinerie et de Loynes, *op. cit.*, n°401.

の満了までの将来の賃料の支払に不足する場合について妥当する。それゆえ，この場合には，他の債権者は，賃貸人に対して将来の賃料の分までも含めて完全かつ直ちに支払うことを要することになる[32]。これは，余りにも厳格に見えるが，法文の命ずるところと解釈された。この結果，賃貸人は，その先取特権の包括性と併せ，他の債権者に比べて極めて有利な立場を占めることになる。

(オ) 売主の先取特権

以上の不動産賃貸人の先取特権に優先する動産先取特権として，種子の売主，収穫費用，農具の売主の先取特権があった。フランス民法2102条1号4文は次のように規定した。「但し，種子(semences)，その年の収穫費用(frais de la récolte de l'année)，について支払うべき金額は収穫物の代価から，また用具(ustensiles)について支払うべき金額はそれらの用具の代価から，いずれの場合も土地所有者に優先して支払われる。」

一般の売主の先取特権は，2102条4号が規定するが，これには賃貸人の先取特権が優先する。ところが，種子の売主は売られた物そのものではなく，種子から生じたその年の収穫物に先取特権を有し（これは売主の先取特権は売られた物の加工の際に消滅するという原則の例外になる。），しかも賃貸人の先取特権に優先する。また，用具（農具（instruments aratoires），樽（futailles）等）の売主の先取特権も，例外的に賃貸人の先取特権に優先する。この理由は，これらの物の売主は農業生産に一層密接な関連を有するところにある。なお，肥料（engrais）の売主についてもその年の収穫物につき同様の優先権を認めるべきであるとの見解があったが，法文の限定性故に判例の認めるところとはならず，後に1936年法により立法的に認められることになった。また，収穫費用の先取特権とは，実際には収穫のために働いた農業労働者の報酬請求権が有する先取特権である。これもまた，収穫に直接関連するものとして賃貸人の先取特権より優先する。これらは，賃借人の生産信用への一定の配慮と理解することができるが，極めて限定的なものである[33]。

---

[32] Planiol, Ripert et Becqué, *op. cit.*, n°148; Baudry-Lacantinerie et de Loynes, *op. cit.*, n°412.

3 民法の修正——1872年法
(ア) 民法への批判

このような民法の規定には，批判が生じた。第1に，賃貸借契約が確定日付を有するときに過去のすべての年の賃料につき先取特権を与え，年限に制限がない点であり（賃料債権の消滅時効期間は5年（2277条）），第2に，将来についてもすべての年の賃料につき先取特権を与える点である。

商事賃貸借では，その経営の安定的維持を目的として，長期の賃貸借契約が締結されることが多かった。かくして，賃借人たる商人の破産の場合は，賃貸人の先取特権が商人の資産のすべてを吸収してしまい，賃借人の他の債権者は全く債権の満足を得られないことが稀ではなかった。プラニオル＝リペール＝ベケが紹介する例では，年5万5千フランの賃料で30年の契約を結んだ3年後に賃借人が破産したとすれば，賃貸人は，165万フランについて先取特権の成立を主張するというものがある[34]。

この結果に対しては批判が強く，とりわけ将来の賃料すべてに先取特権を与えるのを疑問とする見解が，19世紀から見られた。賃貸人の先取特権を制限するために，将来の賃料については弁済期の到来した債権ではないとして賃借人の用益がない以上先取特権の保護から除外する解釈が提唱されたこともあった。しかし，判例は，その解釈を採らず，民法の規定そのままに将来のすべての賃料について先取特権の成立を認めた[35]。

(イ) 立法による修正

問題の解決は，立法によった。1872年2月12日法（フランス商法550条（フランス法は，商法が破産について規定する商人破産主義））は，商事賃貸借（baux commerciaux）に関し，民法の先取特権規定を修正した[36]。その修正は，第1に賃借人

---

[33] 原田純孝・前掲書430頁に詳細である。Planiol, Ripert et Becqué, *op. cit.*, n°200; Baudry-Lacantinerie et de Loynes, *op. cit.*, n° 463.
[34] Planiol, Ripert et Becqué, *op. cit.*, n°149.
[35] Planiol, Ripert et Becqué, *op. cit.*, n°149; Baudry-Lacantinerie et de Loynes, *op. cit.*, n°399.
[36] Mazeaud et Chabas, *op. cit.*, n°173.

の破産に際しての賃貸人の解除権の制限であり，第2に，先取特権の被担保債権の年数制限である。

(a) 解除権の制限　同法は，第1に，賃借人の破産が賃貸借の当然解除事由にはならないことを明確にした。というのも，商事賃貸借の場合，賃借権が商人営業のための極めて重要な要素であるが，その継続は賃貸借の解除により不可能となり，これを防止することが，必要かつ有益と考えられたからである。

実際のところ，フランス民法の下においては，賃借人の破産そのものは，直ちには賃貸借の解除事由にはならなかった[37]。というのも，賃料が予め全額前払いされていた場合には，賃貸借を継続し得たからである。

しかし，将来の賃料が前払いされていない場合には，賃貸人は，賃借人の債務不履行とりわけ弁済期の到来した賃料の不払（1184条），あるいは備え付けられた動産が売られたりした場合は担保の不足（1732条）を理由にした解除請求が可能であった。このいずれにも該当しない場合には，先述の如く，その賃料債権は期限つき債権となり，賃借人の破産により賃借人は期限の利益を喪失する（1188条）。その結果，賃貸借が確定日付を有すれば，賃貸人は，将来の賃料を含むすべての賃料を直ちに請求しえ，しかもこの賃貸人の賃料債権は先取特権によって保護される。この将来の賃料を含むすべての賃料に対し，一部の支払しか得ることができなければ，賃貸人はそれを理由に賃貸借を解除しうる[38]。この結果は，破産した賃借人に対する賃貸人以外の債権者にとって，極めて過酷であった。

これに対し，1872年法は，賃借人の破産が当然には賃貸借の解除事由とならないことを明確化した。破産管財人は，「みずからまたはその承継人において不動産内に十分な質物（gage suffisant）を保持し，期限の到来する毎に法律または契約上生ずる総ての義務を履行し，かつ賃貸借の場所の用法を変更しない」義務を負う限りで賃貸借を継続する権利（droit de continuer le bail）を有し，再賃貸をなしうる（1872年2月12日法によるフランス商法550条4項）。この場合，

---

[37] Baudry-Lacantinerie et Wahl, *Du contrat de louage*, n°1268; Planiol, Ripert et Becqué, *op. cit.*, n°151.

[38] Baudry-Lacantinerie et de Loynes, *op. cit.*, n°413.

第 1 節　古典的物権説

民法の規定と異なり，将来の賃料を支払うことを要しないことが明記された[39]。

また，賃貸人は，賃借人の破産以外の事由に基づき賃貸借の解除を請求しうるときがある。例えば，賃借人の用法違反，賃料支払の遅滞等である。しかし，この解除請求権は，その行使について制約を受ける。まず，解除事由は，破産前の事由（causes antérieures à la faillite）に限定される。更に，賃貸人は，破産管財人が賃貸借継続の通知をするまでは解除を請求しえず，解除は通知を得てから 2 週間以内になされなければならない（1872年 2 月12日法によるフランス商法典450条 2 項）。この期間に賃貸人が解除請求をなさないときは，解除権を放棄したものとみなされた[40]。

(b)　被担保債権の年数制限　　第 2 に，賃貸借の解除がなされる場合には，賃貸借が確定日付を有するときであっても，先取特権によって保護される賃料は，弁済期の到来した分につき 2 年（deux années échues）と現在の年（l'année courante）とされ，将来の賃料に対する先取特権の成立は認められないこととなった（1872年 2 月12日法によるフランス商法550条 1 項）[41]。かくして，1872年法は，賃貸人の先取特権の制限により，商人たる賃借人の金融の手段確保に大きな役割を果たした。

そもそも，リペール（G. Ripert）によれば，1870年代は，フランス民法の古典的秩序，農業社会に対応した土地所有権中心の秩序が転回する重要な画期に当たっている。リペールは，この1872年法による賃貸人の先取特権の制限を，フランス民法の土地所有権中心秩序の転回の典型的な例の一つとして評価して

---

(39)　以上は，賃貸借の解除が裁判上の解除によりなされる場合（フランス法では，日本法と異なり，裁判上解除が原則である（後述））についての議論である。フランスでも当事者の意思表示により解除しうるという解除条項を設けることは可能であり，賃貸借契約において，賃借人の破産の場合に賃貸借は解除される旨の特約を設けることは可能かつ有効であったが（Baudry-Lacantinerie et Wahl, *op. cit.*, n°1269），この特約は，1967年の法改正により無効となった。

(40)　Baudry-Lacantinerie et de Loynes, *op. cit.*, n°415.

(41)　Planiol, Ripert et Becqué, *op. cit.*, n°152; Baudry-Lacantinerie et de Loynes, *op. cit.*, n°416.

155

いるのであり、ここに見える先取特権の制限は大きな意義を有した[42]。

4　営業質についての1898年法

以上の賃貸人の先取特権及び解除権制限を前提として、営業質に関する1898年法がフランス民法2075条に第2項として「営業財産の質入れは、すべて、営業財産が経営されている地の管轄商事裁判所書記課備付けの公の帳簿に登記されなければならない。これを欠く場合には、第3者に対して無効とする。」という条文を付加した。営業質について公示手段を設けたのである[43]。

これによって、問題は基本的に解決したかの如くであるが、実際はその後も問題が生じ、結局1909年法により詳細な規定が設けられることになった。というのも、1898年法は、第3者対抗要件である登記を前提として営業質の成立を法定しただけであり、営業質制度の詳細については、規定していないからである。

5　1909年法

1909年法は、営業質の客体として、商号、賃借権、顧客、営業用施設、営業用家具等を規定し、商品を除外した[44]。1898年法では、営業質の客体に商品を含むか否か明らかでなく、混乱が生じていた。これを明確にしたのである。ところで、一般的には、商品は営業財産のうちでも価値的に重要な部分を占める。それゆえ、これを営業質の客体に含めるべきであるという考え方も相当に有力であった。しかし、商品については、倉荷証券による担保化の方法もあり、ま

---

[42]　Ripert, *Aspects juridiques du capitalisme moderne*, n°13. 更に、野田良之「総論」江川英文編・フランス民法の150年（上）（有斐閣、1957年）118頁。中家一憲・前掲「人工的附合」日仏法学5号26頁。

[43]　福井勇二郎・前掲「仏法に於ける営業質に就いて」法学協会雑誌51巻3号127頁、福井守・営業財産140頁、吉田克己・前掲「フランス商事賃貸借法制」社会科学研究29巻6号21頁。

[44]　福井勇二郎「仏法に於ける営業質に就いて」法学協会雑誌51巻4号43頁、福井守・営業財産142頁、吉田克己・前掲「フランス商事賃貸借法制」社会科学研究29巻6号28頁。なお、福井守・営業財産264頁以下に1909年法の翻訳がある。

第1節　古典的物権説

た，営業質に商品まで含めるときには，営業質設定者と信用取引を行う者を害するおそれがある。更に，商品に対して追及効を及ぼすべきかという困難な問題を生ずる。このため，営業質には，商品を含めないという制度が採用された[45]。

　その他，制度の詳細については，既に優れた研究が存在するので，そちらに譲るが，賃借権に関して重要な点は，賃借権を営業財産に含めるに当たり，賃貸人の同意は必要ないという点である。これは，フランス民法1717条が賃借権を反対の約定がない限り，譲渡，転貸しうると規定するところに関連する。

　営業質の客体である営業財産の中で，賃借権が大きな役割を占めることは言うまでもない。というのも，賃借権が存在しなければ，顧客と結び付いた営業自体の継続が困難になるからである。しかし，その賃借権そのものは，所有権のような完全独立の権利ではなく，賃貸人への債務と密接な関係のある権利である。換言すれば，何らかの理由により賃貸借契約の解除が賃貸人によりなされれば，賃借権自体が存在しなくなる。そして，営業質において質権者が質権の実行を必要とする場合は，商業賃借人にとって経済的な困難にあるから，賃貸人に対しても賃料不払等の債務不履行をなしている場合が多い。とすれば，営業質という制度に含まれる賃借権担保において，担保権者と賃貸人のいずれをどの程度保護するかという困難な問題が生まれる。

　担保権者と賃貸人の利益の調整について，1909年法14条は，次のように規定した。

　「登記された営業財産が経営されている不動産の賃貸借契約の解除を裁判所に求める所有者は，それ以前に登記した債権者に対し，その登記の住所にあて，解除の請求を通知する義務を負う。解除の判決は，この通知から1か月後に限りなすことができる。

　賃貸借契約の合意解除は，登記した債権者に対し，その登記の住所あてになされた通知の後1か月を経過しなければ確定しない。」

フランス法においては，双務契約一般に関して（それゆえ賃貸借契約に関して

---

[45]　福井勇二郎・前掲「仏法における営業質に就いて」法学協会雑誌51巻3号136頁。

も）解除は，裁判上の請求が必要である（フランス民法1184条（賃貸借契約の解除については，後に論ずる。））。このため，1909年法14条1項は，賃貸借契約解除請求をする賃貸人に対し，担保権者への通知義務を負わせる。これにより，担保権者は，代位弁済により賃料債務を支払うことができ，みずからが知らないうちにその担保の中核である賃借権が消滅することを防止できる[46]。

この規定がフランスの議会に提案された時，批判があった[47]。批判論者は，この制度は，法の一般原則に反すると論じた。批判論は，次のように述べた。《双務契約で一方が義務を果たさない場合は解除があるというのが法の一般的な原則である。所有者は,解除をするのになぜ1か月も待たねばならないのか。》

これに対し，本規定の提案者は，次のように述べた。《営業質の質権者は，不動産抵当における抵当権者と同様に，優先権を得る。ところが，営業財産の重要な部分が賃借権であるというものが数多くある。それゆえ，賃借権が解除により解消すれば大きな損害になる。他方，所有者にとっては，本規定は，損害にはならない。というのも，賃料が最終的に不払となれば，解除をなしうるからである。》以上のような議論の後，本規定は，議会で採択された。ここでは，担保権者と賃貸人の利益を比較するという方法により通知義務の存在が導かれた。この「担保権者に対する通知」は，賃借権担保において賃貸人と担保権者の利益の調節を図るために重要かつ有益な制度である[48]。

要するに，賃借権の債権的構成においても賃借権と動産等を一括した・非占

---

(46) 福井勇二郎・前掲「仏法における営業質に就いて」法学協会雑誌51巻4号84頁，de Juglart et Ippolito, *op. cit.*, n°226-2; Ripert et Roblot, *Traité de droit commercial*, t. I, 14e éd., 1991, n°644.

(47) D.1909.5.52 note 3.

(48) 本法は，解除条項（clause résolutoire）について規定していない。判例は，この場合にも賃貸人は質権者に通知しなければならないとする。解除条項による解除は，あらかじめ解除の条件を賃貸借の両当事者で決定したものであるから，合意による解除と同一視すべきであるという理由でこれを支持する学説が多い（de Juglart et Ippolito, *op. cit.*, n°226-2 note (2); Ripert et Roblot, *op. cit.*, n° 644; D. Veaux, Nantissement du fonds de commerce, *Jurisclasseur civil*, Art. 2084, Fasc. 20, 1989, n°96-1°）。

第1節　古典的物権説

有移転型の担保制度が可能なのである[49]。営業質は，賃借権と無体動産などを一体として担保の客体とすることが可能であり，優れたものと考えられる。

II　農産証券
1　農産証券
(ア)　立法理由

　商工業者だけでなく，農業者にとっても金融の手段が必要である。とりわけ，フランスにおいては，ワイン製造等が借地農によってなされる場合があり，金融制度と担保制度が必要になる。その際，必要になるのは，動産抵当である。ところが，動産については公示制度が不完全であるという問題がある。しかし，動産といえども公示制度が十分に備えられれば，引渡しによる公示は，必ずしも必要ではなくなる。そのような例として，農産証券の制度がある[50]。

　農産証券の立法理由について，ボドリー・ラカンチヌリ＝ドゥロワヌは，次のように述べる。

　「農民は，しばしば人的信用（crédit personnel）を有さないし，また，担保に提供しうる不動産を有さない場合は質（gage）を設定するほかはない。この場合は，民法規定の条件遵守が不可能である。というのも，耕作用具や耕作用家畜を債権者に引き渡すことは，借入金返済の手段を失うことになる。しかも，これらの動物や耕作用具には，賃貸人の先取特権が成立する。確かに，収穫物売却という手段によりみずからの必要を満足させることは可能だが，収穫直後の時点での必要にせまられた大量収穫物売却は安い価格による売却

---

[49]　（賃借権）物権説を採用した場合には，不動産賃借権は不動産権となり，それゆえ，フランスの伝統によればそれ以外の営業財産と一体として担保にすることが困難とも考えられる。しかも，物権説を前提としたときには，先に見たように，営業質の利用はフランスの伝統を前提にする限りで困難である。そのため，債権説の方が，営業質制度には好適なことも指摘しうる。

[50]　農産証券法については，小平権一・仏蘭西に於ける農業信用の研究（産業組合中央会，1928年）44～59頁，なお，206頁以下に1906年農産証券法の翻訳がある。また，同・農業金融論（巌松堂書店，1930年）212頁。Mazeaud et Chabas, *op. cit*., n°87.

第1章　フランスの物権説

の原因となる。」[51]

以上のように，ボドリー・ラカンチヌリ＝ドゥロワヌは，農民の金融手段の不足を指摘する。その際，先の引用からも明らかなように，賃借権質については金融の手段として論及しない。これは農産証券法の議会審議においても同様である。下院審議の際，農産証券法の立法理由は，次のように論じられた。

「現在の我々の法規の下では，農民には二つの方法の信用しか与えられていない。ひとつは人的信用である。これは農民の状況，徳性，経験または手腕等により借主が貸主に信頼(confiance)を与えることに基づく。しかし，この信頼は極めて限られたものである。信頼は多くの人に与えることができず，また危険を伴うため，その代償として高利率をもたらす。これは借金に極めて重くのしかかるのである。

この人的信用が不十分であるときには，農民は実際上その土地を抵当にする他はない。これは土地金融であり，物的不動産信用(crédit réel immobilier)という形式の信用である。しかし，言うまでもないことであるが，農民がみずから耕作する土地所有者ではないときには，この措置を講ずることができない。」[52]。

かくして，動産抵当の制度としての農産証券法が生れた。ところで，これらの動産は，賃貸人の先取特権に服していることは前述した。それゆえ，民法の規定のままでは，これ等の動産に担保価値を与えることは困難であり，先取特権規定修正の必要があった。

(イ)　農地賃貸借

農地賃貸借における先取特権の制限は，1889年法によった[53]。この1889年法1条は次のように規定した。

「民法2102条によって農地の貸主に認められた先取特権は，賃貸借契約が確定日付を有するときであっても，賃貸借契約履行に関する一切のもの及び裁

---

[51] Baudry-Lacantinerie et de Loynes, *op. cit.*, n°87v. なお, Planiol, Ripert et Becqué, *op. cit.*, n°256.

[52] S.4.655.1898.

[53] Planiol, Ripert et Becqué, *op. cit.*, n°153.

第1節　古典的物権説

判所が貸主に認めることができる損害賠償並びに満期となる最後の2年，当年及び翌年度の賃料に限り行使することができる」。

　この法律は，本来は，農業のための動産信用の創設を目的とした立法の一部であり，1882年より準備されていたものである[54]。草案においては，耕作者がその動産を占有移転なしに金融の担保とするための農産証券法もまた法律の一部とされていた。もっとも，農産証券に関する部分は，この時には成立せず，のちに1898年に独立の法律として成立した。

　1889年法による先取特権の制限の目的は，賃借人の債権者の条件を改善し，それによって賃借人が容易に金融を得られるようにするところにあった。この法律が建物賃借人（locateur）ではなく農地賃借人（fermier）のみを保護の目的とする理由については，第1に，農地賃借人は動産がそのもっとも中心的な財産であり（建物賃借人では先取特権の目的となる動産以外の金銭資産も考えられる。），第2に，その動産も数多くかつ価値の高いものがあることが挙げられた。ボドリー・ラカンチヌリ＝ドゥロワヌは，その1例として，パリ近郊のボースの農民は年1万から1万5千フランの賃料に対し5万から10万フランの価値の動産を有していることがしばしばであるが，同一程度の賃料の建物賃借人はそれ程の動産を有していないのが通例であると指摘した[55]。1889年法における被担保債権の範囲は「賃貸借契約履行に関する一切のもの」とされており，実質的に2102条と変るところがない。しかし，賃貸借契約が確定日付を有するときであっても，先取特権によって担保される小作料は4年分に制限されることになったのである。

　こうして，民法2102条は，現在では，商業用でない，都市の建物賃貸借（baux urbains à l'usage non commercial）に主として適用されることになった。具体的には，居住用建物賃貸借や職業用賃貸借である。これらの類型では，商事賃貸借や農地賃貸借と異なり[56]，賃借人が賃貸物から経済的収益を引き出すのではなく，それゆえ，賃借人が金融の担保として賃借権を利用する差し迫った必要がないことが関連する。

---

　[54]　Baudry-Lacantinerie et de Loynes, *op. cit.*, n°427.
　[55]　Baudry-Lacantinerie et de Loynes, *op. cit.*, n°428.

第1章　フランスの物権説

2　1898年法の概要

農産証券法は，1898年に成立し，1906年に修正された。これは，耕作者のための農業動産信用（crédit agricole mobilier）制度であり，耕作者は，みずからの経営の産物を他人の手に引き渡すことなく金融の担保にすることが可能となった[57]。これは，いわば動産抵当の制度であるが，法は質（gage）の文言を用いる。この制度は，徐々にではあるが，実際にも反響を得るようになった[58]。

1898年法は，その第1条で，農産証券の目的となりうるものについて，刈り取られた穀物，乾燥された牧草，ワイン，シードル等のように制限的に列挙したが，1906年の改正ではこのような制限列挙をとりやめ，収穫物や加工産物というかたちで概括的に規定した。実際には，刈り取られた穀物，乾燥された牧草，ワイン，シードル等の収穫物や農産物である。耕作用の動物については1898年法では目的物とすることができなかったが，1906年法ではこれを目的物とすることができるようになった[59]。しかし，農具その他一切の動産については，立法論としてはこれにまで対象を拡張すべきであるという論者もいたが，実際にはなお目的物とすることはできなかった[60]。

借り入れは，warrantという特別の名称で呼ばれる証券によってなされる。この農産証券は，裏書によって輾転譲渡することができ，また商業手形と同様に

---

[56]　1985年に新たな立法により賃貸人の先取特権が一層制限されるに至った（Malaurie et Aynès, *op. cit.*, n°602; Simler et Delebecque, *op. cit.*, n°581; Cabrillac et Mouly, *op. cit.*, n°634; Veaux, *op. cit.*, n°34）。なお，不動産賃貸人の先取特権の制度は，19世紀と異なり，現在ではそれほど重要な役割を果さなくなったという評価がある。それは，一方ではこのような先取特権制限があり，他方では賃貸人が賃借人に保証人を求め，更に保証金を預かる等の手段を講ずるようになったからである（Veaux, *op. cit.*, n°4）。

[57]　農産証券ではみずからの住所地での質入れが可能である。warrant à domicile というその名称はこれと関連する（S.4.661.1898）。

[58]　小平権一・前掲農業信用47, 91頁。

[59]　Baudry-Lacantinerie et de Loynes, *op. cit.*, n°87v.; Planiol, Ripert et Becqué, *op. cit.*, n°258.

[60]　S.4.656.1898 note (3).

第1節　古典的物権説

公的信用機関によって引き受けられる。公示について，本法は，特別の規定を設ける。郡治安裁判所の書記が被担保目的物の性質，分量，価格，存在場所，借入金額，当事者間の契約により定められた借入金の担保に供する旨の記述，農産証券に関する約定その他を特別の登記になし，登記簿に編纂する。更に，証券面には登記簿と登記番号を記載する[61]。

　農産証券の所持人である債権者は，引渡しを受けていない質権者すなわち抵当権を有する債権者である。農産証券特有の性質により，債務者の詐害によりその権利を侵害せしめられる恐れがある。というのも，耕作者がその収穫物を売却せしめたり，消滅せしめたりしたときには債権者は追及権を有していない。フランス民法2119条の「動産は抵当権により追及されない」という原理はなお維持される。そのため，農産物のような有体動産の上に成立する農産証券の所持人は，優先権は有していても追及権は有していない。この危険から債権者を保護し，また農産証券に流通に耐える信用を与えるために，質物を横領，消費，故意に毀損等をする債務者に対しては詐欺，背任の刑罰を課する。債務者は，その借入金の弁済前においても質物を協議の上で売却する権利を有するが，債務の弁済の後でなければ買主に物を引き渡すことはできない[62]。

　農産証券制度は，耕作者が賃借人である場合には賃貸人の先取特権との間で調整を必要とした。というのも，耕作者が質権の目的物とした収穫物や家畜には，2102条により賃料債権のための賃貸人の先取特権が成立していた。それゆえ，このフランス民法以来の先取特権について一定の制限を加えることなくしては，新たな信用の道は開けないことになる。すでに，先取特権の制限に関する1889年の法律が制限の端著を開いたため，これを一層具体的に展開する必要が生じた。

　1898年の農産証券法は，次のように規定した。まず，質権者が何らの通告をも賃貸人になさず，あるいは賃貸人の先取特権が優越する旨の記載が証券面に

---

[61] Baudry-Lacantinerie et de Loynes, *op. cit.*, n°87xii; Planiol, Ripert et Becqué, *op. cit.*, n°259.

[62] Baudry-Lacantinerie et de Loynes, *op. cit.*, n°87vii; Planiol, Ripert et Becqué, *op. cit.*, n°260.

ある場合には，賃貸人の先取特権は2102条と1889年の修正法によって4年分行使することができる。また，賃貸人が質権に対してみずからの先取特権が劣後する旨を農産証券に記載，署名した場合には，賃貸人の先取特権は質権者に優先して行使しえない。

もっとも，以上の二つの場合は，いわば例外的な場合であり，通常は次のような方式により賃貸人の先取特権と借地農の信用手段との調整をする。耕作者が借地農でありかつ借入金をしようとするときは，賃貸人に通知をする。この通知は，治安判事の書記を介し，借入金の担保として質入れされるべき物の性質，価格，数量，並びに，借入金額を賃貸人に知らしめる。賃貸人はその通知を受け取ってから満7日以内であれば，当該物の質入れをなすことに反対(opposition)することもできる。この反対は，書留郵便により治安判事の書記あてになす。反対がなされた場合には証券を作成しても賃貸人に対抗しえない。しかし，賃貸人は，任意に反対をなしうる訳ではない。1898年法は，これについて，賃借人が期限の到来した（terme échu）債務者となる場合と規定した。

1898年法は，将来のことについては念頭においていない。それゆえ，賃借人の手元に残される担保が将来の賃料の支払にとり不十分になるという理由による賃貸人の反対は効果を有さないことになる[63]。これについては，1898年法の議会審議においては賃貸人に不利益ではないかと論ずる者もいたが，結局そのまま規定となった[64]。この期間に反対がない場合には，書記は，反対のない旨を証券に記載する。この場合には，賃貸人の先取特権は証券の所持人に対して主張しえず，証券の所持人はその権利を賃貸人の先取特権に優先して行使することができる。かくして，賃貸人の先取特権は実質的に大きく制限された。

Ⅲ 永借権

賃借人のための担保立法として更に注目すべきは，1902年の農事法により立法的に承認された永借権の制度である。

---

[63] Baudry-Lacantinerie et de Loynes, *op. cit.*, n°87vi; Planiol, Ripert et Becqué, *op. cit.*, n°264.
[64] S.4.658.1898 note (5).

第1節 古典的物権説

1 民法と長期の賃貸借
(ア) 民法と永借権
永借権は，1902年法により初めて生まれた制度ではなく，ローマ法にさかのぼる古い歴史を有する制度である。それは，アンシャンレジームにおいては重層的土地支配を中核とする封建制度とも密接に関連する様々の物権的土地利用権のひとつであり，期間もまた永久のものが存在した。永借権を下級所有権（domaine utile），所有権を上級所有権（domaine direct）とする理解が一般的であった。この結果，永借権は，自由な土地所有権という理論に対する阻害要因でもあった[65]。

フランス革命は，土地所有権の自由の確立を目的として，土地所有権の物権的諸負担からの解放を目指した。期間が永久の永借権は，買い戻しうるもの（rachetable）とされ，有期の永借権については，99年の期間まで有効とされ，期間が永久の永借権の設定は許されなくなった（1790年12月18・29日のデクレ）。こうして永借権は，期間が99年までとされたが，フランス民法は，永借権の規定を設けなかった。それゆえ，永借権の性質については19世紀の民法学において議論がされることになった[66]。

(イ) 永借権の物権性
学説は，大きく三つに分かれた。第1は，賃借人の権利について債権説を採用し，更に永借権の物権性を否定する見解であった。第2は，賃借人の権利について物権説を採用し，更に，永借権についても物権性を肯定する見解であった。第3は，賃借人の権利について債権説を採用し，永借権については物権性を肯定する見解であった（判例及び通説）。

(a) 賃借権及び永借権ともに債権という説　　第1の見解を採用する者とし

---

[65] 原田純孝・前掲近代土地賃貸借法311，315頁。Baudry-Lacantinerie et Wahl, *op. cit.*, n°s 1201 et 1445; E. Tocilesco, *Etude historique et juridique sur l' emphythéose*, thèse, Paris, 1883, p. 276; Planiol, Ripert, Hamel Givord et Tunc, *op. cit.*, t.X, n°684.

[66] 原田純孝・前掲近代土地賃貸借法319頁注 (18)。Tocilesco, *op. cit.*, p. 283; Baudry-Lacantinerie et Wahl, *op. cit.*, n°1445.

ては，ドゥモロンブ，オーブリー＝ロー及びギルアル等がある。例えば，ギルアルは，民法典は永借権に物権を認めないとして，「永借権が，賃借人に与える権利は，契約に特に規定がなければ，債権かつ動産権であり，永借権は，抵当権の客体にならず，また永借人は占有訴権を行使しえない」と論じた[67]。その理由は，526条，543条，2118条が，不動産物権を制限するのに対し，永借権はこの中に規定されていないことにあった。ギルアルは，永貸借契約について，賃貸借契約であってしかも賃貸借期間が長かったり，賃借人が改良や建物を建築しうるという特約があるものとして理解し，これによって賃借人に物権は付与されないと論じたのである。永借権に物権性を認めない他の論者も同様の指摘をした[68]。

(b) 賃借権及び永借権ともに物権という説　第2の見解を採用する者としては，賃借権についての物権説であるトロロンがある。トロロンは，賃借人のみならず，永借人も物権を有すると述べた[69]。これはある意味では当然のことであろう。トロロンは，物権法定主義については制限的なものではないと述べた。但し，トロロンは，通常の賃借権を物権として理解しても，賃借権は支分権なき物権であるとの立場から占有訴権や抵当は認めなかった。これに対し，永借権については，占有訴権を認め，また抵当権の客体になると論じた[70]。こうして見ると，永借権と通常の賃貸借との相違は，トロロンの場合にも存在したことになる。

(c) 賃借権は債権で永借権は物権という説　既に述べたように，第3の立場，すなわち通常の賃借権については債権説を維持しつつ，永借権のみを物権として理解するのが判例及び通説であった。これが，判例の立場であり，学説

---

[67] Guillouard, *op. cit.*, n°10.

[68] Aubry et Rau, *op. cit.*, t. II, §185 note 24 et §224 bis note 4 bis; Demolombe, *op. cit.*, t. IX, n°s 489 à 491; Baudry-Lacantinerie et Chauveau, *Traité des biens*, n°189; E. Larcher, *Traité théorique et pratique des constructions élevées sur le terrain d'autrui*, thèse, Nancy, 1894, n°193.

[69] Troplong, *op. cit.*, n°50.

[70] Troplong, *op. cit.*, n°45.

としても通説であった⁽⁷¹⁾。この立場でも永久の永借権をフランス民法が廃止したことは承認する。しかし，有期の永借権については，これを廃止した立法は存在しないことを主張した。

この説は，永借権を抵当権の客体となる物権として理解し，更に，占有訴権を認め，また不動産権として理解するものであった。その理由としては，フランス民法は永借権に言及しないものの，フランス古法が認めていた永借権を廃止したわけではないこと，543条は必ずしも限定的なものではないことを述べる。

(d) 永借権の社会的有用性　なお，議論があったのは，永借権が社会的・経済的に有用な制度であるかである。永借権を有益な制度と主張した学者としては，デュラントンが知られる。デュラントンは，土地の利用権者が大きな工事をなしたり，また，大規模な投資をしたりする場合には，永借権が有益であると指摘した。というのも，用益権（usufruit）では，その土地利用は用益者（usufruitier）の1代限りであり，安定的ではない。賃借人としての利用ではその利用権限が限られており，また，単なる所持者としての地位しか有さない。これに対して，永借権では，永借人は物権を有し，抵当権を設定することにより金融の道も開け，長期にわたる利用権限があり，更に夫婦共通財産にも帰属しない。以上のように，デュラントンは，永借権は大規模投資を行う土地利用者には非常に有益であると論じた⁽⁷²⁾。

これに対して，永借権は，経済的に有益な制度ではないという論者もいた。例えば，永借権の物権性を否定する論者であるドゥモロンブは，次のように論じた⁽⁷³⁾。そもそもフランス民法の起草者は，物権としての永借権の制度を廃止した（とドゥモロンブは力説する）が，それは，フランス民法の規定する分割相続

---

(71) 例えば，Duvergier, *op. cit.*, n°159; Duranton, *op. cit.*, t. IV, n°80; Laurent, *op. cit.*, t. XIIIe, n°340; Baudry-Lacantinerie et Wahl, *op. cit.*, n°1445; Tocilesco, *op. cit.*, p. 300.

(72) Duranton, *op. cit.*, t. IV, n°8.; t. XIX, n°268.

(73) Demolombe, *op. cit.*, t. IX, n°491. ドゥモロンブは，新たに立法により永借権を創設することまでは否定しないのであり，ベルギー法等を紹介している。

第1章　フランスの物権説

制度の下で近い将来に土地の分割が生じ，多数の小資本を有する者が土地所有に接近することを意図したからであった。また，物権としての永借権では，永借人が租税を負担すること，大規模修繕について永借人負担であること，賃料減額が認められないことのために利用者側にとっても厳しい制度であった。更に，フランス民法の起草者は土地所有秩序の在り方の簡素化を目指しており，かつての封建制の復活を望んではいなかった。「あえて言えば，永借権は，封建制度との連結にまったく身を委ねた制度であった」。永借権は，土地所有権移転を麻痺させる効果を有した。ドゥモロンブによれば，以上のように，主として封建制度を連想させるところに永借権の問題点があった。

他方，物権説の主唱者であるトロロンも永借権は現代において大きな役割を果たすとは指摘しなかった。トロロンによれば，永借権が大きな役割を果たしたのは，大規模土地所有の時代であった。ところが，現在は，所有権分割と小土地所有の時代であり，そのような時代に将来の土地所有者を拘束するような長期の永借権は不適当であるというのであった[74]。

(e)　判例　永借権に関しては，比較的早くから破毀院判例はその物権性を肯定していた。ここで紹介するのは，最も早い段階での破毀院判決の一つである1822年6月26日判決である[75]。

これは，1750年から99年の期間で風車について永貸借（bail emphytéotique）が設定されたところ，第3者が妨害をなし，これに対して永借人が妨害排除のための占有訴権であるcomplainteを行使したという例である。これについて，治安裁判所及び通常裁判所はともに永借人は，仮の占有者ではなく，真の占有を有し，それゆえ占有訴権を行使しうると判示した。これに対し，妨害者が破毀申立てをおこない，永借人は仮の占有しか有さず，占有訴権を行使しえないと論じた。妨害者の見解は，永貸借は債権しか永借人に与えないという内容であった。これに対し，破毀院は，永貸借は売買とも通常の賃貸借とも区別される契約であること，その効果は，土地の所有権を土地所有者の上級所有権（domaine direct）と永借人の下級所有権（domaine utile）とに分離させること，

---

[74]　Troplong, *De l'échange et du louage*, n°52.

[75]　Cass. Civ., 26 juin 1822, S. chr.

永借人は利用の期間所有者と同様の地位に立つこと，これらのローマ法の法理は，フランス古法において広く認められ，「民法典は，永貸借に言及していないが，これを変更したものでも修正したものでもないこと」を指摘した。その結果，破毀院は，永借人に占有訴権の行使を認めたのである。多くの判例は，これと同様の法理を展開し，永借人に物権を認めた。

2　1902年法
㈦　規定の内容

1902年に永貸借に関する立法が成立した[76]。この永借権立法は，それ以前の判例及び通説が永貸借に認めてきた効果を立法により承認したものであった。1902年法は，農事法典 (Code rural) の一部として成立したもので，その第1条1項は，「不動産の永借権は，賃借人に抵当権の客体としうる物権（droit réel susceptible d'hypothèque）を付与する。この権利は，譲渡可能であり，不動産差押えに関する方式に従って差し押さえることができる」と規定した。永借権の設定期間は，最短で18年，最長で99年である（1条2項）。

永借権の設定は，管理権のみを有する者によってなすことはできず，処分権 (droit d'aliéner) を有する者のみがなしえる（2条）。これは，永借権の設定が処分行為として理解されたためである。この点で，期間が長期ではない通常の賃貸借が管理行為とされ，管理権のみを有する者でも賃貸借契約を締結できる（フランス民法595条等）のと対照的である。永借権の証拠については，民法の賃貸借に関する一般規則に従う（3条）。それゆえ，証書なしで設定することも可能である（フランス民法1714条）。しかし，永借権が長期の賃借権（期間18年以上）として対抗力を得るには謄記が必要であるため，実質的には証書を作成することが一般的である[77]。

永借人の権利については，まず占有訴権を行使しうる[78]。これは，第3者に

---

[76] Baudry-Lacantinerie et Wahl, *op. cit.*, n°1446; Planiol, Ripert, Hamel Givord et Tunc, *op. cit.*, t.X, n°686. 同法は，1870年に議会に提案された農事法典 (code rural) の一環として起草された。

[77] Planiol, Ripert, Hamel, Givord et Tunc, *op. cit.*, t.X, n°686.

第1章　フランスの物権説

対してのみならず，賃貸人に対しても行使しうる。この点は，通常の賃貸借との大きな相違である。更に，取得時効も成立する。また，永借権は，不動産権である。

永貸借設定契約に特別の定めがない限り，以下のような権利，義務が永借人に与えられる（3条2項）。通常の賃貸借には不作の場合の賃料減額請求権があるが，永借権では収穫が全くないときでも賃料の減額を請求しえない（4条）。永借人が2年続けて地代を支払わないときには，賃貸人は催告の後裁判所に永貸借の解除を請求できる（5条）。永借人は，賃貸不動産に対する大きな権限を有する。永借人に禁止されているのは，物の価値を減ずる行為だけである（7条）。永借人は，耕作の方法を変更しうるし，建物の変更，再築も可能である。永借人は，更に建物の修繕義務を負う（8条）。むしろ，通常の永借人は，改良の義務を負う。建築物や改良は，永貸借終了後に永貸人に無償で帰属する（7条2項）。永借人は，永借権を抵当権の客体になしうる。永借権は，不動産権として，不動産差押えに服する。

更に，永借人は，永貸借の期間，附合の利益を主張しうる（10条）。この規定によりその永借権の上に築造した建物も一体化して抵当権の目的としうる。これは，重要な点である。通常の賃借人が建物を築造したときは，そもそもその建物が賃借人の所有になしうるか否かが問題であった。これに対し，永借権では永借人の所有となしえ，かつ永借権と一体化させることができる。また，永借人は，不動産についてのすべての負担，課税を支払う義務を負う（14条）。永借人は，また地役権を行使し（9条），更に狩猟権を有する（12条）。本法律以前から存在する永貸借契約についても，物権付与という第1条は適用される。

永借権の終了原因について，永借権は期間の満了により終了する。黙示の更新の制度は，通常の賃貸借の場合と異なり，存在しない。

(ｲ)　永貸借と賃貸借

本1902年法により，学説上の対立は解消された。通常の賃貸借と永貸借との

---

(78)　Baudry-Lacantinerie et Wahl, *op. cit.*, n°1449; Planiol, Ripert et Picard, *op. cit.*, t.III, n°1001; Planiol, Ripert, Hamel, Givord et Tunc, *op. cit.*, t. X, n°690.

第1節 古典的物権説

区別の基準は，物権の有無である。賃料が低廉であることでも，期間の長さでも，賃借人に改良義務があることでもない。なぜならば，これらの条件は，通常の賃貸借でも可能であるからである。期間が99年の通常の賃貸借すら可能である。永貸借では譲渡，転貸の禁止があることは稀であるが，譲渡，転貸の禁止があるからといって必ず通常の賃貸借なのでもない[79]。

以上のように，永貸借は，賃貸借の場合と異なり，不動産の利用権者に極めて多くの権限を与える。その中核が，物権の付与であることは明らかであろう。物権の付与という点で，永貸借は，農産証券や営業質とは異なる。先に，物権説と債権説の具体的帰結における相違として論じたところで，物権説の帰結としたものが永借権に与えられた。20世紀初頭に物権説を立法論として評価する議論が生まれるのも，こうした永貸借立法との関連が推測されるのである。

Ⅳ 賃借人の担保と賃借権

以上のように，19世紀後半から，フランスにおいては，不動産の賃借人あるいは利用権者のための担保手段を提供する立法が生まれた。物権としての永借権は賃借権と同一ではないので，ここでは広く不動産の利用権者という用語を使用したい。既に本項の冒頭で述べたように，不動産利用権者が担保客体として提供しうるものとしては，第1に利用権そのもの，第2に利用権者の有体及び無体の動産，第3に利用権者の築造した建物（土地の利用権者の場合）などがあった。

第1の利用権そのものを担保の目的とする場合には，①非占有移転型の担保にすることが必要である。その試みが，物権説による賃借権抵当であり，また永借権抵当であった。債権説でも利用権そのものを非占有移転型の担保の目的とすることは，不可能ではなかった。その場合には，フランス民法の中の権利質という制度を必要とした。しかし，これには②公示制度という点で，重要な不備があった。結局，営業質では新たな登記制度を特別法によって設けること

---

[79] 裁判官がある契約について通常の賃貸借であるか永貸借であるか判断するのは，実際には困難であった（Baudry-Lacantinerie et Wahl, *op. cit.*, n°1446; Planiol, Ripert et Picard, *op. cit.*, t.Ⅲ, n°1002）。

第1章　フランスの物権説

が必要になった。

　更に，賃借権の担保では，③賃借権そのものの譲渡性が問題になる。賃借権担保の設定に一々賃貸人の同意が必要であるというのでは煩わしいし，また，賃借権が担保価値を有するには，賃借権担保の実行により競落人が賃借権を承継しうる保障が必要である。この点で，フランス民法は，比較的有利であった。というのも，フランス民法1717条は，反対の合意がない限り賃借権を譲渡，転貸なしうるとしているから，営業質の場合に賃借権を担保の客体にするに際して賃貸人の同意を不要とすることができた。更に，先取特権に関する規定には，賃貸借の継続権規定が存在した。④賃貸人と担保権者との利益の調節が更に問題になる。というのも，賃貸人による賃貸借の解除に対し，担保権者が備える制度が必要になるからである。1909年の営業質法は，これについて，解除の際の賃貸人の担保権者への通知という制度を規定した。

　第2の利用権者の有する有体及び無体の動産は，本来利用権者の所有物であり，これを担保に提供することには困難がないように見える。しかし，フランス民法では賃貸人の先取特権は，極めて強大であった。それゆえ，①担保権者と賃貸人の利益の調整，とりわけ賃貸人の先取特権の制限が必要になった。更に，②動産を占有移転しないで担保の客体とする方法が講じられる必要があった。そのために，農産証券法では，証券化という手段を採用した。

　第3の利用権者が築造した建物を担保の客体とする制度としては，フランスでは，独自の困難があった。というのも，フランス法の伝統的な説明によれば，地上物は土地に附合するのであり，これは，賃借人が築造した建物でも同様であった。それゆえ，①まず建物自体に賃借人の所有権が成立するかが問題になる(これについて詳しくは，後に論ずる。)。②建物と利用権を一体化する制度も必要である。立法においてこれを解決した制度として，永貸借があった。ここでは，永借人の築造した建物は，底地にではなく，永借権に附合することにより一体化を図った。更に，利用権そのものを物権とすることで，その譲渡性を強く与えることに成功した。

　以上のように，19世紀末から20世紀初頭にかけて，フランスにおいては，不動産の利用権者のための担保手段を提供するための様々の制度や工夫がなされたことを知りうる。こうして見ると，賃借権の物権的構成は，賃借権の担保化

第1節　古典的物権説

というときにそれなりの意義があることが分かる。もっとも，賃借権の物権的構成のみにより賃借権担保が可能になるのではなく，それ以外の問題もまた重要である。そして，担保権者と第3者，担保権者と賃貸人の利益の調整のための制度を設ければ，債権説でも賃借権担保制度を整備しえたことに留意する必要がある。

第2節　現代的賃借権保護立法と物権説

　19世紀を通じ，賃貸借に関する限り，フランス民法に対する修正は，前述の賃貸人の先取特権の部分が主なものであった。民法の基本的態度は，契約自由の重視である。それゆえ，第1に当事者間の契約，第2にこれを補完する民法が賃貸借関係を基本的に規律した[1]。こうした在り方に対する本格的な修正が行われたのは，20世紀に入ってからである。建物賃貸借 (baux d'habitation) においては比較的早く，1918年以降賃借人の保護を目的とした諸立法がなされた。そのきっかけとなったのは，第1次大戦による破壊とそれによる賃借人の困難の増大である。立法者は，契約自由に大幅な介入を行い，契約期間の延長，賃借人の更新権の保護等を規定した。

　商事賃貸借においても，1926年に新たな立法が設けられ，賃借人の権限が強化された。賃借権は，営業財産権 (fonds de commerce) の中核であり，これが消滅した場合には営業財産権そのものが消滅しうることになるからである。商事賃借人は，営業の場所に相当の投資を行う存在であるから，賃借権を簡単に消滅させることは適当ではない[2]。かくして，1926年法において，商事賃借人は，賃貸人が更新拒絶した場合の追奪補償 (indemnité d'éviction) を請求しうるようになった。

　農地賃貸借においては，賃借人保護は，漸く20世紀半ばにおいて小作関係規則（Statut du fermage et du métayage）として具体化した[3]。これは，1943年ヴィシー政権下における立法に始まり，同政権崩壊の後も，1945年のオルドナ

---

[1] Mazeaud et de Juglart, *op. cit.*, n°1153.
[2] Derruppé, *op. cit.*, n°77.
[3] 小作関係規則の全体的な内容については，原田純孝「フランスにおける農地賃貸借制度改革」戦後改革6農地改革（1985年）が優れた研究である。小作関係規則と現在の農事法典の詳細な比較については，原田純孝「戦後フランスにおける農地賃貸借制度」農業法研究8号(1972年)，また，A.-M. Bourgeois, *L'exploitation agricole dans la législation récente*, 1967, p. 159 et s. 稲本洋之助訳・現代フランス農業法201頁（農業調査会，1970年）以下。

第2節　現代的賃借権保護立法と物権説

ンスにより承継され、更に、1955年には、農事法典（code rural）の一部となった。その後も多くの修正があるが、基本的方向としては、農業の利益を目的とし、所有者の権利を制約し、賃借人の権利の強化を図っている。

　こうした居住用賃貸借、商事賃貸借及び農地賃貸借における民法に対する修正立法を基礎にして、賃借人は物権を有するという議論が再び登場した（現代的物権説）。その主唱者であるデリュペ（J. Derruppé）は、現代的賃借権保護立法を手掛かりに1951年のツールーズ大学での博士論文で物権説を展開した。デリュペは、1925年に生まれ、ツールーズ大学で法学を修め、1957年にアグレガシオン私法部門に2位で合格し、その後、ボルドー大学法学部教授として商法、国際私法を中心に講義を担当し、とりわけ商事賃貸借に関する研究で著名である。1975年及び1982年にはアグレガシオンの審査員、1990年には審査委員長になり、現在は、ボルドー大学名誉教授である。デリュペの現代的物権説は、この問題を取り上げる際には、常に言及される基本業績である[4]。

　ところが、デリュペの現代的物権説について、日本ではこれまでのところ、本格的紹介や検討があるわけではない。本書は、これを検討することにより、フランスにおける賃借権の法律的性質をめぐる議論の現代的意義を明らかにする。ここでは、デリュペの叙述の順序に従い、まず農事賃貸借について検討し（第1項）、次に居住用賃貸借（第2項）、商事賃貸借（第3項）について検討して、その後デリュペの物権説を検討する（第4項）。ところで、デリュペの議論の根拠となったこれらの特別法は、デリュペの著書の発表後現在に至るまでのうちに様々な修正が行われた。しかし、デリュペの議論の根拠を検討するという目的から、デリュペの議論当時の法とデリュペの議論の紹介を行う。その後の法律の変化は、現代における問題状況（第5項）として検討する[5]。

---

(4)　入手しやすい著書は、Derruppé, *Locations et loyers; baux d'habitation, baux professionnels, baux commerciaux*,《Mémantos Dalloz》, 6ᵉ éd., 1998。デリュペの著作目録や経歴は、*Les activités et les biens de l'entreprise, Mélanges offerts à Jean Derruppé*, 1991, p. XIII。

(5)　叙述の順序が歴史順ではないのは、デリュペが賃借人の権利が強い順に検討を加えたためである（Derruppé, *La nature juridique du droit du preneur*, n°31）。

第1章　フランスの物権説

第1項　小作関係規則

既に見たように，フランス民法における農地賃借人の保護は，極めて不十分であった。これに対し，農業経営者の維持を目的とした社会的要請があり，最終的に小作関係規則が制定された。

小作関係規則は，民法に代わって農地賃貸借の基本的法となり，民法は，小作関係規則の補充にすぎなくなっている。更に，小作関係規則は，当事者の契約自由を大幅に制約し，契約内容自体も小作関係規則によって基本的に規律された。デリュペは，小作関係規則の特徴として，第1に，賃借人の賃貸物支配 (emprise du preneur sur les biens loués)，第2に，賃借権の安定性 (stabilité du droit du preneur) とを挙げていた[1]。ここでは，このデリュペの見解を理解するために必要な限りで，小作関係規則の内容を検討する。その際，フランス民法の規定をまず紹介し，これと対比する形で小作関係規則を検討する。

I　賃借人の賃借物支配
1　賃借人の改良
(ア)　フランス民法

デリュペの指摘する小作関係規則の第1の特徴は，賃貸不動産に対する賃借人の支配強化である。フランス民法下においては，賃貸不動産への賃借人の権利は，明確なものではなかった。賃借人は，「善良な家父として (en bon père de famille)」用益する義務を負い，賃貸不動産を定められた方法以外で利用することは許されなかった（1728，1766条）。用法違反の賃借人に対しては，賃貸人は，契約の解除をなしえた。ここから，現状変更の禁止すら導かれうる。それゆえ，賃借人が建築，植栽を自由になしうるか自体が問題となった。また，賃貸借の終了後に，建築物，植栽等が誰に帰属するかについても規定がなかった。原田純孝教授が，フランス民法の特徴として，賃借権の土地所有権への従属を指摘する所以である[2]。

---

(1) Derruppé, *op. cit.*, n°32.

第2節　現代的賃借権保護立法と物権説

　こうしたフランス民法の在り方を修正するために，学説，判例は，賃借人の権限の拡大につとめた[3]。第1に，建築，植栽は，当然には用法違反にあたらないとした。第2に，賃貸借終了後の建築物，植栽の帰属については，本来は賃貸借に適用が予定されていなかった民法555条（他人の土地の上の悪意の第3者による建築物，植栽の帰属についての規定）を類推適用することとした。その結果は，次のようなものである。建築物，植栽については，所有者（賃貸人）がそのまま保持することを望まない場合は，賃借人に撤去せしめる。反対に，賃貸人が保持を望む場合には，補償（indemnité）を支払ってこれを取得する。換言すれば，賃貸人による無償取得は許されないが，賃借人からの強制的買取請求権も認められない。しかし，建築物でも植栽でもない単なる改良(simple amélioration)については，これが土地と一体をなし，またフランス民法には賃借人による有益費支出に対する償還規定が存在しないというところから，賃貸人による無償取得が認められた[4]。

　(イ)　小作関係規則

　これに対し，小作関係規則は，賃借人に一層大きな権限を認めた[5]。第1に，建築物，植栽をなす場合に，賃借人は賃貸人に通知義務を負う。賃貸人がこれに同意しない場合には，調停裁判所がこれに代って許可を与えうる（38条）。第2に，賃貸借の終了後において建築物，植栽，更には単なる改良のいずれについても，賃貸人は補償義務を負う（36条）。例えば，建物については，その費用の期間満了時における評価額から損耗相当の償却分を控除した額である（36条1項1号）。こうして，賃借人は，強制的補償請求権を有するに至った[6]。

───────
(2)　原田純孝・前掲近代土地賃貸借法91，461，468頁。サンタラリ（Saint-Alary）教授も同様の指摘をする（M.R. Saint-Alary, *Les constructions, plantations et ouvrages faits par le preneur sur les lieux loués, Revue trimestrielle de droit civil*, 1947, n°3)。
(3)　同上478頁，瀬川信久・前掲不動産附合法の研究66頁以下。Derruppé, *op. cit.*, n°42。
(4)　原田純孝・前掲フランスにおける農地賃貸借制度改革論文425頁。Planiol, Ripert, Hamel et Perreau, *op. cit.*, t. X, 1ère éd., n°607。
(5)　Derruppé, *op. cit.*, n°43. 原田純孝・前掲「制度改革」論文447頁。

第1章　フランスの物権説

　デリュペは,以上の小作関係規則の規定によって,賃借人の土地に対する権限が民法とは大きく変化したと指摘した。民法においては,賃借人の土地改良は,あくまでも賃貸人の明示または黙示の許可の下でのみなしえた。これに対し,小作関係規則においては,状況は逆転し,賃借人は,賃貸人の拒絶がある場合でも調停裁判所の許可を条件としつつ,改良をなしうる。かくして,デリュペは,賃借人は,賃借物の改変への主導権を有すると論じた[7]。

2　賃借人の狩猟権

　デリュペは,賃借人の物支配の強化の例として,狩猟権 (droit de chasser) が賃借人に付与されたことを挙げる[8]。狩猟権は,伝統的に所有者の特権であった。封建的土地所有の下では,領主,貴族の特権であった。これに対し,フランスの旧制下では,鳥獣の被害から農業経営を防衛することを目的として,農民から狩猟権の獲得が要求された[9]。フランス革命による封建的土地所有の廃止にともない,貴族,領主の狩猟権は消滅したが,狩猟権は土地所有者に排他的に帰属することになり,賃借人には狩猟権は与えられないままとなった[10]。また,フランス民法下の判例,学説においても用益者や永借人にはその権利が物権であることを理由に狩猟権が付与されたが,賃借人には認められなかった[11]。なお,物権説の論者であるトロロンですら賃借人には狩猟権は認めない。トロロンによれば,賃借人は被った損害について所有者に補償を求めうるのみであり,みずから狩猟権により損害を回避することはできない[12]。トロロ

---

(6)　原田純孝・前掲「制度改革」論文458頁。

(7)　Derruppé, *op. cit.*, n°44.

(8)　Derruppé, *op. cit.*, n°45.

(9)　原田純孝・前掲近代土地賃貸借法225頁。

(10)　原田純孝・前掲近代土地賃貸借法324頁。

(11)　Planiol, Ripert, Hamel, Givord et Tunc, *Contrats civils* première partie, t. X, 2ᵉ éd., n°501.

(12)　Troplong, *De l'échange et du louage*, n°162. ところが,債権説を採用しながら賃借人に狩猟権を認める学説もある (Guillouard, *Traité du contrat de louage*, n°286)。

第2節　現代的賃借権保護立法と物権説

ンの物権説について，理論的または折衷的な性質があり，具体的帰結の点では徹底したものではないと論じたが，これもまたその例と考えられる。

小作関係規則が賃借人に狩猟権を与えたこと（42条の2）は，賃借人の物支配の強化の例として理解しうることになる。デリュペは，狩猟権の付与が賃借人の権利の法律的性質と関連するとして，土地の直接的利用の権限は，狩猟権の要素となるものであり，これは，賃貸人にのみならず，総ての第3者に対抗しうるものであるから，賃借人の権利の法律的性質を単なる債権に過ぎないと見ることは許されなくなったと論じた(13)。

II　賃借権の安定性

デリュペの物権説の重視する小作関係規則のもうひとつの特徴は，賃借権の安定性である。これは賃借人の安定した経営の維持を目的とし，ひいては農業の繁栄を目指すものである。その内容は，賃借権の存続期間の延長，賃借人の更新権，賃貸人の解除権の制限，賃貸物に対する賃借人の先買権からなる。以下，フランス民法の規定と小作関係規則の規定とを対比して論じよう。

1　期　　間

(ｱ)　フランス民法

賃借権の存続期間についてのフランス民法の規定について，存続期間の定めのない場合，存続期間の定めのある場合，存続期間を定めても解約権の留保のある場合に分けて検討する。

(a)　存続期間の定めのない場合　　フランス民法やフランス法は，期間の定めのない賃貸借（bail fait pour un terme déterminé）という意味で，「書面によらない賃貸借（bail fait sans écrit）」または「口頭の賃貸借（bail verbal）」という文言を使用する。これは，正確な用語法ではないという批判があるため，注意が必要である(14)。本来，書面を作成するか否かは，期間を定めるか否かと

---

(13)　Derruppé, *op. cit.*, n°47.
(14)　Guillouard, *op. cit.*, n°406; Baudry-Lacantinerie et Wahl, *op. cit.*, n°1200; Planiol, Ripert, Hamel, Givord et Tunc, *op. cit.*, n°621.

は，別のことである。確かに，書面を作成しない賃貸借では，期間もまた定めていないことが多い。しかし，期間を定めることもむろん可能である。いずれにせよ，期間の定めのない賃貸借については，1736条が適用され，解約申入れ (congé) から地方の慣例により定められた期間 (délais fixé par l'usage des lieux) の経過後，賃貸借は終了する。

しかし，農地賃貸借については，フランス民法に特則がある。書面によらない農地賃貸借 (bail, sans écrit, d'un fonds rural) は，土地の全部の果実を収納するために必要な期間なされたものとみなされる (1774条)。それゆえ，果実が1年で全部収納される土地の期間の定めのない賃貸借の場合は，期間は1年であり，輪作の土地の場合は，輪作を終了するまでである。同条によって法定された期間の満了により賃貸借は当然に終了し，解約申入れは必要ない (1775条)。

(b) 期間の定めのある場合　契約で期間を定めた場合には，このような賃貸借を，口頭の賃貸借との対照で，書面による賃貸借 (bail fait par écrit ou bail écrit) と呼ぶ。民法は，契約期間について，「一定の期間 (pendant un certain temps)」と定めるのみであり (1709条)，農地賃貸借に限らず最短期間は定められていない。最長期間については，1790年のデクレが99年または3代と定めた。定められた期間の満了により賃貸借は当然に終了する (1737条)。

(c) 解約権の留保のある場合　期間を定めても，同時に賃貸人が解約権を特約により留保した場合について，フランス民法1761条は，建物賃貸借につき特約をすれば，賃貸人は自己使用のために解約権を留保しうると規定した[15]。この場合，解約申入れから地方の慣例により定められた期間の経過により賃貸借は終了する (1762条)。これは，農地賃貸借についても同様である。

なお，フランス民法1761条は，「賃貸人は，みずから賃貸家屋を占用することを望む旨を申述する場合であっても，反対の合意がなかった場合には，家屋賃貸借を解除できない」と規定した。特約のない限り，賃貸人は自己使用を理由に賃貸借の解約申入れをなすことができないことは当然のように見える。この規定について理解するには，規定の歴史的な背景を知る必要がある。ローマ法

---

[15]　Baudry-Lacantinerie et Wahl, *op. cit.*, n°1221.

第2節　現代的賃借権保護立法と物権説

以来の賃貸人の伝統的な権利として，loi aedeが存在した。それによれば，建物賃貸人は自己使用や建物の建替えを理由とする場合には賃借人を排除することができた。それに対し，この条文はフランス民法がloi aedeを廃止したことを宣言したものである。

また，賃貸不動産の売買があったとき解約申入れしうる旨の特約を設けることもできる(1743条但書)，農地賃貸借については，退去の少なくとも1年前に解約申入れをすることを要する（1748条)。更に，賃貸人は，追奪される賃借人に補償を支払わねばならない（1745，1746，1747条)。

以上のように，フランス民法は，賃貸借の存続期間について，基本的に当事者の契約自由を重視していた[16]。農地賃貸借契約の実際においては，19世紀ではとくに9年の期間で契約がなされる場合が多かった。しかも，その多くは，両当事者が3年ごとの解約権を留保していた。この場合でも契約期間に関しては，基本的に賃貸借は安定していたと評される[17]。また，賃貸不動産の譲渡の際賃貸借の対抗力を奪う旨の特約は，稀にしか用いられなかった。このように農地賃借権は，当事者間の私的自治を通じて維持されていた。ところが，第1次大戦以降農地賃貸借関係で契約期間の短縮化が大きな問題となった[18]。

(イ)　小作関係規則

これに対し，小作関係規則は大きな修正をなした。まず，小作契約は，書面でなされねばならない（20条1項)。更に，小作関係規則は，反対の特約や慣例があろうとも，賃貸借の期間が9年を下まわってはならない，期間を定めていない場合には9年と見なすと規定した（21条)。更に，解約申入権を留保する特約については，次に見るように，解約申入れには一定の手続と特定の事由が必要であるという規定により，その効力を制限した。また，賃貸不動産の売買の際の解約特約については，1945年に小作関係規則の制定に伴い民法1743条但書が修正され，農地賃貸借に関して効力が認められなくなった[19]。

---

[16]　Mazeaud et de Juglart, *op. cit.*, n°1286.
[17]　原田純孝・前掲近代土地賃貸借法472頁。Guillouard, *op. cit.*, n°423.
[18]　原田純孝・前掲「制度改革」論文424頁。
[19]　Derruppé, *op. cit.*, n°49; Mazeaud et de Juglart, *op. cit.*, n°1090.

2　賃借人の更新請求権

(ア)　フランス民法

次に，賃借人の更新権である。既に見たように，フランス法では，期間の定めのある賃貸借は，期間の満了により当然に終了したが，例外的に黙示の伸長 (tacite reconduction) の制度があり (1738条)，期間満了後も賃借人が占有を継続し，かつ賃貸人もこれに対し何らの異議もさしはさまない場合には，新たに賃貸借がなされたことを推定する[20]。新しい賃貸借は，賃料その他の負担に関しては従来の賃貸借と同一であるが，期間の定めのない賃貸借となる。それゆえ，輪作でない農地賃貸借では期間は1年になる。もっとも，黙示の更新は，あくまでも，期間の定めのある賃貸借の当然終了の原則の例外にとどまる。

(イ)　小作関係規則

小作関係規則26条は，「反対の約定，特約，合意にもかかわらず，賃借人は，更新への権利を有する。但し，賃貸人が，28条に掲げる重大かつ正当な事由により正当化されるか，または，32，33，34条に規定される条件に従って，取戻権を行使するときは，この限りではない。」と規定した。デリュペは，賃借人には，更新請求権 (droit au renouvellement) が与えられたと論じた[21]。これは，強行規定であり，これに反する特約は無効である。賃貸借は，期間の満了により当然に終了するのではなくなった。賃貸人は，更新を拒絶するには，期間満了の少くも18か月前に，解除の事由を明記して，賃借人に解約申入れ (congé) をしなければならない (27条1項)。賃貸人が解約申入れをしないときは，新たな賃貸借が成立し，その期間は9年になる (同2項)。

賃貸人が更新を拒絶しうる場合は，重大かつ正当な事由 (motifs graves et légitimes) があるとき及び取戻権 (droit de reprise) を行使しうるときに限られる[22]。28条は，重大かつ正当な事由があるとされるものとして，①小作料支払

---

[20]　Mazeaud et de Juglart, *op. cit.*, n°1286-2.

[21]　Derruppé, op. cit., n°51. 原田純孝・前掲「戦後フランスにおける農地賃貸借制度」農業法研究8号90頁。Planiol, Ripert, Hamel, Givord et Tunc, *op. cit.*, n°632.

[22]　Planiol, Ripert, Hamel, Givord et Tunc, *op. cit.*, n°663.

が繰り返し遅滞したこと，②良好な経営を害する賃借人の所作，とりわけ経営に必要な労働力を有しないこと，③賃借人が，農事賃貸借勧告委員会が4分の3の多数で決定した改良のための勧告措置を理由なく拒否すること，の三つの具体例のみを挙げる。

また，賃貸人が取戻権を行使しうるのは，①有効かつ恒久的に自分の経営をなすことを理由とするとき，②成年の子を定着させる (installer) ことを理由とするときに限られる (33条)(但し，成年の子のための取戻は，これを認める条項があるときは，3年ごとに行使しうる。21条,)。取戻権の受益者は，当該土地を少なくも9年間効果的かつ恒久的な方法で経営しなければならない。民法とは反対に，小作関係規則は，賃借人の継続的耕作の保障を原則とする[23]。デリュペは，賃借人の更新請求権が賃借人に特別の手続を要求していないこと，強行法規であることに注目し，「更新の方式は，実際上，賃貸人のあらゆる干渉や自由を抑制する。更新権は，賃借物上の賃借人の権利 (droit du preneur sur le bien loué) として現れ，単なる賃貸人への債権とは見えない。」と述べた[24]。

3 賃貸人の解除権の制限
(ｱ) フランス民法
(a) 裁判上の解除　(i) 裁判上解除の原則　債務不履行による賃貸借契約の解除に関するフランス民法の規定は，次のものがある。

　1184条「解除条件は，双務契約において，両当事者の一方が約務 (engagement) をなんら満たさない場合について，つねに予定されている。

　この場合には，契約は，何ら法律上当然に (de plein droit) 解除されない。約務の履行を何ら受けなかった当事者は，あるいはそれが可能であるときは合意の履行を他方当事者に強制し，あるいはその解除を損害賠償とともに請求する選択権を有する。

---

[23] Derruppé, *op. cit.*, n°54. 実際には種々のかたちで地主の取戻権の行使がなされていたことにつき，原田純孝・前掲フランスにおける農地賃貸借制度改革論文455頁。

[24] Derruppé, *op. cit.*, n°52.

解除は，裁判上で（en justice）請求しなければならない。被告には，状況に従って期間を付与することができる。」

1741条「賃貸借契約は，賃貸物の滅失によって，また賃貸人及び賃借人それぞれの約務の履行の欠如によって解除される。」

1184条は，債務不履行による双務契約の解除に関する一般規定であり，1741条は，それを賃貸借に適用したものと理解される。1184条は，解除が裁判上で請求されることを要求する。フランス法では裁判所が解除を宣告するのであり，この点で日本民法とは大いに異なる。

(ii) 裁判官の裁量　フランス民法が債務不履行の際に当事者の一方的意思表示で解除することができないと規定する理由は，解除権の濫用により債務者の軽微な履行遅滞や一部不履行により解除がなされることを防止して，解除について裁判所の裁量に委ねるためである[25]。そのため，第1に，裁判所は，債権者の請求により直ちに解除を宣告しなくともよく，「状況に従って」債務者に義務履行のための期間を付与しうる（1184条3項）。第2に，債務不履行の程度が解除の制裁を与えるにふさわしいほどの重大なものでないときには，裁判所は，解除を宣告しなくともよい。この場合は，契約を維持したまま原告側の債務を減殺したり，または，損害賠償のみを認めることができる。

(iii) 付遅滞手続の要否　裁判所が解除を宣告するには，債務者に付遅滞手続（mise en demeure）を完了していることが必要であろうか。付遅滞手続とは，債権者が債務者に対し，法定の形式により履行を要請し，債務者を遅滞の立場に置く手続である[26]。これは，債務者にその債務のために注意を喚起する一種の最後通告である。付遅滞手続の方式としては，原則として，執行吏の送達証書

---

[25] フランス法における債務不履行による契約解除について，北村実「契約の解除——545条をめぐって」民法講座5契約115頁，山口俊夫・前掲フランス債務法231頁。賃貸借契約の解除について，関口晃「フランス法」有泉亨編借地借家法の研究（東大出版会，1958年）240頁以下，吉田克己「フランスにおける住居賃貸借法制の新展開——1986年12月23日の法律第1290号」日仏法学16号（1988年）48頁。

[26] 山口俊夫・前掲フランス債務法208頁，B. Starck, H. Roland et L. Boyer, *Droit civil Obligation*, 2. *Contrat*, 3ᵉ éd., 1989, n°1323; Terré, Simler et Lequette, *Les obligations*, n°639.

第2節　現代的賃借権保護立法と物権説

による催告（sommation par acte d'huissier）またはそれと同様の他の行為，例えば，裁判所への呼出し等が必要であり，単なる書状では十分ではなかった（1139条）[27]。しかし，解除には，付遅滞手続は必要とされないというのが通説，判例である[28]。

(b)　解除条項　　契約において，解除の際の裁判所の関与を排除する特約が用いられる場合がある。「解除条項（pacte commissoireあるいは，clause résolutoire）[29]」と呼ばれるこの特約は，例えば，債務不履行に際し，契約は裁判上の請求を要せず，当事者の一方的意思表示等により解除しうると規定する。解除条項は，解除の際の裁判所の介入と裁量による履行の猶予を事前に排除するために用いられる。

　解除条項による解除の際に，債務不履行をした当事者が解除を認めなければ，裁判所に問題は委ねられる。しかし，これは解除の宣告について，裁判所が介入する場合と異なる。というのも，解除条項がある場合には，裁判所は，通常の場合のように義務履行のための期間を付与したり，解除を宣告しないという権限は有しない。裁判所は，不履行の事実の存否を認定するにとどまる。実際には，解除条項により，一方契約当事者が弱い立場にある他方契約当事者の軽微な債務不履行について厳格な制裁を加えることも多い。このため，裁判所は，解除条項は明確でなければならないとして，その適用に制限を加えた。また，解除条項による解除の場合，付遅滞手続は不要であることを明瞭に約定したときに限り，付遅滞手続を省略することができる[30]。

(c)　賃貸借の解除　　(i)　双務契約の解除規定の適用　　以上の双務契約に関

---

[27]　もっとも，1991年改正で要件はゆるめられ，書状であってもかまわないことになった（Terré, Simler et Lequette, *Les obligations*, n°990）。

[28]　債務不履行による解除一般について付遅滞手続が不要であることについて，山口俊夫・前掲フランス債務法232頁，Mazeaud, Chabas et de Juglart, *Leçons de droit civil*, t. II premier volume, *Obligations: Théorie générale*, 6ᵉ éd., 1978, n°1100; Starck, Roland et Boyer, *op. cit.*, n°1596.

[29]　山口俊夫・前掲フランス債務法233頁。Mazeaud, Chabas et de Juglart, *op. cit.*, n°1104; Starck, Roland et Boyer, *op. cit.*, n°1618.

[30]　Terré, Simler et Lequette, *Les obligation*, n°987.

する解除の原則は，賃貸借についても適用される。但し，売買契約の解除に代表されるような遡及効のある通常の解除（résolution）と区別して，賃貸借のように遡及効のない解除に解約通知（résiliation）という用語を使うことが多い。とはいえ，賃貸借の解除の場合を継続的契約関係という観念から売買等の通常の契約の解除と同一の原理には服さないようにし，とりわけ解除権の制限を図ろうするという思考は，19世紀のフランス民法学では一般的ではない。

(ii) 具体的要件　1741条の条文上は，解除に裁判上の請求が必要であるかが明らかではないが，1184条の規定から，賃貸借においても解除には裁判上の請求が要件と理解される。それゆえ，裁判所は，債務履行のための期間付与をなしうるし，軽微な債務不履行の際には解除を宣告しないこともできる[31]。実際に，裁判所は，1回または数回の賃料不払では解除を宣告しないことができ，賃借人に期間を付与しうる[32]。しかし，双務契約一般の場合と同様に，解除条項は賃貸借契約でも有効であり，非常にしばしば賃料の不払に対する制裁を目的に用いられた。すなわち，当事者は賃貸借契約に賃料の支払がただ1回でもない場合には，賃貸人は当然に契約を解除しうる旨等の特約である。このときは，裁判所は期間を付与しえなかった。

(ｲ) 小作関係規則

これに対し，小作関係規則は，賃貸人の更新拒絶を「重大かつ正当な事由」がある場合に限った（小作関係規則28条）。更新拒絶と同様に，解除にも「重大かつ正当な事由」が必要になった。解除条項について，小作関係規則は，明文の規定を置いていないが，第1に，23条は賃貸人が賃貸借契約を解約しうるのを重大かつ正当な事由があるときに限ること，第2に，46条が小作関係規則の規定する賃借人の権利を制限するすべての約定を無効とすることから，解除条項の効力は否定され，解除は小作関係同数裁判所（tribunal paritaire）に委ねられるとの解釈が判例，通説になった[33]。こうして，賃貸人の解除権は，実質的に大きく制限された。

---

[31] Guillouard, *op. cit.*, n°438; Planiol, Ripert, Hamel, Givord et Tunc, *op. cit.*, n°633.

[32] Guillouard, *op. cit.*, n°223.

第2節　現代的賃借権保護立法と物権説

デリュペは，以上の小作関係規則の規定によって，契約自由とりわけ賃貸人の自由が制限されたことを指摘する。「賃借権は，債権に結び付く脆弱性 (fragilité) を大部分克服し，安定性を獲得する。これは，物権へと導くものである。」と論じた[34]。

4　賃借人の先買権

最後に，賃借人の先買権である。これは，所有者たる賃貸人が賃貸不動産を有償譲渡するに際して，賃借人が先買権（droit de préemption）を有するというものであった（小作関係規則1条）。民法は，勿論このような権利を認めていない。デリュペは，賃借人の先買権が賃借人の権利の安定性に貢献する理由を次のように述べる。賃借人は，1743条によりその権利を賃借物の買主に対抗しうるし，更新請求権も有する。それゆえ，賃貸不動産の売買は賃借人の安定した経営を直接脅かすものではない。しかし，とくに新たな買主の年令が若い場合には，自己の使用のために取戻権の行使をすることも考えられる。先買権は，こうした場合に備える，とデリュペは論じた[35]。

III　譲渡，転貸

小作関係規則について，デリュペが物権説の論拠として挙げたのは，以上の点である。しかし，後に見るように，物権説の障害となりうる規定も小作関係規則の中には，存在する。それは，譲渡，転貸に関する消極的姿勢である。24条は，「民法1717条にもかかわらず，賃借権の譲渡とあらゆる転貸は，禁止される。但し，譲渡が成年に達した賃借人の子や孫に対して行われ，賃貸人がこれに同意を与えるときは，この限りではない。」と規定した。これは，極めて強力

---

[33] Derruppé, *op. cit.*, n°50; Planiol, Ripert, Hamel, Givord et Tunc, *op. cit.*, n°633 quinquies.; Starck, Roland et Boyer, *op. cit.*, n°1622; Mazeaud et de Juglart, *Principaux contrats* 2ᵉ partie, n°1276. 原田純孝・前掲「戦後フランスにおける農地賃貸借制度」農業法研究8号92頁。

[34] Derruppé, *op. cit.*, n°52.

[35] Derruppé, *op. cit.*, n°53.

第1章　フランスの物権説

な賃借権の処分性の否定である[36]。この規定は，後に見るように，デリュペに対する債権説の反論において重視されることになった。

第2項　居住用の建物賃貸借

ここでは，デリュペの議論を理解するために居住用賃貸借の保護の歴史を概観した後（Ⅰ），デリュペの議論の立脚点となった1948年法について検討する（Ⅱ）。

Ⅰ　居住用賃貸借の保護の歴史

デリュペは，農地賃貸借に続いて，居住用の建物賃貸借についても論じた。居住用建物賃貸借や職業用建物賃貸借においては，19世紀を通じ民法の規定が支配していた。これに対する修正は，第1次世界大戦による住宅危機（crise du logement）をきっかけとし，1918年3月9日法を始めとする賃借人保護立法が生まれた[1]。

1918年3月9日法は，応召を受けたまたは戦争被害を受けた建物賃借人のための立法であった。それは，家賃債務の免除を含む家賃規制や賃貸借の期間延長（居住用賃貸借は2年間）を規定した。この法律は，戦時措置法であり，例外的措置として理解され，普通法への回帰が予定されていた。しかし，その後，1922年3月31日法が，これに続き，期間延長や家賃規制を規定した。更に，1926年4月1日法が，成立した。その主な内容は，やはり，期間延長（延長される期

---

(36)　Planiol, Ripert, Hamel, Givord et Tunc, *op. cit.*, n°556.

(1)　詳しくは，関口晃「フランス法」有泉亨編借地借家法の研究（東大出版会，1958年），東川始比古「フランス住居賃貸借法研究試論——1948年以降の変遷をたどって」早稲田大学大学院法研論集21号（1980年），原田純孝＝東川始比古「外国の借家法の現状——フランス」現代借地借家法講座3借地借家法の現代的課題73頁以下，吉田克己・前掲「フランスにおける住居賃貸借法制の新展開——1986年12月23日の法律第1290号」日仏法学15号21頁以下，澤野順彦・借地借家法の経済的基礎（日本評論社，1988年）56頁以下。本書は，デリュペの物権説を理解する限りで同法を紹介するものである。

188

間は，地域と標準家賃額により異なる。）とこれを防止するための賃貸人の取戻権（自己使用目的の取戻権と再築目的の取戻権）及び家賃規制であった。

1948年法の規定した占用維持の重要な前提となるのが，それ以前の立法における期間延長（prorogation du bail）であった。この期間延長は，何らの意思表示も要せず，当然に適用され，賃貸人にとって強制的であり，これを免れるには厳格な要件を満たすことが必要であった。

この期間延長が，賃借権の法律的性質そのものに影響しないかが問題である[2]。例えば，デリュペによれば，1926年の議会審議において，賃借人の権利は大きく変化し，単なる債権ではなく，物権すなわち所有権の支分権になったという意見も見られる。しかし，判例は，期間延長は，従来の契約の延長に他ならず，契約の重要性には変化がなく，権利の法律的性質も変えるものではないと論じ，また，多くの学説もこれに従った[3]。

Ⅱ 1948年法と占用維持

以上の諸立法の後に，第2次大戦後の立法として，生まれたのが，1948年9月1日法である。これは，占用維持（maintien dans les lieux）制度[4]，家賃規制を主たる内容とした。デリュペが1948年法について注目するのは，賃貸借の存続と，賃借人の賃貸物についての権限である。以下では，順に注目する。

1 占用維持の権利と取戻権
(ア) 占用維持

従来の期間延長が，終期の定めのある一時的なものであったのに対し，1948年法は，占用維持の権利を与えた。その目的は，賃貸借契約終了後の賃借人の

---

(2) J.O. Déb. Pal., Sénat, 1926, p. 404.
(3) Derruppé, *op. cit.*, n°60.
(4) maintien dans les lieux には，「占有維持」，「占有継続」等の訳語があるが，近年は，占用維持という訳語が多いようである。賃借人には占有はないというのが伝統的なフランス法の議論であるから，「占有」よりも「占用」が適切と考える。

第1章　フランスの物権説

保護であり，その性格は，終期の定めのない恒久的なものであった。ここに，1948年法の特質がみられる。

　占用維持の制度を初めて導入したのは，1939年9月29日法であり，1948年法は，この制度を全面的に展開した。当時の議会における説明によれば，占用維持と期間延長とは明確な相違があった。期間延長は，単に契約の期間を延長するだけであるのに対し，占用維持は契約が既に効力を失った（転借人や賃借権の譲受人を含む）占用者に対して効力を有した。なお，契約期間中の賃借人は，占用維持の権利ではなく，賃借権が保護した。占用維持の場合は，契約がもはや存在しないのであるから，単なる期間延長や契約の期間満了の度に期間延長するというのとは方式が異なる。占用維持では，法律が占用者の居住を保護するための介入を行った[5]。

　占用維持は，当然にかつ何らの手続を要せずに（de plein droit et sans l' accomplissement d'aucune formalité）付与された（4条1項）。また，占用維持は，永続的性格を有し，期限を持たない。更に，占用維持は，強行規定であり，契約期間が満了する前にこれを放棄しても有効な放棄にはならない（16条）。但し，契約期間が満了した後に，占用維持の権利を放棄することは，可能かつ有効である。

　占用維持の権利を与えられる者は，誠実な占用者（occupant de bonne foi）である（4条）。具体的には，①適法な賃借権原（titre régulière）を有し，②「実質的」かつ③「十分」な自己による占有を以て，④誠実にその義務を果たす者である[6]。占用維持に必要な誠実については，法により推定され，占用者の不誠実を証明するのは賃貸人の負担になる。①適法な賃借権原には，書面による賃貸借でもよいし，書面のない賃貸借でもよい。確定日付を欠いて・第3者に対

---

(5) Derruppé, *op. cit.*, n°61; Mazeaud et de Juglart, *op. cit.*, n°1158. 東川始比古・前掲「フランス住居賃貸借法」255頁。

(6) Planiol, Ripert, Hamel, Givord et Tunc, *op. cit.*, t. X, n°459. 以下のような占用者の保護に対応して，不動産賃貸人の先取特権の対象も拡大し，占用維持による占用者の動産も含めるようになる（Simler et Delebecque, *Les sûretés La publicité foncière*, n°580）。

190

抗しえない賃貸借であってもかまわないし，適法な転貸借や適法な賃借権の譲受も含まれる。②占用維持が「実質的」であるには，賃借した場所を現実に占有することを要する。③占有が十分であるためには，居住人数と「基本的部屋(pièces)」との間にバランスがとれている必要がある。④誠実に義務を果たすというのは，賃貸借の契約に由来する義務例えば賃料支払等を誠実に履行するという意味である。占用者が以上の点を満たしていないときは，賃貸人は，占用維持の解消を請求しうる[7]。

更に，占用維持は，「一身専属性を有し，相続できない権利(droit exclusivement attaché à la personne et non transmissible)」である（17条）。例外として，占用者が死亡したときは，占用者と6か月以上生活を共にした家族またはその他の被扶養者に承継される（5条1項）[8]。

(ｲ) 賃貸人の取戻権

賃借人側の占用維持の権利に対立するのが，賃貸人の取戻権である。取戻権は，占有継続に瑕疵(不誠実な義務履行，不法転貸等)が存在しないときでも，賃貸建物を取戻しうる権利である。取戻権には，①居住のための取戻権 (droit de reprise pour habiter) 及び②建築のための取戻権 (droit de reprise en vue de la construction) とがある。

①　居住のための取戻権の行使には，次の要件があった[9]。第1に，取戻権は，賃貸不動産について物権を有する賃貸人のみが行使でき，転貸人等は行使できない。第2に，取戻権は，「居住のための (pour habiter)」取戻権であり，みずからまたはみずからの家族のための適当な住宅を確保する所有者のみに与えられる。それゆえ，取戻権を行使した所有者は，「賃借人が立ち退いた後少な

---

(7)　但し，不十分な占有等の場合に所有者が解約申入れをしても，賃借人は，6か月の猶予期間の間に，彼の所に家族の1員を呼び寄せる等の手段で不十分な占有を補完できる（東川始比古・前掲「フランス住居賃貸借法」268頁）。

(8)　Planiol, Ripert, Hamel, Givord et Tunc, *op. cit.*, n°459; Mazeaud et de Juglart, *op. cit.*, n°1181.

(9)　東川始比古・前掲「フランス住居賃貸借法」274頁。Planiol, Ripert, Hamel, Givord et Tunc, *op. cit.*, n°657; Mazeaud et de Juglart, *op. cit.*, n°1191.

くも3か月以内にかつ3年以上の間」その場所に居住しなければならない（60条）。第3に，取戻権の行使には，猶予期間（例えば，代替家屋のある取戻しでは3か月，ない場合には6か月）が必要である。また，所有者は，解約申入れ（解約申入―取戻（congé-reprise）と呼ばれる。）を占用者に送付しなければならない。これが遵守されないときは，取戻権の行使は無効になる。

　居住のための取戻しには，ⓐ代替家屋の提供を伴う取戻し及びⓑ代替家屋の提供を伴わない取戻しがある[10]。ⓐは，みずからの建物が賃貸借の終了後も占有されている場合について，一定条件の代替家屋を提供して取り戻す場合である。提供される家屋は，「居住環境が良好であり，少なくも取戻しの対象になる家屋と同等の・通常の衛生状態であり，占用者やその家族の必要を満たし，かつ支払能力に対応する」ものでなければならない（18条1項）。所有者が占用者に送付する解約申入れには，これらの代替家屋の場所，状況，賃料等を記載することを要する（18条5項）。ⓑ代替家屋の提供の伴わない取戻しは，家屋の所有者やその家族が「みずからの通常の必要を満たす住宅（habitation correspondante à ses besoins normaux）」に居住をしていない場合の取戻しである（19条1項）。詐欺的な取戻しを防止するために，所有者が有償で建物を取得したときは，取得から10年を経過しなければ取戻権の行使は認められない（19条2項）。この場合，所有者は，占用者に対し，少なくも6か月前に解約申入れを送付しなければならない（19条3項）。

　また，ⓑには特権的取戻し（droit de reprise privilégiée）という場合がある（20条）。これは，取戻権を行使され，みずからの住宅を失った占用者や建物が危険のため居住を禁止された賃借人等が，みずから所有する住宅について取戻権を行使する場合である（20条1項）。この場合も，6か月前の解約申入れが必要である（20条4項）。

　②　建築のための取戻権（droit de reprise en vue de la construction）は，住宅危機への対応として，新たな建築を優遇するという公益目的のために取戻権の行使を認められた制度である[11]。所有者が同一の土地の上に新たに建物を建

---

[10]　Planiol, Ripert, Hamel, Givord et Tunc, *op. cit.*, n°658-1°; Mazeaud et de Juglart, *op. cit.*, n°1199.

第2節　現代的賃借権保護立法と物権説

て，従来以上の居住面積や部屋数を有する建物の建築のために既存の建物の取り壊しの許可を得るとき（11条）や「居住面積や部屋数を増加せしめまたは建物の環境を良好ならしめるために」既存の建物に増築するとき（12条），更には，空地を宅地として利用するために，貸家の従物としてあった庭園や建物の存在しない土地の取戻しをなすとき（15条）には，占用者は対抗しえない。例えば，建築の場合には，6か月以上前に占用者に解約申入れが必要であり，占用者が立ち退いてから3か月以内に建築に着手しなければならない（12条3項）。立ち退きをする賃借人は，新たに建築される建物への入居権を有するが，賃料の上昇等のために実際には入居しない場合も多い。この取戻権は，1948年法自体が住宅危機への対応であることから容認されるものである。

2　占用維持の権利と賃借権との関係

通説，判例は，賃借権（droit au bail）と占用維持の権利（droit au maintien dans les lieux）とを別個のものとして理解した[12]。その結果，いくつかの重大な帰結がある。例えば，先に述べたように，1948年法の規定した占用維持の権利は，一身専属的（personnel）または家族的（familial）な性格を有し，相続の場合には，少なくも6か月前から同居している人間しか承継できず，通常の相続法の原理に従わない。これに対し，賃貸借が存在している限りは，賃借権の承継は，通常の相続法の規定に従い，相続人が同居することを要しない。また，解約申入れの猶予期間についても異なった。占用維持の権利については，1948年法18条が詳細に規定した期間の遵守が必要であるのに対し，賃借権は土地の慣習（usage des lieux）に従う（1736条）。

この占用維持の権利と賃借権との区別に関して，エスマン（Esmein）は，常識に反すると批判した[13]。問題は，とりわけ期間の定めのない賃貸借（bail verbal）

---

[11]　Planiol, Ripert, Hamel, Givord et Tunc, *op. cit.*, n°658-5°; Mazeaud et de Juglart, *op. cit.*, n°1192.

[12]　Derruppé, *op. cit.*, n°62.

[13]　Derruppé, *op. cit.*, n°63; P. Esmein, Bail verbal ou maintien dans les lieux, *J.C.P.* 1949. I. 764, n°2.

の場合に顕著である。というのも,この場合は,期間の定めのない賃貸借について解約申入れがなされ,賃貸借が終了してからでなければ占用維持の権利を得られないからである。エスマンは,賃借権と占用維持の権利は同一のものとしなければならないと述べた。

これに対し,デリュペは,エスマンの批判自体は論理的であると指摘した。例えば,期間の定めのない賃貸借における賃借人の内縁の妻は,解約申入れがなされていない場合には賃借権を承継できず,これに対し,解約申入れ(実際には,解約の効果をもたらさないものであるにせよ)があって後は占用維持の権利を承継できることになる(1948年法5条)。しかし,デリュペは,これは解釈が不当であるというよりも,立法者の意思が不当な結果をもたらしたのであると指摘した。デリュペは,その帰結において問題を生むものであるにせよ,立法者は,占用維持の権利と賃借権との区別を認めていると論じた(14)。

更に,これは,占用維持の権利の対抗力とも関連する。確定日付のない賃借権については,1743条により対抗力が認められない。ところが,確定日付のない賃借権に基づく占用維持の権利の場合は同様の解釈が採用されるべきかについて,裁判例の対立があった。結局,破毀院は,1743条は「この場合に関係がなく」,占用維持の権利は対抗しうるという判例を確立した(15)。これもまた,占用維持の権利と賃借権との区別を前提にして良く理解しうる判例理論である。

以上のように,占用維持と賃借権は別個のものと理解される。しかし,デリュペによれば,両者の関係は,全く疎遠なものではない(16)。一方では,占用維持の権利は,その前に賃借権が存在することを前提にするし,他方では,賃借権は,その期間が満了した後は,占用維持の権利に変化して賃借物の利用の継続を保障する。賃貸人がこれに対して,取戻権 (droit de reprise) を行使して,賃貸物を取り戻しうるのは,例外的な場合に限られる。かくして,デリュペは,

---

(14) Derruppé, *op. cit.*, n°64; Mazeaud et de Juglart, *op. cit.*, n°1186. 関口晃「フランス法」300頁注 (18)。

(15) Derruppé, *op. cit.*, n°65; Planiol, Ripert, Hamel, Givord et Tunc, *op. cit.*, n°649 bis.-1°. 関口晃・前掲「フランス法」296頁。

(16) Derruppé, *op. cit.*, n°71.

「居住用または職業用の賃借人の状況は，新しい法により顕著に強化された。賃借人は，賃貸借の期間が満了したときも自動的にそして当然に占用維持の権利を有することにより，終期がなくかつ総ての人に対抗しうる使用権 (droit de jouissance illimitée et opposable à tous) を有する」と述べた[17]。

III 賃借人の賃借物への権限
1 賃借物の整備の権限

賃借人の賃借物への権限に関しては，基本的に普通法と判例が支配した。しかし，1948年法は，いくつかの場合 (しかも実際には極めてしばしばおこる場合) について規定した。まず，72条は，賃借人に水道設備，ガス設備，電気設備，電話設備をなしうる旨を規定し，これを強行法規とした[18]。民法の下においても，判例は同様の結論を認めていたが，実際には，所有者は賃貸借の約定において賃貸人の承諾なくしてはこのような設備はなしえないと規定することが多かったからである。更に，現状の変更を禁止する条項もまたこの意味に理解されていた。1929年法は，これに対し，大きな変更を加えた。1948年法は，これを承継したものであるが，1929年法では賃貸借の終了に際し，原状回復する義務を賃貸人が課しえたのに対し，1948年法ではこの点についても賃貸人の権利の制限を図った。賃貸人は，これらの諸設備について反対できないばかりではなく，賃貸借の終了に際し，撤去を要求できず，更に，水道，ガス，電気設備については費用の補償をなさねばならない。これに反する特約は，効力を有さない。例外として，電話設備については補償義務がない。

更に，73条は，賃借人が，合意または裁判所の許可により (soit amiablement, soit par justice)，所有者の代わりに維持，修理，または改良の工事 (travaux d'entretien, de réparation ou d'amélioration) をなしたときについて，その費用を将来の賃料 (loyers à échoir) により相殺させることができると規定した。賃借人が，合意により，維持，修理，改良等の工事をなしうるというのは，特に新

---

(17) Derruppé, *op. cit.*, n°72.
(18) Derruppé, *op. cit.*, n°73; Planiol, Ripert, Hamel, Givord et Tunc, *op. cit.*, n°577; Mazeaud et de Juglart, *op. cit.*, n°1220.

しいことではない。重要な点は，1948年法が，賃貸人の拒絶がある場合にも裁判所の許可により賃借人が工事をなしうると規定した点である[19]。デリュペは，契約自由を抑制する点で，以上の規定には賃借人の賃借物への権限の強化を認めることができると指摘した[20]。

2 賃借物の処分権限

1948年法は，賃借人や占用者の処分権限を制限した。賃借権の譲渡，転貸に関する1948年法の規定は，警戒という理念によっている。というのも，住宅危機が存在したとき，転貸を認められた賃借人が大きなアパルトマンを賃借し，その部屋を高い転借料で転貸するという投機 (spéculation) が行われたのをしばしば見たからである[21]。投機抑制のために，1948年法78条は，「民法1717条にも拘わらず，賃借人は，賃借権の譲渡も転貸もなすことはできない。但し，賃借人に譲渡または転貸を許す特約が賃貸借契約にあるか，賃貸人の承諾があるときは，この限りではない。」と規定した。既に見たように，民法1717条においては，賃貸借の譲渡，転貸は，反対の特約がない限り自由であった。1948年法78条は，この1717条の原則を逆転させたのである。更に，同52条は，パドポルト (pas de porte) を禁止し，建物賃借人又は占用者が有償で建物賃借権を譲渡することを刑罰により禁止した[22]。

デリュペは，1948年法がこの点で賃借人にとって不利益な修正であることを

---

[19] なお，この規定は，必ずしも詳細でない点で問題がある。この規定が本来賃貸人の義務となるべき修繕義務に関する規定であることは，間違いない。ところが，「改良」という文言がある点は，疑問になる。というのも，72条が改良の具体的な内容について規定するとき，73条が一般的な改良をなしうる旨規定するとは理解し難いからである。それゆえ，本規定は，文言にもかかわらず，改良についての規定ではないと考えるのが適当である (Derruppé, *op. cit.*, n°74; Planiol, Ripert, Hamel, Givord et Tunc, *op. cit.*, n°607 ter)。後に，1967年7月12日法による改正で，「改良」の文言は削除された。

[20] Derruppé, *op. cit.*, n°74.

[21] Planiol, Ripert, Hamel, Givord et Tunc, *op. cit.*, n°555.

[22] Mazeaud et de Juglart, *op. cit.*, n°1158.

第2節　現代的賃借権保護立法と物権説

認める。しかし，その場合でも，判例は，賃貸人が承諾を与えない場合について介入を行い，これに代わって承諾を与えることができるとの原理を確立したことを指摘する。そもそも，民法1717条の支配の下でも，契約自由があり，建物賃借人は賃貸人の承諾がある場合にのみ譲渡，転貸をなしうるという約定を賃貸借証書に設けることは可能であったし，むしろその旨の約定があるのが通常であった。この場合でも，裁判所は，賃貸人にとり特に不利益にならない場合には，賃貸人の拒絶にもかかわらず，譲渡，転貸を許した。換言すれば，賃貸人は「正当な事由（motifs légitimes）」がなく拒絶しえないとの原理が確立していたのである[23]。なお，このような解釈は，19世紀でも同様であったのではない。契約において，賃借権の譲渡，転貸は「賃貸人の同意がない限り（sans consentement du bailleur）」できないとの条項（同意条項（clauses de consentement）と呼ばれる。）があるときには，賃貸人の意思を絶対とし，裁判所は拒絶の事由について判断することはできないというのが，判例，通説であった[24]。但し，また，「賃借人は，その賃借権を所有者に承認される者（personne agréée par le propriétaire）にしか譲渡できない」または，「所有者に認められる者（personne convenant au propriétaire）にしか譲渡，転貸できない」という条項（承認条項（clauses d'agrément）と呼ばれる。）の場合がある。この場合には，賃貸人の拒絶は絶対ではなく，裁判所は，その事由を判断して，品性や賃料の支払能力等で不都合がないときには，賃貸人が拒絶した場合でも賃借権の譲渡を認めるというオーブリー＝ローの説とこれに適合的な裁判例がある[25]。しかし，これに反対し，このような約定の場合でも，「賃貸人の同意がない限り（sans consentement du bailleur）」できないとの約定があるときと同様に，賃貸人の意思について裁判所がコントロールできないと解するのが，通説のようであり，これに従う裁判例も多い。1888年には，これに関する破毀院の判決があり，通説に従っ

---

(23) Derruppé, *op. cit.*, n°75; Planiol, Ripert, Hamel, Givord et Tunc, *op. cit.*, n°555bis; Mazeaud et de Juglart, *op. cit.*, n°1083.

(24) Baudry-Lacantinerie et Wahl, *op. cit.*, n°1104; Guillouard, *op. cit.*, n°325; Aubry et Rau, *op. cit.*, 4ᵉ éd., t. IV, p. 491.

(25) Aubry et Rau, *op. cit.*, 4ᵉ éd., t. IV, p. 491.

た⁽²⁶⁾。しかし，第1次世界大戦後は，同意条項であっても，承認条項であっても，賃貸人の拒絶事由について裁判官が評価しえ，拒絶は重大かつ正当な事由に基づくものでなければならないという法理が生まれた。それゆえ，この点について，大きな変化があったわけである⁽²⁷⁾。

更に，デリュペは，78条2項が一部屋を超える家屋の賃借人に対し，反対の特約にもかかわらず，常に一部屋を譲渡，転貸する権能を認めたこと，占用者は，原則として，一部屋を転貸する権利を与えられること（3項）を指摘する⁽²⁸⁾。

また，デリュペは，79条が，総ての賃借人と占用者に「より良き家族的利用（une meilleure utilisation familiale）を目的としてみずからの住居を交換する」ことを認めることを指摘する。これは，借主同士で，賃貸家屋の交換を行う権利を認め，賃借権の譲渡，転貸の禁止を排除する。この権利は，賃借人のみならず占用者にも与えられる。所有者が異議を述べることができるのは，「真摯かつ正当と考えられる事由（motifs reconnus sérieux et légitimes）」がある場合に限られた。デリュペによれば，この交換の権利は所有者の権限を弱める。というのも，賃貸人は，みずからが選んだのではない賃借人または占用者を押し付けられるのである。かくして，デリュペは，「これは，賃貸借の契約から生まれる債権関係に一定の打撃を与えるものである」と述べた⁽²⁹⁾。

第3項　商事賃貸借

商事賃貸借に関するデリュペの議論の理解するために，1926年法を論じ（Ⅰ），その後の展開を検討する（Ⅱ）。

---

(26) Baudry-Lacantinerie et Wahl, *op. cit.*, n°1105; Guillouard, *op. cit.*, n°326; Laurent, t. XXV, n°218.

(27) 吉田克己・前掲「フランスにおける商事賃貸借法制の形成と展開(1)」社会科学研究29巻6号55頁。

(28) Derruppé, *op. cit.*, n°75; Planiol, Ripert, Hamel, Givord et Tunc, *op. cit.*, n°555 ter. 東川始比古・前掲「フランス住居賃貸借法」269頁。

第2節　現代的賃借権保護立法と物権説

Ⅰ　1926年法
1　営業財産と商事賃貸借

現代的賃借権保護立法のうちで，デリュペが最後にとりあげたのは，商事賃貸借である。商事賃借人の保護は，1909年法による営業質制度の整備に始まった。商事賃借権は，営業財産（fonds de commerce）の中核であり，これを欠くときは営業の継続が不可能になった。また，商事賃借人は，顧客の獲得等のために営業の場所に相当の投資を行うから，賃借権を失うことは大きな損失になる。しかも，賃借人が賃借権を失い，営業の場所を退去するときは，退去する賃借人が開拓し，投資した営業の場所に新たに同業が営まれると，顧客は，これを利用する。この場合，所有者は，退去する賃借人の投資により不当に利益を得ることになる。それゆえ，商事賃貸借法は，二つの所有権すなわち営業財産の所有権と不動産の所有権の争いの場であった。商事賃借人は，賃借権を自動的に更新できる制度または更新がない場合には補償が得られる制度を求めて運動を展開した[1]。

1926年法は，これに関して基本的な決定を行い，賃貸人は，無条件で更新を拒絶しうる権利を有するとしつつ，更新拒絶について正当の事由が存しない場合には，商事賃借人に対して補償を支払わなければならないと規定した。こうして，1926年法は，しばしば営業所有権（propriété commerciale）を承認した法と評価された。この場合の営業所有権とは，広く言えば営業財産（fonds de commerce，無体の財産として，暖簾，顧客，商号，賃借権等を含む。）の所有権の意

---

(29)　Derruppé, *op. cit.*, n°76. この規定は，1986年法により削除される。なお，1948年法は，債務不履行による解除とりわけ解除条項の有効性を承認しつつも，80条においてそのもっとも典型的な例である賃料不払の際の解除条項に関して，①賃貸人から支払の催告を必要とし，②催告から1か月の猶予期間を設け，③レフェレの裁判官は，賃借人の請求により民法1244条の期間（原始規定では相当の期間，1936年改正からは1年，（1985年改正で2年））支払の猶予を命じうる等の制限を加えるが（Planiol, Ripert, Hamel, Givord et Tunc, *op. cit.*, n°633 ter.; Mazeaud et de Juglart, *op. cit.*, n°1218），デリュペは，この点をとり上げない。

(1)　Derruppé, *op. cit.*, n°77.

第1章　フランスの物権説

味であり，また，狭い意味では，（退去の際の補償請求権を含めて）商事賃借人に与えられた更新請求権（droit au renouvellemt conféré au locataire commerçant）を意味する[2]。法には，営業所有権という文言はない。営業所有権は，慣用語であり，賃借人が賃借不動産に物権を有するという意味ではない。この点で，営業所有権という表現には批判がある[3]。

1926年法は，デリュペの著書が出版された1952年の時点では，商事賃貸借に関する現行法であった。デリュペは，1926年法について考察を加えた後，これに関する戦時立法等の修正立法を取り上げ，更に，当時問題であった改正法案を検討する。その後に，1953年デクレが成立し，現在に至るまで商事賃貸借の基本的法規となるが，この1953年デクレは，デリュペの検討した法案（後述のショタアル案）と直接の系譜関係はない[4]。著書出版が1952年であった以上当然のことであるが，デリュペは，1953年デクレについての検討をしていない。ここでは，デリュペの議論の前提となる法律や法案が重要であるから，デリュペの叙述に従い検討する。1953年法に関する検討は，後に行う。

2　更新請求権
(ｱ)　更新請求権の必要性

商事賃借人が求めたのは，あらゆる場合についての強制的更新権であった。商事賃借人が賃借した場所に投資したことによる価値の増加（plus-value）を根拠に，商事賃借人は，不動産についての一種の共同所有権を求めたのである。商事賃借人は，この要求が認められない場合は，新たな賃借人に対する優先権

---

(2)　M. de Juglart et B. Ippolito, *Traité de droit commercial*, t. I, 4e éd., 1988, n°184-1.

(3)　G. Ripert et R. Roblot, *Traité de droit commercial*, t. I, 14e éd., 1991, n° 407; Derruppé, *Locations et Loyers*, p. 81.

(4)　商事賃貸借については，多くの優れた研究があるが，福井勇二郎「1909年仏国営業財産法に就いて」法協55巻6，7号，福井守・営業財産の法的研究，吉田克己「フランスにおける商事賃貸借法制の形成と展開」社会科学研究29巻6号，30巻1号，澤野順彦・借地借家法の経済的基礎83頁以下，東川始比古「営業用建物の賃貸借に関する比較法的研究4　フランス法」NBL367，369号（1986年）。

(droit de priorité au cas de nouveau bail) を要求した。優先権の場合は, 賃借人は, 他の賃借人に優先して賃借する権利を有する。所有者に再賃貸しない自由はあるが, 所有者が再賃貸を意図するときには, 強制的に前の賃借人に賃貸しなければならない。

しかし, 1926年法は, 強制的更新権や新たな賃借人に対する優先権を採用しなかった。所有権の絶対性への固執が当時においてなお強力であって, 不動産所有権そのものに打撃を与える制度の採用に抵抗があったからである。デリュぺによれば, 立法者は, 商事賃借人の賃借不動産の上の物権 (droit réel du locataire commerçant sur l'immeuble loué) という理念を拒否した[5]。

(ｲ) 補償請求権としての更新請求権

1926年法で生まれたのは, 補償を請求する権利 (droit à indemnité) という観念であった。その基礎となったのは, 権利の濫用 (abus de droit) と不当利得 (enrichissement sans cause) の法理であった。それによれば, 所有者は, 更新を拒絶する権利を有するが, これを濫用したとき, 換言すれば, 商事賃借人に対し正当事由なく更新を拒絶するときは, 賃借人が被る損失について補償する義務を負う。また, 所有者は, 商事賃借人が改良や投資を加えたことによる価値の増加を得るときには, 商事賃借人にその賃借不動産の価値増加に関する補償をなす義務を負った。

(ｳ) 要　件

賃借人の更新請求権 (droit au renouvellement) には, 次の要件がある。第1に, 賃借人は, 賃借した場所において営業財産による営業をなさねばならない。第2に, 賃借人は, 一定の期間営業をなさねばならない。第3に, 賃借権の存在が前提となる。第4に, 一定の手続をなさねばならない。

(ⅰ) 営業　　第1に, 賃借人は, 賃借した場所において営業財産による営業

---

(5) Derruppé, *La nature juridique du droit du preneur*, n°78. この評価は, 一般的なように考えられる (Aubry et Rau, *Cours de droit civil français*, 7ᵉ éd., t. V-2, *Baux commerciaux* par Pédamon, 1979, n°2; de Juglart et Ippolito, *op. cit.*, n°184-1)。1926年法について, 吉田克己・前掲「フランス商事賃貸借」社会科学研究30巻1号37頁。

第1章　フランスの物権説

をなさねばならない。それゆえ，更新請求権は，職業用建物賃貸借には適用されず，弁護士，医師等などに適用されない。更に，問題になるのが，営業財産の管理賃貸借（gérance libre du fonds de commerce）である[6]。これは，一般には，商人がその営業財産の全部または一部を一括して他人に賃貸する契約である。その目的物は，単なる物ではなく，一定の営業目的により組織化されて，社会的活力を有する一体としての機能的財産である。この点で，通常の賃貸借とは異なる。実際には，店舗や営業所の賃貸を伴うために，営業財産の管理賃貸借と単なる賃貸借との区別が明らかでない場合があるが，フランスでは，顧客（clientèle）の存否をこの区別の基準として採用する。

　問題になるのは，営業財産の賃借人（gérant）が更新請求権を行使しえるかである。学説は，これについて肯定的に解釈した。というのも，1926年法を修正する1933年法は，明確に転借人に更新請求権を与えた（21条）。営業財産の賃借人は，賃貸不動産の転借人と同様の立場と考えうるから，これと同様の解決がなされるべきであるというのである。これに反対する裁判例もあるが，結局，破毀院は，通説を採用した[7]。

　(ii)　一定の期間　　第2に，賃借人は，一定の期間営業をなさねばならない。1946年までは，書面による賃貸借（bail écrit）は2年以上ある場合に限り更新を請求でき，書面によらない賃貸借（bail verbal）は少なくも6年の利用が必要であると規定していた（17条）。しかし，1946年にこれに関する改正がなされ，賃借人またはその承継人が更新請求をなしうるには，書面による賃貸借が継続す

---

(6) 福井守・前掲営業財産の法的研究115頁以下。de Juglart et Ippolito, *op. cit.*, n°229; Ripert et Roblot, *op. cit.*, t. I, n°557.

(7) Derruppé, *op. cit.*, n°79. 但し，管理賃貸借における賃借人は，実質的には，建物の転借をする立場にあるが，建物転借人とは理解されていない。建物の転貸は，あくまでも建物を目的とするのに対し，管理賃貸借＝営業財産の賃貸借は，顧客を中心にした無体の財産である営業財産を目的とする。それゆえ，後に検討する商事賃借人の転貸借に関して商事賃貸借において転貸の禁止があっても，これは営業財産には影響を及ぼすものではなく，管理賃貸借をなす権限は奪われない（de Juglart et Ippolito, *op. cit.*, n°236-3; Ripert et Roblot, *op. cit.*, n°569（このような理論自体には，批判的である。）.）.

る場合には2年以上，書面によらない賃貸借が継続したり，書面による賃貸借や書面によらない賃貸借が混在する場合には，3年以上の賃貸借の継続が必要であると規定した[8]。

(iii) 賃貸借の存在　第3に，更新請求権は，賃貸借の存在を前提とする。ここで問題になるのが，この場合の賃貸借が確定日付を有していることが必要であるかである。それは，賃貸不動産の売買があったときに，確定日付を有していないときでも，商事賃借人は賃貸不動産の取得者に更新請求をなしうるかという問題である。ここでは，フランス民法1743条と1926年法の関係が問題になる。デリュペは，これについて，更新請求の前提となる賃借権は，確定日付を必要としないと指摘した。その論拠は，賃借権（droit au bail）と更新請求権との区別である。これは，居住用賃貸借において，賃借権と占用維持の権利との区別をなしたのと同様な考え方である。確かに，更新請求権は，賃借権を基礎とするが，賃借権は用益を請求する権利であるのに対し，更新請求権は，新たな賃借権を要求し，これが満たされない場合に補償を要求する権利であり，両者の区別は可能である。

かくして，デリュペは，「1743条は，賃借人の立退きを規定し，用益の権利の終了を規定するが，賃借権のみに関する規定であり，更新請求権に関するものではない。換言すれば，賃借権の対抗不能（inopposabilité）は，必然的に更新請求権の対抗不能を意味するものではない。」と述べた[9]。更に，デリュペは，1743条が賃借権に確定日付を要求する目的は，賃貸不動産の譲渡があった後に，売主等が日付をさかのぼらせて別の者と賃貸借契約を締結すること（前日付（antidate））の防止にあること，ところが更新請求権の行使には，一定の期間の賃貸借の継続が必要とされているのであるから，前日付の弊害は起こりえないとも指摘する。

(エ)　通知の必要

第4に，更新請求権は，当然に得られるものではない。更新を得ようとする賃借人は，賃貸借期間満了から2年から18か月前に（1946年には，2年以上の賃

---

(8) Derruppé, *op. cit.*, n°80.
(9) Derruppé, *op. cit.*, n°81.

貸借については，2年乃至6か月前にとされた[10]。)所有者に対して更新請求を行わなければならない（2条）。この後に，当事者間の交渉があるが，合意が成立しないときには，不動産所在地の民事裁判所長による勧解(conciliation)の手続に移行する。

2 賃貸人の取戻権

賃貸人は，自由に賃貸借の更新を拒絶できる。これが，1926年法の規定する営業所有権の本質的特徴である。賃貸借の更新は，賃貸人の任意に委ねられているのである。

(ア) 追奪補償なしの更新拒絶

賃貸人は，追奪補償を支払うことなく更新を拒絶しうる場合がある。法は，これについて限定的に列挙している[11]。それは，第1に，「重大かつ正当な事由(motifs graves et légitimes)」による更新の拒絶である。具体的に如何なるものがこれに該当するかは，法文の上からは明らかではない。これについて事実審の判断に委ねられているが，賃貸不動産の不適切な使用や契約義務の不履行が代表的である。第2に，建物を破壊し，再建築するための取戻＝更新拒絶，みずから利用するための取戻＝更新拒絶，家族が利用するための取戻＝更新拒絶がある。しかし，これらの取戻権には，制限があり，例えば，再建築のための取戻では賃借人が立ち退いた後6か月以内に建築を始めなければならず，更に，1946年4月18日法は，立ち退いた賃借人に新たに建築された建物を優先的に賃借する権利を与えた。

(イ) 追奪補償

以上の場合を除いて，賃貸人が更新を拒絶するには，補償を支払わなければならない[12]。賃貸人が支払う補償には，三つのものがある。①追奪補償(indemnités d'éviction)，②増加補償 (indemnités de plus-value)，③類似の営業に対する補償 (indemnités pour commerce similaires) である。①追奪補償は，不動産

---

(10) Derruppé, *op. cit.*, n°85.
(11) Derruppé, *op. cit.*, n°87.
(12) Derruppé, *op. cit.*, n°88.

第2節　現代的賃借権保護立法と物権説

所有者の更新拒絶が立退賃借人に対する「重大かつ正当な事由」に基づかない場合で不動産所有者が取戻権を有さない場合に支払われる。②増加補償は，立退賃借人が追奪補償を受けられない場合で，賃借人が行った賃貸不動産の整備，改良により不動産の賃貸価額に増加がもたらされた場合に認められる補償である。③類似の営業に対する補償は，賃貸借の期間満了から5年以内に立退賃借人と類似の営業を営む者により利用されるときに，顧客の増加による顕著な利益がもたらされることを理由になされる補償である。

　デリュペは，以上の補償のうち，②増加補償と③類似の営業に対する補償は，不当利得の理念に基づくものであり，また他人の支出により利得を得てはならないという当然の原理を明らかにするものであるから，賃貸人の更新拒絶に対する制裁とは見做されないと指摘した。それゆえ，デリュペが賃借人の権利の法律的性質との関係で重視するのは，①の追奪補償である。

　重要なのは，このとき与えられる補償の金額である。1926年法によれば，その金額は，「賃借人が被る総ての損失と追奪により彼が奪われる総ての利得の要素」を考慮して決定された。更に，デリュペは，1946年法がこれを基本的に維持しつつ，賃借人の利益を一層図るために，追奪補償の金額は，「少なくとも営業財産の価値に等しい」と規定することを指摘する。かくして，デリュペは，追奪補償請求権は，基本的には債権としての性格を有しつつも，第3者に対抗しうるという点で「物権に接近する性格を有する」ことを指摘する[13]。

　デリュペは，以上の1926年法における商事賃借人について，農業賃借人や居住用建物の賃借人に比べて，その権限が強力でないことを指摘する。賃借人の権利は，最終的には補償請求権にとどまっている。それは，賃貸人に対する債権である。しかし，賃貸人が補償を支払わなければならないことは，賃貸人に対する圧力になり，賃貸人の更新拒絶権を制限する，更には，この制限は，賃借人の状況を強化し，賃借物への支配 (l'emprise sur l'immeuble loué) を強化する，とデリュペは指摘した[14]。

---

[13]　Derruppé, op. cit., n°90. 追奪補償の算定について，更に，吉田克己・前掲「フランス商事賃貸借」社会科学研究30巻1号39頁，澤野順彦・前掲借地借家法の経済的基礎86頁。

205

第1章 フランスの物権説

II 1926年法の後の展開
1 1946年法と期間延長

1946年法は，1948年1月まで，1939年9月1日以降期限の切れた商事賃貸借を,「賃借人またはその承継人が占有を継続する限りで」すべて期間延長した（2条）。このような期間延長の措置は，その後も積み重ねられ，例えば，1952年12月31日まで期間延長の措置が執られた。この措置は，暫定的なものであるが，実質的には，商事賃貸借に賃借不動産の上の絶対的な利用権（droit absolu de jouissance sur les lieux loués）を与えるものである[15]。

法律的に見れば，この期間延長は，居住用賃貸借における期間延長と同様のものであり，賃借権の法律的性質に与える影響も同じものと考えられる。期間延長は，古い賃貸借を一定の期間暫定的に延長するものであり，賃借人の権利の法律的性質を変えるものではない。しかし，デリュペは，商事賃貸借の場合には，既に1939年9月1日以降に期間が満了し，しかもその後も占有を継続する者に期間延長が認められることに注目する。デリュペは，この期間延長により，賃借人の権利に対する制約が取り払われ，商事賃借人が農地賃借人や居住用建物の賃借人に優る程の強力な権利を与えられたと指摘する。それは，期間延長が賃貸人の取戻権の行使を妨げるからである。1946年法は，居住のための取戻権の行使を除いて，賃貸人の取戻権を一般的に停止した。しかも，判例は，居住のための取戻権の行使すら実質的に認めない。かくしてデリュペは，この期間延長は，商事賃借人に絶対的利用権（droit absolu de jouissance）を与えると指摘した[16]。

2 商事賃貸借に関するショタアル法案
(ア) 更新請求権

---

[14] Derruppé, *op. cit.*, n°78.

[15] Derruppé, *op. cit.*, n°91; Aubry et Rau, *Baux commerciaux* par Pédamon, *op. cit.*, n°6. 吉田克己・前掲「フランス商事賃貸借」社会科学研究30巻1号57頁，澤野順彦・前掲借地借家法の経済的基礎88頁。

[16] Derruppé, *op. cit.*, n°95.

商事賃貸借の改革は，1947年以後第4共和政の議会において重要な問題であった。デリュペは，商事賃貸借の改革を目指すショタアル（Chautard）の案をとりあげ，その内容を検討した。現行法を研究するときに，成立していない法案を検討することは不適当ではないのかという疑問がある。これに対し，デリュペは，既にこの法案は1950年以後継続して議論の対象となっており，その中核である強制的更新（renouvellement obligatoire）制度は，議会の多くの支持を得ていること及びショタアル自身も，1926年法の規定する賃貸人による無条件の取戻権と追奪補償（reprise inconditionelle avec indemnité）という法理が復活することは問題外であると述べていることを指摘した[17]。

　ショタアル案が商事賃借人に与える重要な権利は，更新請求権である。1926年法においては，更新を得ようとする賃借人は，賃貸借期間満了前から一定期間のうちに所有者に対し更新請求するという手続を必要とした。これに対し，ショタアル案は，期間の徒過による賃借人の失権に対する救済を設け，「賃貸人の解約申入れがない限り，賃貸借は，期間の定めのないものとして延長される」と規定した（1950年議会採択案3条）。ショタアル案では，商事賃貸借は，当事者の合意を除けば，賃貸人の解約申入れがない限り終了しない。しかも，賃貸人の解約申入れは，1年から6か月前に予め書面でなすか，契約期間満了後は慣習による期間の内になさねばならない。このような手続規定により，賃借人は利益を得ることは言うまでもない[18]。

(イ)　賃貸人の更新拒絶

　ショタアル案は，賃貸人が更新拒絶しうる場合を制限的に列挙し，賃貸人の無条件の更新拒絶の自由を奪った。換言すれば，賃貸人による更新拒絶は，特定の場合に限られた。

---

[17] Derruppé, *op. cit.*, n°96. しかし，デリュペの予想とは異なり，ショタアル案は，その後の立法過程で成立に向かわなかった（吉田克己・前掲「フランス商事賃貸借」社会科学研究30巻1号64頁）。この点は，後に別個に検討するが，ここでは，デリュペの議論の基礎を紹介するために，ショタアル案を検討する。

[18] Derruppé, *op. cit.*, n°97. 吉田克己・前掲「フランス商事賃貸借」社会科学研究30巻1号60頁。

第1章　フランスの物権説

(a) 補償なしの更新拒絶　第1に，補償なしの更新拒絶であるが，これには，①重大な事由があるとき（同6条1号，賃料不払等の債務不履行を念頭に置く。），②営業をしないとき（同6条2号，賃借人またはその承継人が賃借不動産を支配してからの期間で半分以上の間，または6か月），③危険または非衛生の不動産であって取り壊すべきとき（同7条），④所有者本人またはその家族が居住のための取戻しの必要あるとき（同8条）に限られた。この場合でも，③の建物取壊しのための取戻しでは，元の賃借人に新築建物の賃貸借の優先権（droit de priorité de location）が与えられる。また，④の居住のための取戻しでは，その建物が1939年9月2日前に居住用に供せられており，その後営業用に変更され，しかも大工事を施さなくても通常の居住へ適切な状態であることが条件となる[19]。

(b) 自己使用のための更新拒絶　第2に，みずからの居住または商業に使用するときになされる更新拒絶であり，これには追奪補償が義務づけられる。それ以外の理由による更新拒絶は，認められていない。

みずからまたはその家族の居住のための取戻しでは，所有者は，賃借人またはその承継人に5年間に支払われた賃料の合計額また賃貸借が5年間継続していないときは，毎年の賃料の5倍を支払わねばならない（同9条）。

商業用の利用のための取戻しは，みずからまたはその配偶者更にその子供やその配偶者のために行使しうる。但し，既存の事業の拡大のためには行使しえない。そして，この取戻しに際しては，追奪補償を支払わねばならない。これは，1926年法において，賃貸人の特別の理由のない更新拒絶の際に支払われるものと同じであり，少なくも営業財産の額と同等でなければならない[20]。

(c) 交換のための取戻し　更に，交換のための取戻しという制度もある（同11条）。これをなすには，厳しい要件を満たすことが必要である。というのも，賃借人は営業を継続しうることが必要であり，そのために新たな賃借建物が彼の需要に合致し，彼の顧客の多くの部分を承継しうることが必要である。更に，賃貸人は，新たに設備等が必要であればその費用を支払わねばならず，この交

---

[19] Derruppé, *op. cit.*, n°98. 吉田克己・前掲「フランス商事賃貸借」社会科学研究30巻1号61頁。

[20] Derruppé, *op. cit.*, n°99.

第2節　現代的賃借権保護立法と物権説

換により賃借人に損失があればこれを補償しなければならない。また，賃借人は，必ず交換に応じなければならないのではなく，彼が新たな場所を好まないときは，追奪補償を求めることができる。

この場合の補償額は，通常の追奪補償の額と同様に，営業財産の価値と少なくも同額でなければならない。以上の厳しい条件の下では，この交換のための取戻しは，極めて例外的なものになる[21]。

デリュペは，ショタアル案について賃借人の権利の顕著な強化が認められると述べ，1926年法が所有者に認めた無条件で更新拒絶する権利を奪う点を重視する。ショタアル案により，強制的な更新請求権が生まれたと論じた[22]。

(ウ)　譲渡，転貸の権利

フランス民法1717条により，賃借人は，特約により禁止または制限されない限り，賃借権を譲渡または転貸なしえた。1926年法は，このフランス民法の規定に基本的な変更を加えなかった。それゆえ，賃借権の譲渡，転貸を禁止し，制限する条項は，その有効性を失わない。それどころか，1926年法は，更新された賃借権の譲渡の権限を明示的に奪い，更新後の賃借権を譲渡するには，少なくも3年間の本人としての営業従事を必要とした。これに違反すると，賃貸借は解除されえた（9条）。

ショタアル案は，以上の1926年法と全く異なる。賃借権の譲渡について制限や禁止をする特約は，無効である（同21条）。そして，賃借権の譲受人は，賃借権の更新を請求できる。転貸についても，いかなる特約にもかかわらず，賃借人は，転貸をなしうる（同16条）[23]。

(エ)　賃借人の権利の法律的性質

デリュペは，以上の内容のショタアル法案について，「商事賃借人にとっては賃借権は，商業用の建物の上の真の権利（un véritable droit sur le local commercial）となった。この権利は，不動産の所有者の権利と競合するものである。」と

---

[21] Derruppé, op. cit., n°100.
[22] Derruppé, op. cit., n°77.
[23] Derruppé, op. cit., n°102. 吉田克己・前掲「フランス商事賃貸借」社会科学研究30巻1号62頁。

述べた。賃借人の権利が債権であると理解する伝統的な通説では，賃借人の権利は，賃借物の上の権利ではなく，賃貸人への請求権であると理解する。これに対し，デリュペは，商事賃借人は賃借物の上の権利を有すると指摘したのである。かくして，デリュペは，「一言で言えば，賃借人は，商事用の賃借をなし，正常に義務を履行している限りは，その建物の上に彼が営業を継続する限りの利用権を得る。更に，この終期のない利用権（droit illimité de jouissance）は，絶対的な処分権により一層強化される」と論じた[24]。

デリュペは，農地賃貸借及び居住用賃貸借と商事賃貸借を比較した。農地賃貸借では，小作関係規則が更新権と賃貸不動産への改良の自由を規定した。居住用賃貸借では，1948年法が占用継続の権利を規定し，ここでも半ば永続的な権利の存続を認める。これに対し，商事賃貸借では，1926年法が賃貸人に更新拒絶の自由を認めた。商事賃借人が有するのは，単なる補償請求権であり，この点で，その権利を物権として理解するのは容易ではないことをデリュペは認めた。しかし，デリュペは，ショタアル案によれば，賃貸人はもはや限定された場合にしか更新拒絶をなしえず，その限りで，賃借人は，強制的更新請求権を有することになることを指摘した。かくして，デリュペは，賃貸借のいずれの領域においても，賃借人の権利の顕著な変化が生まれたと指摘し，これは，賃借人が債権のみを有するという伝統的な理解の不十分さを意味すると述べた[25]。

第4項　現代的物権説

ここでは，デリュペの現代的物権説を紹介し（Ⅰ），その後これに対する反論としての債権説を検討する（Ⅱ）。

Ⅰ　デリュペの物権説

デリュペがどのように物権説を論証したかを検討した後（1），デリュペの物

---

[24] Derruppé, *op. cit.*, n°101.
[25] Derruppé, *op. cit.*, n°31.

第2節　現代的賃借権保護立法と物権説

権説にはどのような具体的帰結があったかを検討する（2）。

1　物権説の論証
㈦　古典的物権基準論への批判
　既に述べたように，デリュペは，現代的賃貸借保護立法による賃借権の強化を指摘していた。しかし，デリュペの議論は，賃借権の強化を以て直ちに賃借人に物権が与えられたと論ずるような単純なものではなかった。実際，デリュペは，「賃借人の権利についての債権説は，現代的諸立法が賃貸借法規を修正したというだけの理由では，否定できない」と述べた[1]。というのも，現代的諸立法は，端的に賃借人の権利を物権として構成する道を選んだ訳ではなく，個々の規定を通じて賃借人の賃借物支配を強化しているだけであるから，それだけで賃借人の権利が物権に変わったということを明言することが難しいというのである。賃借人の権限は強化されたにせよ，従来の債権説を単純に否定できない問題があった。そこで，デリュペは，そもそも物権と債権の区別とその基準自体について議論することが必要であると論じた。
　既に述べたように，伝統的物権基準論は，追及権及び優先権という物権の対外的効力を重視するものであった。これに対し，デリュペは，この対外的効力の代わりに，物権の基準として権利者と物との関係という内的構造を重視することを提唱した。
　そもそも，フランスの物権理論は，19世紀に確立した物権に関する古典的理論がその出発点となった。古典的理論は，物権は物に対する権利であり，債権は人に対する権利であるとし，物権は万人に主張（対抗）できる絶対権であるのに，債権は相対権であると理解するものであった。トロロンの物権説は，まさにこの古典的な物権理論に従うものであって，1743条を根拠に賃借人の権利は絶対権に代わったと論じた。
　しかし，19世紀終わりから20世紀になると，古典的理論に対する批判が登場した[2]。代表的な批判は，プラニオルによる対人権説（la théorie personnaliste）であって，物権と債権の本質的区別を否定し，物権もまた万人に尊重する義務

---

(1) Derruppé, op. cit., n°114.

211

を課する点で債権と同じであると指摘した。この批判理論は，必ずしも古典的理論を克服するには至らなかったが，とりわけ債権について請求可能性に関しては相対的であるが，不可侵性または対抗可能性については物権と変わらないという形で議論をリードし，第3者の債権侵害に対する保護を充実させた。こうして，現在のフランスでは，契約の対抗ということは一般的な理解になった。

デリュペの中心的論点の一つは，そのテーズの題名が示すように，物権と債権の区別の基準であった。デリュペもまた，追及権，優先権という権利の対抗力（opposabilité）＝対外的効力を重視する古典的理論は，債権についても第3者からの侵害から保護される場合がある以上維持し得ないと述べた[3]。その点で，デリュペは，プラニオルの提唱した対人権説にも共感を寄せる[4]。ただし，デリュペは，あらゆる権利は同一の構造を持つものではなく，物権と債権の区別は必要であるとする。デリュペが注目するのは，ショヴォ（M. Chauveau）の見解であり，それは，対外的効力ではなく，権利の対内的構造，換言すれば，物を直接利用し，経済的利益を引き出す権限の存在を以って物権の特質とするものであった[5]。対外的効力が基準になり得ないとしたら，対内的効力を中心にした物権基準論を採用すべきであるというのがデリュペの議論である。デリュペは，この基準に従って例えば抵当権の物権性を否定した[6]。デリュペもまた，広い意味では古典的な物権理論への批判を行ったのである。

(ｲ)　物権による債権の圧倒

デリュペは，民法の下では広範な契約自由が許されていることを論拠に，賃貸借においても債権関係が第1次的に重要であったと指摘した。

「賃貸借契約を規律するにあたり，民法の起草者は，なによりも契約の産みだす人的関係，債権的関係に注意を払った。民法の諸規定は，特に両当事者

---

(2) 佐賀徹哉「物権と債権の区別に関する一考察(1)」法学論叢（京大）98巻5号27頁，なお，七戸克彦・前掲「所有権の『絶対性』概念の混迷」山内進編・混沌のなかの所有234頁も明快である。

(3) Derruppé, *op. cit.*, n°197.

(4) Derruppé, *op. cit.*, n°215.

(5) Derruppé, *op. cit.*, n°261.

第2節 現代的賃借権保護立法と物権説

間の債権関係（obligations respectives des parties）を重視する。賃借人の権利についてみれば，それは物の用益を許し，容易にし，保障するように賃貸人に給付を請求する権利として現われる。賃借人の用益権は第2次的なものとなる。それは，賃貸人が種々の義務により賃借人に対し物の用益をなさしむることの結果のようになる。

更に，民法は，契約自由（liberté contractuelle）を極めて広範な領域において許している。賃借人の利用権や用益権の外延と内包は，賃貸借契約，当事者間の合意によって決定される。契約や合意は，民法の一般的規定を自由に具体化し，改変しうる。もともと，民法は，地方慣習（usages locaux）に多くを委ねていた。しかも，先に示したように，仮に，賃借人が物の用益のために非常に大きな権利，権限を行使しえたとしても，それは，賃貸人の明示または黙示による譲歩の結果，換言すれば，賃貸人の人的関与の結果であった。」[7]。

もっとも，デリュペは，民法の下でも賃借権は債権のみであると論じたのではない。デリュペは，そのような理解を皮相に捉われた見解として退け，次のように述べる。「その在り方はどうあれ，賃借人は，物を利用し，用益する権限を有する。ここから生ずる権利の性質は不変である。……民法の下において，

---

(6) Derruppé, *op. cit.*, n°352; M. Chauveau, Classification nouvelle des droits réels et personnels, *Revue critique de législation et de jurisprudence*, t. 51, 1931. ショヴォ論文は，物権を有する者は物を直接利用する期限を有すると指摘して，これが物権と債権を分かつ基準であると指摘する (n°21)。その上で，賃借人の権利について，1743条を根拠にするのは不十分であることを論じつつ，賃借人は賃借物を直接利用する期限を有することを根拠としてその権利は物権であると述べ(n°25)，そこから，管轄，夫婦財産制については物権説の帰結を維持する。例外として，2118条が抵当権の目的として賃借権に言及していないことを論拠に賃借権抵当を認めない(n°29)。デリュペ論文は，ショヴォ論文を第2次世界大戦後の賃借権保護立法を背景として展開したものである。デリュペが抵当権の物権性を否定したのは，権利の内的な構造において抵当権者と一般債権者の間に違いはないというのが，論拠である。

(7) Derruppé, *op. cit.*, n°265.

第1章　フランスの物権説

賃借人の享受する権利が賃貸人の明示または黙示による関与の結果であるとしても，それは，賃借人の用益権が物権であることの障害になるものではない」[8]。このように，デリュペは，民法の下においても賃借人は物権と債権とを有したと論じた。その上で，デリュペは，民法下においては「債権的要素による物権的要素の圧倒（écrasement de l'élément réel par l'élément personnel)」が存在し，賃借権は，全体として見れば債権であると論じた。このようなデリュペの理解は，古典的（賃借権）物権説におけるジョゾンの見解に通ずるものがある。

以上の民法下における在り方に対し，デリュペは，小作関係規則に代表される現代的立法の下では，「物権的要素による債権的要素の圧倒（écrasement de l'élément personnel par l'élément réel)」が存在するとして，次のように論じた。

「現代的立法は，これと反対に，なによりも賃借人の権利の物権的要素（élément réel）を重視する。それは，強行法規によって，賃貸不動産について極めて広範な権限を賃借人に与え，賃借人の利用権（pouvoirs de jouissance）の重要性を明確にする。それは，契約自由の領域を厳しく制限する。多くの規定は，強行法規であり，これに反する特約は無効とみなされる。勿論，一般に，所有者は，貸すか否かについては自由を有する。しかし，一旦契約が成立すれば，立法の効果として，賃借人は，必然的に広範な権限を得る。債権的関係の重要性は，ほとんど消失する。」[9]

以上のように，デリュペは，現代的立法の下では，賃借権は物権であると論じ，更に，不動産権（droit réel immobilier）であると述べた[10]。デリュペは，債権関係はまったく存在しないと主張するのではない。それは，物権関係が本質的要素(élément essentiel)であるのに比べれば，従たる要素(élément accessoire)であると論じた。すなわち，現代的立法によって賃借権の性格が全く変化したのではなく，物権と債権との比重が大きく変わり，物権が極めて重要なものとなったと主張した。

---

(8) Derruppé, *op. cit.*, n°266
(9) Derruppé, *op. cit.*, n°267.
(10) Derruppé, *op. cit.*, n°269.

第2節　現代的賃借権保護立法と物権説

　トロロンのような古典的(賃借権)物権説は,伝統的な対外的効果を重視した物権理論を前提として,1743条をほとんど唯一の論拠とした。しかるに,賃貸不動産の譲渡における賃貸借契約の承継という問題を十分説明できないため,逆に債権説の論者によって攻撃を受けていた。これに対し,デリュペは,賃借人の賃借物支配という内的な構造が重要であると指摘した。デリュペの議論は,物権理論としては古典的理論(対外効重視)の批判を行い,具体的な賃借権の在り方としては現代的賃借権保護立法による賃借人の賃借物支配の強化に注目して,賃借人は物権を有すると主張するものであった。

　更に,(賃借権)物権説と物権(基準)理論との関連においてデリュペの次の叙述が興味深い。

　「疑いもなく,実際において,強行法規は,賃貸物を利用し,そこから果実を引き出す権利を賃借人に認め,保護する。唯一の例外は,第3者が権利ありと称してなした妨害に対する法的保護である(民法1727条が,法上の妨害に対して賃借人みずから対抗すべき手段を規定せず,また小作関係規則やその他の現代的立法がこれに何らの修正も加えていないことを指す。……小柳註)。しかし,既に述べたように,物権と債権とを分かつ基準は,権利が第3者に対抗する手段や方式 (mesure ou le mode d'organisation de l'opposabilité du droit aux tiers) の如何にではなく,権利の内的な構造 (structure interne du droit) に求められる。」[11]

　以上の記述は,デリュペが新しい物権の基準を採用したことと第3者による法上の妨害に関する民法1727条が重要な関連を有したことを示している。こうしてデリュペは,現代的諸立法が賃借人に与える大きな権限,とりわけ,賃貸不動産についての長期の利用権と広範な利用権限を手掛かりに,その物権説を展開した。

2　物権説の帰結

　デリュペの物権説は,いかなる具体的帰結を有するのか[12]。これはやや複雑

---

(11) Derruppé, *op. cit.*, n°262.
(12) Derruppé, *op. cit.*, n°269.

であり，デリュペによれば，3通りの場合が存在する。

第1は，物権説の採用により，現在の解釈の結論を変更せしめるものである(ア)。第2は，物権説を採用することにより，現在の法解釈の結論自体を変更せしめるものではないが，これを物権説の立場からよりよく説明しうるというものである(イ)。第3は，物権説を採用するにも拘らず，種々の理由によりその帰結を維持しえず，いわば債権説に適合的な現在の法解釈に従わなければならないというものである(ウ)。

(ア) 現行解釈の変更

現行解釈を変更する例として，占有と法定夫婦財産制とがある。賃借人が物権を有すると理解することにより，賃借人は単なる一時的所持ではなく，占有を取得しうることになる。ここから，占有訴権が可能になる[13]。また，賃借権が不動産権となることで婚姻前に取得された場合は夫婦共通財産に含まれず，固有財産に帰属する[14]。共通財産に帰属させた場合には，婚姻解消時に賃借権の処理をめぐる困難な問題が生ずるため，これを回避しうることは，利点となりうる[15]。

(イ) 現行解釈の明確な説明

現行解釈のより明確な説明の例として，二重賃貸借と管轄の問題がある。二重賃貸借について，現在の多くの学説や判例は，占有ではなく，確定日付の前後により優劣を決する。しかし，これはむしろ二つの相対立する物権について適用される法理と同様のものであり，物権説を採用した方が，一層よくこの解釈を説明しうる[16]。また，裁判管轄について，「現代的立法」は賃貸不動産所在地の裁判所の管轄を認める。これは実際の便宜を考えての措置であるが，物権説により適合的である[17]。

(ウ) 現行解釈の維持

現行解釈の維持の例として，抵当と謄記とがある。デリュペは，賃借権につ

---

[13] Derruppé, *op. cit.*, n°273.

[14] Derruppé, *op. cit.*, n°274.

[15] Planiol, Ripert, Hamel, Givord et Tunc, *op. cit.*, t. X., n°548.

[16] Derruppé, *op. cit.*, n°275.

第2節　現代的賃借権保護立法と物権説

いても謄記による公示に服することが望ましいと考え，次のように述べている。

「不動産賃借権とりわけ，農地賃借権が公示されれば有益であることは，疑問の余地がない。実際農地賃借権は，最低でも9年の期間を有するのであり，更に，更新権や先買権を有することをあわせて考えれば，これが不動産所有権に極めて大きな負担となることは容易に承諾しうるであろう。ところが，使用権や用益権は，権利者1代限りの権利であり，しかも，農地賃借権程の負担を不動産所有権に課するものではないにも拘らず，公示に服する。同様に居住用の賃借権や商事賃借権についても公示に服するのが望ましい。」[(18)]

このように，デリュペは，本来は賃借権も謄記による公示に服すべきであると論じたが，1855年謄記法が18年以下の期間の賃借権には謄記を要求しない故に，現実には謄記による公示は要求されないとして，次のように述べる。「注意すべきことは，不動産賃借権の不動産物権としての性格は，現在の法規の下においては，謄記に関して効果を有さないことである。」

更に，デリュペは，抵当について次のように論じた。

「学者は，不動産賃借権を抵当権の客体としうるという点に物権説の主な利点を認める（先に，第6項で紹介したプラニオルやブーダンなどの見解を念頭においたものであろう。……小柳注）。しかし，これは現在は許されないようであ

---

(17) Derruppé, *op. cit.*, n^{os}270 et 105. デリュペの議論の時代では，農地に関して1945年の小作関係規則5条が不動産所在地の小作関係同数裁判所が管轄すると規定する。また，建物賃貸借では，1948年法47条2項，48条2項が不動産所在地の裁判所が管轄することを規定する。更に，商事賃貸借では，1926年法2条7項が不動産所在地の裁判所の管轄を規定する。これは，現在でも根拠条文は異なるものの同様である。即ち，農地賃貸借では，新民事訴訟法880条があり，不動産所在地の小作関係同数裁判所（Tribunal paritaire）の管轄を，居住用建物賃貸借では裁判所構成法（Code de l'organisation juriciaire）R321条の2とR321条の26があり，不動産所在地の裁判所の管轄を，商事賃貸借では1953年法29条3項があって（Aubry et Rau, *Cours de droit civil français*, 7e éd., t. V-2, *Baux commerciaux* par Pédamon, 1979, n°67），不動産所在地の裁判所の管轄を規定する（J.Héron, *Droit judiciaire privé*, 1991, n°824）。

(18) Derruppé, *op. cit.*, n°272.

る。現代の立法の認める賃借権は実際のところ権利者個人に一身専属的(propres à la personne de leur titulaire) であり,自由な譲渡は許されず,また,差押えもできない。」[19]

デリュペは,農地賃貸借,居住用賃貸借,商事賃貸借の三つの賃貸借についてこれを述べている。第1に,小作関係規則は,農地賃貸借に関して賃借権の譲渡,転貸を原則的に許さない(農事法典832条)。例外的に,賃借権譲渡を許すのは,賃貸人の承諾を得て賃借人がその成年に達した子供や孫に譲渡する場合である。一般に,小作関係規則は,民法におけるよりもはるかに手厚く賃借人を保護する。しかし,この賃借権の譲渡,転貸は重大な例外となる。既に述べたように,民法1717条は,反対の特約のない限り,賃借権の譲渡,転貸を認める。しかし,農地賃貸借の実際においては,特約によって賃借権の譲渡,転貸を禁止するのが一般的であった。農地賃貸借においては,賃借人の本人としての性格が重視されたのである。これは,農地賃借人が土地と極めて密接な関係を有し,しかも比較的長期の用益をすることが一因と考えられる。小作関係規則は,賃借権の安定化,長期化に配慮し,更に,小作料についても規制を加えている。そのため,仮に賃借権の譲渡,転貸について特に規制を加えなければ,賃借人が思惑により他人にみずからの権利を利用させ,不当な利益を得る可能性を生みかねないとの理由から賃借権の譲渡,転貸は禁止されたのである。小作関係規則の下での賃借権は,「家族的性格 (caractère familial)」を有すると論じられる。この結果,賃借権の抵当もまた論ずる余地のないものとなってしまったのである[20]。

第2は,居住用の建物賃貸借である。ここでは,賃借権の譲渡は,契約がこれを明示的に許した場合または賃貸人の承諾のある場合に可能である。しかし,この譲渡は有償であってはならない。賃借権の有償譲渡は法によって禁止されているのみならず,刑罰を課せられる。このため,居住用賃借権は取引外の権利 (droit hors-commerce) になる。これもまた,抵当権の設定にとって絶対的障害 (obstacle absolu) となる。

---

[19] Derruppé, *op. cit.*, n°271.
[20] Mazeaud et de Juglart, *op. cit.*, n°1272-3.

第 3 は，商事賃貸借である。ここでは賃借権の譲渡は禁止されず，更に，「パドポルト（pas de porte）」と呼ばれる譲渡の際の金銭の交付が許され，また実際にも行われている。更に，1951年法は反対の特約にも拘らず，賃借権の譲渡を許す。商事賃借権は，財産権として価値を有し，取引されるのである。それゆえ，商事賃貸借では先の農地賃借権や居住用建物賃借権におけるような障害は存在しない。しかし，実際のところ，商事賃借権は，既に論じた営業質（natissment du fonds de commerce）というかたちで担保の対象となる。これについて，デリュペは次のように指摘する。

「商事賃借権は，営業権と極めて密接に結び付けられる。商事賃借権は，営業質の不可欠な部分であり，その重要な要素となる。法律自体が，営業権を構成する無体の財産権かつ動産権のひとつの要素として賃借権を挙げる。実際においても，営業権と別個の賃借権単独の譲渡というのは，ほとんど考えられない。こうしてみると，賃借権を，それが密接に結び付いた営業権と独立に担保として構成することは困難である。賃借権抵当は承認し難い。[21]」

商事賃貸借においては，既に，営業質という方式によって，賃借権を他の種々のものと一体化して担保化しうる。そのために，新たに賃借権抵当を認める必要はなく，むしろ，営業質の方がその包括性故に好ましいとデリュペは論じたのである。

II 債 権 説

以上のデリュペによる現代的物権説は，優れたものとして評価されている[22]。しかし，その結論が広く支持されているという訳ではない。現在にいたるまで学説において債権説が通説であり，判例もまた債権説を維持する。その一因は，デリュペの採用する物権の新たな基準がかならずしも広く受け容られていないことにある。しかし，より実質的には，現代的立法において賃借権の譲渡性がしばしば否定されていることが重視されている。例えば，プラニオル＝

---

(21) Derruppé, *op. cit.*, n°271.
(22) Mazeaud et de Juglart, *op. cit.*, p. 379 et n°1070. 但し，以下に紹介する議論と同様の観点から，債権説を維持する。

第1章 フランスの物権説

リペール＝ハーメル＝ジボール＝タンクは，デリュペの物権説を紹介した後に次のように論じた。

「そこまで進んで，賃借人は真正の物権を有するという結論と，そこから生ずる実際上の結果を受け容れるべきか。そうではない。第1に，賃貸人と賃借人との人的な関係は現代的立法においても本質的要素であり続け，更に，賃借人の権利の基礎であり続けている。賃借人は，まず第1に債権を有し，1719条は賃借人が賃貸人に債権を有すると規定した。相互の債権関係は，依然として賃貸借契約の基礎的要素である。これは用益権において物権関係が基礎であることと明確な対比をなす。第2に，譲渡しうることは，物権の自然的要素（必然的要素ではない，というのも，居住権と利用権は譲渡しえない）である。これによって，権利者は，その権利を働かしうる。ところが，商事賃貸借を除けば，近年の立法は，反対に，賃借権の債権的性格をますます強調していくのであり，その結果，賃貸人と特定の賃借人間の契約に基づく債権関係の重要性を強化している。それゆえ，法技術的な点については，賃借権は依然として債権であると理解しうるのであり，また判例の一般的態度も債権説と矛盾するものではない(23)。」

賃借権の譲渡性の問題は，古典的物権説では重要な論点とはなっていなかった。しかし，現代的賃借権保護立法によって賃借権の譲渡性が大きく制限されるようになると，前面に登場してきた。これに対するデリュペの反論は，使用権（droit d'usage）のように譲渡し得ぬ物権も存在するのであり，譲渡性の有無は絶対的基準にならない，賃借権は，一身専属という意味においてはpersonnelであるが，それゆえに債権にはならないというものであった(24)。原田純孝教授は小作関係規則の特徴について，賃借権の財産性を防止するものという理解を示す(25)。このような在り方が，物権説がなお少数説にとどまったことと関連するのであろう。但し，プラニオル＝リペール＝ハーメル＝ジボール＝タンク

---

(23) Planiol, Ripert, Hamel, Givord et Tunc, *op. cit.*, t. X, n°547 bis.; P. Ouriac et M. de Juglart, *Fermage et métayage dans la législation récente*, 3ᵉ éd., 1951. も同様の根拠から債権とする（n°54）。参照，Bourgeois, *op. cit.*, p. 195. 稲本訳245頁。

は，これに続けて物権と債権の区別の相対性を指摘する。この点で，19世紀の債権説のように端的に賃借権の債権性を肯定しない。むしろ，賃借権の物権性への接近にも評価を与えている。これは，20世紀初頭の立法論としての物権説の支持と関連するのであろう。

第5項　現代における問題状況

デリュペによる物権説の発表の後既に40年以上が経過した。その間に，デリュペが議論の前提とした民法や賃借権保護立法そのものが改正された場合が相当に多い。それには，第1に民法改正があった（Ⅰ）。第2に，特別法の改正もまた数多い（Ⅱ）。具体的には，農地賃貸借，居住用の建物賃貸借，商事賃貸借のそれぞれにおいて，デリュペが議論の基礎とした法や法案は，その後多くの変遷を経ている。その後，デリュペの議論が現在の時点でも維持できるかどうかを検討する（Ⅲ）。

Ⅰ　民法の改正

この間の民法改正のうちで，賃借人の権利の法律的性質という問題に関係が深いのは，法定夫婦財産制の改正及び賃借人の占有訴権に関する改正である。

1　法定夫婦財産制

先に論じたように，フランス民法の法定夫婦財産制は，動産後得財産共通制であった。これは，第1に動産と不動産の区別，第2に妻に対する夫の優位を基軸とした。これに対し，20世紀に入ってからは，財産に占める動産の比重の

---

(24) Derruppé, *op. cit.*, n°4. 法律による禁止にも拘らず，実質的な賃借権の譲渡が行われているが（Mazeaud et de Juglart, *op. cit.*, n°1070），デリュペは論拠にはしない。

(25) 原田純孝・前掲近代土地賃貸借法22頁。また，同前掲「戦後フランスにおける農地賃貸借制度」112頁。具体的展開につき，稲本洋之助「農地制度の現代的展開」渡辺洋三＝稲本洋之助編・現代土地法の研究下，参照。

第1章　フランスの物権説

増大と女性の社会的活動の活発化により修正の必要が生まれるに至った。1965年法は，新しい法定夫婦財産制として後得財産共通制（communauté aux acquêts）を採用した[1]。この制度は，共通財産を縮減し，双方の配偶者の固有財産を拡大する改革であった。

　改正法は，夫婦共通積極財産について，「婚姻中夫婦によって共にまたは個別に作られ，かつ，その個人的勤労ならびにその固有財産の果実及び収入について行われる節約に由来する後得財産」と規定した（1401条1項）。旧法と同じく，夫は，共通財産の管理権，処分権を有した（1421条1項——この点は，夫婦の完全な平等に至らなかった点である。）。但し，不動産，営業財産の譲渡，農事資産の賃貸等の重要行為については，妻の同意を得ることを要し（1422, 1424条），同意なき行為は妻の請求により無効となる（1427条）。妻が夫とは別個の職業に従事することによる収入は，共通財産の一部でありながらその管理，収益，処分権が妻に委ねられる留保財産（biens réservés）を形成した（224条1項，1401条2項）[2]。但し，夫が共通財産の重要行為について妻の同意を要するように，妻の留保財産に関する重要行為については夫の同意を要した（1425条）。留保財産は，婚姻の継続中は妻の支配下に属するが，婚姻の解消の際には，共通財産と合体して折半される（226条）。

　固有財産には，起源による固有財産（propres par origine）と性質による固有財産（propres par nature）とがある。起源による固有財産とは，夫婦が，婚姻の挙式の日にその所有もしくは占有していた財産または夫婦が婚姻中に贈与もしくは遺贈により取得する財産である（1405条1項）。これにあてはまる財産は，不動産であろうと動産であろうと固有財産である。それゆえ，この点に関して

---

(1) 稲本洋之助・前掲フランスの家族法280頁以下，山口俊夫・前掲概説フランス法上409頁。Mazeaud et de Juglart, *Leçons de droit civil*, t. IV, 1er volume, *Régimes matrimoniaux*, 5e éd., 1982, n°115.; Malaurie et Aynès, *Cours de droit civil*, *Les régimes matrimoniaux*, 4eéd., 1999, n°300.

(2) 留保財産の制度は，1907年に遡り，夫婦財産関係における両配偶者の平等を実現した1985年改正により廃止された（稲本洋之助・前掲フランスの家族法28頁）。

第2節 現代的賃借権保護立法と物権説

賃借権の法律的性質による相違は存在しないことになる。また，性質による固有財産は，特定財産（個人用衣類，損害賠償訴権，譲渡不可能な債権（créances incessibles）），権利金その他個人的性質を有する財産及び一身専属的権利（tous les biens qui ont un caractère personnel et tous les droits exclusivement attachés à la personne）（1404条1項），営業財産・経営の付属物以外の職業用具等（同条2項）である。性質による固有財産は，その取得が婚姻中であっても固有財産となった。

その他，以上の固有財産の付属物及び代替物も固有財産になる。すなわち，固有財産の付属物及び増加物，固有財産に代わる補償金，交換等により取得される財産も固有財産である（1406, 1407, 1408条）。

夫婦のそれぞれは，固有財産の管理及び収益権を有し，かつそれを自由に処分できる（1428条）。なお，妻の行為能力は，1938年の改正により与えられていた。

1965年改正前の動産後得財産共通制においては，婚姻前に取得した財産が動産であれば共通財産に入ったのに対し，不動産であれば固有財産に入ることになり，動産と不動産とでその運命を異にした。それゆえ，賃借権がいずれに該当するかは，大きな問題であった。しかし，1965年改正により，そのような極端な相違はなくなった。これは，財産における動産の比重の増大という状況に応じた改正として理解できる。賃借権が動産権であるとするにせよ，不動産権であるとするにせよ，婚姻前に取得した賃借権は，固有財産になる。婚姻後の取得の場合には，共通財産に帰属しうるが，それが一身専属的な場合には，固有財産に帰属することになる[3]。

より具体的に見れば，農地賃貸借では，判例，通説は，その一身専属性故に農地賃借権は共通財産に帰属しないと解している[4]。商事賃貸借は，一身専属性がない故に，婚姻後取得の場合は共有財産に帰属する[5]。もっとも，商事賃貸借は，営業財産の一部となっているのが通常であり，独自にその帰属が定まるというよりも営業財産の帰属に従って夫婦財産制上の位置が定まることになる[6]。

---

(3) Mazeaud et de Juglart, *Régimes matrimoniaux*, n°154; Malaurie et Aynès, *Les régimes matrimoniaux*, n°374.

第1章　フランスの物権説

更に，居住用の建物賃貸借については，1962年の民法改正が，「その法定夫婦財産制が如何なるものであっても，すべての反対の合意にかかわらず，また，賃貸借が婚姻前に締結された場合であっても，夫婦の一方及び他方に帰属するものとみなされる。」と規定した (1751条1項)[7]。こうして，法定夫婦財産制に関する法改正により，賃借権は，その法律的性質の如何に関わりなく，その法定夫婦財産制における位置付けが定まることになり，この問題に関する限り，賃借権の法律的性質の重要性は失われた[8]。なお，夫婦財産関係に関する1965年法は，1985年法により再び改正され，共通財産の管理に関する夫婦の平等が成立したが[9]，賃借権の位置付けに関しては基本的相違がない。

2　賃借人の占有訴権

1975年には，占有制度に関して，重要な民法改正があった。それは，民法2282条，2283条の付加である。

2282条「占有は，権利の本体を考慮せずに，それを害し，またはそれを脅かす妨害から保護される。

占有の保護は，同様に，所持者に対して，その権利を入手した者以外のす

---

(4) Mazeaud et de Juglart, *Régimes matrimoniaux*, n°154-3; Malaurie et Aynès, *Les régimes matrimoniaux*, n°376. 但し，農業経営が両配偶者によってなされている場合には，単独名義の賃貸借であってもその譲渡には他方配偶者の同意が必要である（農事法典L411—70条）。

(5) Mazeaud, et de Juglart *Régimes matrimoniaux*, n°154-3; Malaurie et Aynès, Les régimes matrimoniaux, n°376.

(6) Terré et Simler, *Droit civil Les régimes matrimoniaux*, 2ᵉ éd., 1994, n°334.

(7) Mazeaud et de Juglart, *Régimes matrimoniaux*, n°154-3; Malaurie et Aynès, *Les régimes matrimoniaux*, n°375; Mazeaud et de Juglart, *Principaux contrats* 2e partie , n°1075; Malaurie et Aynès, *Les contrats spéciaux*, n°625.

(8) Malaurie et Aynès, *Les contrats spéciaux*, n°613.

(9) Malaurie et Aynès, *Les régimes matrimoniaux*, n°305, 詳しくは，犬伏由子「フランスにおける夫婦財産関係法と夫婦の平等——1965年法から1985年法への歩み」山形大学紀要18巻1号，19巻1号，20巻2号，21巻2号（1988—1992年）。

第2節　現代的賃借権保護立法と物権説

べての者との関係において，付与される。」

2283条「占有訴権は，民事訴訟法に定める条件に従って，平穏に占有または所持する者に認められる。」

この改正により，フランス民法学の伝統と異なり，所持者に対しても占有や占有訴権が認められた。先に，物権説の実践的意義として，占有訴権を挙げ，更に，フランス民法上における物権説の障害として賃借人に占有訴権が原則的に認められないことを挙げたが，この点に関し重要な変化があったわけである[10]。そのため，占有訴権の問題を根拠に債権説を維持することは，以前に比べれば困難になった。もっとも，2282条第2項の文言が示すように，賃借人が所有者に対して占有訴権を行使することは認められていない。フランスにおいては，例外的に賃借人に認められた占有訴権であるレアンテグランドについても，賃借人と賃貸人との争いについては，債権関係にあることから賃借人による行使は認められず，専ら契約関係により処理されるべきであるという理解が判例，通説であった。これが，1975年法改正による民法2282，2283条にも関連するし，この点は，物権を有する者の占有訴権の在り方と異なる[11]。また，賃借人には，用益者と異なり，本権の訴えは認められない[12]。

II　特別法の改正
1　農地賃貸借

デリュペが議論した小作関係規則は，1955年の農事法典 (code rural) に，その790条から860条までという形で編入された。農事法典は，その後，1963年，1970年，1975年，1980年等に改正された。1984年には，条文の番号すら大きく

---

[10]　Terré et Simler, *Les biens*, n°191; Zénati et Revet, *Les biens*, n°359.

[11]　賃借人は，本権の訴を行使できないのに対し，用益者は，これを行使しうる (Mazeaud, Chabas, Gianviti et de Juglart, *Leçons de droit civil*, tome II deuxième volume, *Biens, droit de propriété et ses démembrements*, 6ᵉ éd., 1984, n°1682)。なお，現在では，フランスでも「急速審理手続 (référé)」という仮処分類似の手続が発達した結果，賃借人の保護としては，レアンテグランドの実務上の比重は小さくなった (Zénati et Revet, *Les biens*, n°358)。

[12]　Mazeaud, Chabas, Gianviti et de Juglart, *op. cit.*, n°1650.

変化する改正があった。とはいえ，デリュペが指摘した小作関係規則の特徴である賃借人の賃借物支配と賃借権の安定性は，細かな修正はあるものの，基本的に維持されている。この点は，デリュペの議論の前提となる制度自体に大きな変化がある居住用賃貸借（一時ではあれ，賃貸人の更新拒絶の自由を認める立法がなされたことがある。）や商事賃貸借（ショタアル案は成立せず，現在でも賃貸人に更新拒絶の自由を認める。）とは異なっている。また，小作関係規則のもう一つの特徴である賃借人の譲渡，転貸の権能の否定もまた基本的に維持されている。それゆえ，農地賃貸借に関して細かな改正の歴史をたどることは，必ずしも有益ではない。ここでは，現在の時点での小作関係規則をデリュペの議論との関連で検討する。

(ア) 賃借人の賃借物支配

賃借人は，民法1728条の規定する用法に従った収益の義務を負うが，比較的広い改良権限を有し，地片の統合のような経営方法の変化については，賃貸人の同意がなくともなしうる（農事法典L411—28条1項）。もっとも，この点については，1995年に法改正があり，通知から2か月以内に賃貸人の書面による同意を得ることが必要になった（L411—28条1項）[13]。土壌改良については賃借人は自由に行うことができる（L411—73条Ⅰ第1項）。住居の改良や一定のリスト（県知事制定）に定められた改良については，賃貸人に通知することによりなしえる（同項）。賃貸人は，通知に対し，異議を述べないかまたは通知後2か月以内に小作関係同数裁判所に異議を述べる等の選択肢がある。異議が認められなければ，賃借人は改良をなしうる。経営用の建物の建築については，賃貸人の許可が必要であるが，許可が得られないときは，賃借人は，小作関係同数裁判所に許可を求めることができる（L411—73条Ⅰ第2項）。居住用建物の建築には，賃貸人の書面による同意が必要である[14]。

(イ) 賃借権の安定性

農事法典において，賃借権の安定性に関する規定は，重要である。その基本的な構成は，1945年の小作関係規則と同様のものである。賃借権の存続期間は，

---

(13) J. Audier, *Droit rural droit forestier*, 3e éd., 1996, n°673.

(14) Audier, *op. cit.*, n°674.

第2節　現代的賃借権保護立法と物権説

最低9年である(L411－5条)[15]。賃借人は，反対の特約にもかかわらず，更新請求権を有する。但し，賃貸人が重大かつ正当な事由を有するときか取戻権の行使があったときはこの限りではない(L411－46条)[16]。重大かつ正当な事由とは，賃料の2度の不払，良好な経営を害する行為があるとき等である(L411－53条)[17]。取戻権の行使とは，賃貸人自身やその配偶者，その卑属による経営をなすときである (L411－58条1項)。賃貸人が更新を拒絶する場合は，原則として18か月前までに解約申入れ (congé) をなすことを要する (L411－47条)。解約申入れは，重大かつ正当な事由があるときには，その事由を記載し，取戻権の行使があるときには，その受益者の名前，住所等を記載しなければならない。賃借人がその労働と投資によって賃借地の改良を施した場合には，賃貸借終了時に終了事由のいかんを問わず，補償を請求することができる (L411－69条)[18]。この場合の改良とは，建物建築，植栽，土壌改良等を含む[19]。

また，賃借人は，賃貸人が賃貸不動産を売却する場合には先買権を有する(L412－1条1項)[20]。これは，賃貸人の取戻権が働くことを防止する役割を果たす。

賃貸期間継続中においては，都市計画等による土地の用途変更があった場合(L411－32条) 及び賃借人に過失があって賃貸人に損失を与える場合(L411－27条) 並びに賃貸借更新拒絶の際の重大かつ正当な事由と同一の事由がある場合 (賃料不払，良好な経営を害する行為等) に賃貸人は解除をなしうる (L411－31条)[21]。

(ウ)　譲渡・転貸と承継

賃借権の譲渡と転貸に関しては，1945年の小作関係規則の伝統と同じく，禁

---

(15)　Audier, *op. cit.*, n°708.
(16)　Audier, *op. cit.*, n°729.
(17)　Audier, *op. cit.*, n°727.
(18)　Audier, *op. cit.*, n°733.
(19)　Audier, *op. cit.*, n°734.
(20)　Audier, *op. cit.*, n°683.
(21)　Audier, *op. cit.*, n°715.

止された（L411—35条1項）[22]。それゆえ，譲渡，転貸は無効であり，有償譲渡に対しては刑事制裁がある（L411—74条1項）。もっとも，例外もないわけではない。賃借権が共同経営をする配偶者や成年に達した卑属に無償譲渡される場合でかつ賃貸人の同意があるときである。賃貸人の同意が得られないときは，小作関係同数裁判所がこれに代わって同意を与えうる（L411—35条1項後段）。また，賃借人は，賃貸人の同意を得て，休暇やレジャーのために3か月以内の期間で転貸することもできる（3項）。賃貸人の同意がないときは，小作関係同数裁判所がこれに代わって同意を与えうる。しかし，これは，文字通り例外的なものに限られる。

　更に，配偶者，卑属，尊属等は，賃貸借の承継をなしうるが，5年間の共同経営が要件となっている。これらの者が存在しないときは，一応は民法の原則に従い賃貸借は相続人が承継するが，賃貸人は解除をなしうる（L411—34条）[23]。

　小作関係規則以来のこうした賃借権の譲渡と転貸の禁止や承継の制限は，賃借人の権利の法律的性質を人的考慮性（intuitus personae）のものにしている。

2　居住用建物賃貸借
(ア)　1948年法後の状況
(a)　1948年法の比重低下　　居住用建物賃貸借については，とりわけ1980年代に目まぐるしい立法を見た[24]。フランスの居住用建物賃貸借においては，デリュペが紹介した1948年法が意義を有することは，変りない。しかし，1948年法の適用範囲は，そもそも1948年9月1日以降に建築または完成された建物に

---

[22] Audier, op. cit., n°694.
[23] Audier, op. cit., n°705.
[24] 関口晃「フランス法」有泉亨編・借地借家法の研究（東大出版会，1958年），東川始比古・前掲「フランス住居賃貸借法研究試論」早稲田大学大学院法研論集21号（1980年），原田純孝＝東川始比古「外国の借家法の現状(2)フランス」現代借地借家法講座3借地借家法の現代的課題（日本評論社，1986年）73頁以下，吉田克己・前掲「フランスにおける住居賃貸借法制の新展開」日仏法学15号21頁以下，澤野順彦・前掲借地借家法の経済的基礎56頁以下。

第2節　現代的賃借権保護立法と物権説

は及ばなかった（3条）。また，1948年法は，フランス全土に適用されるものではなく，パリ市，パリの旧城壁から50キロメートル以内の地帯，4000人以上の人口を有する市町村等にのみ適用された。このような適用範囲の限定は，1948年法が住宅建設の阻害要因にならないように設けられたものである。ところが，その後の立法は，地理的除外の範囲を広げ，一定程度以上の賃貸借住宅を除外する等により，一貫して1948年法の適用範囲を狭め，居住用賃貸借の領域における普通法への回帰（retour au droit commun）という現象がおきた。これにより，一旦は，デリュペの議論の前提が失われたことになる。フランスでは，居住用賃貸借は特別法ではなく，民法が規律すべきであるという理念が存在した[25]。現在でも，1948年法は，効力を失っていないが，その適用される家屋は，1948年以前に建築された一定の質以下の住宅であり，数的にも限られている。他方，1950年以降，一定程度以下の階層のための社会的賃貸住宅供給のための制度が設けられ（HLM＝Habilitations à loyer modéré，適正家賃住宅），その賃借人に1948年法の規定するのと同様の占用継続権を与えた[26]。

(b)　改良に関する特別法　　賃借人の改良工事については，1967年7月12日に「住宅の改良（amélioration）に関する法律」（法律67—561）という重要な立法があった[27]。これは，衛生，安全，設備等(具体的には，水道，ガス，暖房，電気設備，サニタリー等であり，詳しくは，1968年9月9日のデクレ68—976第6条乃至13条参照)について，一定の規格を設け，既存の賃貸住宅を適合させる目的の立法であった（1条）。賃借人は，反対の特約がある場合であっても，これらの基準に適合した工事をすることを賃貸人に通知しうる（3条）。これに対し，賃貸人には，①何らの回答もなさない，②みずから工事をすると回答する，③裁判所

---

[25]　東川始比古・前掲「フランス住居賃貸借法」260頁，原田純孝＝東川始比古・前掲「外国の借家法」73頁以下。Mazeaud et de Juglart. *Principaux contrats* deuxième partie, n°1172-2.

[26]　吉田克己・前掲「新展開」22頁。Derruppé, *Locations et loyers*, p. 75.

[27]　原田純孝＝東川始比古・前掲「外国の借家法」109頁。更に，H. Perinet-Marquet et B. Vial-Pedroletti, Droits du locataire: constructions et aménagements effectués par le locataire, *Jurisclasseur civil*, Art. 1708 à 1762, Fasc. 238, 1988. n°9; Mazeaud et de Juglart, *op. cit*., n°s1126, 1151-2 et 1220.

第1章　フランスの物権説

に対し真摯かつ正当な事由（motif sérieux et légitime）に基づき工事そのものまたはその施工方法に反対する，の三つの手段がある。①の場合には，賃借人は，工事をなしえ，賃貸借の終了時に補償を請求しうる（4条1項）。③の場合は，裁判所が賃貸人の反対に根拠がないと判断すれば，賃借人は，工事をなしえ（4条2項），後に補償を請求しうる（5条）。以上の1967年法は，総ての居住用賃貸借に適用がある点で，極めて重要な規定である。

更に，電話については，郵便・電気通信法典（1962年3月12日のデクレ62—273）35条の1が，その設置について賃貸人が反対することはできないと規定した。更に，テレビアンテナも1966年7月2日の無線アンテナの設置に関する法律（法律66—457）1条が，賃貸人は賃借人のアンテナ設置に反対できないと規定した[28]。こうして，賃借人の改良工事については，基準の導入と特別法の制定により1948年法よりも一層整備された。

(c) 1980年代の居住用借家法改正　1980年代に至ると，政治体制における変化（1981年の社会党政権の誕生）にも影響され，居住用賃貸借の新たな特別法が制定された。最初は，1982年6月2日法（当時の住宅大臣の名前から「キイヨ法（loi Quilliot）」と呼ばれる。）である。これは，「賃貸人と賃借人の権利と義務の新たなる平衡（nouvel équilibre）」を目指しつつ，「住居への権利（droit à l'habitat）」を基本権（droit fondamental）として位置付けること（1条1項）にも見られるように，全体としては所有者の利益の抑制を重視した[29]。その特徴は，①存続保護，②賃料規制，③契約規制であった。①存続保護としては，最低3年の存続期間，賃貸人が更新拒絶するには家族居住，賃貸建物売却又は真摯かつ正当な事由の要件を満たすことを必要とした。②賃料規制を実施し，新築住宅・18か月前から空き家であった住宅・前賃借人に対する裁判上解除により空き家に

---

[28] J. Lafond et F. Lafond, *Les baux d'habitation du secteur privé après la loi Méhaignerie*, 1987, n°195.

[29] 東川始比古「フランスの新借家法」水本浩編・借地・借家の変貌と法理（商事法務研究会，1986年）296頁以下，原田純孝＝東川始比古・前掲「外国の借家法」87頁以下，法文の翻訳として，稲本洋之助編欧米諸国の借地・借家制度－法令資料編（財団法人日本住宅総合センター，1986年）4頁。

第 2 節　現代的賃借権保護立法と物権説

なった住宅を除いて，賃貸人・賃借人団体による賃料適正化協約またはデクレにより賃料を規制した。③契約規制としては，契約書の書面作成義務，解除条項の制限，諸費用，敷金規制等を設けた。そして，1948年法の適用が限られたものであったのに対し，キイヨ法は，居住用建物賃貸借の一般法として建物の建築年次や地域にかかわらず適用される。更に，キイヨ法の規定は，強行法規であり，これに反する特約は効力を有しないとした。

　しかし，このキイヨ法のために，貸し渋りの現象すら起きたという指摘があった[30]。これに対し，一転して，1986年12月23日法(当時の住宅大臣の名前から「メニュリイ法 (loi Méhaignerie)」と呼ばれる。) が制定された。メニュリイ法は，その一般法規性，強行法規性 (1 条) においてキイヨ法と同様であるが，所有者に更新拒絶の自由を認めたこと及び賃料決定の自由を導入したことにより所有者の利益を重視し，契約自由への回帰 (retour à des solutions plus libérales) をなした[31]。このメニュリイ法は，その正式名称中に「賃貸住宅投資を優遇する (favoriser l'investissement locatif)」という文言があることからも明らかなように，民間資金の住宅市場への導入を促進し，住宅供給の活発化による賃貸借関係の適正化を目指した。賃貸不動産投資には，第 1 に十分な賃料収入が確保されうること，第 2 に適当な時期に賃貸不動産を取戻し，自由な処分権を得ることが必要であるのに対し，キイヨ法は，いずれについても否定的であったことへの反省があった。もっとも，メニュリイ法の制定は，右派政権の誕生も無関係ではなかった[32]。

　1980年代後半の経済事情とも関連し，メニュリイ法の結果として，特に賃貸住宅の需給関係が逼迫しているパリ等の大都市を中心に賃料の高騰が起こった[33]。このため，1989年 7 月 6 日には，一般法規性，強行法規性を承継しつつ(2 条)，規定の内容において再び規制への回帰 (retour au dirigisme) を重視する新たな賃貸借法が成立した。この新しい住居賃貸借法は，キイヨ法やメニュリイ法と異なり，議員立法であるから担当大臣の名前を通称にすることはなく，1989年 7 月 6 日法と呼ばれるが[34]，本書では，単に「1989年法」という。1989

---

(30)　Dutilleul et Delebecque, *Contrats civils et commerciaux*, 1991, n°510.
(31)　Derruppé, *Locations et loyers*, p. 3.

第1章　フランスの物権説

年法は，その後1994年7月21日法により若干の改正がなされたが，基本的に現在までその内容を維持している。1989年法は，ある意味では，1982年法の原理への復帰であり，その内容を前提として，デリュペの議論を再検討する必要がある。デリュペは，賃借人の占用維持の権利(賃借権の存続)，賃貸借における契約関係の縮小，賃借人の改良工事権限，賃借権の譲渡，転貸，相続等を論じた。それゆえ，1989年法についてもこれらの点を改めて検討する必要がある。

　(イ)　1989年法

---

(32)　なお，メェニュリイ法と借地借家法平成11年改正において日本に導入された定期借家制度(38条)とを比較すると，正当事由制度がないという点では，メェニュリイ法も日本の定期借家も同じである。しかし，両者には違いがある。①メェニュリイ法では原則3年という最短存続期間があったのに，日本法にはない。②メェニュリイ法では賃貸人からの期限（6月）を守った解約申入れがなければ契約が再び最低3年の期間の賃貸借に更新されるのに対し，日本法においては，通知をなさずとも賃貸借は終了し，それを賃借人に対抗できないだけであり，通知が遅れても単に終了が遅れるだけである。③メェニュリイ法では強行法規により賃借人はいつでも解約申入れをなすことができるとされているのに，日本法では強行法規に基づき賃借人が解約申入れをなしうる場合を転勤，療養等の一定の場合に限定している。④メェニュリイ法では，賃貸人から解約申入れがなされたときには，賃借人は現に建物を利用する限りにおいて家賃及び費用を払う責を負うと規定し，退去する賃借人が新しい借家を探すために一時的に新旧両借家の家賃を払うことを防止しているのに対し，日本法にはそのような配慮が見られない。全体として日本法の方が賃借人に厳しい制度として評価できる。更に，メェニュリイ法には，極めて詳細な契約内容の規制があり（後述の1989年法も同様の内容である。），この点も日本法と異なる。

(33)　田口仁孝「フランス借家法における家賃の統制」レファレンス494号（1992年）40頁。Dutilleul et Delebecque, *op. cit.*, n°510.

(34)　J.-L. Aubert et P. Bihr, *La location d'habitation, loi du 6 juillet* 1989, 1990, p. 1 note (1), 田口仁孝「フランス借家法の最近の動向」レファレンス482号(1991年)49頁注27。かくして，現在の居住用賃貸借法は，一般法としての1989年法，適用範囲を狭めた1948年法，低廉家賃住宅としてのHLMの三つの法が主なものである。1990年のある推計は，賃貸住宅は総計770万戸とし，1948年法70万戸，HLM300万戸とする（Arnaud, *Guide de l'immobilier*, 1990, p. 93)。

(a) 賃貸借の存続　(i) 住宅への権利　1989年法は，メェニュリイ法の自由な更新拒絶権に代えて，キイヨ法の制度を基本的に復活させた。そもそも，1989年法は，「住宅への権利 (droit au logement)」は基本権であると宣言した（1条1項）。この「住宅への権利」は，キイヨ法の「住居への権利」と同様に，賃貸人の所有権に制約を加える原理として働いた[35]。なお，1989年法は，原則として，同法の施行日以後の新規契約に適用され，既存の契約には適用されない。しかし，更新，賃料規制等の同法のもっとも重要な規定は，既存契約にも適用された（25条2項）。

(ii) 最短存続期間　賃貸借の最短存続期間は，賃貸人が自然人または自然人に類して扱われる場合（親族による民事会社又は共有の場合 (13条)）であるときは3年であり，法人であるときは，6年である（10条1項）。後述するように，賃貸借契約は，書面でなすことが義務づけられており，賃貸借の開始の日付と賃貸借期間が必要的記載事項になっている（3条1項）。そのため，賃貸借は期間の定めを有すべきことが定められたことになる。

もっとも，賃貸借が口頭でなされるときのように賃貸借期間が定められていない場合もありうる。この場合には，賃貸借が無効になるのではない。その期間は，1989年法10条1項の規定する賃貸借期間の一般原則によって3年または6年になると解される[36]。賃貸借期間を法定期間より長期にすることはもちろん可能である。この場合には，賃借人には特に不利益はない。というのも，賃借人は，いつでも中途解約をなしうるからである（後述参照）。長期の期間を契約した場合には，賃借人は，賃貸人の取戻権を恐れることなく用益を継続しうることになる。

(iii) 黙示の伸長　契約期間が満了するに際して，賃貸人には，3つの手段がある。第1は，何もしないことである。第2は，特定の事由に基づき一定の期間を遵守して解約申入れ (congé) をすることである。第3は，一定の期間を遵守して更新の申込み (offre de renouvellemet) をすることである。

第1の場合には，賃借人は特に解約申入れをすることなく，賃貸不動産を退

---

[35] Derruppé, *Locations et loyers*, p. 7.
[36] Derruppé, *Locations et loyers*, p. 16.

第1章　フランスの物権説

去することができる。そうでなければ，賃貸借は黙示の伸長（tacite reconduction）をする（10条2項）[37]。この黙示の伸長の場合には，契約期間は，賃貸人が自然人である場合及び自然人に類して扱われる場合には3年になり，法人の場合には6年になる（10条3項）。賃料は前の賃貸借と同様であり，その他の契約条件も同様になる。

(iv)　解約申入れ　賃貸人は，一定の事由に基づきまた一定の期間を遵守して解約申入れをなすことができる。これは，少なくとも6か月の猶予期間を置き，配達証明つきの書留郵便または執達吏の送達によらねばならない（15条I第2項）[38]。賃貸人からの解約申入れについて，1989年法15条I第1項は，次のように規定している。

「賃貸人が賃借人に解約申入れをなすときには，この解約申入れは，取戻しを行う決定もしくは売却を行う決定（décision de reprendre ou de vendre le logement）または正当かつ真摯な事由（congé pour motif légitime et sérieux），とりわけ賃借人の債務不履行を理由としなければならない。」

かくして，解約申入れには①取戻しのための解約申入れ，②売却のための解約申入れ，③正当かつ真摯な事由による解約申入れがある。メェニュリイ法ではとくに理由を限定することなく解約申入れをなしえたのに対し，1989年法で賃貸人が解約申入れをなしうるのは，以上の①，②または③の場合に限定された。

(v)　取戻しのための解約申入れ　①取戻しのための解約申入れは，キイヨ法の居住のための取戻しに似た制度である（15条I第1項）[39]。取戻しのための解約申入れの受益者は，賃貸人本人，その配偶者，公知の内縁配偶者（concubin notoire, 解約申入れより少なくとも1年前から公知となっていることが必要[40]）及びこれらの者の尊属または卑属である。1999年からは，連帯市民契約（Pacte civil

---

[37]　J. Lafond et F. Lafond, *Les baux d'habitation*, 2000, n°713.
[38]　Derruppé, *Locations et loyers*, p. 27; Dutilleul et Delebecque, *op. cit.*, n° 565. 田口仁孝・注（33）所引論文67頁。
[39]　Derruppé, *Locations et loyers*, p. 30; Dutilleul et Delebecque, *op. cit.*, n° 567.

de solidarité, PACS) によるパートナーも含まれる[41]。解約申入れには，これらの受益者の名前と住所を記載する。

1989年法の取戻しのための解約申入れでは，第1に，解約申入れは，契約満了に際してなさねばならない。第2に，1989年法は居住のためという名称ではない。それゆえ，居住と職業用の混合用途であっても認められると考えられる。純粋の職業用というのは，本法が居住用の賃貸借を目的とすることから認められないと理解される。第3に，受益者に内縁が加わっている。第4に，キイヨ法では，賃借人の立退後6か月以内に当該住宅に入居し，予告期間満了の日から2年間以上そこに住まなければならないという制約があったのに対し，1989年法にはこうした制約はない。それゆえ，賃借人がこの解約申入れの真正性を争うことは，理論的には可能であっても，実際には難しい。

それゆえ，取戻しのための解約申入れは，文字通り取戻しのために濫用される危険性があり，「取戻しのための解約申入れは，法律に対するフロードのための好都合な手段を提供しうる。」という評価すら存在した[42]。この欠陥に対して，賃借人のための団体による賃貸借法の解説では，賃貸人の解約申入れの濫用を防ぐために，申入れを受取った賃借人は，賃借人のための団体の援助により訴訟提起の可能性がある旨の警告文書を賃貸人に送付することが推奨された[43]。

(vi) 売却のための解約申入れ ②売却のための解約申入れについて，次のような規定がある。(15条Ⅱ第1項)

「解約申入れが建物を売却する決定に基づいているときには,解約申入れに予定された売買の価格及び条件を明示しなければならない。これに従わない解約申入れは無効である。この解約申入れは，賃借人に対して売却の申入れとしての効果を有する。売却の申入れは，猶予期間の最初の2か月間有効で

---

(40) Dutilleul et Delebecque, *op. cit.*, n°567 note 2.
(41) Lafond, *Les baux d'habitation*, n°627.
(42) Dutilleul et Delebecque, *op. cit.*, n°567. 田口注 (33) 所引論文67頁。
(43) Confédération syndicale du cadre de vie, *Droits des locataires*, 1994, p. 157.

ある。」

売却のための解約申入れに，売却価格及び条件が明示されているため，賃借人は同一条件でこの建物を購入することができるという先買権を有する。

キイヨ法では契約期間中の3年ごとにこの売却のための解約申入れをなしえたが，1989年法では，契約期間満了時に限られることになった[44]。なお，売却のための解約申入れをなすには，現実に買主を見出していることは必要ない。重要なのは，賃貸人の「住宅を売却する決定」(15条II第1項)であり，これがあればたりる。売却のための解約申入れに対抗する賃借人の手段としては，先買権がある。しかし，売却が3親等内の居住を目的とする売買のときは賃借人の先買権は与えられない(15条II第6項)。そもそも，先買権は，賃借人が十分な資力を有しないときは意味がない。

(vii) 正当かつ真摯な事由による解約申入れ　③正当かつ真摯な事由による解約申入れは，キイヨ法と同様のものである。これをなしうるのは，まず，賃借人に無断譲渡，転貸，賃料の不払，契約以外の用途のための利用等の義務違反がある場合である。もっとも，この「正当かつ真摯な事由 (motif légitime et sérieux)」という文言は，商事賃貸借の「重大かつ正当な事由 (motif grave et légitime)」とは区別されているとして，必ずしも賃借人の側の過失を要件としていない。賃貸人は，建物の取壊しのような賃借人の義務違反に関係のない場合でも，正当かつ真摯な事由による解約申入れをなしうるという説明が議会でもあった[45]。

(viii) 賃借人からの解約申入れ　賃借人からの解約申入れについては，12条が次のように規定している。

「賃借人は，15条I第2項に規定する猶予期間を置けば，いつでも解約申入れをなしうる。」

この賃借人による解約申入れには特に理由は必要ない。猶予期間は，原則として3か月であるが，賃借人が転勤もしくは失職した場合または60才を超えて

---

[44] Derruppé, *Locations et loyers*, p. 29; Dutilleul et Delebecque, *op. cit.*, n° 568.

[45] Derruppé, *Locations et loyers*, p. 29.

第 2 節　現代的賃借権保護立法と物権説

いて健康上の理由から住所の変更が正当化される場合等には 1 か月になる[46]。

(ix)　猶予期間の賃料支払義務　解約申入れの後の猶予期間の間は，賃貸借契約は有効であり，賃借人は賃料支払義務を負う。しかし，この場合も賃貸人からの解約申入れと賃借人からの解約申入れとで相違がある。これについて15条Ⅰ第 3 項は，次のように規定している[47]。

「猶予期間において，賃貸人からの解約申入れの場合には，賃借人は，建物を実際に使用している限りにおいて賃料及び諸費用の支払義務を負う。賃借人からの解約申入れの場合には，賃借人は猶予期間の間中賃料及び諸費用の支払義務を負う。但し，猶予期間満了前に建物に賃貸人が新たな賃借人と契約してその賃借人が入居すればこの限りではない。」

これは，賃借人が猶予期間中に代替家屋を見つけて契約するときに新賃貸物件と旧賃貸物件で賃料の二重払いを防止するために設けられた措置である。賃貸人からの解約申入れの場合には賃借人の保護を図る必要が大きいのに対し，賃借人からの解約申入れの場合には特別の優遇措置はなく，賃借人は原則として猶予期間（原則 3 月）中の賃料を支払わねばならないことになる。

以上の解約申入れに関する規定を整理すると表 2 のようになる[48]。

(x)　更新の申込み　更に，賃貸人は，解約申入れと同一の猶予期間と方式を遵守して更新の申込（offre de renouvellement）をなしうる。更新された賃貸借契約の契約期間は，賃貸人が自然人等であれば最低 3 年法人であれば最低 6 年になる。黙示の伸長と違い，賃貸人は最低期間よりも長期の期間を提示できる。賃借人はいつでも解約申入れできるから長期の期間を締結しても特に不利益はない。その他の条件は原則として，前の賃貸借と変わらず，黙示の伸長があったのと同じになる。しかし，賃貸人は，一定の場合に更新の申込みに賃料増額請求（後述）を含めることができる（10条 4 項）。このため，更新の申込みは，主に更新後の契約賃料値上げのために用いられる。

(b)　賃料規制　1989年法は，賃料規制を新規賃料（ⅰ）及び更新賃料（ⅱ）

---

[46] Derruppé, *Locations et loyers*, p. 27.
[47] Derruppé, *Locations et loyers*, p. 27.
[48] Lafond, *Les baux d'habitation*, n°517.

第1章 フランスの物権説

表2　1989年法における解約申入れ

	賃貸人から	賃借人から
時期	期間満了時	いつでも
形式	配達証明つきの書留郵便または執達吏の送達	同左
猶予期間	6か月	3か月 但し，失業等の場合には1か月
理由	売却，居住取戻しまたは正当かつ真摯事由あるときに限る	特に必要なし
猶予期間中の賃借人の義務	建物使用している限りで賃料・諸費用支払義務あり	期間満了まで賃料等支払義務有り，但し，期間満了前でも他の賃借人が建物利用始めれば義務なくなる

について行っている。更に，契約中の賃料増額特約（iii）についても規制している。

（i）新規賃料　1989年法は，新規賃料について，①自由賃料（loyers libres）を一定の場合に限定し，②比準賃料（loyers référencés）を原則的制度として，③ブロック賃料（loyers bloqués）デクレを例外的措置として賃料高騰期に設けるという形で規制した。これらの制度は，1989年法制定時にはフルに役割を果たしたが，賃料が安定している2000年の時点では，②比準賃料制度は，1997年8月1日以後適用を停止されていること，③ブロック賃料のためのデクレも1991年8月31日からは存在しないことのため，結果として新規賃料は①自由賃料によって決定されることになっている。

①自由賃料について述べれば，新規の賃貸借契約を締結する場合に賃貸人による自由な賃料の決定が許されるのは，次の四つの場合に限られた[49]。第1に新築住宅，第2に前の賃借人が退去した後に1987年3月6日のデクレ（1948年法の適用範囲縮小に関連するメェニュリイ法25条のためのデクレ）に適合するための工事を施した住宅，第3にこのデクレに既に適合する住宅であり（所有者が以前

第 2 節　現代的賃借権保護立法と物権説

居住していた等で）初めて賃貸される住宅，第 4 にこのデクレに既に適合する空室になっている住宅で当該建物の専有部分または共用部分のために重要かつ新規の工事を施した住宅（17条 a）。第 4 の工事とは，賃貸借に供されるよりも 6 か月までの近い時点でなされたものであり，かつ前の賃料 1 年分と同じかそれ以上の工費であることが必要である。例として，賃貸借より 2 か月前になされた高額費用のエレベーター工事等である。

　自由な賃料決定が許されるのは，新築を含めて，賃貸人が投資を行った場合を中心にした。換言すれば，自由な賃料決定は投資の呼び水として与えられる報奨として位置付けられた。もっとも，第 4 の場合の 6 か月以内の工事という要件は，厳しい要件ともなりえた。賃貸市場が低迷して借り手を見つけるのが難しい場合には，賃貸人が工事後 6 か月以内に賃借人を見つけて自由な賃料決定の恩恵を得られるか自信が持てず，その結果工事をためらうことも予想されたからである[50]。

　②比準賃料について述べれば，それ以外については，新規契約の場合でも自由な賃料決定は許されなかった。例えば，前の賃貸借が終了して賃借人が退去した後，新たな賃借人と賃貸借契約を締結する場合は，賃料規制を受けた。こうして，実際には賃料規制を受ける場合が多かったことになる。この場合は，原則として，比準賃料制度によった。すなわち，賃貸人が賃料をそれ以前の賃貸借の場合よりも高額にするには，新たな賃料は「近隣地域において比較しうる住宅で一般に確証しうる賃料との比準に基づいて（par référence aux loyers habituellement constatés dans le voisinage pour des logements comparables）」決定されねばならない（17条 b 第 1 項）。賃貸人が前賃貸借と同一の賃料で新たな賃貸借契約を締結するのであれば，この制度の適用は受けないが，前の賃借人の退去をきっかけとして新規契約で賃料を値上げしようとすると比準賃料制度に規制されることになった。

　賃貸人は，原則として 3 例，パリ，リヨン及びマルセイユでは 6 例の比準例

---

[49] Derruppé, *Locations et loyers*, p. 34; Dutilleul et Delebecque, *op. cit.*, n° 576.
[50] Raffray, *op. cit.*, n°49.

第1章 フランスの物権説

を提出しなければならず，3例または6例の比準例のうち，3分の2には過去3年間賃借人の変動のなかった賃貸借契約の家賃が含まれなければならない(19条3項)[51]。

比準賃料決定の例は，次のようなものである[52]。12室からなる建物があるとして，2室は所有者が居住し，これを賃貸すると（自由賃料であるから）交渉賃料は月2400フランになるとする。3室は1990年に賃借人が退去している。残りは，月1200フランで賃貸されている。自由賃料の決定を受けない部屋(前に賃借人が居て，特に工事もしていない部屋）を貸そうとすると，比準賃料例は，1例は，2400フランであり，残り2例は，過去3年間賃借人の変動のなかった1200フランの部屋になる。それゆえ，比準賃料は，最高額で(2400F×1＋1200F×2)÷3＝1600Fすなわち月1600フランになる。3分の2の比準例を過去3年間賃借人の変動のなかった賃貸借契約の賃料に求めることが要件とされていたため，賃料上昇期では，決定される賃料額の上昇が緩やかなこと(結果的に規制されること）が期待された。

比準例は，賃貸人みずから収集することもできるが，賃料調査所(observatoires des loyers) から情報の提供を受けることもできた。賃料調査所は，各県に設立されることになっていたが（16条），パリに1987年に設立された[53]。それは，パリについて4万件の賃料情報を収集し，後述の賃料規制デクレの制定に影響を与えた。パリ賃料調査所の提供する賃料情報は，調査の日付，建物のおおよその住所，建物の敷地や周囲の環境・建物のグレード（最良，良，普通，並の4段階で評価)，建築年次(1914年前，1914年から1948年，1949年から1974年，1975年から1986年，1987年以降の5段階に分類)，部屋の所在階とエレベーターの有無，部

---

(51) Derruppé, *Locations et loyers*, p. 35; Dutilleul et Delebecque, *op. cit.*, n° 577. 寺尾仁「都市政策と住宅政策」原田純孝＝広渡清吾＝吉田克己＝戒能通厚＝渡辺俊一編・現代の都市法――ドイツ・フランス・イギリス・アメリカ（東大出版会，1993年)290頁。比準家賃による場合には，契約書の中に契約家賃が比準家賃方式によることのみならず，比準例も記載される (Raffray, *op. cit.*, p. 131; Aubert et Bihr, *op. cit.*, p. 231)。

(52) Raffray, *op. cit.*, n°52.

(53) Derruppé, *Locations et loyers*, p. 31.

第2節 現代的賃借権保護立法と物権説

屋数と面積.(平方メートル)，部屋の設備（セントラルヒーティングの有無，浴室の有無等で良，普通，並の3段階で評価），建物の中での部屋の位置（最良，良，普通，並の4段階で評価），賃借人の入居の年月，駐車場・付属部屋の有無，賃料（毎月の支払賃料額と平方メートル当たり賃料額），賃貸借の更新の日付等が含まれた[54]。更に，全体の賃料動向も提供された。賃料調査所の賃料情報は，裁判所が賃料を決定する際にも参照された[55]。

　賃借人は，この比準賃料の正当性を争うことができる。具体的には，賃借人は，調停委員会（commission de conciliation）において，契約自体の有効性を争うことなく，賃料の額のみを争うことができた（17条b第3項）。異議を主張できるのは，2か月以内となっているが，その起算点は，契約が締結された日ではなく，契約が効力を発生させた日とされる。賃借人の異議において，賃貸人が提出して比準例が数として十分でないとかまた比準例の3分の2は過去3年間賃借人の変更のなかった賃貸借の賃料が含まれなければならないという要件を満たしていないという主張だけではなく，比準例として提出された例そのものが比準とするのに不適当であるという主張も可能である（但し，証明責任は，賃借人にある。）。調停委員会（commission de conciliation）で合意が得られないときは，裁判所が賃料を定める（17条b第4項）。こうして，比準賃料は，賃料規制のための実質的制度として働くことが期待された。

　この比準賃料制度は，1989年法施行から5年間適用されることになっていた。その後については，その間の経験について政府が議会に調査報告を行うこととされ（17条b第2項），結果として，比準賃料制度は，1997年7月31日まで適用が延長された。しかし，その後は新たな適用延長の措置は執られていない。次に見るブロック賃料デクレも新規賃料については廃止されたために，新規賃料については自由賃料制度のみが残ることになった。

　③ブロック賃料デクレについて述べれば，賃貸住宅市場に「不正常な状態

---

(54) D. Coste-Ferrandi, Loyer. Méthodes de calcul: Location soumises à la loi du 6 juillet 1989, *Jurisclasseur civil*, Art. 1708 à 1762, Fasc. 146-3, 1998, annexe 1.

(55) Coste-Ferrandi, *op. cit.*, n°28.

第1章　フランスの物権説

(situation anormale)」が存在する地域があるときには，その地域における比準賃料の適用を受ける住宅について，デクレによって，1年を超えない期間で賃料の上昇率の上限を定めることができる（18条1項）。パリ地域について，1989年8月28日のデクレ89―590と1990年8月27日のデクレ90―762があり，比準賃料適用住宅の新規賃料の前賃料に対する上昇率を，原則として（改良工事があったときを除く），国立経済統計研究所が発表する全国建築費指数の上昇率以下に制限した[56]。

もっとも，1991年8月27日のデクレ91―818以降のデクレは，次に見る更新の場合についてのみ規定し，新規賃料に関する規定はなくなった。

(ii)　更新賃料規制　更新賃料規制の措置としては，①比準更新賃料制度及び②ブロック更新賃料デクレがある。

①比準更新賃料制度について，17条c第1項及び第2項は，次のように規定している。

「契約の更新のときには，賃料はそれが明白に低い場合に限って再評価の対象となる。

この場合，賃貸人は，賃借人に対して，少なくとも契約満了の6か月前に，15条に規定した方式（配達証明つきの書留郵便等……小栁注）を遵守して，19条に従って近隣地域において比較しうる住宅で一般に確証しうる賃料との比準に基づいて定められた新たな賃料額を提示しなければならない。」

以上のように，更新の場合，原則として更新後の契約は前の契約と同じ内容であり，その結果賃料も同じことになる。しかし，賃貸人は，賃料が「明白に低い場合」には，その再評価を請求することができる[57]。この場合，6か月前までに増額請求つきの更新の申込みをなさねばならない（17条c第2項）。この際，賃貸人は，近隣地域において比較しうる住宅で一般に確証しうる賃料との比準に基づいて決定した賃料を提案しなければならない。参考例としては，新

---

(56)　Derruppé, *Locations et loyers*, p. 39; Raffray, *op. cit.*, n°54; Aubert et Bihr, *op. cit.*, n°92..

(57)　Derruppé, *Locations et loyers*, p. 40; Dutilleul et Delebecque, *op. cit.*, n° 581.

第2節　現代的賃借権保護立法と物権説

規賃料の場合と同じく，3例または6例が必要である。このときは，賃貸人は，解約申入れをなす権利を失う(17条c第3項)。賃借人が同意しないか，または契約終了の4か月前までに回答をなさない場合には，調停委員会に付託され(17条c第5項)，更に，ここでも合意が得られないときには，裁判所が判断する(17条c第6項)[58]。

更新賃料の値上げについて，賃借人が合意した場合でもまた裁判所等が決定した場合でも，更新賃料は直ちに新賃料額になるわけではない。この点について，17条c第7項及び第8項は次のように定める。

「当事者が合意したかまたは裁判所が決定した値上げは，更新された賃貸借の期間に従って毎年3分の1または6分の1づつなされる。

しかし，値上げが10％を超えるときには，6分の1づつなされる。もし，更新された賃貸借の期間が6年に満たないときにはその次の更新に値上げは引き継がれる。」

3年または6年にわたって段階的に新賃料に上昇していくのは，激変緩和措置である。例えば，従前の賃料が月5000フランであって，賃貸人が自然人であったとして，更新賃料について450フランの値上げが合意されまたは裁判所の命ずるところであったとする[59]。値上げは10％以下であるため，3年で段階的に毎年150フランづつ賃料増額がなされることになり，更新後の賃料は，最初の年は5150フラン，翌年は5300フラン，最後の年は5450フランになる。

なお，この例で賃貸人が法人であれば，更新後の契約期間は6年になるため，6年ごとに分割して毎年75フランづつ賃料が上昇する。

また，賃貸人が自然人であって900フランの賃料増額が認められたとすると，この場合には6年にわたって毎年150フランづつ段階的に賃料が上昇することになる。そのことは，更新後の契約が6年契約になることを意味するのではなく，3年後の次回更新に賃料値上げが承継されることを意味する。

②ブロック更新賃料という制度は，新規賃料と同様に，更新賃料についても賃貸住宅市場に「不正常な状態」が存在する地域では更新後の賃料改定につい

---

[58]　Dutilleul et Delebecque, *op. cit.*, n°582.
[59]　この例については，Lafond, *Les baux d'habitation*, n°696 によった。

ても1年以内の期間についてデクレで制限できるというものである（18条）。このデクレについては，1989年以来現在に至るまで毎年パリ地域について発出されている。

最新の2000年8月28日のデクレ2000—812は，更新賃料については，賃料増額のインデックス特約や工事が行われた場合を除き，再評価に服さないとしている（2条1項）。

しかし，賃料が明白に低いときであって賃貸人が17条に従って更新賃料増額の申込みをしている場合には，更新賃料を増額しうるが，その場合でも，増額は，ⓐ更新時の賃料と17条に従って認められた決定賃料額の差額の2分の1の額，またはⓑ賃貸人による工事がなされた場合の年額賃料の増額は工事の税込み必要額の15％（1997年のデクレまでは10％であった。）を年額とした額，いずれかの額の高額な方の額を超えることはできない[60]。

具体例では，次のようになる。現在の賃料が月8000フランとして，賃貸人がこれは明白に低いことを示して，12000フランへの上昇が決定されたとする。ブロック賃料デクレがなければこれで決定であるが，デクレによって，値上げ額は2分の1になり，10000フランが上限となる。この賃料値上げは，前の賃料に比べて10％を超えているので，6年にわたって段階的になされる。

賃貸人が工事をして工事費が12万フランとする。この場合，12万フランの15％である年額18000フラン，月額にすると1500フランの増額が可能になる。そして，この場合，前記の手続きによる賃料値上げが2000フランであるから，こちらが適用され，2000フランの賃料増額になる。また，工事費が40万フランであるときには，その15％の12分の1（増額できる月額）は5000フランになる。この場合には，5000フランの増額が可能である[61]。

(iii) 賃料値上げ特約　賃貸借契約中に賃料改定の特約がある場合，例えば，新規賃料を5000フランと締結して，毎年の賃料値上げを特約で定める場合については，全国建築費指数の上昇率を上回ることができない（17条d第2項）。この

---

[60] Lafond, *Les baux d'habitation*, n°703. なお, Derruppé, *Locations et loyers*, p. 38は，刊行年が1998年であるため，古いデクレに対応して，10％としている。

[61] Lafond, *Les baux d'habitation*, n°706.

第2節　現代的賃借権保護立法と物権説

賃料値上げ回数は，年1回を上回ることはできない。

(c) 賃貸借契約の規制　これに関しては，1989年法は，キイヨ法以来の規定を承継して豊富である。

① 1989年法は強行法規であるとの宣言を行っている（2条）。

② 書面による契約を義務づけている（3条1項）。その契約書には，一定の記載事項（賃貸人の名前及び住所，契約の効力発生日，設備，共用部分，家賃，期間，敷金額等）がある（3条2項）。

③ 特約の効力制限をして，契約書に記載しても無効な条項を法定している（4条）[62]。記載をしても効力の認められない条項としては，賃借人が賃貸人の指定する会社で保険に加入することを義務づける条項，家賃の唯一の支払方法として自動引き落としを命ずる条項，家賃，経費の不払以外の事由による当然の解除を認める条項等がある。

④ 賃料・諸費用不払に対する解除条項の規制（24条）等を見ることができる[63]。賃料不払等の債務不履行があったとき当然に解除しうるという解除条項について，家賃不払があっても，催告の2か月後でなければ，解除の効果は生じないし，この間に賃借人から申立てを受けた裁判官は，2年を超えない猶予期間を付与しうる[64]。

解除条項を設けることができるのは，賃料，経費不払を理由にした解除に限定される。それゆえ，それ以外の理由による解除には，裁判所の宣告が必要である（1184条）。但し，賃料・諸費用不払に対する解除のためには2か月前に催告することが必要になった。

⑤ 賃料以外で賃借人が支払う諸費用について規制を行った（23条）。賃借人

---

[62] Derruppé, *Locations et loyers*, p. 14; Dutilleul et Delebecque, *op. cit.*, n° 547.

[63] Derruppé, *Locations et loyers*, p. 29; Dutilleul et Delebecque, *op. cit.*, n° 548.

[64] 原田純孝＝東川始比古・前掲「外国の借家法」107頁。1999年の2月9日のデクレにより，この猶予期間を付与できるのは，賃借人が，その支払をなし得る場合に限られることになった（Lafond, *Les baux d'habitation*, n°505）。

の負担としうる諸費用は，デクレにより，サービスの代価，賃借物の共用の諸経費の通常の維持管理費及び小修繕費等に限定され，しかも，原則として証明に基づいて請求される。

⑥　敷金についても，同様である(65)。敷金（dépôts de garantie）の約定がある場合も，家賃の2か月分を超えてはならないし（22条1項），賃貸人は敷金を賃借人が退去した後2か月以内に返却しなければならない（同2項）。

⑦　保証人についての規制が1994年法により追加された(22条の1第2項)。保証人は，賃料額，賃料変更方式，更に，保証人がみずからの義務を知っていること等を手書しなければならない。この要件を満たさない保証契約は効力を発生しない。手書により，保証人の意思を確認し，保証人がみずからの義務をよく知ることが求められている。また，保証契約に期限が付されていないときには，保証契約は保証人が一方的に解約できる。解約は，賃貸借契約の期間満了時に効力を発生する（22条の1第1項）。

これらの契約規制は，キイヨ法に由来するものがほとんどである。1989年法には消費者保護的な規制が数多く設けられ，当事者の権利義務関係において契約の果たす役割は相当に縮小した。

(c)　改良工事　　改良工事について，第1に，1967年法は，依然として適用される(66)。第2に，賃借人が工事をなす場合については，①メェニュリイ法25条に基づく1987年3月6日のデクレに適合する住宅では賃借人が工事を負担する特約を締結しうるし（6条a）(67)，②そのような特約がなくとも，賃借人は，賃貸人の同意なくして整備（aménagements）をなすことができる（6条d）。但し，賃借人は，変更については賃貸人の同意が必要である（7条f）。かくして，1989年法は，賃借人に，メェニュリイ法と同様に，一定の基準を満足させるためや重大でない限りでの改良工事の権限を認める(68)。

---

(65)　Derruppé, *Locations et loyers*, p. 42; Dutilleul et Delebecque, *op. cit.*, n° 589.

(66)　Derruppé, *Locations et loyers*, p. 19.

(67)　Derruppé, *Locations et loyers*, p. 18; Dutilleul et Delebecque, *op. cit.*, n° 550.

(d)　譲渡と相続　　1989年法8条1項前段は，メェニュリイ法8条1項と同一の法文であり，「建物賃借人は，賃貸人が賃料についての同意を含めて書面で同意を与えない限り，賃貸借契約を譲渡することも，賃借物を転貸することもできない」と規定した。なお，1989年法は，1948年法やキイヨ法にあった賃借権譲渡に際し，金銭等を受領することを刑罰により禁止する規定を承継していない。この点でも，メェニュリイ法と同様である[69]。但し，1989年法は，建物の居住面積あたりの賃料において転借料は，もとの賃貸借の賃料を上回ってはならないというキイヨ法15条3項の規定を復活させる[70]（8条1項後段）。また，メェニュリイ法と同様に，同法の規定は，総ての転貸借には適用除外される。

　賃借人の死亡の際には，配偶者及びPACSのパートナーは承継しうるが，卑属等が承継するための要件として，賃借人と少なくも1年間死亡の日まで共同生活していることが必要である（14条2項）。1年という要件は，メェニュリイ法になかったもので，キイヨ法の規定を復活させた。こうした要件を満たす者がいないときには，賃借人の死亡により賃貸借は法律上当然に終了する。民法1742条の規定する賃借人死亡の際にも賃貸借は終了しないという原則は，排除されている。

　(ウ)　居住用建物賃貸法と物権説
　近年の賃貸借諸立法における賃借権の性質を比較的詳細に検討する論文として，ソレティの論文がある[71]。ソレティは，居住用賃貸借の諸立法下における賃借人の性質に関して，賃借人の権利の永続性と権限の増大が認められ，その権利が物権であるかを問題にする必要があるとして，キイヨ法，メェニュリイ

---

[68]　1989年法は，メェニュリイ法と同様の，賃貸人の改良工事規定をおく（Derruppé, *Locations et loyers*, p. 21; Dutilleul et Delebecque, *op. cit.*, n°554)。

[69]　De Belot et Legrand, Commentaire: *Gaz. Pal.* 1989. 2. doctr., n°26 (p. 518).

[70]　Derruppé, *Locations et loyers*, p. 21; Dutilleul et Delebecque, *op. cit.*, n° 555. 1989年法は，1948年法にあった交換という制度を復活させた（9条）。これは，同一の所有者に属し，かつ同一の集合住宅の中にある2人の賃借人が2人の間で交換を行うことを認めた。

法，1989年法の変遷を検討した。

まず，キイヨ法に関して，賃借人に更新請求権（droit au renouvellement）を認め，その権利の存続に配慮したことは賃借権の永続性につながること，また，賃借人に賃借物の整備（aménagement）の権限を認めたことは賃借人の権限の増大を示すことを論じ，物権説に有利な点であると述べた。しかし，譲渡と転貸が原則的に禁止されていること，賃借人の死亡の際特定の要件を満たす者がいないときには賃借権が終了することから，賃借人の権利に人的考慮性（intuitus personae）があると指摘した。ソレティは，一応こうした賃借権の人的考慮性そのものは，それが物権であるか債権であるかに直結しないことを承認しつつ，《譲渡性は，物権の自然的要素（élément naturel）である》というプラニオル＝リペエル＝ハーメル＝ジボール＝タンクの見解を紹介し，「賃借権の譲渡ができないことは，その性質が債権であることを強調する」と指摘した。また，賃貸人が一定の場合に取戻しの権限を有すること，とりわけ売却のための取戻しの権限を有することは，賃借権の物権性とは矛盾すると述べた。

次に，メェニュリイ法については，賃借人の賃借物整備の権限は，キイヨ法と同様であると指摘しつつ，キイヨ法以来の賃借人の権利の人的考慮性が認められること，更に，メェニュリイ法では賃貸人に自由な更新拒絶の権利が認められ，賃借人の権利の永続性を指摘できないことを論じた。かくして，ソレティは，メェニュリイ法は，契約自由を基本原理とする民法と同様に，賃借権の物権性を認めないと指摘した。

最後に，1989年法である。ここでは，キイヨ法と同様に，賃貸人に更新拒絶の自由はない。また，賃借人に賃借物整備の権限が認められる。しかし，賃借人の権利は人的考慮性を有する。かくして，ソレティは，「この賃借権の譲渡不可能性は，その性質を債権とする議論を支持する。というのも，物権は通常譲渡しうるものであるから。」と論じ，更に，賃貸人が取戻しのための解約申入れや売却のための解約申入れをなしうることは，賃借権の物権性の障害になると指摘した。

---

(71) Solletty, Obligations du locataire, Nature du droit du locataire, *Jurisclasseur civil*, art. 1708 à 1762, Fasc. 145, 1991, n°3.

第2節　現代的賃借権保護立法と物権説

　ここで改めてデリュペの議論との関連を検討すれば，デリュペが居住用賃貸借を論じたときに重視したのは，①賃借権と区別される占用維持の権利の付与による賃借人の権利の永続性，②契約関係ではなく，強行法規たる法律による賃借人と賃貸人の関係の規制，③賃借人の改良工事権限，④賃借権の譲渡，転貸，相続である。

　①については，むしろ，賃貸人の取戻しの可能性が拡大した。1986年法のように，賃貸人に自由な更新拒絶の権利を認めるときは，賃借人の権利の永続性は存在しえないことになる。更に，1989年法においても，賃貸人の自由な更新拒絶は不可能なものの，取戻しのための解約申入れ（congé pour reprise）という制度が存在し，濫用の危険が指摘される。

　②の点は，多くの点で1980年代の居住用建物賃貸借の改正でも維持される。但し，賃料については，一旦は1986年のメェニュリイ法で自由化がなされ，その後1989年法で再び規制が行われた。但し，この規制も1989年法ではその後ゆるめられた。

　③の点は，やはり，1967年法以来賃借人の権限は拡大したと考えられる。もっとも，この改良工事の権限は，1967年法がそうであるように，一定の基準を満たすためのものであったり，また「整備」のように限定的なものであったりするのであり，強大なものではない。

　④は，1948年法と規定が基本的には同様であり，メェニュリイ法以降は賃借権の有償譲渡が刑罰により禁止されなくなった点を除けば，この点では，賃借人の権限の強化はなされなかった。この点で，ソレティ等のように，居住用建物賃貸借について賃借人の権利には人的考慮性があるという指摘がある。しかし，居住用建物賃貸借における賃借人の権利は，賃貸人の同意があれば譲渡，転貸をなしうる。また，賃貸人の同意がない場合でも裁判所の介入によりなしうる場合がある。このため，譲渡，転貸の禁止が強行法規である農地賃貸借に比べれば居住用建物賃貸借の人的考慮性の程度が弱いことに注意が必要である。

　居住建物用賃借人の権利の法律的性質に関して，④の点から人的考慮性を指摘して，その権利を債権であるとする議論がある。しかし，④だけでは，必ずしも決め手にはならないと考えられる。というのも，既に指摘したように居住用建物賃貸借法の譲渡，転貸の禁止は強行規定ではなく，賃貸人の同意があれ

ば譲渡，転貸をなしうる。とはいえ，全体としては，デリュペの議論を維持するのは，容易でないことを認める必要がある[72]。

3 商事賃貸借
(ア) 更新拒絶の自由

デリュペは，商事賃貸借について，1926年法を中心に検討し，その後，1950年代のショタアル案を考察した。その際，1926年法が賃借人に一定の更新請求権を与えたこと及びショタアル案が1926年法の特徴であった賃貸人の自由な更新拒絶権を否定したことを重視していた。

デリュペは，ショタアル案が成立確実であると書いた。しかし，実際には，ショタアル案は成立に至らず，これとはやや系譜を異にする1953年9月30日デクレが成立した[73]。1953年デクレは，多くの点で改正をうけつつも現在に至るまで商事賃貸借の基本的な法規である。そのため，その後の改正を含めた1953年デクレの現在の姿を前提に，デリュペの議論が維持しうるかを改めて検討する必要がある。

1953年デクレは，基本的に1926年法を承継した。1953年デクレは，多くの規定が公序規定であることを特徴とする (35, 35—1条)。

期間について，1953年デクレ3—1条1項は，「賃貸借の契約期間は，9年を下回ってはならない。」と規定した。この規定は，公序規定である。

賃借人は，反対の約定がない限り，契約期間の間，3年ごとに解約申入れをなす権限を有する。この場合には，後述の解約申入れの方式と猶予期間を遵守しなければならない（3—1条2項）。

賃貸人は，中途解約をなすことができない。例外として，賃貸人が建物の建築，再建築，増築等をする場合に限り，3年ごとに中途解約をなしうる。その

---

(72) Vial-Pedroletti, Droits du locataire: nature juridique, *Jurisclasseur Civil* Art 1708 à 1762, fasc. 230, 1988もまたこのような評価である (n°3)。

(73) 吉田克己「フランス商事賃貸借」社会科学研究30巻1号69頁以下，1953年デクレと1953年法との比較は，79頁に詳細である。Derruppé, *Locations et loyers*, p. 81.

場合には，後述の解約申入れの方式と猶予期間を遵守しなければならない。この場合には，後述の追奪補償が必要になる（3－1条3項）。

賃貸借の終了について，同デクレ5条1項は，次のように規定した。

「民法1736条（期間の定めのない賃貸借は解約申入れにより終了する旨の規定……小柳注）及び1737条（期間の定めのある賃貸借は期間の満了により当然に終了する旨の規定……小柳注）は排除され，本デクレの諸条項に服する賃貸借は，地方の慣習に従い少なくとも6か月前になされた解約申入れ（congé）によらなければ終了しない。」

賃貸借の終了には，少なくとも6か月の猶予期間をおいた解約申入れが必要であった[74]。解約申入れは，裁判外の証書によらねばならない。解約申入れには必要的記載事項があり，解約申入れの理由を記載しなければならず，賃借人が異議申立てまたは追奪補償（indemnité d'éviction）の請求をするには解約申入れから2年の期間の満了前に裁判所に提訴しなければならない旨も記載しなければならない（5条5項）。

解約申入れがない場合には，賃貸借は黙示の期間伸長（tacite reconduction）をする（5条2項）。この場合は，契約は，期間の定めのないものとなる（5条2項）。

以上の黙示の期間伸長の他に，賃貸借の更新がある。更新は，賃借人または賃貸人の請求によらねばならない。賃借人は，賃貸借の更新請求権（droit au renouvellement du bail）を有する（4条）。解約申入れがないときは，賃借人は，賃貸借の満了に先立つ6か月以内または賃貸借の期間伸長があったときにはいつでも更新請求をなしうる（6条1項）。賃借人がこの更新請求権を有するには，更新請求権者が「営業財産の所有者（propriétaire du fonds）」であることが必要であり，3年以上の営業の継続があること，みずから営業をなしていることなどを要する（4条）[75]。

更新請求があってから3か月以内に，賃貸人が更新拒絶の通知（後述）をしないときには，賃貸人は，従前の賃貸借の更新を承認したものとみなされる（6条

---

(74) Derruppé, *Locations et loyers*, p. 104.
(75) Derruppé, *Locations et loyers*, p. 103.

4項)。更新による新たな賃貸借の期間は，当事者の合意がない限り，前の賃貸借の期間と同じであり，かつ9年を超えない（7条1項）。

　賃貸人には，自由な更新拒絶権があるが[76]，その場合には原則として賃借人に補償請求権が認められる[77]。これについて，1953年デクレ8条は，次のとおり規定した。

　「賃貸人は，賃貸借の更新拒絶をなす（refuser le renouvellement du bail）ことができる。しかし，賃貸人は，9条以下に規定された例外を除けば，追奪賃借人に対し，彼が更新の欠缺により被った損失を補償する責に任ずる。」

　かくして，賃貸人が，更新拒絶をする際に，補償を支払う義務を負うときと負わないときとがある。

　追奪補償については，1953年デクレは1926年法の原則に戻り，更新の欠缺により被った損失に等しいもの（égal au préjudice causé par le défaut de renouvellement）と規定し，原則として営業財産に等しいという1946年法の原理は承継されなかったが，その後1957年法による改正に基づき「職業上の慣習に従い決定される営業財産の市場価値（valeur marchande du fonds de commerce）を含み，場合によっては，これに移転及び再設の通常費用ならびに，所有者が損失はより少ないと証明する場合を除き，同一価値を有する営業財産に対して支払うべき費用及び譲渡税を加算する。」ものと規定した（8条2項）[78]。このため，追奪補償は，相当な高額に達することになった[79]。

　例外的に，賃貸人が追奪補償義務を負わないで更新拒絶をなし得るのは，①

---

(76) 吉田克己・前掲「フランス商事賃貸借」社会科学研究30巻1号70頁。Derruppé, *Locations et loyers*, p. 108.

(77) 福井守・前掲営業財産の法的研究193頁以下参照。同278頁以下には，1953年デクレの翻訳がある。吉田克己・前掲「フランス商事賃貸借」社会科学研究30巻1号69頁，Derruppé, *Locations et loyers*, p. 107.

(78) Derruppé, *Locations et loyers*, p. 108.

(79) 吉田克己・前掲「現代不動産賃貸借法制分析への一視角」社会科学研究28巻3号101頁。これは，賃料改定の問題が関連する。というのも，1953年法は，賃料改定のための手続を規定するものの，結果的に継続賃料は新規賃料に比べて相当低廉になる。

重大かつ正当な事由（motif grave et légitime）のあるとき（9条1号），②行政庁により不衛生な状態にあると認められ建物の取壊しが必要なとき，または危険なしには占用できないと証明したとき（9条2号），③所有者自身またはその家族の居住のための取戻しをなすとき(14条1項)である[80]。但し，居住のための取戻しについては，取戻権の受益者が通常の必要に適合する住宅を有しないことが必要である。また，居住用の取戻しに際して，賃借人が当該不動産の剥奪が営業財産の経営上重大な障害をもたらすことを証明したときは，取戻権は行使できない(1960年法による14条3項)。④再建築一般についての取戻に際しては，賃料3年分の補償を要すると当初規定されていたが，後に1957年法による改正に基づき，補償を支払うことが必要になった（10条1項）。ただし，賃貸人が賃借人に対して相当の場所に存在し，賃借人の必要と可能性に対応した賃貸施設を提供するときは，減額することができる（10条3項）。賃借人の受け取ることができる補償は，営業ができないことによる損失，営業財産権の減価，引越費用等である（10条4項）。

(ｲ) 契約自由の制約

1953年デクレは，契約自由に対する制約を行った。その例としては，更新に関する特約の効力の否定（34条），次に見る譲渡禁止特約の制限（35条）があり，また，賃貸借の解除に関する特約の制限があった。まず，賃貸人の破産を当然の解除事由とする特約はその効力を奪われた（36条）[81]。既に，賃貸人の先取特権で見たように，フランス法では賃貸人の破産自体は，賃貸借の解除事由ではなかった（この点で日本民法621条と異なる。）。更に，1872年法は，破産自体は当然の解除事由にならないことを明確化し，商事賃貸借について破産管財人に，将来の賃料を支払うことなく，契約の継続権を認めた。しかし，当事者の約定で，あらかじめ破産を契約の解除事由とすることは可能であった。1953年デクレは，この約定の効力を否定した。更に，賃料不払を理由とする契約の当然解除を認める解除条項について，支払催告後1か月を経ても支払がないときにのみ効力を有し，更に，裁判官が賃料の支払について（フランス民法1244条に従い）

---

[80] Derruppé, *Locations et loyers*, p. 113.
[81] Derruppé, *Locations et loyers*, p. 99.

猶予期間を設けることができると規定した（25条）[82]。更に，賃料に関しても，改定手続を法定した（27条）[83]。

(ウ) 譲渡・転貸

この点に関して，1953年デクレは，賃借権の譲渡を禁止する特約は，営業財産の譲渡に際して無効であると次のように規定した（35―1条）。

「その形式の如何を問わず，賃借人が，その営業財産権の取得者またはその企業の取得者に対して，賃貸借または本デクレにより賃借人が得る権利を譲渡することを禁止する目的の約定は効力を有しない」。

営業財産の重要な構成部分が賃借権である以上，賃借権の譲渡を禁止する特約は，実質的には営業財産の譲渡を禁止することになる。このため，このような特約の効果を否定したのである。これは，ショタアル案に由来し，賃借権の譲渡性を強化する規定であった。但し，営業財産と分離して賃借権を譲渡するときは，賃借権の譲渡を禁止する特約の有効性は失われない。要するに，本規定は，営業財産保護の一環であり，単なる賃借権の保護ではない[84]。

転貸に関しては，1953年デクレ21条1項が「反対の特約または賃貸人の同意がない限り，一部または全部の転貸は禁止される。」と規定した。これは，民法1717条の原則（反対の特約がない限り，譲渡，転貸をなしうる。）を転換し，転貸による中間利得の排除を目的とした規定であった[85]。また，賃貸人は，転貸借に際して転借料が元の賃料を超える場合には，元の賃料の相当の増額（augmentation correspondante）を請求しうることになった（同3項）。

(エ) 商事賃貸借立法の展開と物権説

デリュペの議論との関連では，以下の点が重要である。①1953年デクレは，賃貸人に自由な更新拒絶の権利を認める。デリュペは，1946年法の期間延長やショタアル案に見られた賃貸人の自由な更新拒絶権の否定に大きな関心を示したのであるから，この限りでデリュペの議論は根拠を奪われることになる。②

---

[82] Derruppé, *Locations et loyers*, p. 100.
[83] Derruppé, *Locations et loyers*, p. 123.
[84] Derruppé, *Locations et loyers*, p. 90.
[85] Derruppé, *Locations et loyers*, p. 99.

第2節　現代的賃借権保護立法と物権説

1953年デクレによる賃借権譲渡の承認は，ショタアル案を承継するが，賃借権の転貸を原則として認めない。これは，ショタアル案と異なり，賃借人の権限の制限になる。以上は，デリュペの議論を維持するのに不利な点である。

③全体に，当事者の特約の効力を否定し，強行法規としての特別法により賃貸借関係を規制しようとする傾向が強まった（最低期間の規定等）。④1953年デクレは，賃貸人が補償なしに取戻しをなしうる場合を1926年法に比べれば制限している。③及び④は，デリュペの議論を現在でも維持するのに有利な点である。以上，①及び②に対して③及び④という相反する点が問題となるが，いずれかといえば，①の賃貸人による自由な更新拒絶権の存在は，デリュペの議論を現在において維持するのを難しくすると考えられる。

Ⅲ　近年の議論

1　デリュペの再論

(ア)　記念論文集

現代的物権説を主張した博士論文から40年以上経過した1996年に，デリュペは賃借人の権利の法律的性質を正面から取り上げた論文を再び発表した。その論文の題は，「賃借人の物権に関する回想と回帰」であり，ツールーズ大学ボワエ学部長のための記念論文集に掲載された[86]。

この論文は，記念論文集という性格のためか，肩の凝らないスタイルで書かれ，全部で9頁である。しかし，その内容は，やはり重要である。論文の冒頭に，デリュペは，ボワエ学部長との交際が50年になること，二人の博士論文の指導教授が同じMaury教授であったこと等を書いている。そして，デリュペは，自分が賃借人の権利の法律的性質論を博士論文のテーマとして選択した時に，ボワエ教授が非常に驚き，心配し，応援したことを忘れたことはないと述べ，自分が主張した賃借人は物権を有するという説は，少数説であるけれども，40年以上経過した今でも同じ考えであると述べる。この論文は，デリュペの現代的物権説の再論という意義を持った。デリュペは，以下，次のように述べてい

---

[86]　J. Derruppé, Souvenirs et retour sur le droit réel du locataire, *Mélanges dédiés à Louis Boyer*, 1996, p. 169.

第1章　フランスの物権説

る。

　フランスの法学者は，ローマ法以来の考え方・賃借人は賃貸人の債権者に過ぎないという考え方に親しみ，疑うことを知らない。しかし，これは法律学者の常識であっても，人々の良識とは非常にかけ離れた考え方である。用益者 (usufruitier) が物について物権を有するのに，賃借人は債権しか有さないというのは，不自然である。しかも，この奇妙な概念は，実際上の問題の解決についてはほとんど役に立たない。というのも，1743条をはじめとした種々の特別規定及び特別法によって多くの実際上の問題点について物権説を採用したのと近い結果になっている。

　しかし，古典的な考え方である債権説にも理由がある。というのも，賃貸人の義務，債務は賃貸借関係の中心的要素である。とすれば，やはり賃借人の権利は，債権として理解すべきであるとも考えられる。

　債権説をうち破るには，その根拠を攻撃しなければならない。換言すれば，賃貸人の債務の存在は，賃借人の権利の物権性を排除しないことを証明しなければならない。そのためには，比較方式と演繹方式の二つの方式がある。比較方式とは，物権であることが疑われていない権利と賃借人の権利を比較することである。演繹方式とは，物権及び債権の意義について理論的観点から検討を加えることである。

　(イ)　比較方式による議論

　第1の比較方式では，権利の取得と権利の保護の2点について賃借人の権利と用益者及び買主の権利とを比較する。古典的学説によれば，賃借人は賃貸人という媒介項なくしては物との関係はないのに対して，買主及び用益者は直接の物上権を有しているとされる。しかし，まず権利の取得についていえば賃借人と買主及び用益者との間に相違はない。賃貸借の場合に賃貸人の物を引き渡す義務があるが，売買契約でも売主に同様の義務がある。これに対し，権利の保護という面では違いがあり，長い間占有訴権の問題がその代表とされてきた。しかし，1975年の民法改正によって，賃借人にも占有訴権が認められるようになった。この点で，用益者と賃借人の間に違いはなくなった。

　権利の第3者に対する対抗可能性ではどうか。まず，1743条は，買主に対する賃貸借の対抗を規定している。更に，事実上の妨害 (trouble de fait) に対し

ては，賃借人は自らの権利を保護することができ，自らの名で第3者を訴えることができる。問題は，1727条の規定である。これは，法上の妨害に対しては，賃借人は賃貸人に通知し，そして，場合によっては訴訟外に立つという規定である。これに対し，用益者は，単独でその権利を保護しうる。とすると，古典理論の指摘するように，用益者は，万人にその権利を対抗しうるから物権であり，賃借人は万人にその権利を対抗できるわけではないから，その権利は物権ではないということになりかねない。

これに対する応答は二つである。一つは，売主にも担保義務があるから，賃貸人に法上の妨害に対する担保義務があったとしても，賃借人の権利はやはり物権であるというものである。

もう一つは，より根本的なものである。それは，物権の基準そのものを第3者に対する対抗可能性としないで，別の基準を立てることを要求する。

(ウ) 演繹方式による議論

(賃借人の権利についての)債権説の背景にあるのは，物権と債権の区別を対外的効力に見い出す古典的な物権理論である。確かに，ローマ法以来の議論によれば，物権とは媒介項なく直接に物を支配する権利であり，万人に対抗可能であるのに対し，債権は人と人との結合であり，債務者に対してのみ対抗可能である。こうした古典的な物権理論について検討すべきは，まず，果たして物権と債権の区別そのものは維持する価値があるか否かであり，続いて，区別するとすれば，いかなる基準によるべきかである。

区別そのものの価値を疑問とする議論として，プラニオルに代表される批判（対人権説（théorie personnaliste））が20世紀に登場した。その理論の出発点は，人と物との間には法律的関係は存在せず，権利は人と人の関係に他ならず，物権であっても，万人がその尊重義務を有することになるという考え方である。それゆえ，対人権説によれば，物権もまた債権（対人権）として理解されるべきことになり，本質的相違はないことになる。しかし，この説は，少数説に終わった。というのも，万人が尊重義務を負うというときの義務と債務者が債権者に負っている義務は性質を異にする。

区別を否定するもう一つの説は，ジノサールに代表される説であり，総ての権利は所有権の対象になるとした[87]。もっとも，この説も少数説に終わった。

第1章 フランスの物権説

というのも，これに対しては，そのような所有権概念は，特定物支配のための所有権概念とは異なることが指摘された[88]。結局，「(物権と債権の区別を否定する……小栁注)このような単純化に満足することはできない。総ての権利が同じ構造と性質を有するわけではない。物権と債権は区別されるべきである[89]。」とすれば，区別の基準が改めて問題になる。

　古典的な物権理論の誤りは，物権の対外的効力に重きを置きすぎたところである。債権といえども，第3者に対する対抗力を有する。これに対し，権利の内的な構造（structure interne）こそ物権と債権を分かつ基準になる。「物権とは，権利者が物の供給する有用性を引き出すことができることを保障するものである[90]。」これに対し，債権とは，人に対して一定の給付を請求するものである。「賃借人の権利は，常に物権であった。というのも，賃借人は，物を実質的に利用する権限を有するからである。」この利用権限に契約上の制限があることは確かだが，所有権の範囲すら法律で定まることを想起すれば，大した問題ではない。賃借人は，物権と債権を共に有するとして，主たるものはいずれであろうか。「昔からそうだったわけではないにせよ，現在，賃借人の有する諸権利のうち，主たるものは，賃借人が賃借物にみずから接触し，自由に利用する権能であることを否定するのは困難である。それは，物権である[91]。」

　(エ)　博士論文との異同

　以上のように，デリュペは，40年以上前の博士論文とほぼ同様の結論を維持している。物権と債権の区別の基準を権利の内的構造に求め，賃借物を実質的に利用する権限の存在を以て物権とし，賃借人は，物権と債権との双方を有するが近年の賃貸借立法に基づけば前者が主たるものになったとすること等は，

---

(87)　比較的詳しい紹介として，佐賀徹哉・前掲「物権と債権の区別に関する一考察(1)」法学論叢98巻5号37頁。

(88)　佐賀徹哉・前掲「物権と債権の区別に関する一考察(1)」法学論叢99巻2号37頁。

(89)　Derruppé, *op. cit.*, p. 175.

(90)　Derruppé, *op. cit.*, p. 176.

(91)　Derruppé, *op. cit.*, p. 177.

第2節　現代的賃借権保護立法と物権説

前と同じである。異なっているのは，博士論文では賃貸借立法の個々の規定を詳細に検討していたのに対し，再論では物権に関する基礎理論に重点が置かれていること，占有訴権に関して1975年の法改正を自説に有利な論拠として付加していること，博士論文では，抵当権の物権性を否定していたのに対し，再論では，それは行き過ぎであったとして，抵当権の物権性を承認したこと(抵当権者には，直接の利用権はないが，法律的利用 (utilisation juridique) の権能があるというのが理由)等である。結果としては，特に目新しいところはない。これまでの現代的物権説に対する批判として，賃借権の譲渡性に対する制限がしばしば重視されていたが，デリュペは，この点については言及していない。むしろ，権利の内的構造を重視するみずからの物権基準論を再び強く主張し，これに従えば，賃借人は物権を有すると力説するのである。

2　債権説

　フランス民法の賃貸借法に関する最新の体系書の一つであるマロリー＝エネスは，種々の法改正をふまえて物権説について評価している。まず，かつてと違って，特別法により賃借権の多くの具体的な点が規定されるため，物権説か債権説かで実際上の帰結に大きな相違が存在しなくなったし，賃借人の権利の法律的性質は，実践的というよりも理論的な問題になったと論じた[92]。そして，判例は以前から債権説を維持するが，二重賃貸借の問題には物権の二重譲渡と同じ解決をしているとして，物権と債権の対立は相対化する必要があると述べた。マロリー＝エネスは，この点で，プラニオル＝リペール＝ハーメル＝ジボール＝タンクと同様である。その上で，マロリー＝エネスは，最終的には債権説を維持して，『契約法各論』において，次のように論じた[93]。

　「対抗力を得て，賃借人の権利は，物権の特性のいくつかを与えられた。特に特別法によって，長い期間への資格（すなわち更新請求権や占用維持によ

---

[92]　Vial-Pedroletti, Droits du locataire: nature juridique, *Jurisclasseur Civil* Art 1708 à 1762, fasc. 230, 1988も同じ評価である (n°3)。

[93]　Malaurie et Aynès, *Cours de droit civil, Les contrats spéciaux*, 10ᵉ éd., 1997, n°613.

り)，所有権への資格（先買権により），更に農地賃貸借では賃借物への直接の権利を得て，賃借物そのものの改良ができる。しかし，賃借人の権利は，依然として債権である。これは，賃貸人による賃借人の権利の侵害の場合を考えればよい。賃借人は，賃貸人の契約上の責任を追及するのみで，賃借物の直接の利用のための手段を持たない（賃借人の賃貸人に対する占有訴権の行使を認めない民法2282条2項を指す……小栁注）。その点で，賃貸借は用益権と対立するのである。」

また，『物権法』においては，次のように述べる[94]。

「定額借地農は，物権を有するのではない。というのも彼が有する種々の特権は譲渡できないのである。もはや彼の権利は法律上譲渡できない。この点で，商事賃借人とは異なる（商事賃貸借については，賃借人である商人は，『賃借不動産への支配（emprise sur l'immeuble）』を有さないという理由で物権を有さず，債権のみを有すると論ずる。……小栁注）。」

このような議論は，他の体系書でも見出すことができる[95]。こうして，債権説が依然として通説であるが，かつてのように物権と債権の厳格な対立は現在支持されていない。また，賃借権については特別法が物権に近い効果を与える保護を行い，相違はわずかになっている。現在厳しい相違として残るのは，賃借権の譲渡性である。これは，賃借権の資産化を避ける目的で導入されたものであるが，多くの学者は賃借権の物権性を認める妨げとして考えているようである。また，賃借権の対外的効力においても通常の物権とはなお異なっている。対外的効力を中心にした物権観を採用する限り，これは物権説を承認すること

---

[94] Malaurie et Aynès, *Les biens*, n°375.

[95] Dutilleul et Delebecque, *Contrats civils et commerciaux*, n°474. 同書は，賃借権は，債権であることを指摘しつつ，対抗力，占有訴権，裁判管轄，更新の権利，賃借物への権限の増大等を指摘し，賃借権も物権に近付いていることを論ずる。しかし，最後には，賃借権は債権であるとして，動産性，賃借人から賃貸人への占有訴権の行使ができないこと等を指摘する。

[96] G. Marty, P. Raynaud et P. Jourdain, *Les biens*, 1995, n°232は，デリュペ流の物権概念を認めれば，賃借人は物権を有するということになるであろうと論ずるが，結局物権説は採用しない。

第2節　現代的賃借権保護立法と物権説

の障害になる[96]。

　以上のフランスにおける賃貸借法の展開と物権説をめぐる議論を前提に，ボワソナード草案および旧民法の賃貸借規定の検討を第2章で行う。

第2章 ボワソナード草案における賃借権の物権的構成と旧民法

　明治初年において，フランス民法の翻訳を含めて，日本人による賃貸借立法の試みが何回か行われた。しかし，それは，あくまでも試案的なものであり，その後の立法史に大きな影響を与えるようなものではなかった。これに対し，ボワソナード民法草案（以下では，単に「草案」と言う。）は，明治12 (1879) 年から始まり，最終的には明治23 (1890) 年の旧民法公布に結実した[1]。明治民法の編纂自体が旧民法の修正として行われたことからも，その重要性は明らかであ

---

(1) ボワソナード草案前の民法立法事業について，星野通・明治民法編纂史研究 (1943年) 69頁以下，有地亨「旧民法の編纂過程にあらわれた諸草案」法政研究39巻2－4合併号 (1973年)，池田真朗「民法467条におけるボアソナードの復権」同・債権譲渡の研究 (弘文堂，1993年)，初出は明治法制史政治史の諸問題 (慶應通信，1977年)，向井健「民法典の編纂」福島正夫編・日本近代法体制の形成下369頁以下，大久保泰甫・日本近代法の父ボアソナード (岩波書店，1978年)。近年の大久保泰甫・高橋・ボワソナード民法典の編纂 (雄松堂，1999年) がこれまでの研究史を集大成し，新たな資料を掲載した大作である。フランスにおける1990年のボワソナードに関するシンポジウム (Boissonade et la réception du droit français au Japon) 報告の中で，とりわけ，G. Antonetti, La faculté de droit de Paris à l'époque où Boissonade y faisait ses études; J.-L. Sourioux, La pensée juridique de G. Boissonade: aspects de droit civil; Okubo Y., La querelle sur le premier code civil japonais et l'ajournement de sa mise en vigueur: refus du législateur étranger?; E. Hoshino, L'héritage de G. Boissonade dans le code civil et dans la doctrine du droit civil au Japon も重要である (Revue internationale de droit comparé, 1991-2, 1991所収)。更に，クリストフ・ジャマン (大久保泰甫訳)「ボワソナードとその時代」西村重雄＝児玉寛編・前掲日本民法典と西洋法伝統も大作である。

262

ろう。更に，草案は，賃借権の物権的構成という注目すべき内容の立法である。本章は，第1節でこれを検討し，第2節でボワソナード草案を基礎とした日本人委員による旧民法編纂事業を論ずる。

なお，草案の仏文資料として最初に出版されたのは，明治13年のプロジェ財産編第1版 (G.E. Boissonade, *Projet de code civil pour le Japon, accompagné d'un commentaire*, tome premier et tome deuxième, première édition, TOKIO, 1880) である。同書は，現在では雄松堂から復刻され，広く参照可能になった。第1版で，既に，賃借権を物権として構成すること及び賃借権章における具体的諸規定が明らかになった。

その後のプロジェ修正増補第2版 (G.E. Boissonade, *Projet de code civil pour l'empire du Japon, accompagné d'un commentaire*, tome premier, Des droits réels, deuxième édition corrigée et augmentée, 1882) 及びプロジェ新版 (G.E. Boissonade, *Projet de code civil pour l'empire du Japon, accompagné d'un commentaire*, tome premier, Des droits réels, nouvelle édition corrigée et augmentée, 1890) でも賃貸借規定は，細かな修正はあるものの根本的変化は見られない[2]。以下にその特徴を検討する。

草案というときに，ボワソナードのどの資料を主に参照すべきかは，種々の意見がありうる。最近の大久保泰甫教授と七戸克彦教授の研究によれば，仏文プロジェが印刷され，それを元に翻訳・講義がなされたと考えるのは正しくなく，仏文プロジェもまた，「同時並行的・段階的に進行する法典編纂作業の途上に現れた一資料に過ぎない。」との指摘がある[3]。これは，各仏文プロジェ以前にまた以後に翻訳として出版されている『再閲修正民法草案注釈』等の資料も重要な価値を有することを教えるものである。

以上のことを知った上で，本書は，プロジェという仏文資料，とりわけ修正

---

(2) 賃貸借規定の条文番号の変遷を含めて，各版における関連は，七戸克彦「旧民法・現行民法の条文対照表――旧民法財産編総則・物権部(2)」法学研究69巻10号 (1996年) 133〜156頁が詳細である。

(3) 大久保泰甫＝七戸克彦「『プロジェ初版』について」*Projet de code civil* [*première édition*], Yushodo, 1999, p. xxxi.

263

第2章 ボワソナード草案における賃借権の物権的構成と旧民法

増補第2版を中心に考察する。その理由は、ボワソナードの考え方をより直接理解するためには仏文が適切であること、また、先の研究がプロジェ初版について「内部資料的」という評価を下していることもあり、ボワソナードの考え方が成熟したのがプロジェ修正増補第2版と考えられるからである。なお、プロジェ新版は、旧民法公布の後に出版されているため、ボワソナード本来の考え方を知るには、必ずしも適当ではない（後述の火事の際の賃借人の責任等参照）。引用に際しては、単に、Projetと表記する。もっとも、プロジェの初版及び新版で内容的に重要な問題がある場合には、いずれの版にも言及する[(4)]。

なお、その他に、草案の注釈には、加太邦憲、一瀬勇三郎、藤林忠良合訳・ボワソナード氏起稿民法草案財産編がある。これは、司法省法学校速成科におけるボワソナードの講義筆記と考えられる[(5)]。内容的に特色ある叙述があり、「加太訳」と略称して引用する。

更に、以上の他に草案に関連したものとして、*Code civil de l'empire du Japon, accompagné d'un exposé des motifs*, traduction officielle, 1891がある。これは、旧民法の公式理由書となることを予定して発行されたものであろう。本書ではこれも必要ある限りで公式版（traduction officielle）として引用する。

第1節 草案の賃貸借規定

草案の賃貸借規定の検討は、賃借権の物権的構成の採用理由から始め（第1項）、賃貸借契約の成立（第2項）及び対抗力を論じ（第3項）、更に存続期間と解除という賃貸借の終了原因について考える（第4項）。これに続けて、賃借人

---

(4) 七戸克彦「旧民法・現行民法の条文対照——付・条文対照表（旧民法財産編総則・物権部）」法学研究69巻3号（1996年）が、物権関連条文を中心に各段階の重要資料をわかりやすく紹介している。

(5) 参照、手塚豊「司法省法学校小史」同明治法学教育史の研究・手塚豊著作集9巻（慶応通信、1988年）141頁注33、初出は、法学研究40巻6，9，11号（1967年）。

の権利，義務（第5項），賃貸人の先取特権をとりあげる（第6項）。その後，賃貸借と密接に関連する永借権（第7項）と地上権（第8項）についても検討する。これらの検討の論点は，いずれもフランスにおける賃借権の歴史において，また，日本においても重要であったことがらである。

第1項　物権と賃借権

　草案における賃借権の物権的構成を理解するために，まず，賃借権の物権的構成にいかなる意義を認めたか（Ⅰ），そして，代表的物権である用益権（usufruit）とどのような異同を賃借権に認めたかを検討する（Ⅱ）。

Ⅰ　物権及び賃借権の意義

　草案の賃貸借規定における最も顕著な特色は，賃借権の物権的構成である。ここでは，その立法理由について論ずる。ボワソナードは，賃借権について規定する章の冒頭において，賃借権の物権的構成の意義について論じている。これを手がかりに，まず，ボワソナードの物権概念及び賃借権としてどのような用語を使ったかを前提的に明らかにし（1），フランス法における賃借権の法律的性質をどのように考えたか（2），次に，草案において賃借権の物権的構成にいかなる意義を認めたかを検討する（3）。

1　草案の物権概念

　草案第2条は，物権を「直接に物上に行いかつ万人に対抗しうる（s'exerçant directement sur les choses et opposable à tous）権利」として定義した。更に，同3号は，「賃借権（droit de bail），永借権及び地上権」を物権として挙げる。この物権の定義からも明らかなように，草案の物権概念は，古典的物権理論に従うものであり，権利の対外的効力を基準にしたものであった[1]。ここから当然追及権も導かれる。かくして，賃借権が対抗力を有することは極めて明確である。

2　賃借権

　ボワソナードは，賃借人の権利を示すときには，droit(s) de bail という用語

第2章 ボワソナード草案における賃借権の物権的構成と旧民法

を使用した(2)。これを旧民法が「賃借権」と訳していた。それゆえ，旧民法の賃借権の原語は，droit(s) de bail である。ちなみに，現在のフランスでは，droit de bail とは，賃貸借税を意味する(3)。これは，(諸費用（charges）等を含まない) 正味賃料（loyer net）の1年分の2.5％の額であり，賃貸人が納税するが，その賃貸人は賃借人に対して求償を行う。

現在のフランス語で，日本語の賃借権に近いものは，むしろ droit au bail である(4)。これは，法文にもある言葉であり（営業質に関する1909年3月17日法9条)，商事賃貸借では，営業質の制度の一つとして，商事賃借人の提供する担保の客体の一つである。もっとも，債権説の確立したフランスでは，これについても，「商事賃借人の不動産所有者に対する債権，すなわち，営業用に賃借した場所の収益を与えられるべき権利（droit à la jouissance des lieux loués)」という説明があり，賃貸人への債権という意味が中心である(5)。一般に，フランスの議論においては，賃借人の権利の法律的性質として，賃借人は物権を有するかという形式で議論を展開するのが通常である。フランスでは，伝統的に，賃借人が賃貸人に対する債権を有することを当然としつつ，同時に賃借物への物権を有するかが問題になった(6)。換言すれば，賃借人は，賃貸人に対する債権は有するとしつつも，賃借物の使用収益権（droit de jouissance）があるか否かが問題になる。これを否定する論者は，しばしば，賃借人は賃借物の資料収益を与

---

(1) 七戸克彦「わが国における『物権的請求権概念』の推移――旧民法から現行民法に至るまで――」慶應義塾大学大学院法学研究科論文集25号（1987年）79頁，吉野悟「所有権の絶対性と完全性――ボアソナード民法から明治30年頃まで・問題の所在」日本法学62巻1号（1996年）46頁。

(2) Boissnade, *Projet*, t. I, 2ᵉ éd., art. 2; P. Pelletier, *Bien louer un logement: Guide à l'usage des propriétaires et des locataires*, 1990, p. 62 et 150.

(3) C. Atias, J.-L. Bergel, J. Lanversin et A. Lanza, *Lexique de droit immobilier*, 1989, p. 71; Arnaud, *Guide de l'immobilier*, p. 229.

(4) 現在では通常「賃借権」と訳される（福井勇二郎・前掲「佛法における営業質に就いて」法学協会雑誌51巻4号51頁）。

(5) R. Houin et et M. Pédamon, *Droit commercial: Commerçants et entreprises commerciales*, 《Précis Dalloz》, 1990, n° 239.

第1節　草案の賃貸借規定

えられる権利（droit à la jouissance）を有するのみで賃借物の使用収益権を有さないと説いた[7]。

しかし，19世紀末から20世紀始めの頃には，droit de bailをdroit au bailと同様の意味に使う例があった以上[8]，ボワソナードが賃借権の原語としてdroit de bailを選んだことも類例がないわけではない。これにより，ボワソナードは，賃借人の有する権利を総称した。

3　ボワソナードのフランス法理解

ボワソナードは，フランス民法における賃借権を物権とは考えていない。その理由として次のように論じた。

「若シ賃借人ノ権利カ物権ナリトセハ賃借人ハ余カ已テニ説述シタル請願及ヒ占有ノ訴権ヲ己レノ名ニテ行フノ権アルヘシ且実際ニ於テモ若シ賃借人其権ヲ行フニ付他ヨリ妨害ヲ被フリタルトキハ賃借人ハ能ク其事由ヲ知ル者ニ付自カラ其訴権ヲ行フハ甚タ便益ナルヘシ而ルニ賃借人ハ此訴権ヲ有スルコトナシ第千七百四十三条及ヒ殊ニ第千七百二十七条之ヲ明証ス

---

(6)　次のような最近の体系書の叙述でも明らかである。「賃借人の権利の法律的性質は，もはや現在は大きな論争点ではない。実際上，論者は，賃借人は賃借物の上の直接の権利（物権）（droit direct sur la chose louée (droit réel)）を有さず，賃貸人に対する債権を有するのみであることを認めている。このような理解は，本質的には，民法1719条の文言に基づく。同条は，賃貸人について《賃貸借の期間賃借人に平穏に使用収益をなさしむる》義務を規定する。ここから，賃貸人が賃借人と賃借物との間に存在するのである。これは，債権の本質的性格である」(F.C. Dutilleul et P. Delebecque, *Contrats civils et commerciaux*, 3ᵉ éd., 1996, n° 474)。

(7)　E. Feitu, De la personnalité du droit du preneur, *Revue pratique de droit français*, 1870, t. XXX, p. 387. 逆に賃借人が物権を有すると主張する場合には，賃借人が使用収益権を有することを強調する（Derruppé, *La nature juridique du droit du preneur*, n° 87. 更に，中家一憲・前掲論文27頁)。

(8)　Beaudry-Lacantinerie et de Loynes, *Traité theorique et pratique de droit civil: Du nantissement des privilèges et hypothèques*, t. I, 3ᵉ éd., 1906, n° 66 et 80.

第2章 ボワソナード草案における賃借権の物権的構成と旧民法

第千七百四十三条ニ（買主ハ賃借人ヲ退去セシムルヲ得ス）トアリ之レニ因リテ見ルトキハ賃借人ノ権利ハ継続スルニ因リ物権ナルカ如シト雖トモ決シテ然ラス人権ナリ何トナレハ買主ノ賃借人ヲ退去セシムル能ハサルハ賃借人ニ物権アツテ然ルニ非ス賃貸人ニ代リテ其義務ヲ盡スヘキコトヲ黙諾シタルニ因ルモノナレハナリ

他人ニ代リテ義務ヲ負フ事ハ決シテ奇ナル事ニ非ス契約編ニ於テハ屡々此事アルヲ見ルヘシ[9]」

以上のようにボワソナードが，フランス民法における賃借権を物権ではなく，債権として理解する理由は，フランス民法1727条の規定にあった。法上の妨害について賃借人の訴権を規定していないこの条文を債権説の論拠とするのは，前述のフランスにおける物権説，債権説の論争から見ても，いわば正統的な見解と考えられる。更に，買主が賃貸人に代わって「義務ヲ尽ス」という説明は，ムルロンの主張した義務法定承継説を想起させる。

4 物権的構成の意義

(ア) ボワソナードの評価

ボワソナードは，賃貸借に賃貸不動産の買主への対抗力を与えることが「経済学」上からも必要であると論じた。賃貸借への対抗力の付与は，フランス民法1743条類似の規定を設ければ可能である。それゆえ，賃借権の債権的構成によっても，対抗力付与は可能である。このことは，ボワソナードも十分に承知しつつ，草案における賃借権の物権的構成の意義について，次のように論じている。

「之ヲ要スルニ余ハ仏国ノ法律ヲ以テハ賃借人ノ権ハ全ク人権ナリトス然シテ我草案ニ之ヲ物権ト定メタルハ大ヒナル変更ト云フヘシ蓋シ今日本ノ民法ヲ制定スルニ善悪ニ拘ハラス一ニ欧州ノ制ヲ摹倣スルハ太タ不可ナリ若シ日本ニテ之ヲ人権ト定ムルトキハ仏民法ノ第千七百四十三条ヲ採ラサルヲ得ス然ルトキハ仏国ノ如ク該条ニ付種々ノ議論ノ起コルヲ免レス宜ク之ヲ避ケサル可カラス

---

(9) 加太訳472頁。更に，Boissonade, *Projet*, t. I, 2e éd., n° 166 et 216.

第1節　草案の賃貸借規定

　　賃借権ヲ物権トナシタルヲ以テ賃借人ハ賃貸人ヲ差措キ直接ニ自己ノ名ヲ
　以テ訴権ヲ行フコトヲ得ルニ因リ甚タ便ナリ……又賃借権ハ物権ナルヲ以テ
　之ヲ書入質トナスヲ得可シ故ニ賃借人若シ還金セサルトキハ債主ハ該権ヲ売
　払ハシムルヲ得可シ是点ニ於テモ賃借権ハ入額所得権ト同シ賃借人若シ一時
　ニ金員ノ要用アルトキハ其権ヲ書入質トナシ金員ヲ得ルニ因リ該権ヲ物権ト
　ナスハ賃借人ノ為メニ便益アリ[10]」

　以上のように，ボワソナードは，賃借権の物権的構成には，第1に対抗力を
明確に付与し，第2に賃借人に訴権を許し，第3に賃借権抵当を認めるという
実益があると論じた。このボワソナードの見解は，本書第1章でのフランスに
おける物権説の検討に照らしても，正統的なものと考えられる。既に論じたよ
うに，フランスにおける物権説は，とりわけトロロンにおいては解釈論という
枠もあり，賃借権の物権性の具体的帰結ではかならずしも徹底したものではな
い。これに対し，草案では，立法論という関係でそのような妥協は必要なく，
賃借権の物権的構成の帰結を徹底的に維持しうることになる。

(イ)　フランスにおける評価

　このように，賃借人に物権を与えることは，19世紀の終わりごろから20世紀
初頭にかけてプラニオル等の有力な民法学者が立法論として推奨していたこと
がらであった。それゆえ，草案での賃借権の物権的構成は，決して突飛なまた
は非常識なものではない。

　更に，賃借人に物権を与えた例としては，ローランの起草によるベルギー民
法原草案(1882年)にも注目する必要がある。ベルギー民法原草案の注釈におい
て，ローランは，物権説について，次のように論じた。賃借権の構成の問題は，
重要問題である。トロロンがフランス民法の解釈論として物権説を提唱したが，
これは，解釈論としては誤りであった。しかし，立法論としてこれを採用する
か否かは別の問題である。このベルギー民法原草案では，伝統に従って債権説
を採用するが，それは，ベルギーでは，社会問題や農業革命は，差し迫ったも
のではなく，立法者は，社会の必要に先行してはならないという理由からであ
る[11]。以上のローランの議論から明らかなように，立法論として物権説を採用

---

[10]　加太訳474頁。

することには，ローランは必ずしも消極的ではないのである。

それどころか，ベルギー民法原草案1812条2項は，「当事者は，賃借人が物権の名義により賃借物を収益し，万人に対抗しうると約定で定めることができる。」と規定した。これにより，当事者は契約によって賃借人に物権を与えることができることになる。ローランによれば，当事者は永借権を設定できるのであるから，契約によって，賃借人に物権を与えることもできる，この場合には賃借権は万人に対抗しうることになり，賃借人の権利に安定性が与えられる，というのである[12]。このような例を見れば，ボワソナード草案の態度が決して非常識なものでないことが理解されるであろう。

II 賃借権と用益権との関係

1 賃借権と用益権 (usufruit) の類似性

賃借権の物権的構成を採用する場合，用益権との関係が重要な問題となる。このことは，フランスにおける物権説の経験からも明らかである。ボワソナードは，これについて一般的原則として両者の類似性を指摘する[13]。

第1に，草案財産編2条は用益権とともに賃借権が物権 (droit réel) であり，かつ支分権 (démembrement de la propriété) であることを明文で規定した。

第2に，用益権の定義規定は，「用益権は，所有権が他人に属する物についてその用方に従い，本性，元質を変更することなく，有期にて，善良なる管理者として使用及び収益する権利である」と規定した (草案財産編46条)。これに対し，賃貸借の定義規定は，「有体物の賃貸借は，動産，不動産とを問わず，賃借人より賃貸人に定期に金銭または有価物を払うことを約して一定の期間賃借人に賃借物を使用及び収益する権利を与える」と規定した (121条)。

草案の用益権規定は，フランス民法の規定をほぼ踏襲しているのに対し，草

---

(11) Laurent, *Avant-projet de révision du code civil*, 1882, art. 1748 note 5.

(12) Laurent, *op. cit.*, art. 1812 note 3. これは民法全体の改正のための原草案であったが，最終的な民法改正には結実しなかった (墹浩「ベルギー近代法典史抄」摂南法学23号 (2000年) 144頁)。

(13) Boissonade, *Projet*, t. I, 2e éd., n° 167.

案の賃貸借定義規定である121条は，フランス民法の賃借権定義規定とは異なり，賃借人が賃借物の使用，収益権を有することを明文で示した[14]。草案は，賃借物についての使用，収益権という点では賃貸借も用益権も同様に扱っている。

第3に，草案133条は，賃借人の権利についての一般規定として，「賃借人は賃借物について用益者と同一の利益を収めることができる。但し，設定権原及び法律により賃借人の権利について変更を加えたときはこの限りではない。」と規定した。

第4に，規定の編成である。フランス民法及び草案における用益権(usufruit)及び賃貸借規定の編成は，表3のとおりであった。

以上のように，フランス民法は，用益権では，用益者の権利義務を中心に編成するのに対し，賃貸借では，契約の目的物を基準に編成した。ところが，草案においては，用益権の編成と賃貸借の編成は，全く軌を一にし，利用権者の権利，義務を中心に構成されている。これは，偶然の結果ではなく，賃

表3 用益権（usufruit）及び賃貸借規定

	フランス民法	草案
用益権	第1款　用益者の権利 第2款　用益者の義務 第3款　用益権の終了	第1款　用益権の設定 第2款　用益者の権利 第3款　用益者の義務 第4款　用益権の消滅
賃貸借	一般規定 第1款　家屋及び農事財産の賃貸借に共通の規則 第2款　家屋賃貸借の特別規則 第3款　定額小作契約の特別規則	第1款　賃借権の設定 第2款　賃借人の権利 第3款　賃借人の義務 第4款　賃借権の消滅

[14] 加太訳477頁は，121条について「本条ハ賃借権ハ入額所得権（用益権のこと……小柳注）ト相類似シタル一種特別ノ物権ナルコトヲ指示スル緊切ナル法条ナリ」と指摘する。

第2章　ボワソナード草案における賃借権の物権的構成と旧民法

借権の物権的構成との関連でボワソナードが意識的に採用したものと評価しうる(15)。

2　賃借権と用益権の相違

以上のように，草案は，賃借権が物権であるという限りにおいて，賃借権と用益権との類似性を明らかにした。しかし，もとより両者は同一ではありえない。ボワソナードもまた，「これら二つの権利は，類似するけれども，同一ではない」と論じ，両者の相違について論じた(16)。相違は，まず設定において現われる。用益権は，定義からも明らかなように，その設定について有償性を要件としない。ボワソナードは，無償で設定するのが通常であろうと述べた。フランスにおける経験を念頭に置いたものであろう。これに対し，賃借権の設定は，121条からも明らかなように，有償性を要件とする。ボワソナードは，賃貸借における賃借人の賃料支払義務の存在を重視する。以下に見るように，ボワソナードは，賃借権と用益権との主要な相違，即ち，期間，賃貸人の収益担保義務等について，いずれも賃借人の賃料支払義務との関連から論じている。フランスにおいては，賃借権と用益権との相違を物権の有無に見る見解が通常であったのに対し，ボワソナードは有償性の有無に見るのである。こうして，ボワソナードは，賃借権と用益権がともに物権を創設するものでありながら，種々の点で重要な相違が存在することを明快に説明することが可能であった。この賃料支払義務と対応して，賃借人は，賃貸人に対し種々の権利を有する。これを手掛かりにボワソナードは，「入額所得権ハ単一ナル物権ニシテ而シテ賃借権ハ物権ト人権トヲ併有スルナレハ二権ノ相異ナル者著明ナリ」，更には，賃借人は，賃借物については物権を有し，賃貸人に対しては債権を有する，と論じた(17)。これはフランスにおけるジョゾンの立場に接近するものと言えよう。先のトロロ

---

(15)　水林・前掲論文100頁。更に，J. Lefort, La réforme de droit civil au Japon, *Revue de droit international et de législation comparée*, t. XV, 1883, p.352.

(16)　Boissonade, *Projet*, t. I, 2ᵉ éd., nº 167.

(17)　加太訳481頁。

ンとの比較において指摘したように，ボワソナードは，フランスにおいて解釈論として枠のはめられていた物権説を，日本において立法として実現しようとしたのである。

第2項　賃貸借契約の成立

　ここでは，賃貸借契約の成立についてどのような規定があるか（Ⅰ），賃貸借契約成立の証拠として契約証書についてどのような規定があるか（Ⅱ）を検討する。

Ⅰ　賃貸借契約の成立

　賃貸借が賃借人に物権を与えるときに，賃貸借の成立について債権的構成と異なる結果が導かれるのであろうか。ここでは，賃貸借の成立とりわけ時効による成立を認めるか（1）と処分権限がない者が賃貸借をなしうるか（2）を検討する。単純に考えれば，物権的構成を採用するときには，時効による賃貸借の成立を認めることになり，また，物権設定は処分行為であるとして処分権限ない者の賃貸行為の効力を否定することにもなりかねない。

1　賃貸借の成立事由
(ア)　契約による成立

　草案124条は，賃貸借の設定について，「賃貸借は，賃貸借契約を以てこれを設定する」と規定した。これは，用益権（usufruit）の設定について，「用益権（usufruit）は，法律または合意により設定される」（47条）と規定したことと異なる。ボワソナードは，契約により賃借権が設定されることが通常であると考えたのである。

(イ)　法律による成立

　ボワソナードは，法律による賃借権の設定も，不可能ではないと論じている。立法者がある種の親または配偶者に特定の場合に賃借権を与えることも許されるとボワソナードは述べている[1]。先の草案124条は，法律による賃貸借の成立を排除する趣旨ではなかったのである。もっとも，同時に，ボワソナードは，

法律により賃貸借が設定されることは、現在までのところ例がないと論じている。

　㈬　時効による成立

　ボワソナードは、用益権（usufruit）については時効取得を認めていたが（草案47条6項）、時効による賃借権の成立を否定した[2]。

　ボワソナードは、次の例を挙げて考察している。それは、ある者が真の所有者ではない者との間で土地なり建物なりの賃貸借契約を締結したという例である。この場合、契約者が相手方の権限不在を知らなければ善意、知っていれば悪意と言うことになる。一見するところ、この場合、賃借人は占有者であるから、善意であれば15年、悪意であれば30年の期間後に賃借権を取得時効できるという結論が導かれそうである。しかし、ボワソナードによれば、「それは全く誤りである。」

　第1の理由は、賃借人の賃貸人に対する債権が時効によっては成立しないということにあった。時効は、債権の成立事由に該当しないとボワソナードは、強調している。第2の理由は、賃借人が一定の給付を賃貸人にしなければならないという義務もまた時効によっては成立しないことである。この賃借人の給付義務は、賃借権と用益権（usufruit）を明確に区別するものである。時効は債務から解放する制度であっても、債務を創設する制度はないとボワソナードは指摘する。更に、時効により債務が成立するとなると、賃借人は（表見）貸主に債務を負うのかそれとも所有者に債務を負うのかも明確でないとボワソナードは、指摘している。

　それでは、賃貸借と時効は全く無縁であろうか。ボワソナードは、時効は賃借権を創設することはないが、いったん創設された賃借権を取得させる効果は持ちうると指摘した[3]。それは、賃貸人が賃借権を設定し、真実の賃借人以外の

---

(1) Boissonade, *Projet*, t. I, 2ᵉ éd., n° 170.
(2) Boissonade, *Projet*, t. I, 2ᵉ éd., n° 171. 更に、藤原弘道「賃借権の取得時効」同・取得時効法の諸問題（有信堂、1999年）234頁（初出は、石田喜久夫・西原道夫・高木多喜夫先生還暦記念論集上・不動産法の課題と展望（日本評論社、1990年））。

者から第3者が賃借権を取得したという場合である。この場合について，ボワソナードは，通常の物権と同様に賃借権の取得時効が成立すると指摘した。更に，ボワソナードは，この問題がフランスにおいて論じられていないとしても，それは，フランスでは賃借権が物権でないからであろうが，しかし，債権であっても同様の結論が望ましいと論じている。以上のようなボワソナードの記述を見る限り，賃借権の物権的構成はこの問題には影響を及ぼしていないと考えられる。

2 処分権限のない者と賃貸借
(ア) フランス法
　一般にフランスでは，賃貸借は典型的な管理行為（acte d'administration）であるとされ，それゆえ処分権限のない者でも管理権限を有する場合には賃貸借契約を締結できるものとされている。
　これには，歴史があった。そもそも，フランス古法では，9年以下の期間の賃貸借は賃借人に債権しか与えないこともあり，管理行為とされ，処分権限を有しない者であっても賃貸をなしえたのに対し，9年を超える期間の賃貸借は賃借人に物権を与えるとして処分行為とされていた。
　その後，フランス民法では，賃貸借は期間の如何を問わず債権しか賃借人に与えないと考えられたこともあり，賃貸借は一律に（期間の長短を問わず）管理行為とされた。しかし，9年を境にする区別は，フランス民法でも形を変えて意味を持った。例えば，フランス民法1429条（原始規定）は，「夫が単独で，妻の財産を9年を超える期間で賃貸した場合は，夫婦共通財産の清算のときには，この賃貸借は，9年の最初の期間についてはその期間，または第2のもしくはその後の9年の期間について，賃借人が現在の9年の期間の収益を完遂する権利のみを有するような仕方でなければ，妻またはその相続人に対して拘束力を有しない。」と規定し，9年を超える期間については，その拘束力を制限したのである。
　更に，フランス民法1718条は，後見人のなした賃貸借について，「被後見人の

---

(3) Boissonade, *Projet*, t. I, 2ᵉ éd., n° 172.

第2章 ボワソナード草案における賃借権の物権的構成と旧民法

財産についての賃貸借に関しては,夫婦財産契約及び夫婦相互の権利に関する規定が準用される」と規定して,同様の定めを行い,更に,用益者(usufruitier)についても,用益者 (usufruitier) は,物についての処分権を有しないが,賃貸することができるとして,用益権 (usufruit) の終了の場合には,用益者 (usufruitier)が単独で9年を超える賃貸借を行った場合について,先の1429条を準用した(595条)(4)。長期の賃貸借は,処分行為になるわけではないが,所有者の利益を非常に拘束する「重大な行為 (actes graves)」であるという理由づけによりこれらの条文は,説明された(5)。

これらは,物権を創設する永借権については,永借権設定が処分行為とされ,処分権限を有する者しか設定できないと1902年法2条で規定されたことと対照的である。

このように賃貸借が管理行為とされたことは,賃貸借が賃借人に債権しか与えないという理論と適合的であるとされ,その論拠とされた場合もある(6)。しかし,物権説を主唱したトロロンは,後見人の賃貸権限に関する先の1718条の注釈の中で「賃貸借を成立させる権利は,単なる管理の権利 (un simple droit d'administration) であり,譲渡ではない」と論じ,一連の処分権限のない者による賃貸借の成立を説明していた(7)。トロロンは,フランス古法においては9年を超える賃貸借が長期賃貸借とされ,それゆえ賃借人に物権が与えられるとされていたことを指摘し(処分行為とされた)(8),しかも,フランス民法の下では期間の如何にかかわらず,賃借人には物権が与えられたと論じていた。とはいえ,

---

(4) 現在は,賃貸借の設定が賃借物について非常に大きな負担になることから,農地賃貸借の設定及び営業賃貸借の設定については,虚有者の同意が原則として必要になっている (595条4項)。

(5) Planiol, Ripert, Hamel, Givord et Tunc, op. cit., t. X., n° 430. フランスにおける管理行為としての賃貸借については,最近の片山直也「フランス法の買戻制度における賃貸借の保護と排除——民法395条と581条2項との比較考察に向けて」法学研究 (慶応義塾大学) 70巻12号337頁以下 (1997年) が優れている。

(6) Demolombe, op. cit., t. IX, n° 493, Dugast, op. cit., p. 124.

(7) Troplong, De l'échange et du louage, n° 145.

(8) Troplong, op. cit., n° 6.

トロロンは，賃貸借の設定を処分行為とは見なかったのである。トロロンは，賃貸借と用益権（usufruit）との区別を強調しているのであり，そのような観点からすれば，この点は大きな問題にはならないと考えたのであろう。

(イ) 草　　案

(a) 管理者による賃貸借　　ボワソナードもまた賃貸借は管理行為であることを明言し，賃貸借の設定については，処分権限を要求していない。このことについて，ボワソナードは，次のように述べている。

「一般的には,所有者のみがその物について物権を他人に与えることができる。しかし，法律または正義によりみずからの所有ではない物の管理権限を有する者は，これらの物について賃貸することができる。

　これは，厳密に言えば，例外と言うことではない。というのも，管理者は，契約による受任者がみずからの名で契約しうることに類似しているのであり，所有者の利益のために，行動すると推定されるのであり，所有者の名で契約を締結する。更には，賃貸借契約は，まさしくその性質上管理行為（acte d'administration），換言すれば，所有者の危険を招くことなく所有者の財産を改良する行為である[9]。」

以上のように，ボワソナードは，賃貸借が管理行為であること，管理者が所有者の利益のために行動すると推定されることを理由として，処分権限のない者による賃貸を認めている。そして，このことが賃借権を物権として構成することと矛盾しないことを論じているのである。

同時に，フランス民法と同様に，長期の賃貸借については制限を要求した。ボワソナードは，先の叙述の後に「管理者が所有者の利益のために行動すると推定されるためには，その賃貸があまりに長期であって，遠い未来まで拘束することがないことが必要だと考えるのが自然である」と追加している。そこから，賃貸借の目的物に応じた契約期間の制限が出てきた[10]。

具体的には，草案126条として次のような規定を設けた。

「他人の物の法律上または裁判上の管理者は,その物を賃貸することができる。ただし，賃貸借の期間について管理者に特別の委任がないときには，賃

---

[9]　Boissonade, *Projet*, t. I, 2ᵉ éd., n° 174.

第2章 ボワソナード草案における賃借権の物権的構成と旧民法

貸借は以下の期間を超えることができない
獣畜その他の動産は，2年
家屋及び店舗その他の不動産については，5年
耕地，森林，池堤及び石坑その他の土地については，10年」

　草案とフランス法では，相違がある。第1に，フランス民法では，用益権(usufruit)，夫等の個々の問題について規定を設けたのに対して，草案は，管理者としての賃貸権限として，一般的な規定を設けた[11]。第2に，草案は，期間について賃貸目的物との関連で相違を設けた。これは，動産などについては，短期で十分としたためである。第3に，フランス法では，管理者によってなしうる賃貸借の期間に正面からの制限はなく（それゆえ，9年を超える賃貸借をなしうる），9年を超える賃貸借では期間が所有者の利用可能になった時点を基準に短縮されるという効果を持ったのに対して，草案では，管理者がなしうる賃貸借の期間そのものが制限され，それを超える賃貸借は，原則として所有者に対して効力を有しないことになった（後述(c)）。

　(b)　更新の制限　　管理者のなしうる賃貸借の期間について制限があったとしても，管理者が期間満了の相当以前に賃貸借を更新すれば，実質的に賃貸借の期間制限が尻抜けになるおそれがある。草案127条は，これについて，管理者は，賃貸借終了の3月（動産の場合），6月（建物の場合），1年前（土地の場合）でなければ契約を更新できないと定めた。

　(c)　法定期間を超える賃貸借　　例えば，管理者が土地を目的として，12年の賃貸借契約を締結したときには，どうなるのか。これについて，草案131条は，①賃借人は，法定期間を超える賃貸借であることを理由に賃貸借もしくは

---

(10)　草案の処分権限のない者による賃貸借規定については，片山直也「ボワソナード旧民法の買戻制度における賃貸借の保護と排除——民法395条と581条2項の比較考察に向けて」法学研究（慶應義塾大学）71巻8号（1998年）12頁以下が優れた研究である。

(11)　ただし，ボワソナードは，用益者(usufruitier)のなす賃貸借については，当初批判的であったが（加太訳320頁），後に，126条以下を適用することにした（片山直也・前掲「ボワソナード旧民法典」法学研究71巻8号24頁注10）。

第1節　草案の賃貸借規定

更新の無効または期間の短縮を請求できないこと（1項），②所有者がその権限を回復したときには，賃借人はその契約を維持するか否かについて確答するよう催告できること（2項），もしも所有者から一定の期間内に確答がないときには，賃借人は当初または更新に定めた期間を維持しうることを規定した。

　ボワソナードは，一方で，もしも，管理者が法定賃貸期間を超えて賃貸をなしたとすれば，その権限を超えて賃貸をなしたことになる，管理者の権利制限は，所有者の利益のために定められているのであるから，所有者はそのような不適法の行為に拘束されないと論じていた。他方，所有者がそのような賃貸借を認諾すれば，もちろん法定期間を超えた賃貸借としても有効になる。この間，所有者が賃借人を不確定の地位に置くことは適当ではない。それゆえ，賃借人は，一定の期間をおいて所有者に賃貸借を維持するか否かについて確答をもとめることができ，その期間に確答がなければ，賃貸借が維持されるという規定をボワソナードは設けたのである(12)。

　以上の規定を概観すれば，ボワソナードは，細かな相違はあるが，物権的構成にもかかわらず，結果として，フランス民法の規定の在り方を基本的に踏襲していたと考えられる。そして，物権的構成がこうした問題に与える影響を最

---

(12) Boissonade, *Projet*, t. I, 2ᵉ éd., n° 180. このように（建物5年等の）期間以下の賃貸借を管理行為として理解することは，更に①これらの期間以下で設定された賃貸借は，抵当権設定後に設定されたものであっても，債権者及び抵当権者は尊重しなければならないという短期賃貸借保護制度の適用を受けることになり（草案債権担保編1262条2項，同規定は，日本民法395条の前身規定である。），②またこの期間を超えて設定された賃借権についても賃借人は抵当権の滌除権者ではないということになった（草案債権担保編1273条2項）。この限りで，賃借権と用益権との間に大きな相違が生まれたことになる（*Projet de code civil pour l'empire du Japon*, t. IV, *Des sûretés ou garantie des créances ou droits personnels*, t. IV, n°499 et 513. 内田貴・抵当権と利用権（有斐閣，1983年，初出は，法学協会雑誌97巻6，9，11，12号，98巻2，5，7号（1980～1981年））29頁，藤原明久・前掲ボワソナード抵当法の研究185頁，初出は，「ボワソナード日本民法草案における抵当権の効力・消滅──旧法における抵当権の前提」神戸法学雑誌31巻3，4号，32巻1号（1981年））。

279

小限にとどめていたとも評価しうる。

Ⅱ 賃貸借の証書

賃貸借に証書を要求するかという問題は，賃貸借が賃借人に物権を与えるかとは,本来関係がない。しかし,ここでは,草案の在り方を一層良く理解するために，この点を検討する。検討は，第1に賃貸借自体に証書が必要か（1　契約証書），第2に現状確認書についてどのように規定したかである（2　現状確認書）。

1　契約証書
(ｱ)　フランス法

フランス民法は，賃貸借の成立について，「書面または口頭により賃貸をなすことができる。」（1714条原始規定[13]）と規定していた。それゆえ，賃貸借契約の方式については特に定められていない。この理由は，あまり金銭的に余裕のない当事者に証書作成義務を課するのは不経済と考えられたためであると指摘される[14]。

フランス民法の証拠に関する一般原則である1341条によれば，対象が一定金額（当時は150フラン，現在はデクレによって定める金額であり，1980年7月15日のデクレは，5000フランとしている）を超える行為については，公証人の面前でまたは私署によって証書を作成しなければならない。より少ない金額または価額にかかわる場合であっても証書の内容に反し，または証書の内容外のいかなる証人による証拠も，受理されない。以上の1341条の一般原則では，一定金額を超える目的の契約については，証書作成義務が設けられたことになる。しかし，先に見た1714条故に賃貸借についてはこの一般原則は適用されないことになる。

また，先に見た証拠の一般原則によれば，150フラン以下の金額を目的とする行為については証人による証拠を認めている。しかし，賃貸借については，この点についても例外があり，1715条は，「書面によらない賃貸借がいまだいかな

---

[13]　現在は，この原始規定に，農地に関する特則についてはこの限りでない旨の但し書きが付加されている。

[14]　Colin et Capitant, *op. cit.*, t. Ⅱ, p. 520.

第1節　草案の賃貸借規定

る履行も受けず，かつ，当事者の一方が賃貸借を否認する場合には，その賃料がいかに僅少であろうと，また，手付けが与えられた旨を主張するのであっても，証人による証明は受理することができない」と規定した。この結果，口頭による賃貸借では契約の履行前に賃貸人が賃貸借契約の存在を否定したときには，賃借人がその存在を証人により証明することができなかった。これらの点は，全体としては，賃借人に不利な規定であったと評価されている[15]。

更に，賃貸借証書を作成しなければ，確定日付を証書に与えることができず，賃貸借に対抗がないという問題も生ずる。口頭による賃貸借では賃借人の不利は著しいと考えられる。

(イ) 草　　案

これに対し，草案は賃貸借の証拠について特別の規定を置いていない。それゆえ，以上のようなフランス民法とは異なった扱いになり，証拠については，通常の規則に従うことになる。草案証拠編1396条は，「物権または人権を創設，変更又は消滅させる性質を持つ総ての事実については，その事実より各当事者又はそのいずれか一方のために50円を超える利益をもたらすときには，公証書または私署証書を作成しなければならない」と規定し，証書作成義務を設け，更にこれを超える価値の行為については人証を認めなかった[16]。この結果，一定の金額以下の行為について人証を可能にするようになった点でフランス法と異なる。

2　現状確認書

(ア) フランス法

フランス民法1730条は，現状確認書について「賃貸人と賃借人との間で現状確認書 (état des lieux) を作成した場合には，賃借人は，この現状確認書に従って，賃借人がそれを受領した状態でその物を返還しなければならない。ただし，朽廃または不可抗力により滅失または毀損したものを除く。」と規定し，更に，現状確認書の作成がない場合について，「現状確認書を作成しなかった場合に

---

[15]　吉田克己・フランス住宅法の形成（東大出版会，1997年）99頁。

[16]　Boissonade, *Projet*, t. V, *Des preuves et de la prescription*, 1889, art. 1396.

は，賃借人は，賃借物を賃貸人負担の修繕についてよく修繕された状態で受領したものと推定され，かつ，そのようなものとして返還しなければならない。ただし，反対の証明がある場合には，この限りでない」と規定している（1731条）。現状確認書を作成しない場合に，賃借人に不利となることを規定しているのである。

(イ) 草　　案

草案は，現状確認書について次のように規定している。まず，草案134条は，「賃借人は，……目録もしくは現状確認書を作る義務または保証人を立てる義務は負わない。ただし，契約によってその義務を負うときはこの限りではない。」と規定し，原則として，賃借人は現状確認書を作成する義務を負わないことを明示する。しかし，草案145条は，「賃貸人がその権利を保存するために，賃貸物の目録または現状確認書を作成しようとするときには，賃借人は，いつでも賃貸人が賃借人立ち会いでこれを作成することを許容しなければならない。ただし，その書類の費用は分担しない。（第2項）賃借人も賃貸人を召還して立ち会いの上自費で目録または現状確認書を作成することができる。（第3項）現状確認書を作成しないときには，賃借人は，修繕がなされた状態で賃借物を受領したものと推定される。ただし，反対の証拠があるときにはこの限りではない。」と規定した。

こうして，賃借人については，現状確認書の作成は義務ではないものの，作成しない場合の不利益を規定して，実際上作成されるべきものとしている。ボワソナードは，共同の費用で現状確認書が作成されることがもっとも通常の場合であろうと予想していた[17]。結果として，フランス民法の規定を詳細にしたというのが草案の内容である。

第3項　賃借権の対抗

草案の物権概念は，古典的物権概念に従うものであり，ここから当然追及権も導かれる。賃借権を物権として構成した以上，賃借権が対抗力を有すること

---

[17] Boissonade, *Projet*, t. I, 2ᵉ éd., n° 182.

第1節　草案の賃貸借規定

は極めて明確である。しかし，具体的な対抗要件などは，大きな問題となる。そこで，本項では，はじめに不動産賃貸借権について対抗要件を考え（Ⅰ），更に草案の対抗要件論の前提として重要なボワソナードの二重売買論を論ずる（Ⅱ）。その後，賃貸借が対抗しうる場合の効果について考え（Ⅲ），また，動産賃貸借に関する規定について検討し（Ⅳ），最後に対抗力を奪う特約について論ずる（Ⅴ）。

Ⅰ　不動産賃貸借の対抗要件
1　対抗要件としての証書謄記
(ア)　対抗要件規定

賃借権が対抗力を有するにしても，具体的な対抗要件は，それ自身問題となる。不動産賃借権の対抗については，契約の効力に関する草案財産編368条以下が次のように規定した。

368条「左に記すものは，財産所在地の府県庁の下級機関である郡または区の役所にある特別の簿冊（registre spécial tenu à la sous-préfecture (kou ou goun yakou-sho)）にこれを謄記される（sont transcrit）。

1　不動産所有権またはその他すべての不動産上の物権の譲渡を記したる有償または無償，公署または私署のすべての生存中の証書（tous actes entre-vifs）……」

370条「謄記に至るまでは，前に挙げた証書の効力により獲得または回復された物権は，同一の権利につき外見上の本主（titulaire apparent）である者と善意（bonne foi）で契約しまたは本主もしくはその代理人から第1の権利と抵触する権利を取得し必要とされる謄記(transcription)または記入登記(inscription)をなした承継人（ayant-cause）には対抗することができない[1]。悪意(mauvaise foi)及び共謀(collusion)は，367条によってのみ証明される。」

367条4項「承継人の悪意は，訴訟における自白（aveu）または宣誓拒否（refus de serment）でなければ証明されえない。但し，譲渡人と共謀した詐害(fraude concertée avec le cédant)があれば，通常の証拠方法により証明することができる。」

草案における賃借権の対抗要件規定には，以下の特徴があった。①賃貸借の

第2章 ボワソナード草案における賃借権の物権的構成と旧民法

対抗要件についての特別の規定を設けず，物権変動に関する一般規定(日本民法では177条に相当する規定)を適用した。②賃借権の対抗要件は謄記，詳しくは証書の謄記であった(財産編368条)。この点は，草案における賃借権の対抗要件のもっとも顕著な特徴である。③謄記の欠缺につき第3者（この場合は，特定承継人の意味になる。）が利益を受けるためには善意を必要とした（370条）。これもまた重要な特徴である。④第3者の悪意は，賃借人が証明しなければならないし，証明方法には，制限があった。単なる悪意の場合には，訴訟上の自白または宣誓拒否でなければ証明できなかった（374条4項）。⑤譲渡人と共謀した詐害(fraude)があるときには，通常の証拠方法で第3者の悪意を証明できた（374条4項但書）。

(イ) 対抗要件としての証書謄記の理由

賃借権の対抗要件もまた，不動産物権変動一般と同様に，証書謄記であることについて，ボワソナードは，次のように述べた。

「1855年のフランス法(第2条第4項)は，18年を超える不動産賃貸借が賃貸人と契約する者に対抗しうるために謄記という方式を要求する。18年以下の賃貸借は，たとえ謄記を欠くときでも，賃貸人と結約する者に対抗することができる。イタリア民法（第1932条第5項）も同様の規定を設けた。但し，同法は9年を超える賃貸借に謄記を要求する点で相違がある。

これに対し，草案は，不動産賃貸借のために特別の規定を設けず，賃貸借の期間の如何を問わず，かならず謄記に服することを要求する。賃借権の譲渡や転貸もまた，謄記を必要とする。このようにフランス及びイタリア法と草案とが異なる理由は，二つある。第1に，フランス及びイタリア法では賃借権は債権であるのに対し，草案では賃借権は物権である。第2に，期間の

---

(1) ボワソナード草案における承継人と第3者（tiers）について，近年の研究は，「ボワソナードは，わが国にいわゆる（広義の）『第三者』概念を，承継人と，局外者たる（狭義の）第三者とに分け」たと指摘している（池田真朗・前掲「ボワソナードにおける『第三者』の概念」法学研究59巻6号18頁）。草案の承継人という用語がわが国の一般的用語法の第3者に含まれるのであるから，本書は，わが国の一般的用語法に従う。

第1節　草案の賃貸借規定

如何を問わず，賃借権が賃貸人の承継人に対抗するためには，承継人が賃借権の存在について予め告知を受けている必要がある。それゆえ，フランス法及びイタリア法が賃貸借は賃借人に対して債権しか与えないにせよ，9年以下または18年以下の賃貸借が謄記によりこの権利の存在を明らかにしないときでも第3者に対抗しうると規定したことは，条理に反するとの非難をまぬかれがたい。」[2]

以上のように，ボワソナードは，草案が不動産賃借権の対抗要件を謄記とする理由として，賃借権の物権的構成及び賃借権の公示の必要性を指摘する。かくして草案は，不動産賃借権の対抗要件に関する特別の規定を設けず，二重売買を代表とする一般の不動産物権変動に関する規定を適用した。これは，日本民法において地上権及び永小作権の対抗要件については不動産物権変動の一般規定である民法177条によって決せられること（借地借家法10条等による修正はあるが。）と同様である。

ボワソナードはこの不動産物権変動の規定を，「第3者に対する合意の抗力(de l'effet des conventions à l'égard des tiers)」という標題の項の中に置いた。そこでは，最初に「合意の当事者間に限定される効力 (effets des conventions limités aux parties)」（365条）を規定し，契約の効力の相対性が原則であることを明らかにした後，その例外として動産の二重譲渡（366条），債権譲渡（367条），更にこの不動産の物権変動に関する規定（368条以下）を設けた。このような体系はボワソナードの独創に係るものと指摘されることがあるが[3]，賃貸借に関する限り，フランスでも契約の第3者に対する効力の問題として議論されているのであるから特別なことではない。

賃借権の物権的構成の具体的利益として，賃借権抵当があった。そもそも，抵当と公示手段としての謄記とは，密接に結び付くものである。このことは，フランスにおける謄記法が抵当権の発達を目的として制定されたことからも明らかであろう[4]。また，古典的物権説の論者の一人であったジョゾンは，1855年

---

(2) Boissonade, *Projet*, t. II, *Des droits personnels ou obligations*, 2ᵉ éd., 1883, n° 198.
(3) 滝沢聿代・前掲物権変動の理論172頁注㉒。

第2章 ボワソナード草案における賃借権の物権的構成と旧民法

法が18年を超える賃貸借を謄記に服せしめたことに関し，賃借権の物権性の現われと理解したことからも賃借権の物権性と謄記との関連が窺える[5]。この点からも，賃借権と謄記とが結び付くことになったと考えられる。

(ウ) 謄記の方式

なお，草案の予定する謄記 (transcription) の方式が問題となる。謄記の詳細に関して，草案は特別法に委ねた (369条2項) が，368条の文言からも証書謄記というフランス式の謄記であることが推測される。この点については旧民法の注釈書も，「ボワソナード氏ノ草案ニハ公正又ハ私署ノ証書ニシテ当事者ノ差出シタルモノヲ謄写スルコト猶ホ仏蘭西其他ノ国ニ於テ行ハルルガ如キモノタルノ趣旨ナリシヲ以テ常ニ本条ニ列記シタル各権利行為ニ付スルニ証書ノ文字ヲ以テシタリキ」と論じ，ボワソナードの本来の意図はフランス式の証書謄記であったことを指摘している[6]。この証書謄記という方式を考慮すると，草案は賃借人の単独謄記の原則を維持していたと考えられる[7]。フランスとの相違は，賃貸借の確定日付ではなく，一律に謄記を対抗要件とすることである。この点では草案は賃借権を物権一般と同様に取扱うのであり，フランス法に比べて厳格である。前述のように，フランスにおいては1855年法からは期間が18年以下，1955年デクレ以後は期間が12年以下の賃貸借の対抗要件を確定日付としており，謄記を要求していなかった[8]。

フランスにおいて賃貸借が確定日付を得る最も通常の手段は登録であった。

---

(4) この点について，星野英一「フランス不動産物権公示制度の沿革の概観」同・民法論集2巻49頁。

(5) Jozon, *op. cit*., p. 368.

(6) 井上正一・民法財産編第貮部巻之壱333頁。なお，この条文中の証書の文字は，旧民法では，ドイツ式の権利登記の方式を採用した登記法との関連で削除される。フランスの証書謄記について，星野英一「フランス不動産物権公示制度の沿革の概観」56頁以下，鎌田薫「不動産物権変動の理論と登記手続の実務」法務省法務総合研究所編不動産登記をめぐる今日的課題（日本加除出版，1987年）83頁以下，七戸克彦「不動産物権変動における対抗力の本質」慶應義塾大学大学院法学研究科論文集23号 (1985年) 73頁，高橋良彰「ボワソナードの不動産公示制度」東京都立大学法学会雑誌29巻1号 (1988年) 467頁。

第1節　草案の賃貸借規定

このことはフランスにおいて，賃貸借が対抗力を得るために証書を作成し，それを公的機関に記録せしめる経験が存在したことを意味した。とりわけ，一定規模以上の農地賃貸借や商事賃貸借では通常登録がなされていた[9]。とすれば，登録の経験を有する賃借人に対して登録に代えて謄記を要求することは，確かに厳格な要請ではあれ，必ずしも過酷な要求とは考えられないことになる。ボワソナードが賃借権の対抗要件を謄記と規定したひとつの背景が，そこにあると言えよう。なお，ボワソナードは当時のフランスの謄記法を無条件で賞賛していた訳ではなく，フランスの謄記法では人的索引による点でドイツの登記法が不動産の物的索引によるのと異なると論じ，フランスの方式では名前を誤ったときに検索が極めて困難であると述べていた[10]。

更に，草案では，賃借権を客体として抵当権を設定することが可能であることも関連する。先に述べたように，フランスでは抵当権と謄記の関連は，極めて密接であった。賃借権に抵当権が設定されるときには，やはり不動産の公示の制度が重要な役割を果す。それゆえ，賃借権そのものが謄記に服するのも，当然と考えられる。この意味で，賃借権の物権的構成は，謄記を対抗要件とすることに密接に関連する。

---

(7)　ボワソナードは謄記所の所在については，時期により見解を変化させた。明治15年の債権編初版では県庁であったが，本文に引用した明治16年の修正増補第2版では郡または区役所である。明治22年の債権担保編では戸長役場とする（Boissonade, *Projet*, t. 4, n° 543)。いずれも，地方行政機関であるが，時期が下がる程に下級の機関になる。これに対し，司法省は明治19年登記法以来登記を裁判所の管轄とした。結局，ボワソナードは自説を撤回し，明治24年の債権編新版においては，裁判所が登記を管轄するものとする（Boissonade, Projet, t. II, n° 185，藤原明久・前掲ボワソナード抵当法の研究110頁，更に，清水誠「わが国における登記制度の歩み」日本司法書士連合会編・不動産登記制度の歴史と展望（有斐閣，1981年）151頁）。

(8)　星野英一「フランスにおける1955年以降の不動産物権公示制度の改正」同・民法論集2巻124頁。

(9)　Colin et Capitant, *op. cit*., t. II, p. 511. 賃貸借は通常（très généralement）登録されていると指摘する。

(10)　Boissonade, *Projet*, t. II, 2ᵉ éd., n° 214.

2 第3者の要件としての善意

　草案のもう一つの大きな特徴は，謄記の欠缺につき第3者が利益を得るためには善意であることを要求することである(370条)。換言すれば，謄記のない賃借権といえども，悪意の第3者には対抗しうる。もっとも，第3者の悪意の証明に関する規定である367条4項によれば，通常の証拠方法で悪意を証明することは許されず，法廷における第3者の自白または宣誓の拒否によってのみ悪意を証明しうる。但し，これにも例外があり，譲渡人たる賃貸人と譲受人たる第3者との間に「通謀ある詐害（fraude concertée）」が存在する場合には人証(preuve par témoin) を含めた通常の証拠方法によって証明しうる。

　以上のように，草案における賃借権の対抗要件の在り方は複雑である。とりわけ，先に④，⑤で触れたように，謄記なくして対抗しうる第3者に二つの種類があることは注目される。ひとつは，④単なる悪意の第3者である。これは，「通謀ある詐害（fraude concertée）」の場合よりも広い範囲に妥当するが，証拠方法は極めて限定的である。いまひとつが，⑤「通謀ある詐害(fraude concertée)」のある場合である。これは，適用される範囲は狭いものの，証拠方法は単なる悪意の場合と異なり，限定的ではない。前者については，実際上証明が難しいと考えられるが，後者については，そうではない。

　このように悪意の第3者の在り方に二つの区別を設けるのは，賃貸借の場合に限らない。既に述べたように，草案では賃借権の対抗要件について特別の規定を設けず，不動産物権変動一般と同一の規定で処理する。それゆえ，以上の第3者の扱いは不動産物権変動一般について同一なのである。また，第3者の証拠方法について規定する367条は債権譲渡に関する規定である。それゆえ，債権譲渡，不動産物権の物権変動はこのような扱いを受ける[11]。

---

　(11) もっとも，ボワソナードは，抵当権は「必ずしも排斥しあうことはない」という理由（抵当権は二番抵当等が可能）から，抵当権の公示と不動産物権の公示には相違を設けるべきであるとして，他の抵当権者及び一般債権者は，登記されていない抵当権を知っているからといって登記の欠缺を援用する権利を奪われないと規定する（草案債権担保編1260条, Projet, t. IV, n°493, 藤原明久・前掲ボワソナード抵当法の研究153頁）。

第1節　草案の賃貸借規定

II　ボワソナードの二重売買論との関連
1　二重売買についてのフランスの通説

　何故，草案は，このような複雑な第3者の扱いをしたのであろうか。これについては，ボワソナードが，来日以前のフランス時代に発表した不動産の二重売買に関する論文が関連する。ボワソナードの二重売買論については，最近優れた研究が相次いでいるので，ここでは，それに従って検討する[12]。

　日本民法176条は物権変動について意思主義を採用し，177条は不動産物権変動に関して登記を対抗要件とする。こうした規定の在り方の母法は，フランス法であった。日本民法の不動産物権変動に関する解釈論において，第1の物権変動が登記を欠くときに第3者がこれから利益を得るべきかについて，第2買主の主観的態様が問題とされたように[13]，フランスにおいても，この場合の第2買主の悪意の問題に関して議論があった。フランスの古典的判例，学説は，《第2買主が単なる認識（simple connaissance）を有する場合には第1の売買は謄記なくして対抗しえない》と解するものであった。その理由は，第1買主は容易に謄記しえたにもかかわらず謄記をなさなかった以上，不利益を被ってもやむを得ないこと，第2買主の主観的態様を問題にすると対抗，不対抗が偶然的な事情により左右されることになることであった。

　しかし，同時に，古典的判例，学説は，第2買主と売主との間で「通謀ある詐害（fraude concertée）」が存在するときには第1買主は謄記なくして対抗しうると論じた[14]。換言すれば，売主との間で「通謀ある詐害（fraude concertée）」に参加する第2買主は，謄記を備えようとも，謄記なき第1買主の立場を破る

---

[12]　星野英一・前掲「フランス不動産物権公示制度の沿革の概観」62頁以下，滝沢聿代・前掲物権変動の理論150頁，鎌田薫「不動産二重売買における第2買主の悪意と取引の安全——フランスにおける判例の『転換』をめぐって」比較法学9巻2号（1974年）。

[13]　鎌田薫「対抗問題と第三者」星野英一ほか編・民法講座2物権(1)（有斐閣，1984年）。

[14]　星野英一・前掲63頁，滝沢聿代・前掲物権変動の理論151頁，鎌田薫・前掲「不動産二重売買」42頁。Mazeaud, *op. cit*., t. III, 1er volume, *Sûretés—Publicité foncière*, 1977, n^{os}721 et s.

ことができなかった。

「詐害（fraude）」とは，形式的には適法であるが，実質的には法律，または契約から生ずる一定の義務規則をまぬかれる目的で行われる行為に対する反道徳性の評価とされる[15]。詐害的行為は，「詐害はすべての規則の例外をなす（la fraude fait exception à toutes les règles）」，「詐害はすべてを破る（fraus omnia corrumpit）」という法格言が示すように，無効，または対抗不能のサンクションを受けるのである[16]。しかし，二重売買の場合，単なる悪意と詐害との間に明確な線を引くことは困難なことは事実であり[17]，そこから更に議論が生じた。次に紹介するボワソナードの二重売買論もまたその１例である[18]。

2　ボワソナードの二重売買論

ボワソナードは，パリ大学在職時代の1871年に「謄記理論に関する新たな見解の試み」と題する論文で，二重売買の解釈論として注目すべき論文を発表した[19]。

ボワソナードは，「我々の意見，我々の確信は，第２買主が悪意であるときは謄記の形式において優位を得ていてもそこから利益を得ることはできないとい

---

[15] 滝沢聿代・前掲物権変動の理論150頁，鎌田薫・前掲43頁。また，北村一郎「契約の解釈に対するフランス破毀院のコントロオル(5)」法学協会雑誌94巻7号78頁注(64)(1977年)。フロードについては，Terré, Droit civil, Introduction générale, 4ᵉ éd., 1998, n° 431; Ghestin et Goubeaux, Traité de droit civil, Introduction générale, 2ᵉ éd., 1983, nᵒˢ 741 et s. とりわけ，最後のGhestin et Goubeauxは詳細である。

[16] 滝沢聿代・前掲151頁，鎌田薫・前掲44頁以下。

[17] 鎌田薫・前掲57頁。

[18] 鎌田薫・前掲60頁注(10)。

[19] Boissonade, Essai d'une explication nouvelle de la théorie de la transcription, A l'occasion de la mouvaise foi en matière de transcription et d'inscription hypothécaires, Revue pratique de droit français, t. XXX, 1870. 鎌田・前掲二重売買論文60頁注(10)は，同論文を的確に紹介する。更に，同論文を詳細に紹介し，位置付ける優れた研究として，七戸克彦「対抗要件主義に関するボワソナード理論」法学研究（慶應義塾大学）64巻12号（1991年）。

第1節　草案の賃貸借規定

うものである。売主と第2買主との間に通謀ある詐害が存在する場合には，我々は一層強い理由により同じ解決を与える。」と述べた[20]。ボワソナードは，売主と第2買主との間に通謀ある詐害が存在する場合と同様に，第2買主が単なる悪意である場合にも第1買主は謄記なくして対抗しうると論じた。

　ボワソナードは更に，みずからの解釈論を根拠づけるために謄記と所有権移転の一般理論にまで説き及んだ。当時の通説は，所有権の相対的帰属説を採っていた。これは売買における合意による所有権移転を規定する民法1138条と対抗要件としての謄記を明らかにする1855年法とから導き出された理論であった。これに対し，ボワソナードは，相対的帰属説は絶対権としての所有権の性格に矛盾すると論じた。かくして，ボワソナードは，第1買主は合意により所有権を取得する以上謄記なくして第3者に対しても所有権を取得する，と論じた。

　このボワソナードの理論をそのまま貫くとすると第1買主は謄記をなす必要を感じなくなり，謄記法の意義もまた認められなくなる。これはボワソナードにとっても好ましからざることである。ボワソナードは，不動産所有権の公示手段としての謄記を重要な意義のあるものと考える。それゆえ，ボワソナードは，第1買主が謄記をなす義務を負い，謄記をなさない第1買主はフォートをなし，それゆえ，損害賠償義務を負うと論じた。その損害賠償としては，現物賠償が適当であり，不幸にも無効の契約をなした第2買主に不動産を与えることは考えうる限り，最も直接的で自然，かつ完全な賠償であると述べた[21]。

　更に，ボワソナードは，「第2買主が謄記以外の方法で所有権移転について認識（connaissance）を有するときは，第1買主の謄記の欠缺ゆえに対抗する権利は主張しえない」[22]と述べて，悪意第3者排除論を展開する。ボワソナードは，謄記は第3者に対する関係で所有権移転をなすものではなく，所有権移転の証拠（preuve）にすぎないと理解し，それゆえ，第3者が謄記以外の方法で第1買主の所有権移転の認識を有するときは，第1買主の謄記の欠缺から利益を得ることは許されないと考える。また，ボワソナードは「謄記の目的は善意（bonne

---

[20]　Boissonade, *op. cit*., p. 538.
[21]　Boissonade, *op. cit*., p. 557.
[22]　Boissonade, *op. cit*., p. 560.

foi) の第2買主保護にある」と論じた[23]。

更に，ボワソナードは，以上の理論に対する疑問として，訴訟が数多く生ずることになりはしないか，という問題を採りあげる。これに対し，ボワソナードは第2買主の悪意の証明は証人による証拠（preuve par témoin）を許さず，自白（aveu）と宣誓（serment）という二つの確実な方法に限るのであれば，このような疑問は不要であると論じた[24]。

この証拠方法の制限についてボワソナードは謄記制度の意義とも関連させる。ボワソナードによれば，第1買主が謄記を怠るときには，第2買主は第1売買について不知という法律上の推定（présomption légale d'ignorance）を受ける[25]。この法律上の推定を破るには絶対的に確実な証拠でなければならず，人証のような不確実なものは許されない。それゆえ，自白と宣誓とに証拠方法は限られる。もっとも「通謀ある詐害」の場合にはこのような証拠方法の制限は必要ないとボワソナードは論じた[26]。

以上のボワソナードの見解は，当時において賛同者を見ない説であった[27]。伝統的な通説からは，通謀あるフロードと単なる悪意を同一に扱うのは，不適当であること，ボワソナードの説では，第2売買の説明が難しいこと，第3者が単なる悪意である場合に証拠方法を自白と宣誓に限定する理由がないことなどを批判した論文がある。ビュノワルは，ボワソナードの主張する絶対的所有権移転理論は，相対的所有権移転を採用するフランス民法や1855年法に適合しないと論じた[28]。これが，当時のフランスの一般的評価であろう。しかし，以上のボワソナード説は，フランスの解釈学説としては単独説であったが，フランスにおいて後年あらわれるフォート説，悪意第3者排除説の先駆と考えられる魅力あるものという評価も可能である[29]。

---

[23] Boissonade, *op. cit.*, p. 562.
[24] Boissonade, *op. cit.*, p. 570.
[25] Boissonade, *op. cit.*, p. 564.
[26] Boissonade, *op. cit.*, p. 570.
[27] 鎌田薫・前掲二重売買論文60頁注(10)。
[28] C. Bufnoir, *Propriété et contrat*, 2ᵉ éd., 1924, p. 123.

第1節　草案の賃貸借規定

　ボワソナードは，フランスにおいて解釈論として主張した先の二重売買論を，草案において立法として実現に移したのである。草案の物権変動における特徴ある諸制度である・悪意第3者の取扱，第3者の悪意を証明する証拠方法の制限，通謀ある詐害の際の証拠方法の非限定等はいずれも先の論文に由来するものである。物権変動に関する368条の注釈において具体的な紛争としてボワソナードが挙げるのは二重売買である。注釈には，ボワソナードがフランスで発表した論文と同様の表現がしばしばある[30]。この二重売買論に賃借権の物権的構成が加わったため，特徴ある物権変動論がそのまま賃貸借にも適用されることになったと考えられる。

3　悪意の買主と賃借権の対抗力
(ｱ)　買主の悪意

　以上のような二重譲渡に関する議論は，賃貸借における対抗に関する議論とどのように関連するのか。ここでは，草案における賃貸借の対抗の具体的在り方とフランスにおける賃貸借の対抗の具体的在り方とを比較する。

　初めに，対抗要件を欠く賃貸借の対抗力を検討する。既に論じたように，フランスにおける賃貸借の対抗要件は，確定日付であった。それでは，確定日付を欠く賃貸借は全く賃貸不動産の買主に対抗しえないのであろうか。これは，買主の悪意の問題である。

　この問題について，オーブリー＝ロー（Aubry et Rau）の見解が有名である。それは，買主悪意の場合に確定日付を欠く賃貸借が対抗しうるという趣旨と一般には理解されている。オーブリー＝ローは，次のように論じた。

　「もし，買主がその所有権取得の際に，賃貸借の存在のみならず，賃貸借の

---

[29]　Sourioux, La pensée juridique de G. Boissonade, *Revue internationale de droit comparé*, 1991-2, p. 360。有川哲夫「二重譲渡と悪意の第三者(1)」福岡大学法学論叢24巻2号。

[30]　所有権の移転時期と謄記（Boissonade, *Projet*, t. II, 2ᵉ éd., n° 214），謄記を欠く第1買主でも偶然によっては利益を受けるべきこと（Boissonade, *Projet*, t. II, 2ᵉ éd., n° 210）等。

第2章　ボワソナード草案における賃借権の物権的構成と旧民法

期間を知り，更に，売主が売買の際の賃貸借解除権（faculté de résiliation pour les cas d'aliénation）を留保していないことを知っていた場合には，賃借権が確定日付を欠くといえども，買主は賃貸借を解除しえない。」[31]

以上のオーブリー＝ローの見解は，厳密には単なる悪意買主排除説ではない。排除されるべき買主の要件は悪意だけではなく，賃貸借の期間の認識と賃貸人による売買の際の解除権の不存在の認識というかたちで，一層絞りがかけられたものとなっている。

もっとも，このようなオーブリー＝ローの見解には，批判がある。例えば，ボドリー・ラカンチヌリ＝ワール（Baudry-Lacantinerie et Wahl）は，次のように論じた。

「賃貸不動産の買主が尊重しなければならないのは，『公署証書または確定日付ある』賃借権のみである（1743条）。確定日付は，1328条の規定する方式により得ることができる。1743条は，1328条の適用に他ならないからである。賃貸借が売買と同じ日の確定日付を得たのでは対抗力はなく，賃借人は，確定日付が売買よりも先であるときにのみ対抗しうる。買主が賃貸借を知っていたことは，確定日付の役割を果たしえない。実際，法律が特定の方式の公示制度を設けるときは，第3者の認識は公示の代りをすることができない（la connaissance des tiers ne tient pas lieu de cette publicité）というのが原則である。その他，一般に次のことが承認される。すなわち，1328条の列挙する確定日付を得る方式は，1328条の列挙するものに限られること，また，第3者の認識は，確定日付に代ることができないことである。この1328条解釈は，1743条にも極めて容易に適用しうる。1743条は，1328条を拡張適用するものである。」[32]

その他，ローラン（Laurent）[33]，ギルアル（Guillouard）[34]，ユク（Huc）[35]等

---

(31) Aubry et Rau, *op. cit.*, t. IV, §369 note 35 (p. 502).
(32) Baudry-Lacantinerie et Wahl, *op. cit.*, n° 1282.
(33) Laurent, *op. cit.*, n° 106 et 390.
(34) Guillouard, *op. cit.*, n° 363.
(35) Huc, *op. cit.*, n° 344.

が，同様に，悪意買主といえども確定日付を欠く賃貸借を排除しうると論じた。このような悪意買主論は，先の二重譲渡に関する学説，判例とも軌を一にするものと考えられる。

(ｲ) 1328条と詐害（フロード）

私署証書の確定日付に関する1328条は，一般に悪意の第3者についてどのように解釈されたのであろうか。これについても，先のボドリー＝ラカンチヌリ＝ワールが論じたように，《1328条について第3者の認識は確定日付に代ることはできない》と解され，多くの判例がある(36)。

しかし，注目すべきことに，第3者がフロード (fraude) をなす場合には，単なる悪意の場合と異なり，この原理の例外となる。すなわち，《フロードをなす第3者は，私署証書の確定日付の欠缺から利益を得ることはできない》という解釈が判例，通説である。このように解する理由に関し，例えば，オーブリー＝ローは「1328条の規定は，私署証書の日付をさかのぼらせることから第3者を保護することを目的とする。それゆえ，みずからフロードをなす第3者のために適用されえない」と論じた(37)。この議論は，1328条一般論としての議論であり，賃貸借を念頭に置いたものではない。賃貸借に適用することは不可能なのであろうか。

この点に関し，例えば，ドゥモロンブは，1328条の解釈論として，「第3者が，主犯との詐欺的共謀 (collusion dolosive avec son auteur) により確定日付を欠いた私署証書に対し損害を与えるフロードをなす場合には，1328条による保護を受けることができない。」と論じた後，次のように述べる(38)。

「私は，ポールの建物を1875年3月1日付けの確定日付を有する証書により購入した。ところが，ジュルスが，私に対し，売主との間でその前の1月1日に賃貸借契約を結んだと異議を唱えた。この賃貸借契約は，確定日付を有しないので，私は，1328条と1743条を根拠に反論する。しかし，ジュルスは，

---

(36) Aubry et Rau, *op. cit.*, t. VIII, §756 (p. 261). Demolombe, *op. cit.*, t. XXIX, n° 575.

(37) Aubry et Rau, *op. cit.*, t. VIII, §756 note 137 (p. 261).

(38) Demolombe, *op. cit.*, t. XXIX, n° 579.

第2章　ボワソナード草案における賃借権の物権的構成と旧民法

私は悪意であり，またフロードがあるという。彼は，私が賃貸借の存在を知っていたこと，売買の前にその建物に彼が居住し用益していたことを私が見たと証明しようとする。しかし，この証拠は，このような前提の限りでは認められない。居住し，用益していたことは確かにそうであろう。しかし，それは賃貸借であろうか。その賃貸借の契約条項は，どのようなものであるのか。賃貸人は，売買の際の解約権を留保してはいないか。私に譲渡があったときに，私は，解約権故にみずからその建物を用益しうるのではないか。以上は，私が信じえたところであった。このような条件であれば，私がフロードを犯したとは言えないであろう。」

ドゥモロンブは，以上のように論じた後，地役権の問題に転じ，同様に単なる認識のみではフロードにはならないが，「第3者がみずからの権利以前に成立した権利についての認識を有するだけではなく，真正のフロードと特徴づけられるような重大な事情がある場合もありうる。」と述べた。フロードとなりうる事情とは，地役権の設定そのものに買主が関与したときである。

こうして見ると，1328条の適用において，《フロードのある第3者は確定日付の欠缺から利益を得ることができない》という原理がある以上，賃貸借にこれを準用することも不可能ではない。もっとも，そうは言っても，具体的に如何なる要件によってフロードを認めるかは，明らかではない。ドゥモロンブについても，第3者が賃貸不動産の売主に売買の際の解除権がないことを知っていたときに，フロードに該当すると論ずるのか（このように解すると，ドゥモロンブの議論は，オーブリー＝ローの1743条悪意第3者排除論に接近する。換言すれば，オーブリー＝ローの1743条悪意第3者排除論は，1328条に関するこのようなフロード論との関連が考えられる。），それとも第3者が賃貸借契約の設定そのものに関与する等のより重大な事情が存在することを必要とするのか明らかでない。

以上，フランスに関して述べたことをまとめると，①悪意買主には対抗しえないというのが当時の通説，判例であったが，これを批判する有力な学者の説が存在し，②フロードの買主については，対抗要件なく，対抗しうるという学説が存在した。このような議論が展開されたのは時期的にはボワソナードが日本に来日する頃であって，賃貸借の対抗と賃貸不動産の買主の悪意の問題は，当時の重要な問題であったことが分かる。

第1節 草案の賃貸借規定

　ボワソナードと同じ頃にベルギー民法改正の原草案を起草したローランは，前述のように，フランス民法やベルギー民法の解釈論としては，対抗要件を欠く賃貸借は悪意の買主に対抗しえないと主張しつつ，その起草によるベルギー民法原草案では，1809条2項に「取得者が売買のときに，賃貸借の存在と期間を知っているときは，賃借人を追い出すことができない」として悪意の買主に対抗しうるという規定を設けた[39]。この場合の期間については，賃借人は法律，契約，慣習等種々の方法で期間の存在を立証できた。ローランは，その注釈で，フランス民法1743条は，賃貸借の対抗のために確定日付を要求するが，ベルギー民法草案は，確定日付を要求しないと述べ，賃貸借が悪意の取得者に対抗しうると規定する理由について，オーブリー＝ローの学説に従ったと論じた。ベルギー民法原草案は，ボワソナード草案と同様の時期に発表されたものであるが，その際に，賃貸借の対抗と取得者の悪意という問題について，期せずして同様の立法論を採用したことが興味深い。

　以上のような当時の状況を見ると，ボワソナードの来日当時の重要問題について，草案は，二重譲渡や賃借権の物権的構成との関連で一定の解決，いずれかといえば賃借人に有利な解決を与えたものと評価しうる。

Ⅲ　対抗の効果

　不動産賃借権が対抗しうる場合にいかなる効果を得ることになるのであろうか。これについては，明確な規定がない。賃借物譲渡の効果について，明確な規定を置いた例としては，ドイツ民法があり，次のように規定している[40]。

　571条「(第1項) 使用賃貸人が賃貸地を使用賃借人に用益させた後，これを第3者に譲渡したときは，取得者は，その所有権の存続中において賃貸借関係

---

(39)　Laurent, *Avant-projet de révision du code civil*, 1882, art. 1802 note 5.
(40)　条文の内容について，石外克喜「独逸民法第571条の法的効果」経済理論（和歌山大学）33号（1956年）28頁以下，藤井俊二「ドイツの住居賃貸借関係における金銭の一回的給付について——Blank, H.の所説に則して」同・現代借家法制の新たな展開（成文堂，1997年）206頁，初出は山梨学院大学法学論集24号（1992年）。

第2章 ボワソナード草案における賃借権の物権的構成と旧民法

より生ずる権利及び義務について使用賃貸人に代位する。

(第2項) 取得者が義務を履行しないときは，使用賃貸人は，取得者の賠償すべき損害について，先訴の抗弁を放棄したる保証人と同一の責任を負う。使用賃借人が使用賃貸人の通知により所有権の移転を知った場合において，法律の定める最初の期日に向けて賃貸借関係を告知しないときは，使用賃貸人はその責を免れる。」

572条「譲渡された不動産のその義務の履行について使用賃借人が賃貸人に担保を供している場合には，取得者は，その担保から生ずる権利を承継する。取得者は，担保の引き渡しを受けたときまたは賃貸人から返還義務を引き受けたときに限り，担保を返還しなければならない。」

また，コラン=カピタンは，フランス民法1743条の解釈に際して，ドイツ民法のこれらの条文を参照することが有益であると指摘した[41]。

こうしたドイツ民法の規定に比べるまでもなく，草案は，実質的に沈黙している。

更に，フランスにおける物権説と債権説との対立において債権説の論者が，物権説では，賃借人が退去させられないことは明らかにしえても，賃貸借関係が取得者に対して主張できることは説明できないと論じたことが想起される。これは，草案についても当てはまるのであろうか。換言すれば，草案においては，賃借人は賃借物への物権の存在を主張しうるのみであって，取得者に対して賃貸借契約の維持を主張できないであろうか。

賃貸借の対抗の効果について，注釈が唯一述べるのは，借賃の前払についてである。ボワソナードは次のように述べる。フランス法では，3年の賃料の前払が取得者に対抗されるには，謄記が必要であるとした。3年未満の賃料の前払は，謄記なくして対抗できるが，それ以外は謄記のない前払は，取得者に対抗しえない。これに対し，草案では，前払に関する規定は存在しない。その結果，借賃の前払は謄記なくして対抗しうる。そもそも，取得者は不動産につい

---

[41] Colin et Capitant, *op. cit.*, t. II, p. 514. ちなみに，日本民法について，半田正夫「賃貸中の不動産の譲受人と賃借人の関係についての一考察」民商法雑誌78巻臨時増刊1 (1977年))。

て謄記により賃借権の有無を知ることができる。また，賃借人に直接問い合わせることにより前払の有無を知ることができる(42)。ここでは，賃貸不動産譲渡前の契約における関係が取得者にも主張できるというボワソナードの考え方が示されている。とすれば，物権が対抗しうる場合に，契約自体が承継人である賃貸不動産の買主に主張しうることは，草案の場合前提としていたと考えられる。

Ⅳ　動産賃貸借
1　フランス法における動産物権変動

草案は，不動産賃借権のみならず，動産賃借権にも物権を付与する。それゆえ，本書は，主として不動産賃貸借の問題を論ずるものであるが，動産の賃貸借の場合の対抗についても，議論する必要がある。動産については，不動産と異なり，公示制度がない点が問題になる。これについては，まずフランス法の動産物権変動論を検討する。

フランス民法の動産物権変動について，重要なのは，次の三つの条文である。1138条1項(同2項は，危険負担の規定であり，省略する。)「物を引き渡す債務は，契約当事者の合意のみによって完全となる。」

1141条「二人の者に与え，または引き渡す債務を相次いで負った物が単純に動産である場合には，その名義が日付において後であっても，占有が善意である限り，二人の者のうち現実的占有を付与された者が優先し，所有者としてとどまる。」

2279条「動産に関しては，占有は，権原に値する。」

1138条は，契約によって所有権が直ちに移転するという意思主義を示す条文として理解され，そして，動産の二重売買に関して1141条が規定するが，この条文は，即時取得の一般的規定である2279条の具体的適用として理解されている(43)。日本民法では，意思主義を宣言する176条と動産物権変動の対抗要件を引渡しとする178条があり，更に即時取得を規定する192条が規定されているが，フランス民法では日本民法176条及び192条に相当する条文があるものの，178条

---

(42) Boissonade, *Projet*, t. II, 2ᵉ éd., n° 199.

第2章　ボワソナード草案における賃借権の物権的構成と旧民法

に相当する規定は，存在しない。

　1141条に関して，《動産所有権は，引渡しまで移転しない》という引渡主義の規定としては理解されていない[44]。というのも，1138条が意思主義を規定するし，更に，不動産の二重売買では謄記を待たず即時に所有権が移転すると理解されているからである。また，動産の物権変動に関して，当事者間と第3者との間を区別して《当事者間では所有権は移転するが，第3者に対しては移転していない。》と理解する説がある[45]。しかし，これは極めて古い少数説であり，判例及び通説は，《動産に関しては引渡しを待たず第1買主が所有権を完全に取得する》と理解する[46]。通説の論者の説明によれば，第1買主が完全に所有権を取得するからこそ，1141条は第2買主の優先のために善意を要求するというのである。それゆえ，判例によれば，第1買主は契約のみで完全な所有権を取得するから売主の債権者は売買契約の目的になっている動産を差し押えることができない[47]。

　なお，注意すべきは，既に述べたように，第1買主，第2買主というときに，単なる契約日付の前後が問題になるのではないことである。第1買主というるには，その契約の日付は単なる私署証書の日付ではなく，フランス民法1328条の規定する確定日付を必要とする。例えば，ドゥモロンブの示す例では，1875年2月1日の私署証書の日付を有する動産買主は，1875年3月1日の確定日付

---

[43] Planiol, Ripert et Picard, *Les biens*, n° 381; Marty et Raynaud, *Les biens*, n°s 52 et 418. 更に，滝沢聿代前掲・物権変動の理論145頁，松尾弘「所有権譲渡の『意思主義』と『第三者』の善意・悪意(1)」一橋論叢110巻7号（1993年）168頁。1141条の立法趣旨としては，動産には謄記のような公示制度が存在しないこと，動産取引の安全の必要性，動産に関する追及効の制限が挙げられる。

[44] Terré et Simler, *Les biens*, n° 396.

[45] Troplong, *De la vente*, n° 42; Huc, *op. cit.*, t. VII, n° 127.

[46] Demolombe, *op. cit.*, t. XXIV, n° 467; Colmet de Santerre, *op. cit.*, t. IV, n° 1141; Marty et Raynaud, *Les biens*, n° 418; Larroumet, *Les biens*, n° 395.

[47] Marty et Raynaud, *Les biens*, n° 418.; Terré et Simler, *Les biens*, n°396 note 3.

第1節　草案の賃貸借規定

を有する動産買主に，いずれも占有を取得していないときには，敗れる[48]。但し，1141条が規定するように，善意で現実的占有を取得する買主がいる場合には，その日付が後または確定日付がなくとも，その買主が優先する。

なお，現実的占有（possession réelle）を取得するとは，第3者にも占有の移転が明確に示されることが必要なことを意味する。それゆえ，占有改定（constitut possessoire）は，この現実的占有の取得には，含まれない。これに対し，所持者が物の所有権を取得すること（tradition de brève main（brevi manu））は，第3者の目から見て，その動産の支配が売主にないことが明確であるために，現実的占有の取得たりうると解釈される[49]。

1141条の適用は，売買の紛争や動産質権の設定と所有権動産の二重売買に限られない。用益権設定と所有権の売買の紛争にも適用される。それゆえ，用益者や質権者が占有を取得していれば，動産買主に対抗しうるが，善意の動産買主が先に占有を取得すれば，これに対抗することができないのである[50]。

2　草案の動産物権変動と賃貸借

草案は，動産の二重売買について，次のように規定した。

草案財産編366条「1個の有体動産が，所有者によって，二人の異なった人となした2個の与える合意の目的物となった場合は，その名義（titre）が日付において後であっても，第2の契約のときに第1の売買があったことを知らず，第1の者のために財産管理の責を負っていない限り，二人の者のうち物の現実的占有（possession réelle）を付与された者が優先し，所有者としてとどまる。」

---

[48] Demolombe, *op. cit.*, t. XXIX, n° 556; P. Strasser, Force probante de la date d'un acte sous seing privé, *Jurisclasseur civil*, art. 1328, Fasc. 142, n° 67.

[49] Mazeaud, de Juglart et Chabas, *Biens*, 8ᵉ éd., 1994, n° 1622; Terré et Simler, n° 396-3. なお，即時取得の一般規定である2279条の解釈でも，占有改定では即時取得の要件を満たさないと解釈されている（Mazeaud, de Juglart et Chabas, *Biens*, n° 1529; Terré et Simler, Les biens, n° 421）。

[50] Larroumet, *Les biens*, n° 394.

第2章　ボワソナード草案における賃借権の物権的構成と旧民法

　これは，フランス民法1141条と同様の規定である。ボワソナードは，草案においてフランス民法に重要な修正を加えることがしばしばであったが，草案の動産物権変動規定についてはフランス民法を踏襲した。フランス民法との違いは，第2買主が善意である時点を契約のときと明確化したこと（それゆえ，引渡し時に悪意であっても契約時に善意であれば第2買主が優先する(51)。）と，第2買主の要件として，「第1の者のために財産管理の責を負っていない」ことを付加した点である。

　ボワソナードは，草案の注釈で，草案財産編366条の具体的内容を，《甲が自己の所有する時計の売買契約を乙と締結し，その後丙に売却し，更に丙に引き渡したときには丙が所有権を有する》旨であると指摘した(52)。更に，ボワソナードは，この規定について次のように論じた。

　「本条ヲ以テ夫ノ羅馬法律及ヒ拂蘭西古法ニ於テ用ヒタル所有権ノ移転ハ物品ノ引渡ヲ以テスノ原則ニ依リタルモノト誤認スル勿レ丙者（第2買主……小栁注）カ時計ノ所有者トナルハ其時計ノ引渡アリタルニ因テ然ルニ非ス他ノ事ニ因テ之カ所有者トナルナリ他ノ事トハ何ソ即時ノ時効是レナリ夫レ時効ヲ以テ物ヲ獲得スルニハ現実ノ占有及ヒ善意ノ二条件ヲ要ス故ニ本条ニハ現ニ其物ヲ占有スル者ハト云ヒ又己レノ契約ノ時第一ノ譲渡アリタルヲ知ラスト記セリ」(53)。

　すなわち，ボワソナードによれば，動産については引渡しによらず所有権が第1買主に移転するのであり，二重売買の際に第2買主が所有者になるのは，即時時効（即時取得）によってであった。このために，第2買主には，善意の要

---

(51)　これについては，見解の対立があったが，引渡時に善意を要求するのが通説であった（Demolombe, *op. cit.*, t. XXIV, n° 475; Baudry-Lacantinerie et Barde, *Des obligations*, t. I, n° 411）。その理由は，1141条が占有について善意を要求していること，1141条は2279条の適用として理解され，2279条が占有時に善意を要求していると理解されたこと，第2買主に対して単に契約時に善意であるだけでなく引渡しの時にも善意であることを要求する方が，衡平に適うと理解されうることである。

(52)　Boissonade, *Projet*, t. II, 2ᵉ éd., n° 172.

(53)　ボワソナード氏起稿民法草案財産編講義人権之部333頁。

第 1 節　草案の賃貸借規定

件が要求される⁽⁵⁴⁾。ボワソナードは，第 1 と第 2 のいずれの買主も占有を取得していないときには，第 1 買主が優先することを明言している⁽⁵⁵⁾。このようなボワソナードの説明は，フランス民法の通説的議論を踏襲するものである。

　上述の草案の規定は，動産物権変動の対抗要件を引渡しとする現行法とは異なるものであることに注意する必要がある。ボワソナードは，動産物権変動においても，意思表示のみによって所有権が移転するという基本を維持しながら，第 2 買主に保護を認める。但し，第 2 買主が占有の取得により所有権を主張するには，前の合意を知らないことが必要である。なお，善意の問題については，フランス法では，善意は推定されているが（2268条），悪意をあらゆる方法で立証することができる⁽⁵⁶⁾。ボワソナードもとくに明言をしていないので，同様の解釈を採用することが可能である。

　これを賃貸借の問題に適用すると，どうなるのであろうか。動産賃借権の設定において，賃借人の利用のために賃貸物の引渡しが行われるのが通常であるから，動産賃貸人は，この引渡しを以て善意の動産買主に対抗しうるのであろうか。それとも善意で占有を取得する動産買主は，完全な所有権を得，賃貸借は対抗しえないのであろうか。ボワソナードは，次のように述べる。

　「余ハ考フ何人ト雖モ動産ト不動産トニ関シテ異別ノ規則ヲ提示スル者ナシト（それゆえ，不動産賃貸借のみならず動産賃貸借でも賃借権は物権とすべきである。……小栁注）然ルニ動産ニ付テハ既ニ充分ナル差異アリ他ナシ動産ノ賃借ハ公示セラレサルヲ以テ善意ニテ即チ賃借ヲ知ラスシテ其賃借物ヲ占有スル第三者ニ之ヲ対抗スルヲ得サルノ事実ヨリ生スル差異即チ是ナリ」⁽⁵⁷⁾。

　ボワソナードによれば，善意にして占有を取得した動産買主は，賃借権の負

---

(54)　松尾弘・前掲「所有権譲渡(2)」一橋論叢111巻 1 号96頁。
(55)　Boissonade, *Projet*, t. I, 2ᵉ éd., n° 173.
(56)　Planiol, Ripert et Picard, *Les biens*, n° 381. 悪意が証明されると，第 1 買主が所有者であり続けることになるから，悪意で占有を取得した第 2 買主に対し所有権に基づいて返還請求できる (Mazeaud, de Juglart et Chabas, *Biens*, n° 1622)。なお，2279条についても，善意の推定があるが，あらゆる方法でこれを覆滅しえる (Larroumet, *Les biens*, n° 117)。

担のない完全な所有権を取得するのである。草案の場合，不動産賃貸借は，これを謄記すれば，善意の買主にも対抗しえた。ところが，動産に関しては，不動産と異なり，謄記という賃借人を明確に保護する手段がないのであり，実際上は動産買主が保護される可能性が大きいというのである。

V 解除権留保特約
1 フランス法の解除権留保特約

最後に，賃貸借契約において賃貸人が売買の際の解除権を留保した場合を検討する。フランス民法1743条但書がこの特約の有効性を認めるのは，契約自由を重視するフランス民法の一般的姿勢に合致する。賃貸借が「確定日付をなんら有さない場合には，取得者は，いかなる損害賠償の義務も負わない」(1750条)が，賃貸借が確定日付を有するときは，解除権留保の特約があっても，賃貸人は責任を負う。具体的には，「家屋，アパルトマン，または店舗に関する場合には賃貸人は排除される家屋賃借人に対しその地の慣習に従って解約の申込みから立ち退きまでに認められる期間の賃料」(1745条)，「農事財産に関する場合には，賃貸人が定額小作人に支払うべき補償は，残存するすべての期間についての賃料の3分の1」(1746条)等を支払わなければならない。この損害賠償請求権に基づいて，賃借人は賃借物に関して留置権を有する(1749条)。更に，取得者は，その地において通例とされる解約申入れの期間に従って賃借人に通告する義務を負い，農事財産の賃借人にはその退去をなさしむるより少なくとも1年前にその退去の通告をなす義務を負う(1748条)。

以上のように，賃貸人の不動産譲渡の際の解除権留保特約について，フランス民法は，賃貸借が確定日付を有する限りで賃貸人に種々の責任を課したのである。それでは，このような規定は現実にはどのような効果を有したのであろうか。これについて原田純孝教授は，「『登録』は賃借人が一方的になしうる簡

---

(57) 「賃借権，使用権，及ヒ使用貸借ニ関スル問題」民法編纂ニ関スル諸意見並ニ雑書(日本近代立法資料叢書10) 115頁。なお，旧民法の解説書も同様の指摘をしている(江木衷講述・日本民法講義財産編之部巻之七(有斐閣，明治23年)393頁)。

第1節　草案の賃貸借規定

便な手段であったから，確定日付という条件はさほどの障害にはならなかった。第二に，解除権留保の特約もその存在は当然に小作料の低下を伴わざるを得ないことから，実際には，特殊な必要のある場合を除いて，それ程頻繁に用いられることはなかった。19世紀を通じて第1743条が解除権留保特約を容認していること自体が，借地農の側からの批判の対象となることはほとんどなかったという事実も，それを確認させるものである。」と指摘している[58]。

2　草案における解除権留保

草案においても，賃貸不動産の譲渡に際した解除権留保特約は有効である。草案165条は，次のように規定している。

「賃貸人が賃貸物を譲渡し，または自己のためもしくは他の特別なる原因のためこれを取り戻すときは期間の満了前であっても賃貸借を解除しうる権能を留保する場合または賃借人が賃貸借が不要になるような偶然の事態を予期して解除権能を留保した場合においては，前数条に定めたる期間（次項の「I　存続期間　1　期間の定めのない賃貸借」を参照……小栁注）に従って，両当事者は，予め解約申入れをなすことを要する。この解約申入れ期間は，合意によって短縮することもできる。」。

ボワソナードは，以上のように賃貸不動産売却時の賃貸人による解除権留保特約の効果を認める理由について，低い賃料で長期の期間賃貸をなす賃貸人に有益であると指摘している[59]。その理由は，このような賃貸不動産は，そのままでは買い手を見い出すことが困難であるからである。

この草案の規定は，特約の効果を承認する点で基本的にフランス民法を承継している。しかし，解約申入れの期間について規定するにもかかわらず，損害賠償について規定していない。これは，ボワソナードはこの場合の損害賠償に消極的であることを示すのであろうか。

そもそも，草案のこの規定は，売買を理由にした解約に関するフランス民法1743条但書と賃貸人の自己使用を理由にした解約に関するフランス民法1762条

---

[58]　原田純孝・前掲書477頁。

[59]　Boissonade, *Projet*, t. I, 2ᵉ éd., n° 215,

をひとつの条文にまとめたものである。ところが，前者については，フランス民法1744条以下に損害賠償義務が規定されているが，後者については，損害賠償を義務づける文言が存在しない。それゆえ，後者の場合にも損害賠償義務があるかがフランス民法学において問題とされたが，否定説が通説であった。その理由は，《賃貸人が解約申入れの権能を留保しているときは，賃貸人の解約申入れは自己の権利を行使することに他ならない。自己の権利を行使するについては，特別の規定なくしては損害賠償義務を負うものではない。1744条以下は例外であり，拡張解釈は許されない。また，1761条による解約は，期間の定めのない賃貸借における解約申入れと同様の役割を果たすだけである。》というものであった[60]。このようなフランスにおける議論を前提にするとき，草案は損害賠償義務に関する規定を設けていない以上，売買の際の解除について，賃貸人は，損害賠償義務を負わないと解すべきことになる。

更に，フランス民法は，前の賃貸人が賠償義務を履行しないときには，賃借人が留置権を有する旨規定した（1750条）。ところが，ボワソナード草案にはこれに関する規定が見当たらない。この点も，ボワソナード草案では，解除についての損害賠償義務を負わないという解釈の根拠になる。

それでは，草案における賃借権の物権的構成の結果として，賃借人は，フランスにおけるよりも有利になったのであろうか。①賃借人が原則的に謄記を要求されるという点は，フランスに比べて負担が重い。②しかし，第３者の悪意の場合に対抗要件を欠いても対抗しうるようになった点は，フランスに比べて有利である。とはいえ，これは証拠方法も限定され，ボワソナード自身それ程機能することは期待しなかったと考えられる。③これに対し，フロードの場合は，フランスにおいて議論があった問題を賃借人に有利な形で明確化したものである。④解除特約の有効性を認める点は，フランスと同様であるが，損害賠償規定がない点は，フランスよりも不利である。

以上の次第で，単純にフランス法と比較することは難しい。敢えて言えば，①から③の点は，物権的構成に直接関連する問題であり，賃貸借が対抗力を欠いている場合にも買主に対抗しうる可能性を開いた点で，賃借人にとって有利

---

[60] Baudry-Lacantinerie et Wahl, *Du contrat de louage*, n° 1214.

第 1 節　草案の賃貸借規定

になったと考えられる。この意味では，賃貸借の物権的構成は，賃借人に有利に働きうるものであった。いずれにせよ，賃貸借の対抗要件を登記とする方式は，ここに生まれ，明治民法（605条）に展開することになる。

第 4 項　存続期間と解除

本項では，賃貸借の終了の重要な原因である存続期間（Ⅰ）と債務不履行による解除について検討する（Ⅱ）。

Ⅰ　存続期間

草案の賃借権の存続期間規定は，フランス民法の規定を基礎にしながらいくつかの点で修正を加えたものである。検討は，期間の約定のない場合から始め，約定のある場合，解約権の留保，更新の順で行う。

1　期間の定めのない賃貸借

草案157条は，期間の定めのない賃貸借は「解約申入れ（congé）の後法律で定める期間の経過」により終了すると規定した。この「法律で定める期間」は賃貸借の種類により相違がある。①家具付きの建物の賃貸借（appartement meublé）では，そもそも草案160条が「その期間を明示せずその借賃を1年，1月または1日を以て定めたるものは1年，1月または1日の間賃貸借をなしたるものと推定する。」と規定した。ボワソナードは，このような賃貸借は日本には稀であるが，長い期間の居住を目的としない比較的短期間の賃貸借として旅行者などにより利用されると論ずる[1]。②家具付きではない建物（bâtiments non meublés）の賃貸借では，草案161条が解約申入れの後「建物全部については3か月，建物もしくは住家の一部または狭隘であっても賃借人が商業もしくは工業を営む場合には2か月，その他の家具付きではない場所については1か月」の猶予期間を置くように規定した。③更に農地賃貸借に関しては，草案163条があり，「解約申入れはその年の主たる収穫期よりも1年前になす」ことを要すると

---

(1) Boissonade, *Projet*, t. I, 2ᵉ éd., n° 211, 加太訳601頁。

307

第2章 ボワソナード草案における賃借権の物権的構成と旧民法

規定した。

このような草案の規定は，フランス民法規定を基本的に承継している。まず，①家具付きの建物賃貸借に関して，フランス民法1758条は，「家具付きアパルトマンの賃貸借は年いくらと［賃料を……小柳注］定めたときは1年の期間について，月いくらと定めたときは1月，1日いくらと定めたときは1日の期間についてなされたものとみなされる。」と規定した。草案160条はこれと同様の規定である。また，②それ以外の建物賃貸借に関しては，フランス民法1736条が，解約申入れの後「地方慣例により定まる期間 (délais fixés par l'usage des lieux)」の経過により終了すると規定した。この場合の地方慣例の定める期間とは実際に地方により様々であるが，例えば，パリではアパルトマンの場合，賃料が400フランを超えるときは3か月であり，400フラン以下のときは6週間になる。また，小売店や工業用の賃貸借の場合には通常6か月となる[2]。草案161条は，フランス民法が地方慣例に委ねた期間を明確化したものと考えられる。この場合，パリ慣習と比較すればやや猶予期間が短縮された。更に，③農地賃貸借に関しては，先に述べたように，フランス民法1774条により，期間の定めのない農地賃貸借は土地の全部の果実を収納するために必要な期間なされたものとされ，輪作でなければ，期間は1年になる。この農地賃貸借は期間満了により当然に終了する。これに対し，草案では，農地賃貸借では解約申入れをなす時期を特定し，更に解約申入れと賃借人退去の間に少なくとも1年の期間を置くのである。ボワソナードは，このように規定した理由について，賃借人は他に同質の土地を見出す前にはその賃借した土地を明け渡す義務を負うものではない。また，これと同じく，賃貸人も年内の一部の間土地を賃借人なくして経過せしめることを余儀なくされてしまうべきではないと論じた[3]。このように，ボワソナードは，この猶予期間規定が賃貸人，賃借人の双方に利益があるように説く。しかし，実際には，少なくも日本においては，賃借人の当年の耕作継続保障に重要な意義を認めることができるであろう。

---

(2) Troplong, *De l'échange et du louage*, n° 407; Baudry-Lacantinerie et Wahl, *Du contrat de louage*, n° 1245 note (4).

(3) Boissonade, *Projet*, t. I, 2ᵉ éd., n° 214, 加太訳604頁。

第 1 節　草案の賃貸借規定

2　期間の約定

草案121条は，賃貸借の存続期間について「一定の期間（pendant un certain temps）」とのみ規定し，最短期間に関して何等の制限を設けない。最長期間については，フランス法では99年であるのに対し，草案では30年である。これは，草案が永貸借の制度を設け，その期間を30年を超え，50年以下としたことに関連する。期間の満了によって，賃貸借は当然に終了する（草案157条1項4号）。

3　解約権の留保

草案165条は，契約において期間を定めても，更に一方当事者が解約申入れをなしうる旨の特約を結んだ場合について，特約の有効性を認める。農地賃貸借に関しては，期間の定めのない賃貸借の場合にならい，主たる収穫期の1年前に解約申入れを要するにとどまる。ボワソナードは，特約を認める理由について，特約の効果を認めることは賃借人，賃貸人の双方に利益があると指摘した[4]。先に論じたように，草案は，賃貸不動産の売買があった場合における賃貸借の対抗力についても特約で奪いうると規定し(165条)，更に賃借権の譲渡，転貸の権限についても特約で否定しうるとする(142条1項但書)。そもそも，ボワソナードは，「契約ハ双方ノ自由ニ在ルヲ以テ大抵如何ナル契約ト雖モ其効力ヲ生スル」と述べ[5]，賃貸借においても契約自由を重視する姿勢を見せる（133条但書）。

4　更　新

草案は，フランス民法と同様に，黙示の更新の制度を設ける(159条)。その要件は，契約期間の満了後もなお賃借人が収益を継続し，賃貸人がこれに異議を述べないというものであり，その効果は新しい賃貸借は期間の定めのない賃貸借になるというもので，フランス民法1727条の規定を踏襲する。黙示の更新は，いわば例外的な場合に適用され，基本的に賃貸借契約は期間満了により当然終了するという点でも，草案は，フランス民法と同様である。

---

(4) Boissonade, *Projet*, t. I, 2ᵉ éd., n° 216, 加太訳612頁。
(5) 加太訳519頁。

第2章 ボワソナード草案における賃借権の物権的構成と旧民法

　以上のように，草案は，賃貸借の存続期間について基本的に当事者の自由に多くを委ねるのであり，その点でフランス民法と軌を一にしたものと考えられる。草案における賃借権の物権的構成は，賃借人に一定期間の用益の保障を意味するものではなかった。このことが草案の以上の規定と関連するのであろう。フランスの賃貸借立法の歴史では20世紀に特別法が現われ，この点を修正するが，草案は，そのような立法が現われる以前の産物であり，その点は止むを得ない[6]。ただ，フランスにおいては，当事者の契約自由に委ねても，賃貸人，賃借人の関係において必ずしも賃貸人の圧倒的優位が存在した訳ではなく，また，先に述べたように農地賃貸借の存続期間は通例9年という期間で設定された。換言すれば，当事者の私的自治を通じて比較的に合理的な賃貸借関係が創設されうる可能性があった。これに対し，日本では，そもそも契約書が作成されることが稀であり，草案のように当事者自治に多くを委ねることが妥当な結果をもたらすかは疑問となる。

II　債務不履行による契約の解除
1　フランス法

　債務不履行による賃貸借契約の解除に関する草案の規定は，フランス民法の影響下にある。このフランスの賃貸借契約解除については，既に論じたところである。その特徴を述べれば，契約の解除の一般原則として，解除は裁判所が宣告すること（1184条），意思表示による解除を可能にする解除条項特約は有効であってしばしば用いられたこと，解除の要件として付遅滞は要求されないこと，賃貸借においても解除は裁判所が宣告すること（1741条），裁判所は，1回の債務不履行では容易に解除を宣告しなかったこと，解除条項は賃貸借でも有効なことなどである。

---

(6)　ちなみに，トロロンは，農地賃貸借に関しては長期の契約が農業の繁栄のために適当であると考え，フランス民法の規定に批判的である（Troplong, *op. cit.*, n° 760）。ただし，その際トロロンは（賃借権）物権説を援用はしない。

第1節　草案の賃貸借規定

2　ボワソナード草案

草案は，以上のフランス民法の契約解除制度を前提とする。

(ア)　契約の解除

債務不履行による契約解除に関する草案の規定は，基本的にフランス民法と同様である。第1に，契約の解除は，原則として裁判所の宣告による（草案財産編441条1項）。ボワソナードは，裁判所の関与が必要な理由として，裁判所が履行のために猶予期間を許与できること（同条2項）を指摘している[7]。第2に，解除条項（pacte commissoire）は有効である（442条1項）。解除条項については，解除のために付遅滞手続が必要である（442条2項）。付遅滞手続には，草案356条による合式の催告書が原則として必要であるが，合意があれば単に期限の到来したことを以て遅滞とすることができる[8]。

(イ)　賃貸借の解除

草案147条は，賃借人の債務不履行による賃貸借契約の解除について，次のように規定している。

草案147条

「賃借人が賃料の支払をなさざるときその他賃貸借の特別な項目や条件を履行しないときは，賃貸人は，訴えにより，その義務の直接履行をなさしむるか，または損害があるときはその賠償を得て契約を解除することができる。」

更に，草案157条は，賃貸借の終了事由について，①賃借物の全部の滅失，②賃借物の公用徴収，③賃貸人に対する賃貸物の追奪，④期間の満了，⑤解約申入れの後法定の期間の経過の事由により賃貸借は当然に終了すると規定しつつ（1項），賃貸借の条件の不履行や法律上定められた理由に基づく当事者の請求による解除には，裁判所の宣告が必要であると明言した（2項）。これは，草案における債務不履行による双務契約解除の一般原則の具体的適用例でもある。草案の場合，裁判所は，フランス法と同様に，債務履行の期間を付与しうるし，また軽微な債務不履行の際には解除を宣告しないこともできる。但し，草案180

---

(7) Boissonade, *Projet*, t. II, 2ᵉ éd., n° 397.
(8) Boissonade, *Projet*, t. II, 2ᵉ éd., n° 398.

条は，永貸借については3年の賃料不払がなければ解除できないと規定したが，ボワソナードは，通常賃貸借では1年の賃料不払でも解除できると論じた[9]。賃貸借のような継続的契約の場合には，1年分の賃料不払で直ちに解除となることは賃借人に過酷であるという指摘がある[10]。しかし，草案は，そこまでの配慮はしなかったと考えられる。

また，賃貸借契約に解除条項がある場合には，双務契約の原則から解除には付遅滞手続を要することになる。しかし，この付遅滞手続を要する旨の規定についても強行法規ではなく，特約で排除しえた。

以上の草案の規定は，全体として見ればフランス民法と基本的原理を同じくしている。賃貸借において解除は通常の場合賃貸人から賃借人への制裁としてなされることを思えば，草案の規定は，解除には債務者への意思表示でたりるとする日本民法540条と対立するものであり，賃借人の軽微な債務不履行による解除を防止しうる可能性がある。

更に，存続期間や解除の問題は，賃借権の構成と直接関連するものではない。トロロンもこの点について特に論じていない。また，債権的構成でも賃借人の保護は可能である。

第5項 賃貸人と賃借人の権利及び義務

ここでは，賃貸人と賃借人の権利，義務関係について論ずる。フランス民法において，一般に賃貸人の義務とされるのは，目的物引渡義務(1719条1項)，目的物維持義務(1720条)，平穏に収益させる義務(1719条3項)，瑕疵担保責任(1721条)である[1]。これに対し，賃借人の義務とされるのは，基本的義務としての賃料支払義務（1728条1号）及び善良な家父としての収益義務（1728条2号）であり，その他用法遵守義務（1729条)，原状返還義務（1730条)，火事についての厳格責任（1733条）などがある。

---

(9) Boissonade, *Projet*, t. I, 2e éd., n° 237。
(10) 原田純孝・前掲「わが国農地賃貸借法制」農政調査時報396号。
(1) 吉田克己・前掲フランス住宅法の形成106頁。

第1節　草案の賃貸借規定

　こうした在り方は，ボワソナード草案でも基本的には，変化はない。草案における賃借人の権利としては，目的物引渡請求権，修繕請求権（いずれも135条），瑕疵担保責任追及権（139条）等がある。また，賃借人の義務としては，借賃支払義務（146条）及び「良き管理者として（en bon administrateur）」の収益義務（151条による用益権（usufruit）に関する87条の準用），用法遵守義務（150条），原状返還義務（151条）等がある。なお，火事についての賃借人の責任は別に論ずる。

　これに対し，草案とフランス法で大きな変化を見せたところや賃借権の物権的構成に関連の深いと考えられる点は，個別に検討する必要がある。賃借人の訴権（Ⅰ），賃借人の改良に関する権限（Ⅱ），賃借権の譲渡，転貸（Ⅲ），更に，小作料減額（Ⅳ），火事についての責任（Ⅴ）の後，それ以外の問題（Ⅵ）を論ずる。いずれもフランスにおける賃借権の歴史のなかで重要な問題となった。

Ⅰ　賃借人の訴権
1　賃借人の訴権

　草案財産編144条は，賃借人の訴権について，次のように規定した。

　「賃借人は，その権利の保存及び土地に付着せる地役の収益のために第3者に対し用益権の70条に規定した訴権を行うことができる」。

　草案70条は，用益者は本権及び占有の訴えを第3者及び虚有者に対し行使しうる旨規定した[2]。賃借人の権利は，一般的に用益者の権利と同一であると規定したが(133条)，それがここでも具体化された。用益者の占有訴権とは，フランスと同様にcomplainte（草案財産編213条），dénontiation de nouvel œuvre（同214条），réintégrande（同216条）である。それゆえ，草案は，フランスの占有訴権理論を承継しつつ賃借人に拡張適用したものと考えることができる。ボワソ

---

(2)　加太訳300頁。なお，Boissonade, *Projet*, t. I, 2ᵉ éd., nᵒˢ66 et 100. 三ケ月章・前掲「占有訴訟の現代的意義」（同・民事訴訟法研究3巻21頁）によれば，フランスにおいては本権訴訟はその証明が容易ではなく，そのため占有訴訟が機能することが期待されたという。三ケ月章論文は，ボワソナードの占有訴訟に関しても極めて詳細かつ有益であり，本書は基本的にこれに従った。

ナードは，賃借人の訴権と賃借権の物権的構成との関連について，「賃借人は，物権を有するが故に，みずから裁判所に出て，自己の権利を保護することができる。これは，フランスとは異なるのであって，そこでは，賃借人の権利が物権ではないため，賃貸人でなければその権利を保護することができない(フランス民法1727条参照)。」と述べた[3]。ボワソナードは，物権的構成と賃借人の訴権との関連を極めて明確に認識していた。

ところで，用益権に関する70条は，賃借人がみずから訴えることのできる相手として第3者のみならず虚有者（所有者）を挙げる。しかるに，144条は，第3者のみを挙げ，賃貸人については触れていない。これは何故であろうか。

フランス法において，賃借人に唯一認められた占有訴権であるレアンテグランド（réintégrande）も，第3者に対するものに限定され，賃貸人に対しては行使しえないものと解釈された（少数の反対説はあった）。賃借人は賃貸人に対し契約関係にあることから，この場合は人的訴権により問題を処理するしかないと解されたのである[4]。しかし，ボワソナードは，第2版の注釈のなかで賃借人は第3者に対する物上訴権のみならず賃貸人に対する人的訴権を有することは当然であると指摘し，更に，法文上は賃借人は第3者に対して本権の訴え及び占有訴権を行使しうると規定しているが，必要ある場合には賃貸人に対してもこれらを行使しうるのは当然であると論じている[5]。この見解は，賃借権の物権的構成の実践的な意義を貫徹したものと評価できる。

旧民法及び草案新版では，規定そのものが修正され，「賃貸人及ヒ第3者ニ対シテ」物上訴権を行使しうることになった[6]。ボワソナードは規定上もより徹底した立法に進んだのである。

2 賃貸人の担保責任

草案144条が賃借人は物上訴権を行使しうると規定したにしても，賃貸人は，

---

(3) Boissonade, *Projet*, t. I, n° 185.
(4) 三ケ月章・前掲「占有訴訟」18頁。
(5) Boissonade, *Projet*, t. I, 2ᵉ éd., n° 194.
(6) Boissonade, *Projet*, t. I, nouvelle éd., art. 144, n° 194.

第1節　草案の賃貸借規定

賃借物の使用，収益について全く責任を負わないというわけではない。草案137条は，法上の妨害について「第3者の行為により賃借人が収益の権利について妨害または訴訟を受けることあり，その原因が賃借人の責に帰すべきものに非ざるときは，賃借人より合式に通知を受けたる賃貸人は，その訴訟に参加して賃借人を担保し，または損害を賠償することを要する」と規定した。この条文は，フランス民法1727条と同様に，賃貸人の担保責任を規定した。

　ボワソナードは，この規定の理由として，次のように論じた。確かに，賃借人は物権を有し，みずから裁判において自己の権利を保護しうる。しかし，この場合には，賃借人が訴訟の責任を負うことになり，また賃借人は，賃貸人ならば当然第3者に提出することができる証拠を有していないため危険は大きい。「法上の妨害について賃借人を保護することは，賃貸人の一般的な担保責任に属する」[7]。この記述に見えるように，ボワソナードは賃貸人の担保責任を法上の妨害に限定し，事実上の妨害には認めなかった。これは，フランス法の影響下にある考え方である。

　更に，草案151条は，第3者による占奪，侵略の場合には賃貸人に対する通知義務を賃借人に課し，通知を怠ったことにより賃貸人が損害を受けたときは賃借人にその責任を負わせる。ボワソナードは，その理由として，次のように述べる。賃借人が通知を怠るときには，例えば，第3者が長期にわたり侵奪をなし，ついには賃借物の所有権を時効取得するという場合のように賃貸人に不利益をもたらす恐れがある。また，賃借人にとっても，賃貸人の有する証拠を利用しないというのは，訴訟において利益にならない[8]。

　以上の賃借人の通知義務（更に，法上の妨害に対する賃貸人の担保責任）は，フランス民法1727条に由来する。それは，一方では賃借人の利益を目的としながら，他方では賃貸人の利益にも配慮するものである。後者の点を重視すれば，草案においてもなお賃借権は土地所有権に従属する面があると見ることが可能かもしれない。しかし，これは，賃借権が他人の物の利用をなす権利であることから理解できる。フランス民法と比較すれば，草案が賃借人に物上訴権を認

---

(7) Boissonade, *Projet*, t. I, 2ᵉ éd., n° 185.
(8) Boissonade, *Projet*, t. I, 2ᵉ éd., n° 201.

め，その使用収益権をみずから保護しうることを規定したことは，賃借権の土地所有権に対する独立性を大いに高めたものと評価することが可能である。

ボワソナードが草案において賃借権の物権的構成を採用した理由としては，賃借権の対抗力以上にこの賃借人の訴権の問題が重要であると考えられる。何故ならば，賃借権の対抗力は，フランス民法でもそうであるように，賃借権の債権的構成によっても付与可能である。ところが，賃借人の訴権は，賃借権の債権的構成を前提とする限りでは草案のような規定は困難である。それゆえ，この問題の重要性は極めて大であると考えられる。

II 賃借人の改良

1 賃借人の改良権限

賃借人による賃貸物の改良に関する権限については，既に瀬川信久教授による優れた研究[9]が存在するので，本書は，基本的にそれに従いながら論ずる。草案は，賃借人の改良につき建築物 (construction)，植栽 (plantation)，単なる改良 (amélioration) の三つの種類を区別する。草案141条は，前2者について賃借人に大きな権限を与え，次のように規定した。

「賃借人は，賃貸人の明許を得ない場合でも賃借地に適宜に建物を建て，または植物を植えることができる。但し賃貸人の明許を得ることなしには現在ある建物，植物を変更することができない。

賃貸借終了の場合に現状に復しえるときには，賃借人は，その建築した建物または栽種した植物を除去することができる。但し，第156条が賃貸人に付与した権能は，妨げられない。」

以上のように，草案141条1項は，建物と植栽に関して賃借人の改良の自由を規定した。ボワソナードは，このように規定した理由について，「賃借主ノ賃借シタル土地ニ建物又ハ植栽ヲ為スヲ得ルノ規則ハ絶テ賃貸主ノ為ニ害ナキナリ」と述べた[10]。この点で，草案は，当時のフランス民法に対し賃借人の改良の自由を強調する立場からの判例，学説の展開に深い影響を受けていると理解

---

(9) 瀬川信久・不動産附合法の研究（有斐閣，1981年）。
(10) 加太訳545頁。

第1節　草案の賃貸借規定

しうる[11]。

物の性質そのものを変更する改良とは，例えば，沼地を乾涸することである[12]。この場合には，一時的に土地の生産力の低下すらおこるため，賃借人はなしえない。こうした改良が可能なのは，後に見る永小作権においてである。草案の規定は，賃借人が植栽を植え，建築物を建築することは当然には用法違反にならない旨を規定したことにあると考えられる。

2　賃借人の収去権

更に，草案は，特徴ある制度を設ける。141条2項は，賃貸借終了の際に賃借人に原状回復が可能な限りでの建築物，植栽の収去権を与える。ボワソナードは，賃借人がそのような権利を有すべき理由について，賃借人は賃貸人に対し贈与する意思のないことを指摘する[13]。ところが，この賃借人の収去権を制約するのが，156条による賃貸人の先買権（droit de préemption）である。156条の規定は，用益権に関する虚有者の先買権（草案財産編73条が規定する。）を賃借権に関しても適用する旨の規定である。その具体的な手続は，73条を参照すれば，次のようになる。賃借人が建築物，植栽を収去しようとする場合には，賃貸人に催告をする。賃貸人が10日以内に先買権行使の通知をしないか，または不行使の通知をした場合には，賃借人は収去権を行使しうる。賃貸人が先買権を行使する場合には，建築物，植栽を鑑定人の評価する現在の価額（valeur actuelle fixée par experts）により買取る[14]。

ボワソナードは，賃貸人の先買権を設ける理由について，収去に伴う建築物，植栽の破壊を回避するのは経済の原則（principe d'économie politique）であり，

---

(11) とはいえ，賃借人は，無限の改良の自由を有するわけではない。というのも，草案150条は，フランス民法と同様に，賃借人に特別の合意がない限り契約時の用法に従うかまたは物の性質に応じ物を毀損することのない用法に従うことを義務づけ，草案157条は，この義務違反に対する制裁として賃貸人は契約解除をなしうる旨規定した。

(12) 詳細には，永借権に関する本節第7項の叙述参照。

(13) Boissonade, *Projet*, t. I, 2ᵉ éd., n° 191.

第2章 ボワソナード草案における賃借権の物権的構成と旧民法

賃貸人が代価を提供するときは賃借人はこれを拒絶する正当な理由を有しない，と論じた[15]。

ボワソナードは，以上のように収去に伴う社会的，経済的不利益を強調するが，賃貸人に建築物，植栽の買取義務を課する（換言すれば，賃借人に建築物，植栽の買取請求権を与える。）というところまでには進んでいない。これは，やはり当時のフランスの判例，学説との関連が考えられる。フランスにおいても，賃借人に買取請求権を与え，賃貸人に買取義務を課したのは漸く小作関係規則によってである[16]。19世紀においてはとてもそこまでには進んでいなかったのであり，草案の規定も当時の事情の下では当然と考えられる。ただ，実際上の見地においては，ボワソナードは賃借人の催告により賃貸人が先買権を行使することを期待していたのであろう。

以上のような建築物，植栽と扱いが異なるのが，単なる改良である。草案の賃貸借章ではこれについて直接の規定はない。この場合は，賃借人の権利に関する規定の一般原則（133条）により，用益権章における規定である72条が適用される。72条は，単なる改良については用益者は収去権も（虚有者への）補償請求権もないと規定した。ボワソナードは，単なる改良は土地と一体化していることを指摘し，それゆえ，土地を毀損することなくしては収去することが困難であり[17]，また価額を算定することも難しいと論じ[18]，用益者の収去権や補償請求権を否定した。このような理由は，基本的には賃貸借にも妥当するものと考えられる。建築物や植栽に関しては，賃借人に収去権があった。ところが，単なる改良に関してはこれが認められない以上，賃借人の（賃貸人への）補償請求権もまた認められないことになるのであろう。フランスにおいても，単なる

---

(14) Boissonade, *Projet*, t. I, 2ᵉ éd., n° 105. 当初の価額ではなく，現在の価額にする理由は，一方では建築物はしだいに減価してゆくのに対し，他方で植栽はしだいに増価することにある。

(15) Boissonade, *Projet*, t. I, 2ᵉ éd., n° 105.

(16) 参照，第1章第2節第1項。

(17) Boissonade, *Projet*, t. I, 2ᵉ éd., n° 104.

(18) Boissonade, *Projet*, t. I, 2ᵉ éd., n° 239.

改良についての賃借人の権利が確立するのは，小作関係規則になってであり[19]，19世紀当時の判例や学説との関連からしても，草案のこのような態度は当然と考えられる。

Ⅲ 賃借権の譲渡，転貸，抵当
1 賃借権の譲渡，転貸

賃借権の譲渡，転貸は，賃借権の譲渡性の問題である。草案では，賃借権抵当もこれに続けて規定した。草案142条は，賃借権の譲渡，転貸について，次のように規定した。

142条「賃借人は，反対の特約のない限り，賃貸借の期間を超えないで，有償または無償にて賃借権を譲渡し，または転貸することができる。

賃借人は，譲渡をしたときは贈与者または売主の権利を有し，転貸をしたときは賃貸人の権利を有する。

右いずれの場合においても，賃貸人が転貸人と更改をするのでなければ，賃借人は，賃貸人に対する義務を免れることができない。

果実の一部を以て借賃となす賃借，即ち会社の性格ある分益小作については，賃貸人の承諾がなければ，賃借人を変更することができない」

ボワソナードは，賃借権の譲渡性を原則的に認める理由について，『ボワソナード氏起稿民法草案財産編講義㊀』では「賃借ノ権ハ物権ナルカ故ニ之ヲ売却スルヲ得可シ凡テ物権ハ之ヲ売却スルヲ得可ケレハナリ」と論じた[20]。しかし，より興味深いことに，第2版の注釈において次のように述べていた。

「権利は物権であれ，債権であれ，原則的に譲渡可能である(Les droits, réels ou personnels, sont, en général, cessibles)。これがすなわち財産権である（第1条）。権利は，例外の場合を除き，当該権利の属する人の自由な処分に委ねられるのである。物権中では使用権と居住権だけが一身専属的であり，譲渡が許されない（参照，第119条）。

法律が賃借権の譲渡や転貸を禁ずる理由がない。もっとも，賃貸人は契約

---

[19] 参照，第1章第2節第1項。
[20] 加太訳547頁。

第2章　ボワソナード草案における賃借権の物権的構成と旧民法

により賃借人にこの権利を禁ずることができる。このようなことがなされるのは，賃貸人が奢侈品や美麗な品の毀損を恐れる場合であろう。」[21]

以上のように，ここでは，ボワソナードは，賃借権が原則的に譲渡可能であることの理由として，賃借権が物権であることを特に強調してはおらず，賃借権の物権的構成と賃借権の譲渡性を関連づけてはいない。むしろ，権利は，物権であれ，債権であれ譲渡可能であることから，賃借権の譲渡可能性を導き出している。そして，物権であっても譲渡が不可能なものもあることを指摘する。こうしたボワソナードの記述は，賃借権の物権性を譲渡性としばしば結び付ける現在の日本法学の目からは多少奇異なものに見えるかも知れない。

しかし，草案142条の原型となったのは，フランス民法1717条である。フランスでは，賃借権の債権的構成を前提にしながら賃借権の譲渡，転貸を原則的に許していたのであり，またそれが特に異論を呼んでいたのではないことを想起するならば，以上のボワソナードの記述も特に奇異なものではないと考えられる。また，それは先に見たフランスにおける物権説の歴史からも肯定されることであろう。フランスにおいては，賃借権の債権的構成によっても賃借権の譲渡，転貸は原則的に自由であった。それゆえ，賃借権の物権的構成の意義を賃借権の譲渡，転貸に求めるのは必ずしも適当な評価ではない。

2　賃借権の譲渡と転貸の区別

フランス民法に対する草案の特徴は，賃借権の譲渡と転貸の意義を明確に区別したことである。フランス古法時代の学者にとっては，賃借権の譲渡と転貸の区別は明確ではなかった。賃借権の譲渡と転貸の相違は，法的性質によるのではなく，量的なものと理解された。転貸とは賃貸物の一部の「また貸（sous-bail）」であり，譲渡とは賃貸物全体の「また貸（sous-bail）」であった。例えば，ポティエは，譲渡と転貸を論ずる際に厳格な区別をしていない。この点に関しては，民法制定当時のフランスにおいても甚だ区別が明確ではなかった[22]。フランス民法の立法者もまた両者の明確な定義上の区別をなしえていない。「賃借人はその賃借権を転貸更に譲渡すらもできる（Le preneur a la faculté

---

(21)　Boissonade, *Projet*, t. I, 2ᵉ éd., n° 192.

de sous-louer, et même de céder son bail)」という1717条の法文は，そのことを示す。

　これに対し，民法成立後の学者は，両者を区別した。それによれば，転貸は賃貸借であり，賃借権の譲渡は債権譲渡であるという点で法的性質が異なる。それゆえ，1715，1716条の賃貸借の証拠に関する規定は転貸にしか適用されない。賃貸人の先取特権に関する2102条は転貸借にしか適用されない。賃借権譲渡では，債権譲渡の一般原則に従い，賃貸人に対抗しうるためには1690条による通知が必要である。転貸借では，転借人は，1720条により物が良く修繕された状態であることを要求しうるのに対し，譲受人は1614条に従い物を現状にて受け取る。

　以上のフランス法に対し，草案の規定はどのような態度をとるのか。草案142条2項によれば，賃借権の譲渡では，原賃借人は売主または贈与者としての地位に立つのに対し，賃借権の転貸において，原賃借人は賃貸人としての地位に立つ。ボワソナードは，基本的に当時の判例，学説に従って，譲渡と転貸の区別をなしたのである。注意すべきことは，現在の日本民法における解釈においては，賃借権の譲渡があった場合，(第1) 賃借人＝譲渡人(以下「原賃借人」という。)は賃貸借関係から離脱するが，草案においては，賃借権の譲渡においても原賃借人は賃料支払義務などを免れるのではないことである[23]。ちなみに，これはフランス民法においても同様である。フランスの解釈論によれば，原賃借人はみずからの債権のみを譲渡するのであり，賃貸人への債務は譲渡しない[24]。

------

(22)　但し，実際の契約では，契約当事者がいずれをなしているかにつき決定が困難なことがある (Planiol-Ripert, Hamel, givord et Tunc, *op. cit.*, n° 551; Baudry-Lacantinerie et Wahl, *op. cit.*, n° 1131)。

(23)　原田純孝「不動産賃借権の譲渡・転貸(1)――日本民法学説史の一断面」社会科学研究36巻5号 (1985年) 14頁。

(24)　来栖三郎・契約法 (有斐閣，1974年) 347, 351頁。

第2章　ボワソナード草案における賃借権の物権的構成と旧民法

3　賃借権抵当

賃借権抵当について，草案143条は，次のように規定した。

「不動産の賃借人は，その権利を抵当になすことができる。但し譲渡，転貸を禁じられたときはこの限りではない。」

賃借権の譲渡，転貸と異なり，賃借権の抵当は賃借権の物権的構成と密接な関連があることは，先にフランスにおける物権説の歴史を論じた際に指摘した。また，ボワソナード自身，その関連を明確に次のように指摘している。

「賃借ノ権利ハ物権ナルカ故ニ之ヲ書入質（抵当のこと……小柳注）トナスヲ得可シ書入質トハ負債ノ抵当トシテ不動産ヲ書入ルルコトナリ故ニ該条ノ場合ニ於テ用ヒタル書入質ノ語モ亦不動産ニノミ適当スルモノト知ル可シ仏国ニ於テハ賃借ノ権利ハ物権ニアラサルカ故ニ之ヲ書入質トナスヲ得ス但シ民法制定前ニハ法律ニ長期賃借ヲ記シ且之ヲ物権トセシカ故ニ之ヲ書入質ト為スヲ得タリキ」(25)

それゆえ，この問題は，賃借人の訴権とともに賃借権の物権的構成の実質的意義として極めて重要である。草案143条は，賃借権の譲渡，転貸が禁じられていない限り賃借権の抵当をなしうる旨規定した。ボワソナードは，注釈において，抵当権の実行がある場合賃借人が交代することになると指摘しつつ，それは賃借権の譲渡が行われたのと同様であり，賃貸人が損害を受けるものではないと論ずる。このように，草案は賃借権抵当により賃借人に金融手段を与える。抵当の場合には，譲渡，転貸と異なり，賃借人が用益を継続しつつ資金を入手することが可能である。ボワソナードは，実際上の見地においては賃借人にある程度の期間の用益の継続を期待していた。それは，例えば，次のような記述に示される。

「賃借ノ権ノ継続ス可キ時間ハ格別永カラサルカ故ニ人或ハ此権ヲ書入質ト為スハ実際行ハルルコトニ非ス又此権ヲ設ケ置クハ要用ニ非スト云フコトナラン此権及ヒ期限アル入額所得権ノ消散ス可キニ三月前ニ於テハ実ニ然リ然レトモ九年間モ継続スルモノナレハ書入質ノ権ノ要用ナル場合アルハ余ノ

---

(25)　加太訳550頁。更に，草案債権担保編1203条1項が賃借権，永借権及び地上権につき担当権を設定しうることを明言する。

第1節　草案の賃貸借規定

疑ヲ容レサル所ナリ」[26]
　ここで，ボワソナードが賃貸借の期間として9年を予想するのは，フランスにおける農地賃貸借慣行との関連が考えられる。それゆえ，賃借人がこうした手段により入手した資金を土地改良投資に振り向けることをボワソナードが予想したと考えることも可能である。
　もっとも，フランスにおける物権説に関し既に論じたように，賃借権の債権的構成によっても，賃借人が用益を継続しながら賃借権を担保にすることは不可能ではない（営業質）。それゆえ，賃借権抵当という制度が実際上どれ程の意義を日本において有し得たかは疑問もある。また，日本では賃貸借契約を書面等で締結する場合は賃借権の譲渡，転貸を禁止する場合が通例のように考えられる。それゆえ，草案の賃借権抵当は，日本においては利用の困難な制度ではなかったかという疑問は禁じえない[27]。しかし，このボワソナードの議論は，近年の借地・借家法改正における借地権抵当構想の先駆とも考えられるものであり，賃借人に有力な金融手段を与えるものである。

Ⅳ　小作料減額
1　フランス民法における借賃減額
(ア)　フランス民法の減額規定

　草案における借賃減額に関する規定の意義を理解するには，フランス民法における借賃減額規定を検討する必要がある。農地賃貸借における不作の際の借賃減額請求権は，ローマ法に起源を有する権利である。そこでは，この権利は，困窮する賃借人にとって大きな役割を果たしたと言われる[28]。フランス民法は，不作による借賃減額に関する規定として，次にみる1769条以下の規定を置いた。

---

[26]　加太訳551頁。
[27]　E. Hoshino, L'héritage de G. Boissonade, *Revue internationale de droit comparé*, 1991-2, p. 420.
[28]　原田純孝・近代土地賃貸借法の研究110頁。星野英一「不動産賃借法の淵源」星野英一・民法論集第3巻310頁，352頁。

323

第2章　ボワソナード草案における賃借権の物権的構成と旧民法

1769条「賃貸借が数年を予定して行われ，かつ，賃貸借の期間中に収穫物の全部または少なくとも2分の1が偶然事（cas fortuits）によって奪われる場合には，定額借地農（fermier）は，その借賃の減額を請求することができる。但し，その者がそれ以前の収穫によって［損失を］償われる場合には，その限りではない。

　定額借地農が償われない場合にも，減額の評価は，賃貸借の終了時でなければ行うことができない。その時にはすべての収穫年度について相殺が行われる。

但し，裁判官は，賃借人に対して，蒙った損失に応じて借賃の一部の支払を仮に免除することができる。」

1770条「賃貸借が1年のみであって，かつ，損失が果実の全部または少なくとも2分の1である場合には，賃借人は，借賃のうちそれに比例する部分（une partie proportionnelle du prix de la location）を免除される。

賃借人は損失が2分の1を下回る場合には，いかなる減額も主張することができない。」

以上のように，1769条は，賃貸借が数年の期間を予定して契約された場合に関する規定であり，1770条は契約期間が1年である場合に関する規定である。また，1771条は，土地から分離後に果実の損失があったときには，賃借人は減額を主張しえない旨規定した。更に，1772条，1773条は，特約について規定した。

1772条「賃借人は，明示の特約によって，偶然時［による損失］を負担することができる。」

1773条「この特約は，もっぱら，降雹，落雷，降霜，または長雨による不結実のような通常の偶然事（cas fortuits ordinaires）を想定する。

　この特約は，戦争による災害または洪水のような，その地方が通常蒙ることがない異常な偶然事（cas fortuits extraordinaires）を想定しない。但し，予見され，または予見されないすべての偶然事による損失を賃借人が負担した場合には，この限りでない。」

(ｲ)　減額請求権の根拠

不作の場合に賃借人に借賃減額請求権を与える理由は，比較的古くは賃貸借

の契約の性質すなわち賃貸借が双務契約であることに求められた。このような見解を採るのは例えば、ポティエ（Potier）であり、また民法の起草者のひとりであるジョベール（Jaubert）も同様である[29]。この見解は、収穫と借賃とに対応関係がなければならないと説くものであった。

これに対し、19世紀半ば以降には、この見解とは異なる立場が現われた。それによれば、賃貸人は、賃借人に対し収益（jouissance）を保障する義務はあるが、賃借人の収益活動の結果である収穫（récolte）そのものまで保障する義務を負うものではないという。原田純孝教授によれば、デュヴェルジェ（Duvergier）により強く主張されたこの見解はしだいに勢力を得るようになり、ローマ法以来の伝統あるこの権利の根拠は、衡平に求められることになった[30]。

(ウ) 減額の要件

借賃減額の要件として、具体的にどのような理由による不作に借賃減額請求権が認められるかについては、1773条が参考になる。1769条が単に偶然事と規定するのに対し、1773条は通常の偶然事と非常の偶然事とに分け、前者の具体例として降雹、落雷、降霜、または長雨による不結実、後者の具体例として戦災、洪水を挙げる。もっとも、実際は1773条の列挙するところに限定せず、判例は早魃（sécheresse）や特定の動物により引き起こされた災害（ravages causés par certains animaux）にも借賃減額を認めた。

---

[29] 原田純孝・前掲近代土地賃貸借法の研究110頁。Baudry-Lacantinerie et Wahl, *op. cit.*, n° 373.

[30] 原田純孝・前掲近代土地賃貸借法の研究459頁。原田教授は、デュヴェルジェに代表される後者の学説においては、「減免請求権の適用はむしろ制限的に考えられることになる」と指摘する。フランスにおいてこの小作料減額請求権に対し消極的な傾向が存在したこととも関連する。その理由について、原田教授は次のように論じた。「仮に資本主義的借地経営を前提とすれば容易にわかるように、ひとたび借地契約が締結されたのちは、一方では約定小作料を上まわる超過利潤が借地農のものになると同時に、他方では凶作等による減収の場合でもなお約定小作料を支払う義務が存在する（そのいずれも合理的資本計算の中に入っている）、というのが、土地利用権設定契約の当然の帰結となるのである。」（467頁注(4)）。なお、Baudry-Lacantinerie et Wahl, *op. cit.*, n° 373.

第2章 ボワソナード草案における賃借権の物権的構成と旧民法

(エ) 損失の計算方法

次に，損失の計算方法であるが，これは収穫の量のみにより，収穫物の質 (qualité) や価値 (valeur) は問題にしない[31]。これについては，有力な反対説があった。反対説によれば，たとえ収穫量が少なかったとしてもその地方が広範に低収穫にみまわれたことにより収穫物の価格が上昇し，そのため収穫減が償われるときには賃借人に借賃減額請求権を与える必要はないというのであった[32]。この見解の説得力そのものは，比較的広く承認されたようであるが，1769条が収穫 (récolte) という文言を用いたため，この見解は通説とはならなかった。判例もまた，収穫量により借賃減額を認めた。

また，別の角度からこの借賃減額請求権の要件を厳しくすべきことを説く論者がいた。民法制定前においては，ポティエが，借賃減額は通常の偶然事については許されるべきではない，降雹，落雷，降霜，または長雨による不結実のような予見しえ，または予見しうべきものにまでは借賃減額を許す必要はない，と論じた。もっともポティエは，例えば降雹が予見しえないような非常の降雹である場合には借賃減額は許されると述べた[33]。これに対し，民法制定後の学者はこのポティエの見解は1769条，とりわけ1770条の文言に反する，と論じた[34]。しかし，民法制定後であっても，19世紀の終りにギルアル (Guillouard) はこのポティエに近い主張をした。それによれば，偶然事といえども，それが土地の特性によるものである場合，例えば，旱魃や雹の害にさらされやすい土地である場合には借賃減額は許されないというのであった[35]。しかし，このギルアルの見解もまた少数説に終った。

(オ) 特　　約

---

[31] Troplong, *op. cit.*, n° 717; Colmet de Santerre, *op. cit.*, n° 219 bis III, IV et V.

[32] Duvergier, *op. cit.*, n° 155; Aubry et Rau, *op. cit.*, p. 502 note 8; Baudry-Lacantinerie et Wahl, *op. cit.*, n° 373.

[33] 原田純孝・前掲書111頁。

[34] Baudry-Lacantinerie, *op. cit.*, n° 379.

[35] Guillouard, *op. cit.*, n° 563.

第1節　草案の賃貸借規定

　1772条以下は，特約により賃借人が減収の危険を負担しうることを規定した。実際の農地賃貸借では，特約が結ばれたかが問題となる。これに関しては，原田純孝教授は既に旧制期においてこの特約が広く使用されていたことを指摘する(36)。また，19世紀の学者の中には，この特約慣行の存在を理由に，特約のない場合における小作料減額を規定する1769，1770条の規定は実際上の意義に乏しいと指摘する者もあった程である(37)。

　偶然事における不作に基づく借賃減額請求権に関する以上のフランス民法の規定は，一見すると賃借人に有利なもののように思われる。しかし，同時にこの権利に対する消極的な傾向が存在したことにも注意が必要である。それは条文においては，賃貸借が数年の期間を予定して契約される場合に，ある年の減収を他の年の収穫により補填する旨の1769条の規定であり，減収の危険を賃借人が負担する特約を認める1772条の規定である。実際の契約では賃貸借は数年の契約期間でなされることが多く，また，特約もしばしば用いられた。更に，学説では，少数説にとどまったものの，量的には収穫が減収であっても，収穫物の価格が上昇する場合には借賃減額を認めないとするもの，更に，降雹，落雷，降霜，または長雨による不結実のような通常の偶然事には減額を認めないというものであった。

　原田純孝教授は，この借賃減額請求権を過渡的な性格のものとして理解する(38)。その理由は，この権利の存在そのものは賃借人に有利に見えても，収益と小作料との強い関連性が導き出されることになり，借地農の独立した経営という観念には適合的ではなく，現実の収穫までの危険を地主が負担するという限りにおいて農地賃借権の土地所有権への従属性を反映すると評価しうることにある。借賃減額請求権に対するこのような評価は極めて示唆的である。実際，例えば，末弘厳太郎もまた，同様の評価を示していた(39)。このような借賃減額

---

(36)　原田純孝・前掲書163, 459, 476頁。
(37)　Acollas, *op. cit.*, p. 399.
(38)　原田純孝・前掲書110頁。
(39)　末弘厳太郎・農村法律問題（農山漁山文化協会，1977年，初版は改造社，1924年）158頁。また，来栖三郎・契約法（有斐閣，1974年），329頁。

への消極的見解は，草案にも関連するのである。

2 草案における借賃減額
(ア) 草案の減額規定

草案財産編138条は，借賃減額請求権について次のように規定した。

「もし，戦争，洪水，火災のような不可抗力（force majeure）または官の処分により妨害が生じ，このため収益もしくは毎年の利益の3分の1またはそれ以上の損失を受けたときは，賃借人はこれに応じた借賃の減額を請求しうる。」

草案は，フランス民法に比べて，極めて簡単な規定となった。草案には，特約に関するフランス民法1772条以下に該当する規定はないが，ボワソナードは，賃借人が損失を負担する特約は当然有効であり，また賃貸人と賃借人との争いを避ける一方法である，と注釈で論じていた[40]。それゆえ，特約の有効性は承認される。また，収穫後の損失についてのフランス民法1771条に該当する規定もないが，ボワソナードは，この場合賃借人が損失を負担するのは当然であり，条文として規定するに及ばないと述べていた[41]。

(イ) フランス民法との相違

それゆえ，フランス民法と草案の最も重要な相違は，借賃減額請求の要件がフランス民法では2分の1であったのに対し，草案では3分の1になったこと，数年の契約の場合の塡補規定を削除したことにある。また，ボワソナードはフランス民法と異なり，本条は建物賃貸借にも適用があると論じた。これらの点は賃借人に有利な修正である。なお，フランス民法は，偶然事（cas fortuit）の語を用いるのに対し，草案は不可抗力（force majeure）の語を用いている。フランス民法は，偶然事と不可抗力の用語を特別な区別なく用いている。しかし，学説は，洪水等の外的な事件には不可抗力の用語を用いるのが多いのであるから，ボワソナードの用語法はそうした点に配慮している[42]。

修正は用語法にとどまらない。草案は，賃料減額について「戦争，洪水，火

---

[40] Boissonade, *Projet*, t. I, 2ᵉ éd., n° 186.
[41] Boissonade, *Projet*, t. I, 2ᵉ éd., n° 186.

第1節　草案の賃貸借規定

災の如き不可抗力」を要件とする。これは，フランス民法における偶然事が通常の偶然事と非常の偶然事との両方を含み，前者の具体例として降雹，落雷，降霜，または長雨による不結実，後者の具体例として戦災，洪水を挙げていたことと対照的である。具体例の関連性で言えば，草案は，フランス民法における非常の偶然事に相当するものしか挙げないのである。草案で火災を付け加えるのは草案138条が建物賃貸借にも適用されるためであろう。とすれば，草案は，借賃減額をフランス民法の非常の偶然事に該当する場合に実際上制限するのである。ボワソナードは草案の注釈で次のように述べる。

「この規定は，賃借人に規定において定める所の重大かつ例外的な事件（événements graves et exceptionnels）から生ずる収穫の損失に対する補償を与える。規定は，事例と明記の方法により，補償が与えられるのをこれのみに限定してはいない。しかし，明らかに，降雹，落雷，降霜，旱魃のような通常の気象上の事故（accidents météorologiques ordinaires）により収穫に損失が生じたときは，本規定は，賃借人に損失に対する補償を認めない。この点で草案はフランス民法（1769条，1770条）やイタリア民法（1618条，1619条）と異なっている[43]。」

このように，草案はフランス民法と比較して借賃減額請求を許す場合を制限する。草案が減額請求を許すのは，いわば例外的な場合である「非常かつ重大な不可抗力（force majeure extraordinaires et graves）」に限られる。この理由について，ボワソナードは次のように続ける。

「土地の耕作者は，減収の危険（risques de pertes）と同時に増収の可能性（chances de gains）を有する。この両者は，常に補いあうものではないにせよ，賃貸人と賃借人は，以上の点を考慮して借賃を決定できる。また，よく知られていることであるが，収穫の多くない年であっても，耕作者にとり必

---

[42] Terré, Simler et Lequette, *Les obligations*, n° 556. ちなみに，force majeure, cas fortuitがフランス民法では，明確な区別なく使われていることについて，ツヴァイゲルト／ケッツ・大木雅夫訳比較法概論上――私法の領域における（東大出版会，1974年）155頁。

[43] Boissonade, *Projet*, t. I, 2ᵉ éd., n° 187.

ずしも最悪の年ではない。収穫が一般的に少ない場合には，少なければ少ない程，収穫物が高価格で売れるのである。」

　草案の予定する賃借人は，賃貸借契約を締結するにあたり，期待と危険とを考慮して借賃を交渉し，不作の場合も収穫物の高価売却で損失回復を試みる者であった。草案は，みずから減収の危険負担をする賃借人を念頭に置いていた。

　それでは，何故，ボワソナードは賃借人に借賃減額に対する権利は一切認めないという立場に立たなかったのであろうか。これについてボワソナードは減収の危険を賃借人と賃貸人のいずれか一方にのみに帰属させる極端な考え方を避け，折衷の方法を採用したと述べている[44]。

　借賃減額の要件は収穫物の量か価額かという問題についても，フランス民法の「収穫」の文言に代えて草案が「収益もしくは毎年の利益 (profits annuels)」という文言を使用することや，注釈の中の議論から考えれば，フランス民法と異なり，単なる量的減収では借賃減額は認められないことになる。

(ウ)　草案の予定した賃借人像

　この意味で草案の予定した賃借人は，賃貸人に依存する存在ではなく，経営的にも独立した借地農であったと考えるのが適当である。ボワソナードが単なる天候の不順による不作には借賃減額を許さないのも，そうした危険は借地農みずから負担すべきだと考えたところに理由がある。先に，原田純孝教授に従って，この借賃減額請求権は過渡的な性格を有すると論じたが，草案はこの権利に消極的な態度を示すことで，より賃借権の独立性を重視したものと評価しうる。

　ボワソナードのこのような借地農像は，フランスにおける「富裕な借地農」であれば妥当であるかも知れない。実際に，フランスにおいては，ポティエ等この権利に消極的な見解が存在したし，また，特約慣行によりこの権利は実際には相当に排除されていた。しかし，日本の零細小作人に適合的であったかはそれ自体疑問となる。不作の場合の借賃減額は，日本民法609条が規定した。609条の起草の際には，多くの農民の運命に関わる条文であるという発言が法典調査会であったほどであり，その重要性は認識されていた。ところが，日本民法

---

　[44]　Boissonade, *Projet*, t. I, 2e éd., n° 186.

609条は，不可抗力により借賃より少ない収益を得たときには収益まで借賃を減額できる（それゆえ，減額ができるときには収益はすべて借賃に充当される）と規定し，その結果，多くの小作争議の原因となった(45)。この意味で，609条は社会的に問題の多い規定であった。草案についても同様の評価が可能であろう。

V 火事についての責任
1 フランス法

火事についての賃借人の責任に関してフランス民法1733条及び1734条の原始規定は，次のとおり規定した。

1733条「賃借人は，火災について責を負う。但し，火災が偶然事もしくは不可抗力または建物の瑕疵によって発生したこと，または火が隣家から燃え移ったことを証明したときにはこの限りでない。」

1734条「賃借人が複数あるときには，連帯して（solidairement）火災の責を負う。

複数の賃借人のうち，一人の住所から火事が発生したことの証明があるときにはその一人のみが責を負う。

複数の賃借人のうち自己の住所から火事が出なかったことを証明した者は，責を負わない。」

以上のように，フランス民法の基本原則は，火事について賃借人の責任を推定する内容であった。また，共同住宅のような複数賃借人がある場合においては，原則として，同一建物内賃借人の連帯責任を推定していた。

前者の賃借人の責任推定は，ローマ法にさかのぼる規定である。そして，多くの学説は，これに肯定的であった。ところが，後者の複数賃借人の連帯責任の規定は，賃借人相互の監視を理由に設けられたものである。しかし，この規定が適用されると，賃借人はみずから居住する建物区分のみならず建物全体について責任を負うことになり，極めて過酷な結果が導かれる。このため，多くの学説は批判を加えた(46)。賃借人に過大な責任が負わされた結果，この条文に

---

(45) 小柳春一郎「民法典の誕生」星野英一＝広中俊雄編・民法典の百年Ⅰ（有斐閣，1998年）28頁。

第2章　ボワソナード草案における賃借権の物権的構成と旧民法

よってもっとも利益を得たのは火災保険会社であるという皮肉の利いた見解すら存在した[47]。この結果，1883年には，1734条が改正され，「複数の賃借人がある場合には，それらの者は，すべて，そのものが占用する不動産の部分の賃貸価額 (valeur locative) に応じて火災について責任を負う。」として，賃借人を連帯責任から解放した。「賃貸価額 (valeur locative) に応じて」責任を負う結果として，賃借人は，建物全体についての責任を負うことはなくなったのである[48]。フランス民法の賃貸借法において，19世紀に唯一改正があったのはこの火事についての連帯責任規定である。このことは，1734条原始規定の問題性を示している。

  2　草　　案
 (ｱ)　用益権 (usufruit)

草案は，まず，用益権 (usufruit) に関して，「用益権 (usufruit) の目的となっている物の全部または一部が火事により滅失したときには，用益者 (usufruitier) の責任によるものと推定する。但し，反対の証拠があるときにはこの限りでない。」と規定していた (88条)。ボワソナードは，注釈で，このように規定した理由について，この過失の推定は経験則の裏付けがあり，多くの火事はその家屋に住んでいる者の過失に由来すると論じていた。そして，ボワソナードは，法律は，家屋賃借人についても同様の推定を行うと指摘している[49]。

 (ｲ)　賃 借 権

草案152条は，更に，賃借人について次のように規定した。

「1個の建物に複数の賃借人がいるかまたは1構内において1所有者が所有する複数の建物に複数の賃借人がいる場合には，賃借人は，所有者に対し

---

(46)　この点について，吉田克己・前掲フランス住宅法の形成114頁が詳細である。更に，Troplong, *De l'échange et du louage*, n° 364.

(47)　Baudry-Lacantinerie et Wahl, *Du contrat de louage*, n°983.

(48)　一般には，この割合は，家賃等によって定まるとされた (Planiol, Ripert, Hamel, Givord et Tunc, *op. cit.*, t. X, *Contrats civils*, n° 619)。

(49)　Boissonade, *Projet*, t. I, 2ᵉ éd., n° 126.

332

て連帯して (solidairement) 火災の責任を負う。但し，賃借人の中に過失がないという証拠がある者はこの限りでない。」

以上のように，草案は，複数賃借人の分割責任という原則を排除し，連帯責任を規定している。ボワソナードは，このような規則は，厳格ではあるが，専横ではなく，自然の理にかなったものであると指摘している[50]。連帯責任の主たる意義は，賃貸人がいずれの賃借人にせよ建物全体について賠償請求しうることにある。ボワソナードは，賃借人が責任を免れるには，過失がないとの立証をする必要があると論じつつ，火災が近隣の家からの延焼による場合は全賃借人が責任を免れることが可能であり，火災が複数賃借人のうちの一人の家から始まった場合は他の賃借人は責任を免れることが可能であり，更に，火勢の進路によりこの部分から火事が始まったのではないことが示されればその部分の賃借人は責任を負わないと指摘した。

以上の事由による免責が認められない限り，各賃借人は，火事に基づく建物全体の損害について責任を負う。その結果，弁済をなした賃借人は，他の賃借人に求償することになる。これについて，草案153条は，「賠償金を立て替えた者からの求償金額については，裁判所は，各賃借人の賃借部分の広狭並びにその営業及び行動より生ずべき危険の軽重に応じて他の賃借人に分担させる。」と規定した。この条文は，賃借人と賃貸人に関する条文ではなく，賃借人相互間の負担に関する規定である。賃借人相互間においては，各賃借人の事情に応じて負担を裁判所が決定すべきであるというのがボワソナードの説明であった[51]。なお，ボワソナードは，その際に，賃借人の資産は考慮に入れる必要はないと論じ，あくまでも賃借人の利用の在り方が重要であると指摘していた。

以上の草案の規定を見ると，火事についての賃借人の責任に関する限り，フランス民法に対する草案の修正は，極めて限定的であることがわかる。この点に関する限り，ボワソナードの先進性は認められない。

---

[50] Boissonade, *Projet*, t. I, 2ᵉ éd., n° 202.
[51] Boissonade, *Projet*, t. I, 2ᵉ éd., n° 204.

Ⅵ　その他の規定

以上の他に，草案は，賃借権の物権的構成と密接に関連して賃借人の権利に特色ある規定を設ける。それは，第1に，賃借人の狩猟権であり，第2に，商事または産業賃借人の同業防止権である。

1　狩猟権

第1の狩猟権について，草案68条は，用益者に狩猟権（droit de chasser）を認めた。これはフランスにおける判例，学説に従ったものである。草案133条は，賃借人の権利は一般に用益者と同一であることを規定するため，結果的に賃借人にも狩猟権が認められることになる。フランスにおいて，物権説の論者でも狩猟権を賃借人に認めなかったことは既に論じた。それゆえ，この問題もまた草案における物権説の徹底性のひとつのあらわれと理解することができる。

2　同業防止権

同業防止権について，草案140条は，次のように規定した。「賃借人が小売商業を営むため建物の賃貸借をなし，賃貸人がこれに接続するかまたはその構内に建物の一部を有するときは，賃借人と同一の商業を営むためこれを他人に賃貸しまたはみずからこれを使用することができない。」ボワソナードは，これを賃貸人の収益担保義務のひとつであると意義づける。規定が小売商業のみに関するものである理由は，卸売業では得意先は極めて広い範囲におよび，それとも関連して同一業種に集積の利益があるが，小売商業の場合には競争は賃借人にとり有益ではないことであった。

こうした賃貸人の同業防止義務は，先に物権説の判例を検討した際に論じたように，フランスにおける学説，判例では必ずしも認められなかったものである。ボワソナードは，これを積極的に承認したのである。このことは物権説と直結するものではなく，債権説によっても賃貸人の同業防止義務は十分規定可能である。但し，物権説を前提とするときは(第1)賃借人は直接競争相手である(第2)賃借人に営業の停止を求めることが可能である。それゆえ，賃借権の物権性を前提とした方が，賃借人の利益を一層保護するものになることは明らかと言えよう。ボワソナードの物権説の徹底性は，ここでも明確である。

第1節　草案の賃貸借規定

第6項　賃貸人の先取特権

Ⅰ　フランス民法との関連

　草案は，不動産賃貸人の先取特権に関する規定を債権担保編1152条以下に設けた。ボワソナードは，草案の注釈において，この先取特権は，フランスにおけると同様日本においても適用の多い重要な規定であると指摘した。その上で，「モデルであるフランス民法よりも非常に多くの詳細な規定が草案にあることに驚いたり，悩んだりする必要はない。草案がフランス民法よりも詳細なのは，フランス民法が議論に委ねた点を論決したことによる」と述べた[1]。ボワソナードは，あたかも，草案の規定はフランス民法を基礎としながら，それを補充し，詳細に規定したにとどまるかのように論じている。確かに，草案の規定にはそのようなものもあるが，実際のところ，草案は，フランス民法を基礎にしながらいくつかの点で重要な修正を加えたものであった。

　ボワソナードは，不動産賃貸人の先取特権の存在理由について，黙示の質の成立とともに，賃貸人の賃料債権が特に保護を受ける必要があることを挙げた。不動産賃貸人は，不動産を所有しない賃借人に対し不動産の利用を可能にする。建物賃貸借の場合は，人の居住や工業，職業のため，土地賃貸借の場合は，土地利用のために，不動産賃貸人は重要な役割を果たす。それゆえ，不動産賃貸人は，農業や工業を助け，社会経済上に大きな利益を与える。その賃料債権を特に保護する理由はそこにある，とボワソナードは指摘している[2]。このように，ボワソナードは，賃貸人の賃料債権保護の必要性を強調する。ここからは，あたかもボワソナードが賃貸人の利益保護に努めるかのように見える。しかし，以下に明らかにするように，実際の草案の規定は，フランス民法と比較すると，賃貸人の利益を抑制したものである。

　草案は，不動産賃貸人を2種に分けた。第1は，市街賃貸人(bailleur urbain)

---

(1) Boissonade, *Projet de code civil pour l'empire du Japon*, t. IV, *Des sûretés ou garanties des créances ou droits personnels*, 1889, n° 299.

(2) Boissonade, *Projet*, t. IV, n° 300.

第2章　ボワソナード草案における賃借権の物権的構成と旧民法

で，居宅，倉庫などの建物賃貸人のことである。ボワソナードは，それ以外の賃貸人を田園賃貸人（bailleur rural）と呼んでいる。これには，永貸人と通常の賃貸人との両者が含まれている[3]。そして，はじめに市街賃貸人について規定し，次に田園賃貸人について規定した。本書は，草案の順序に従い市街賃貸人の先取特権から検討を進める。

先に，フランス民法における先取特権に関して論じたときに明らかになったように，フランス法での先取特権に関しとりわけ重要なのは，①先取特権の目的物，②賃借人の担保備付義務，③賃貸人の権利保全，④被担保賃料債権の期間等である。ここでもそれらの点に注目する。

Ⅱ　先取特権の目的物
1　先取特権の目的物
(ｱ)　建物内の動産

先取特権の目的物に関し，草案1152条1項は，市街賃貸借について，「賃借人の使用，商業または工業のために建物内に備え付けられた動産」が目的物になると規定した。既に述べたように，フランス民法は「建物に備え付けられたもの全て（tout ce qui garnit la maison louée）」と規定した。フランス民法の「備え付ける」とは，動産が単に「家にある」という以上の継続的関係を必要とする。草案の場合も，建物内に備え付けられた動産(les objets mobiliers placés dans lesdits bâtiments）と規定しているが，これは，実質的にはフランス民法と同様の規定と考えられる。

(ｲ)　金銭等の除外

草案1152条3項は，金銭や宝石は先取特権の目的物に含まれないことを規定した。ボワソナードは，注釈の中で，原稿，書類等も先取特権の目的物に含まれないと述べ，「これらは，賃借人の使用，商業，工業のためではない」とその理由を指摘した[4]。草案の規定は，フランス法についての通説的解釈と一致している。

---

(3)　Boissonade, *Projet*, t. IV, n° 301.
(4)　Boissonade, *Projet*, t. IV, n° 301.

第 1 節　草案の賃貸借規定

(ウ)　第 3 者の動産

　草案1152条第 2 項は，動産が第 3 者に帰属する場合について規定した。先に論じたように，フランスにおいては，先取特権は，賃貸人が善意であるときには第 3 者に帰属する動産についても成立した。その理由としては，フランス民法2279条 1 項の「動産に関しては占有は権原に値する (En fait de meubles, la possession vaut titre)」の規定がある。そして，不動産賃貸人は動産の搬入に先立って（動産が第 3 者の所有物である旨の）通知を受けたときに限り先取特権を行使しえないとされた（フランス民法2102条 4 号）。通知が搬入に遅れた場合には，賃貸人の先取特権は成立するのである[5]。

　これに対し，草案は，「動産が賃貸人に属しないときでも，賃貸人の先取特権は成立する。但し，賃貸したる場所内への物の持込みを賃貸人が知った時（au moment où il a connu l'introduction des objets dans les locaux loués）に賃貸人がその事実を知らずかつ右の事実を予見するにたるべき理由がないときに限られる。」と規定した (1152条 2 項)。草案の注釈において，ボワソナードは，第 3 者の動産についても賃貸人の先取特権が成立する理由として，動産における占有は権原に値するという原則を指摘している。この点では，草案はフランス民法と同じである。しかし，草案では，賃貸人が物の持込みを知った時に悪意であるかまたは第 3 者所有だと予見すべき理由があるときには，賃貸人の先取特権は成立しない。ボワソナードは，注釈においてこれを説明して，「賃貸人の善意は，動産が賃貸したる場所に持ち込まれたときではなく，賃貸人が持込を知った時に存在しなければならない」と述べている[6]。かくして，草案においては，第 3 者物についての賃貸人の先取特権は制限されることになった。

2　賃借人の担保備付義務

　賃貸人の先取特権が実効性を有するためには，十分な動産が賃借家屋に備え

---

(5) Baudry-Lacantinerie et de Loynes, *Du nantissement des privilèges et hypothèques*, t. I, n° 377; Planiol, Ripert et Becqué, *op. cit.*, t. XII, *Sûretés réelles*, 1953, n° 159.

(6) Boissonade, *Projet*, t. IV, n° 301.

付けられていることが必要になる。この点について，草案は，建物賃借人に賃料債権担保のための動産備付けを義務づける。草案1153条1項は，建物賃貸人は，「現在の期間の借賃及び次の1期分の借賃の弁済を担保するに足る動産 (meubles suffisants pour garantir le payement du terme courant du loyer et d'un terme à échoir)」の備付けを賃借人に要求することができ，規定された期間の賃料の前払またはそれに相当する担保の提供がないときには，賃貸人は，賃貸借契約を解除しうると規定した。

ここで注目に値するのは，草案が備え付ける動産の価値について賃料期間との関係で明確に規定していることである。ボワソナードは，その理由に関連して次のように述べている。

「賃料支払期間は，日本においては一般に1か月である。フランスにおいては，非常にしばしば3か月である。フランス民法（1752条）は同様の十分な動産の備付けを賃借人に義務づける。しかし，何期分の賃料かについては規定しない。それゆえ，紛争が生じたときには，裁判所が決定する。ただ，将来の全ての期間の賃料についての担保となる動産は要求しえないことは，明瞭である。それでは余りにも行き過ぎである。また，当期分のための担保を要求するだけでは不十分であろう。というのも，もし賃料支払が期限内になされないときには，次の期間は担保なくしてはじまることになるからである。本草案における論決は，フランス法においても極めて正当であろう。」[7]

ボワソナードが指摘するように，草案のこの規定の前身であるフランス民法1752条は，賃借人に「十分な動産 (meubles suffisants)」を備え付けることを義務づけただけであり，具体的でなかった。前述のように，地方の習慣が不明確で，かつ賃借人の職業や賃貸借の目的により十分な動産の担保期間が不明瞭なときには，どの程度の期間についての動産が備え付けられねばならないかに関し議論があり，ボドリー・ラカンチヌリ＝ワールによれば，将来の全ての賃料と解する論者，現在の期間と将来1期分と解する論者，1年分（すなわち，通例4期分）と解する論者等があった[8]。

---

(7) Boissonade, *Projet*, t. IV, n° 302.

(8) Baudry-Lacantinerie et Wahl, *op. cit.*, n° 701.

第1節　草案の賃貸借規定

草案は，フランスにおけるような不明確さを避けるため，法文で明確に規定した。フランスにおける慣習や学説，判例と比較すれば，草案は，賃借人に一層厳しい義務を課したものとは評価できない。担保備付義務に関する草案の在り方は，賃貸人の先取特権に関する他の問題についてのボワソナードの姿勢と軌を一にしている。

3　賃貸人の権利保全

賃借人の担保備付義務を一層有効ならしめるには，いったん備え付けられた動産が流出しないように確保する制度が有益である。フランス民法は，合意なくして賃借人より搬出された動産を取り戻すことができると規定していた。この取戻差押え＝取戻権は，追及権類似の権利として，強力な権利であり，善意の第3者にも行使しえた。これに対し，草案も賃貸人の権利保全のために，次のように規定した（1153条2項及び3項）。

　「賃貸した場所に備え付けた動産を，賃貸人の承諾なくして取り去る（enlever）としても別に詐害がないときには，賃貸人は，その担保が不足となるときかつ賃借人に属する権利限度内でなければ（dans la mesure des droits qui en appartiennent encore au preneur），動産をその場所に復せしめることができない。

　賃貸人の権利を詐害してなした行為については，賃貸人は，財産編361条以下に規定された条件及び区別に従い，第3者に対しその行為を廃罷せしめることができる。」

草案によれば，詐害のない場合の賃貸人の取戻権行使については，二つの条件がある。第1に，残された担保が十分なときには行使できないことである。この点については，フランスにおいても同様の解釈が判例，学説によりなされていたのであり[9]，それを明確に採用したものと考えられる。

第2に，賃貸人の取戻権の行使は，賃借人に属する権利の限度内においてのみ行使しうる。この点は，フランス民法と異なる。草案では，売買により第3

---

(9) Baudry-Lacantinerie et de Loynes, *op. cit.*, n° 450.; Planiol, Ripert et Becqué, *op. cit.*, n° 242.

339

第2章 ボワソナード草案における賃借権の物権的構成と旧民法

者が動産を取得したときは，賃貸人はその動産の取戻しを主張しえない。この点については，旧民法の注釈書も「若シ賃借人ハ之ヲ売買譲與シタル時ハ賃貸人ハ最早第三者ニ対シテ取戻スコトヲ得サルナリ」と指摘している[10]。賃貸人が動産の取戻しを主張しうるのは，動産が売却されたのではなく，賃貸建物から単に移動された場合等に限定され，賃貸人の先取特権により第3者に損害を与えることが避けられている。かくして，草案は，実質的にはこの点に関し賃貸人の権利を制限し，第3取得者の利益を保護している。

動産の取去りについて賃貸人に対する詐害 (fraude) がある場合には，草案財産編361条以下に規定する詐害行為取消権により処理される。草案の詐害行為取消権は，日本民法の詐害行為取消権の前身に当たる制度であるが，その行使の要件として，債務者の詐害を証明することが必要とされた。また，有償の行為については，債務者と約束した者との通謀を証明する必要があった[11]。これらの要件を満たさない限り，詐害行為取消権により動産の取戻しは，不可能であった。とすると，備付動産の売却の場合には，賃貸人は，賃借人の詐害と動産買主との通謀を証明しない限り，動産の取戻しをなしえないことになる。

草案は，賃貸人の取戻権の行使期間についてフランス民法のように制限をしていない。フランス民法においては，先に述べたように，賃貸人の取戻権は強力なものであり，それだけに行使期間を制限する必要があった。ところが，草案においては，賃貸人の取戻権はそのような強力なものではなく，行使期間についてフランス民法のように厳しい制限を加える必要もまた存在しないと考えられる。

このように，賃貸人の取戻権を制限する理由が問題となる。ボワソナードは草案の注釈において，フランス民法の規定について「この（フランス民法の……小柳注）規定は，質物の単なる転置 (déplacement) すなわち賃借人に属する場所への移転について規定するのか，それとも譲渡 (aliénation) について規定するのかに関し，明確ではない。また，後者としても第3取得者の善意悪意で区別をなすべきかについても論定に苦しむ。」と述べたにとどまる[12]。たしかに，19

---

(10) 宮城浩蔵・民法正義債権担保編第1巻（信山社復刻，1995年）721頁。

(11) Boissonade, *Projet*, t. II, 2ᵉ éd., n° 163.

第1節　草案の賃貸借規定

世紀前半には，動産取引安全に配慮して，賃貸人の取戻権を制限して，賃借人の売却については適用しないようにするべきであるという学説が存在した（但し，少数説に終わった）し[13]，そもそも善意の第3者に対しては取戻権の行使を否定的に考える立場も存在した[14]。こうした議論がボワソナードに影響を与えたと考えられる。

　ボワソナードは，賃貸人の取戻権を制限する理由については，積極的に展開していない。結局のところ，この問題は賃貸人と第3者の利益をどのように調整するかの問題である。ボワソナードは，フランス民法のように第3者の利益を犠牲にしてまで賃貸人の利益を保護することには，批判的であったと考える他はない。

　このような賃貸人の権利の制限に対応して，草案1138条は，先取特権者が「代金の支払前に適法な差押えをなすこと」を条件とした物上代位規定を設けた。ボワソナードは，この規定について，「これはまず第1に動産の売買に適用される。というのも，動産は先取特権を有する債権者の側からの追及権が存在しない。」と論じた。賃借人が物を売却した場合賃貸人は追及権を有しない以上，物上代位規定が必要になる[15]。そして，この物上代位の規定は，不動産賃貸人の先取特権においても役割を果たすことが規定されていた（1153条4項）。

　なお，フランス法での不動産賃貸人に認められていた質物差押えについて，ボワソナードがどのように考えていたかは，草案では明確でない。というのも，これは，フランスでも民事訴訟法に属する制度であるからである。しかし，全く手掛かりがないわけではない。ボワソナードは，民事執行制度については，『日本訴訟法財産差押法草案并註解』（司法省，1883年）という草案を残している[16]。これは，翻訳のみ現存し，フランス語の原文は失われたため，最終的な評価を留保しなければならないが，保全差押えに相当するものとして，同書の訳語によれば「保存差押」なる制度が存在する（同書第6章）。その特徴は，一般

---

(12)　Boissonade, *Projet*, t. IV, n° 303.
(13)　吉田克己・前掲フランス住宅法の形成120頁。
(14)　Baudry-Lacantinerie et de Loynes, *op. cit*., n° 446.
(15)　Boissonade, *Projet*, t. IV, n° 272.

第2章 ボワソナード草案における賃借権の物権的構成と旧民法

的な動産についての保全差押制度の存在であり，これはフランスでは漸く1955年に実現したものであった[17]。他方，取戻差押えや質物差押えに相当する特別の制度をそこに見出すことができない。それゆえ，草案では，質物差押えについては，これを一般的な保全差押えで代替する趣旨ではなかったかと推測される。

4 田園賃貸人の先取特権

以上の市街賃貸人の先取特権に続けて，草案1154条以下は，田園賃貸人の先取特権について規定した。まず，先取特権の目的物について，草案1154条1項は「居宅並びに土地利用の建物内に備え付けたる動産(les objets mobiliers placés dans les bâtiments d'habitation et d'exploitation)」，「賃貸土地の利用に供したる動物農具その他の用具」，「土地の付着していると土地に保存されているとを問わず土地の収穫物及び自然の産物」と規定した。これは，フランス民法の規定と若干文字の上で相違があるものの，基本的に変らないと考えてよい[18]。

田園賃貸人の権利保全の方法については，草案1155条3項が市街賃貸人に関する1153条2項以下の適用を規定した。それゆえ，これに関しては，先に述べたところがそのまま妥当すると考えればよい。

田園賃借人の動産備付けの義務に関しては，草案1155条2項が，賃借人は「賃借した土地にその年の収穫物及びその他の産物を保存する責に任ずる」と規定した。もっとも，これは，収穫物が保存しうべきものにしてかつその場所が保存に適することを条件にする。この規定は，フランス民法1767条を基礎にした

---

[16] 詳しくは，三ケ月章「ボワソナードの財産差押法草案における執行制度の基本構想」同・民事訴訟法研究6巻（有斐閣，1972年），初出は『中田淳一先生還暦記念民事訴訟の理論』上（有斐閣，1970年）。同草案87条以下参照。

[17] 三ケ月章・前掲205頁注(4)。

[18] フランス民法における判例では借地農が耕作のために自己の建物中に備えた動物なども土地の利用のためのものとして先取特権の目的物になったが，これは草案でも同様と考えられる。後に明治民法の法典調査会において穂積陳重は旧民法に関してこのような解釈をする（法典調査会民法議事速記録二（日本近代立法資料叢書2）412頁）。

第1節　草案の賃貸借規定

ものである（当初は財産編148条として規定された）。フランス民法1767条は「農事財産の賃借人は全て賃貸借契約に従ってそのために予定した場所に［収穫物を］収納する義務を負う。」と規定した。更に，草案1155条3項は，賃借人に対し，「賃貸人の承諾を受けずまたはその年の自己の義務を履行する前にその収穫物及び産物を転置または処分することができない」と規定した。

　以上の草案の規定は，専ら収穫物についてのものである。田園賃借人は，市街賃借人と異なり，動産備付けの義務を負わないのであろうか。フランス民法においても，農事財産の賃借人義務については1767条のみが規定し，建物賃借人に関する1752条のような動産備付け義務規定は見られない。しかし，解釈としては1767条は1752条を排除するものではなく，補充するものであると理解されている[19]。それゆえ，草案の田園賃借人に関しても同様の解釈を取ることができるであろう。

　草案1155条2項の収穫物収納義務は，フランス民法1767条と比べて実質的にそれ程大きな変化はない。注目すべきは，草案1155条3項の収穫物処分禁止規定である。前述のように，フランス民法においては賃貸人の先取特権確保には極めて強力な取戻権が存在した。それゆえ，仮に収穫物が転置や売却されても，賃貸人は原則としてこれを取り戻すことができた。ところが，草案においては，賃貸人の取戻権はフランス民法に比べてはるかに弱く，第3取得者の利益を害することのできないものとなっている。それゆえ，草案にはこのような収穫物処分禁止規定が必要になると考えられる。この規定はフランスに比べて賃貸人の権利を強化するものと理解することはできない。

Ⅲ　先取特権の担保する賃料の範囲
1　賃料の期間

　草案1157条は，賃借人の総清算の場合に，賃貸人の先取特権の保護する賃料債権の期間を弁済期の到来した最後の年と当年と弁済期の到来してない1年について（pour la dernière année échue, pour l'année courante et pour une année à échoir）の3年分とする。このように，賃貸人の先取特権の期間を制限する理由

---

[19] Planiol, Ripert, Hamel, givord et Tunc, *op. cit.*, n° 600.

第2章　ボワソナード草案における賃借権の物権的構成と旧民法

について，ボワソナードは，「賃借人の他の債権者が先取特権のために大きな損害を受けることのないように，本規定の制限は適用される。」と述べている[20]。3年というのは，賃料支払期間との関係がどうなるのかについて問題がある。というのも，農事賃貸借では賃料支払期間が1年であるため，通常3年は3期と一致するが，建物賃貸借では賃料支払期間は1年でないため，3期をはるかに超える期間について担保されることになり，多少の疑問が生ずるところである。筆者は，賃料支払期間の如何にかかわらず3年と規定されていると考える。というのも，この規定の模範となったと考えられるフランスの特別法(1872年法と1889年法)がいずれも賃料支払期間ではなく，年によって規定しているからである。すなわち，先にフランス法について論じたように，フランス民法2102条に関しては，賃貸人の先取特権により担保される賃料債権の期間に関し制限が存在しなかったため批判が現われ，特別法の制定により商事賃貸借と農事賃貸借に関して先取特権により保護される賃料債権の期間を制限することになった。商事賃貸借では3年分（弁済期の到来した分につき2年と当年），農事賃貸借では4年分（弁済期の到来した分につき2年と当年と翌年）の賃料債権が賃貸人の先取特権により担保されることになった。もっとも，居住用の建物賃貸借に関しては，制限は存在しない。これに対し，草案の規定はあらゆる類型の賃貸借について3年と規定するものである。それゆえ，草案では，フランス民法の規定はもとより，その後のフランスにおける修正立法よりも賃貸人の先取特権は制限されていると評価できる。

2　賃貸借を継続する権利

更に，これと関連して，草案1158条は，他の債権者のための賃貸借を継続する権利について，次のように規定した。

　　「総清算の場合において，他の債権者は，自己の利益のために，賃貸借の解除を防止し，始めから転貸または譲渡の禁止がある場合でも，その賃借権を転貸しまたは譲渡することができる。但し，賃貸借の残りの期間のために，賃貸人に土地，建物の借賃その他の納額を担保することを要する。」

---

[20]　Boissonade, *Projet*, t. IV, n° 307.

第 1 節　草案の賃貸借規定

　ボワソナードは，この規定について，「賃貸借は，賃借人にとっても利益となりうるものであり，それゆえその債権者にとっても利益となりうるものであるから，その債権者が解除を防止し，賃借権を転貸，譲渡なしうべきである。但し，将来の総ての家賃や小作料やその他の金銭について担保したときに限る。」と述べた。これによれば，ボワソナードは，フランスの1872年法と同様に賃借人の他の債権者のために賃貸借を継続，転貸，譲渡する権利を与える必要を指摘する。但し，その条件として，賃貸人に対し将来の総ての債権を担保する (garantir) ことを挙げる。これは，フランス民法の規定とは違いがある。というのも，フランス民法2102条もまた，賃借人の他の債権者のための賃貸借継続権では，将来の総ての債務について支払う (payer au propriétaire tout ce qui lui serait encore dû) ことを条件としていた。この結果，フランス民法の下では，将来の賃料総てについて現実の支払が必要であった。これでは，他の債権者が賃貸借継続権を実際に利用することが困難になる。これに対し，草案は，単に担保すると規定するのであるから，現実の支払は必要としないと理解することができる。

　なお，フランスの1872年法によるフランス商法550条4項は，「破産管財人は，みずからまたはその承継人において不動産内に十分な質物を保持し，期限の到来する毎に法律または契約上生ずる総ての債務を履行し，かつ賃貸借の場所の用法を変更しない責に任じて残存する総ての期間について賃貸借を継続し，または，これを譲渡することができる。」と規定し，同条5項は，「賃貸借においてその譲渡または転貸が禁止されているときは，債権者は賃貸人が予め賃料を受取った期間でなければ利用することができない。また，用法の変更もできない。」と規定した。以上のフランスの1872年法に比べれば，ボワソナード草案は，やや簡単に過ぎて，十分その意義を明らかにすることができないが，確実なことは，支払までは要しないことである。

　ボワソナード草案債権担保編1002条によると，担保 (garantie) には，対人担保 (garanties personnelles) と対物担保 (garanties réelles) とがあり，前者には保証 (cautionnement) が含まれるのであるから，550条4項と同様の規定と見て良いであろう。細かく言えば，ボワソナード草案では，1872年法のような賃貸借の継続に関する手続規定が欠けている点が物足りないが，これは商法に譲る

345

趣旨であると推測される。

3 他の先取特権との関係

先に,フランス民法においては,例外的に,賃貸人の先取特権に優先する先取特権が存在することを指摘した。草案ではどうであろうか。草案1159条1項は,種子 (semences) や肥料 (engrais) の売主にその年の収穫物についての先取特権を認める。ボワソナードは,日本における養蚕の重要性を理由に,桑葉供給者にも同様の特権を与える(同条2項)。また,林業,養蚕等のために働く労働者の収穫物についての先取特権(草案1160条)も認める。これらは,いずれもその年の収穫物につき賃貸人の先取特権に優先する(草案1170条7項)。フランスとの大きな相違は,草案では肥料の供給者にも賃貸人に優先する先取特権を認めることである。これはフランスにおける20世紀の立法を先取りしたものと評価しうる。この点については,フランスの民法学者として著名なギルアルがその先取特権と抵当権に関する体系書(1896年出版)において,草案を承継した旧民法債権担保編153条の規定を紹介し,将来のフランスの立法の姿を示すものとして評価したことからも明らかであろう[21]。ボワソナード草案や旧民法について,フランス民法の体系書で言及するのは,珍しいことであり,これは貴重な叙述である。

4 小 括

以上のように,草案における賃貸人の先取特権規定は,フランス民法の規定の承継または詳細化にとどまってはいない。第3者に属する動産,賃貸人の取戻権,先取特権により担保される賃料債権の期間,また肥料供給者の先取特権の優先等において明瞭に不動産賃貸人の利益制限がなされている。こうして見ると,全体として,草案においては,賃貸人の利益制限がなされていると評価することができる。もっとも,それだからといって直接に賃借人の利益保護がなされている訳ではない。というのも,先の被担保賃料債権の年数の制限の理由もその1例であるように,賃貸人の先取特権の抑制の目的は,直接には賃借

---

[21] Guillouard, *Traité des privilèges et hypothèques*, t. I, 1896, n° 361.

人の他の債権者や第3者の利益確保であった。フランス民法の規定は，賃貸人の先取特権をあまりにも強く保護し，それがために第3者(例えば，賃貸人の取戻権)や賃借人の他の債権者(被担保賃料債権の制限なし)の利益を害していた。これを草案は修正したのである。そもそも，賃貸人の先取特権の抑制は，賃借人に対し賃料支払義務の免除をなすものではないし，また，先取特権の性格からも，そこで基本的に問題となるのは賃貸人と第3者との利益調整である。とはいえ，このような草案における先取特権の抑制は，間接的に賃借人の利益に結び付きうるものである。というのも，例えば，先取特権の被担保賃料債権年数の制限は，賃借人にとってみずから金融の手段を求めることの前提となる。他ならぬフランスにおいては，それは賃借人の金融手段の創設の前提とされていた。草案の注釈は，以上の修正の理由については必ずしも雄弁ではない。しかし，フランスにおけるひとつの傾向としてのそうした賃借人の利益重視というものが影響を与えたと見ることは十分可能であろう。また，ここでの先取特権の抑制は，物権的構成の問題とは直接関連するものではない。ボワソナードもそのようなことは全く論及しない。債権的構成によっても，先取特権の制限は可能である。

第7項　永借権

ここでは，最初にボワソナードが永借権にどのような意義を認めたのかを検討し(Ⅰ)，次いで草案の永貸借規定について具体的に論ずる(Ⅱ)。

Ⅰ　永借権の意義
1　ボワソナードの永借権論

草案は，通常の賃借権の他に用益物権として永借権の制度を設けた。永借権は，フランスにおけると同様に，物権である。草案の採用した賃借権の物権的構成の意義を十分に理解するためには，同じく物権である永借権規定の在り方についても検討する必要がある。賃借権を物権として構成する場合に，永借権の存在意義はどのようなものになるのであろうか。

ボワソナードは，永借権規定の注釈の際にも，他の規定と同様に序説を設け，

永借権の歴史や一般的性格について論じた。ここでも，その順序に従い，ボワソナードの永借権理解をまず明らかにし，しかる後に，具体的規定の意義について検討する。

(ｱ)　ヨーロッパの永借権の歴史と性質

草案の注釈において，ボワソナードは，日本における永借権の在り方について述べる前提として，ヨーロッパの永借権の歴史と性質に関し論じた。

この際のボワソナードの特徴は，永借権を下級所有権（domaine utile）として理解することである。ボワソナードによれば，ヨーロッパにおいては，古くより一種特別の性質の賃借権が存在した。それが永借権である。その起源は，戦争により略奪した未開墾の土地を開墾目的のために貸付けを行ったことにある。借主である永借人（emphythéote）は，使用料（redevance）を毎年支払うかわりに，永久にその土地を使用することが可能であった。この権利は，所有権に類似するものであった。永借人は，土地に対しあらゆる有益な変更（transformations）をなしえたが，収益の損失もまたすべて負担し，賃貸人は全く損失保障をなさなかった。中世封建制度の下においては，この制度は，広く用いられることとなった。領主は，広大な土地を有するが，みずからその土地を耕作することはできない。そこで，土地を農民（paysan）に永貸借の形で貸し付け，その代わりに毎年使用料を永久に支払わせることにした。「農民は下級所有権（domaine utile）を，貴族は上級所有権（domaine direct）を有した。」とボワソナードは論じた[1]。

更に，ボワソナードは，以上のようなアンシャン・レジームにおける上級所有権，下級所有権の在り方がフランス革命により基本的に変革されたことを指摘した。

「フランスにおいては，先述の経済的理由，また疑問の余地なく正義上の理由のため，そしてなかんずく封建制に対する嫌悪（haine de la féodalité）のために大革命は永久の使用料（redevances perpétuelles）を廃止し，買戻の方法により土地を使用料の拘束から開放した。有期の使用料（redevances temporaires）は，期間を短縮し，1790年のある法律（1790年12月18・29日のデ

---

(1) Boissonade, *Projet*, t. I, 1ère éd., p. 70.

クレを意味する……小栁注）は，賃貸借の最長期を99年（人間の3世代の平均）に限った。」

ボワソナードは，フランス民法が永貸借の制度を特に規定していないが故に，そうした契約が許されるかについて学説において論争が存在したが，判例は1790年法の範囲でそうした契約の有効性を承認したと述べた。

(ｲ)　日本における永借権

ボワソナードは，日本の永借権の歴史についてどのような理解を示したであろうか。興味深いことに，ボワソナードは，日本においても江戸時代から永借権が存在すると論じたが，なお，その理解には，時期的な変化があり，草案第1版（明治13年）と第2版（明治15年）との間には基本的な認識の相違が存在する。

(a)　草案第1版　第1版において，ボワソナードは，江戸時代における永貸借関係は主として農民領主間に存在したと述べた。

「日本においては，封建制の影響の下，永貸借は，土地の耕作のかたちであった。領主（seigneurs）は，土地の上級所有者（propriétaires directs）と考えられ，その土地を耕作するのは農民（paysans）であった。農民は，下級所有権（propriété utile）を有し，収穫の多くの部分を租税（impôt foncier）及び使用料（redevance）として支払った[(2)]。」

ここでボワソナードが下級所有権と称するものが永借権であることは，先のフランスについての叙述からも明らかであろう。このような理解は，現在の目から見て，正当な理解とは評し難いことは多言を要しない。永貸借関係は，むしろ農民相互間に存在したと考えるべきであろう。このような理解をボワソナードが示した理由としては，第1版の出版時点（明治13年）では，そもそも，ボワソナードが日本の永貸借関係について十分な知識を有していなかったことが考えられる。明治14年3月25日付の『ボワソナード氏起稿民法草案財産編講義』では，ボワソナードは，より直接的に次のように述べる。

「余ハ日本ニ於テハ長期貸借アリヤ否ヤヲ屢々人ニ質疑セシガ今日ニ至ル迄一人ノ之カ明答ヲ為ス者ナシ余按スルニ廃藩迄ハ農民ハ諸侯ヨリ永久土地

---

(2)　Boissonade, *Projet*, t. I, 1ère éd., p. 71.

第2章　ボワソナード草案における賃借権の物権的構成と旧民法

ヲ賃借セシモノ歟事実ニ覈カナルノ諸君ハ幸イニ余ニ教示セヨ且ツ如此キ古事ハ後来之ヲ調査スルノ要アリ加之尚ホ数年間抛棄シ置クトキ益其調査ニ苦シムカ故ニ諸君等之ヲ調査ス可シ[3]」

　ここには日本における永貸借慣習について十分な情報を得ることができないため，ボワソナードが苦しむ様子が窺える。永貸借慣習に関する貴重な調査を含む『民事慣例類集』は，明治10年に出版されたが，これは当時の法学者たちには殆ど顧みられることのない著作であった[4]。これが以上の叙述に関連するのであろうか。結局，ボワソナードは，フランスのアンシャン・レジームにおける永貸借との類推により基本的に領主農民間に永貸借関係が存在するものと考えたと推測される。このような理解を前提とする限り，永貸借関係は，明治維新により一般的には克服されることになる。ボワソナードが先の引用文の中でこれを「古事」と呼ぶのも偶然ではない。実際，規定においても，民法以前から設定され，存在する永貸借の処理に関する規定は存在しない(後に触れるように，第2版以後設けられた。)。第1版ではボワソナードは永貸借は北海道等に存在する未開墾の国有地のために有益な制度であると論じた。

　そもそも，ボワソナードは，永貸借関係を必ずしも適当な土地利用関係としては考えていなかった。ボワソナードは，前記の言葉に続けて，次のように論じた。

　　「それは経済的不利益をもたらし，財産の流通を阻害する。何故ならば，自分だけで完全に支配することのできない土地は売買の対象になり難い。更に，衡平 (équité) の理念からも，この制度は批判される。土地の価値は，年とともに増加するが，使用料は不変であり，上級所有権を有する者は，土地の価値増加 (plus-value) から利益を得ることができない。」

　既にフランスにおいて紹介したように，永借権については封建制に結びつくという観点からその社会的・経済的有用性に批判的な学説が存在していた。ボ

---

(3)　加太訳617頁。
(4)　利光三津夫「『民事慣例類集』『全国民事慣例類集』の編輯とその編者達」手塚豊＝利光三津夫・民事慣例類集附畿道巡回日記（抄）(1969年，慶応通信) 81頁以下。

第 1 節　草案の賃貸借規定

ワソナードの見解はそうした学説に近いものがある。

　(b)　草案第 2 版　　このような理解は、第 2 版で変化を見せ、ボワソナードは、永貸借関係は基本的に農民相互の関係において存在したと論じた。確かに、第 2 版でもボワソナードは江戸時代における領主を上級所有者と呼び、農民を下級所有者と呼んでいるが、その際「多少とも形式的には（d'une façon plus ou moins formelle）」という限定文言を加える。更に、より重要なのは、ボワソナードが次の記述を付加したことである。

　「この（農民である……小柳注）下級所有者は、もはや必ずしもその土地全部をみずから耕作することはできず、更に、みずからの土地の一部を永小作または長期貸借の名称で（sous le nom de ei ghosaku ou ferme perpétuelle）、果実を使用料とすることで譲渡し、底地（tréfonds）の権利を留保した。この新たなる譲受人は、耕作される土地の上地（surface arable）についての権利を有する[5]。」

　以上のように、第 2 版では、ボワソナードは、農民相互間に永貸借関係の存在を見た。ボワソナードは、このような永貸借の設定の原因として、未開墾地に成立するいわゆる開墾永小作と、更に、通常の賃貸借を20年間継続することによるいわゆる認定永小作が存在することを論じた。また、永小作使用料の不払がなされた場合には、底地の所有者が永小作人の土地を取りあげることが可能であったが、実際にはそのような土地の取りあげは稀にしかなされなかったと述べた。

　このように永貸借を農民相互間に成立すると理解する以上、明治維新に伴う封建制度の廃止による領主の上級所有権の廃止にもかかわらず、永貸借は存続することになる。かくしてボワソナードは、第 2 版で新たに次のように指摘を加える。

　「政府は、2 名の有権者（底地所有者と永借人のこと……小柳注）にひとつの土地に対する二つの権利を協議により単一の権利とするか、あるいは協議の調わない場合には土地を公売に付し、両者でその代価を分配するように指導した。また、政府は、同様の条件下にあるみずからの土地の一部を譲渡した。

---

　(5)　Boissonade, *Projet*, t. I, 2ᵉ éd., n° 218.

しかし，多くの利害関係者は，これにならわなかった。それゆえ，旧来の永貸借は，殆どすべて現在でも存続し，永久利用権としての性質もそのままである。

政府は，所有権名義（titre de propriété）を底地所有者に与えた。底地所有者は国家に租税を負担するが，永借人から少なくともその大部分を償還する。しかし，これもまた困難の原因となる[6]。」

以上のように，ボワソナードは，版籍奉還や廃藩置県等の領主的土地所有の解体にもかかわらず永貸借関係は存在し，地租改正により底地所有者に所有権名義が与えられたことにより困難が生じたことを指摘する。このようなボワソナードの見解の変化には，明らかに日本における永貸借慣行についての認識の深まりを認めることが可能である。慣行永小作や認定永小作に関するボワソナードの記述は，とりわけそのように感じられる。確かに，ここにはボワソナードの日本の永小作関係に対する深い洞察を指摘しうる。しかし，注目すべきことは，このような認識は，当初から存在したのではなく，第2版に至り初めて出たことである。

2　慣行永借権の処理規定

既に見たように，ボワソナードは，永久土地利用権そのものは必ずしも適当な制度とは考えていない。そこで，草案第2版では，この慣行上の永小作権処理規定を，166条4項以下に設けるに至った。日本の永貸借慣行についてのボワソナードの認識の発展が，条文新設にまで結びついたのである。

ボワソナードは，民法以前から存在する慣行永小作を，その期間に従い，①長期かつ明確な期限のあるもの（les baux d'immeuble faits à long terme avant la promulgation du présent Code, pour une durée déterminée），②長期（すなわち，永久ではない……小栁注）ではあるが明確な期限のないもの（les baux faits pour une durée indéterminée），永久の明示的な約定のあるもの（baux formellement stipulés perpétuels）とに区分する。第1の種類については，その約定はたとえその期間が50年を超えるものであっても有効とする。第2の種類については，

---

(6) Boissonade, *Projet*, t. I, 2ᵉ éd., n° 219.

第1節　草案の賃貸借規定

一方当事者より他方当事者への解約申入れをなした後10年後に永貸借は終了する。第3の種類については，永借人が土地を買い取るという権能と条件を定める特別法を将来設けることにする。

　以上の草案の規定の特色は，期間永久の明示的約定のある永貸借については，永借人を土地所有者にするという立法を将来に予定したことにある。ボワソナードは，その理由を次のように論じた。一方では，賃貸人の権利はその実質において債権にすぎない。他方では，永借人は土地を作りだし，培養し，灌漑をなした。永借人は，土地に対する関係が一層密接でありその権利を賠償により失わせるのは適当ではない。以上のボワソナードの見解の背景としては，ひとつには永久の土地利用権は適当な制度ではないというボワソナードの基本的姿勢，いまひとつには永久の永貸借について永借人に上級所有権の買取りを認めたフランスの1790年法が存在すると考えられる。

　その反面，期間永久の明示的約定のない永貸借については，このような立法は予定されていない。とりわけ，第2の種類については10年の猶予期間を置いた解約申入れによって永貸借の終了が予定される。実際の慣行においては，このような例もなお相当に多いことも考えられ，このような場合については十分な救済が与えられないことになる。

II　草案の永借権規定

　次に，具体的な規定について検討しよう。草案は，永借権を賃借権の特殊な種類とした。そこで，ここでは特に永借権と賃借権との相違に注目しながら検討する。

1　期　　間

　賃借権と永借権とを分かつ最も顕著な点は，期間である。これについては，以下の規定が関連する。
　132条「所有者のなした不動産の賃貸借が30年を超えるときは，その賃貸借は永貸借となり，付録に設けたる特別の規則に従う。」
　166条1項「永貸借とは，長期すなわち30年以上の不動産の賃貸借を言う。この賃貸借は，50年を超えることができない。但し，50年以上の期間で賃借

353

第2章 ボワソナード草案における賃借権の物権的構成と旧民法

したときには，50年に期間を短縮する。

　永貸借は，常に更新することができる。但し，更新より50年を過ぎることはできない。」

ボワソナードは，永久の永貸借（emphytéose perpétuelle）を認めず，その最長期を50年と制限した。フランスの1790年法が賃貸借の最長期を99年と規定したことと比較すれば，草案は，相当に最長期を短縮する。これは，永久の土地利用権に好意的ではないボワソナードの姿勢の現れとして理解することが可能である。

2　通常の賃貸借との区別

(ｱ)　フランス法

草案における永貸借の最短期は，30年である。この場合，通常の賃貸借との区別が重要な問題となる。フランスにおいては，既に見たように，賃貸借の最長期は99年である。これにより永久の永貸借は不可能となり，永貸借の最長期もまた99年である。最短期については，そもそも民法に規定がない。そこで，永貸借立法のあった1902年の前に，例えばトロロンは，「長い期間（une longue série d'années）」であることを要求している[7]。その理由は，永貸借は通常土地の改良目的のために設定されるものであり，永借人が長期にわたって用益することによりその投資と労働の対価を得ることが必要であることであった。1902年の農事法典が永貸借に関する立法をなし，その最短期を18年としたのもこうした考え方と関連がある。

このことは，逆に期間が相当長期の賃貸借は単なる通常の賃貸借ではなく，必然的に永貸借と認められることを意味するのであろうか。そうではない。通常の賃貸借を99年の期間で設定することもまた可能であり，期間99年の賃貸借は必ずしも永貸借ではないのである[8]。この通常の賃貸借と永貸借との区別に関し，ボドリー・ラカンチヌリ＝ワールは，次のように論じた。

「物権性が永貸借を通常の賃貸借から区別する。永貸借は，本質的には，賃

---

(7) Troplong, *De l' échange et du louage*, n° 37.

(8) Troplong, *op. cit.*, n° 48.

料の低廉なことや，期間が長期であること，借主に改良義務が課されていること等により通常の賃貸借から区別されるのではない。これらの諸条件は，実質的に通常の賃貸借でも可能な条件である。しかし，これらの諸条件は，特に永貸借においてしばしば見られるものであり，これらの諸条件すべてが満たされる場合には，当該契約を永貸借と考えることも可能である。

　長期の賃貸借，99年の賃貸借といえども必ずしも永貸借ではない。通常の賃貸借をこの期間でなすことも可能である。……裁判官は，当事者の意思が賃借人に物権を与えるのか，それとも単なる債権を与えることにあるのか，すなわち賃貸借をなすか，永貸借をなすかを決定する[9]。」

　以上のように，フランスにおいては，通常の賃貸借と永貸借とを区別する基準として，当該契約が賃借人に物権を与えるか否かが重要であった。勿論，これは，債権説を前提とする限りであるが，先に論じたように，債権説は，フランスにおいては通説，判例の採用するところであり，この点は当然のことと考えられる。

(イ)　草　　案

　草案において通常の賃貸借と永貸借との区別はどのようになされるのであろうか。これについて，ボワソナードは，注釈のなかで，永貸借は賃貸借の特別の種類であり，実際においてはある契約がいずれに該当するかが問題となると述べ，契約当事者が契約においてその名称を明確にするときは疑問はないもののそうでない場合には裁判官が種々の事情をもとにして判断する他に方法はないとして，次のように論じた。

　「賃貸借の期間は，重要な手掛かりとなる。もし，賃貸借が30年を超えてなされるのであれば，当事者は通常の賃貸借ではなく，永貸借をなしたとの推定が働く。というのも，通常の賃貸借は30年を超えることができない(132条)からである。もしも，土地が未墾地または不完全にしか耕作されていない土地であれば，その推定は一層強化される。しかし，もし契約の中に通常の賃貸借にしか存在しえない条項，例えば，収益担保に関する条項が見出されるのであれば，裁判官は当事者が通常の賃貸借を考えていたと判断しなければ

---

(9) Baudry-Lacantinerie et Wahl, *Du contrat de louage*, n° 1446.

第2章 ボワソナード草案における賃借権の物権的構成と旧民法

ならない。そして，その契約期間は30年に短縮される。いずれか決定し難いときには，裁判官は当該賃貸借は通常の賃貸借であると判断しなければならない。何故ならば，永貸借は，常に例外である。例外は，推定により認めることは許されず，両当事者について証明されなければならないのである[10]。」

以上のボワソナードの注釈は，興味深い内容である。永貸借と通常の賃貸借との相違は，第1に期間である。通常の賃貸借の期間は，30年を超えることがないのに対し，永貸借は30年を超え50年以下である。しかし，30年を超える賃貸借といえども必然的に永貸借になるのではない。期間は唯一の基準ではなく，むしろより重要なものとして契約の性質があった。すなわち，前述のように，ボワソナードは，通常の賃貸借と区別される永貸借契約の特質として，永借権は一種の下級所有権であり，賃貸人は収益担保をなさないことを挙げていた。こうした点から，契約中に賃貸人の収益担保条項が存在するときには，たとえ契約期間が50年であっても，それは通常の賃貸借と裁判官が認定する。この場合には当該契約期間そのものが30年に短縮される。

フランスにおいては，通常の賃貸借と永貸借とを区別するのは期間ではなく，契約の性質であった。それは通常の賃貸借でもまた永貸借でも99年の期間の契約が可能であることによって明らかであろう。草案においては，確かに両者は期間において異なる。通常の賃貸借は30年を超えることができず，永貸借は30年を超える期間について設定される。この点はフランス法と異なる。また，フランス法においては，通説，判例を前提とする限り，通常の賃貸借は賃借人に債権しか与えないのに対し，永貸借は永借人に物権を与える。ところが，草案では両者はともに物権を与える。それゆえ，通常の賃貸借と永貸借との相違は草案においてはフランス法における程極端ではない。例えば，両者はともに占有訴権及び抵当が可能である。しかし，やはり両者には相違が存在する。それは，永貸借において賃貸人は収益担保義務を負わないことである。この契約の性質における相違は，草案においても，フランス法の場合と同様に大きな役割を果たす。

草案132条の意義として，まず考えられるのは，期間が30年を超える賃貸借は

---

[10] Boissonade, *Projet*, t. I, 2ᵉ éd., n° 223.

第1節　草案の賃貸借規定

必ず永貸借となることであるが，実際にはそうではないことが先の注釈から明らかであろう。単に期間が30年を超えることのみでは，通常の賃貸借は永貸借には転化しないのである。むしろ，132条の意義は通常の賃貸借の最長期を30年に制限することにあると考えられる。

(ウ) 認定永小作慣習との関連

132条について，これを固有法における認定永小作慣習を立法化したものという理解がある。先に草案第2版でのボワソナードの日本永小作慣習認識で触れたように，固有法においては普通小作が一定年限，すなわち通常20年継続すれば，それが永小作に転化するという慣習が存在した。132条をこうした認定永小作慣習と結び付ける見解は，旧民法編纂の法律取調委員の中にも見られ[11]，また最近の研究の中にも見られる[12]。

しかし，この規定は，認定永小作制度を取り入れたものではない。というのも，ボワソナードが132条を草案において規定した時期を考える必要がある。132条は草案第1版から存在する。132条を起草した時はボワソナード自身日本における永小作慣習について十分な知識を有しておらず，旧制下では領主・農民間の関係に永小作関係を見い出した。それゆえ，〈ボワソナードが132条を規定した時に認定永小作慣習を知識として有し，かつこれを意図的に草案で立法化した〉という見方は適切ではない。確かに，第2版において，ボワソナードは，日本の永小作慣習について深い知識を有するに至り，認定永小作慣習についても注釈で言及するようになる。しかし，それは，江戸時代には認定永小作慣習が存在したという内容であり，132条の立法理由として論ずるのではない。また，既に論じたように，第1版と第2版の間には江戸時代の永貸借についての基本的な認識の相違が存在したのであり，第2版における記述を手掛かりに第1版からの規定を説明することは適切ではない。

---

(11) 法律取調委員会民法草案第二部物権ノ部議事筆記自第一回至第十回（日本近代立法資料叢書8（商事法務研究会，1987年））261頁で，「（清岡委員）例ヘバ三年トカ五年トカ契約デ極メテモ，永小作ヲナッテ書換ヘズニ二十ヶ年ヲ過ギタトキハ（尾崎委員）ヤハリ永借ニナリマス」との問答がある。

(12) 水林彪・前掲「日本近代土地法制の成立」法学協会雑誌89巻11号97頁。

第2章 ボワソナード草案における賃借権の物権的構成と旧民法

しかも，ボワソナードの先ほどの叙述によれば，契約が通常の賃貸借としての特質を有する場合には，たとえ契約期間が明示的に30年を超えていても，永貸借とはならず，むしろその期間が30年に短縮されるのであった。とすれば，認定永小作慣行のように，通常の賃貸借が30年を超えてなされた結果その契約が永貸借に転化するときには，種々の問題が生ずることになる。

仮に，132条により30年継続した通常の賃貸借が永貸借になるとすれば，そのときの賃貸人と賃借人との契約内容はどのようなものになるのであろう。後述するように，永借人は改良に関しては大きな権限を有するようになる点では通常の賃貸借よりも有利である。しかし，通常の賃貸借が永貸借になったからといって，賃借人にとって有利になるばかりではない。例えば，賃貸人の収益担保義務は存在しなくなるのであろうか。このように考えると，132条を単純に認定永小作制度の立法化と理解することは困難なように感じられる。むしろ，前述の如く，ボワソナードの意識における132条の意義は，通常の賃貸借の最長期を30年に制限することにあると考えるのが正当であろう。この条文の位置自体が，管理者による賃貸借に関する一連の条文の後にあって，所有者がなす賃貸借については管理者と異なり，直接の期間制限はないが，永貸借との関連で制限される場合があるという意味であった。

しかし，法律取調委員会においては，132条は，認定永小作慣習と同様の内容として理解された。このこともまた疑いのない事実である。そして，旧民法注釈書も同様に，132条に認定永小作と同様の意義を認めた[13]。それゆえ，この条文は，ボワソナードのもともとの意図を離れて理解されてゆくことになった。

3 永借人の権利・義務

次に，永借人の権利・義務について論ずる。この際，占有訴権等の問題は，通常の賃貸借と同様であり，特に述べる必要がない。また，永借権の譲渡，転

---

(13) 亀山貞義＝宮城浩蔵・民法正義財産編壱部巻之貳（信山社復刻，明治23年）でも，「当初ハ永貸借トシテ設定シタモノニ非ストモ継続シテ三十年ヲ超ユルトキハ当然永貸借トナル」としている（44頁）。

貸，抵当に関しても通常の賃貸借と同様である。それゆえ，特に重要なのは，永借人の改良に関する権限と永貸人の収益担保義務，更に租税負担になる。

(ア) 収益担保義務

永貸借においては，先に触れたように，賃貸人は担保義務を負わない。これに関しては，175条が，賃貸人は現状にて物を引き渡せばよく，永貸借の期間中は大修繕及び保存修繕の義務を負わない旨規定し，176条が不可抗力による減収についても借賃の減額はないと規定した。ボワソナードはこれを永貸借の性質上当然と述べた[14]。

(イ) 租税負担

永借人は，通常の賃借人と異なり，不動産に関する租税を負担する（177条）。ボワソナードは，その理由として，永貸借に供された土地は年月の経過とともにしだいにその価値を増加し，それゆえ租税も増額される，ところが賃貸人は毎年の賃料の増額は不可能であると指摘した[15]。

(ウ) 改　　良

草案の場合，通常の賃貸借に対する永貸借の特徴として重要なのは，改良に関する永借人の権限である。フランス法においては，占有訴権や抵当の問題もまた重要な永貸借の特徴であった。ところが，草案の場合には，通常の賃借権もまた債権ではなく物権として構成しているため，通常の賃貸人も占有訴権や抵当の権限を有する。それゆえ，通常の賃貸借と永貸借との顕著な相違は，改良において認められることになる。具体的な規定は次のようなものである。

169条「永借人は，永久の損壊をひきおこさない限りで，土地の形状を変改することができ，沼地を乾涸することができる。

土地の用益のために利益があるときには，土地を通過する水流を変えることができる。」

以上のように，永借人は，土地の形状を変えることができる。これは，通常の賃借人の改良権限よりも拡大されている。先に論じたように，通常の賃借人は，賃貸人の許可を得ることなく賃借地に適宜に建築物を建造し，植物を植え

---

(14) Boissonade, *Projet*, t. I, 2ᵉ éd., n° 233.
(15) Boissonade, *Projet*, t. I, 2ᵉ éd., n° 234.

第2章 ボワソナード草案における賃借権の物権的構成と旧民法

ることができた。しかし，土地の形状を変えるような改良に関しては，権限を有していない。むしろ，草案150条は，賃借人に対し収益にあたり特別の合意がない場合には契約時の用法に従うか，また物の性質に応じ物を毀損することのない用法に従うことを義務づけ，草案157条は，この義務違反に対し賃貸人は契約解除をなしうると規定した。それゆえ，通常の賃貸借においては，賃借不動産の性質を変えるような改良は，契約解除の理由になりうる。これに対し，永貸借では，こうした改良が原則的に可能である。ボワソナードは，注釈において，「永貸借の主たる目的は荒れ地の耕作を助け，これを盛んにすることにあるが故に，永借人は通常の賃借人よりも賃貸物に一層大きな権利を有することは当然である」と論じ，永借人の改良に伴い土地の価値や生産性が一時的に低下するのはやむをえないことであり，その目的が将来の土地の改良にあるのであれば，永借人の義務違反にはならない，と述べた[16]。ボワソナードは，こうした改良の具体例として叢地の開拓や沼地の乾涸を挙げる。いずれも，土地の価値は一時的に低下するものの，将来的には大いに上昇する。ボワソナードは長期の期間によりなされる永貸借による土地の改良に期待した。

勿論，土地に永久の毀損をなすような土地用法改変は許されない。ボワソナードは，土地に対し永久的な損壊を与える例としては，樹林や建物の問題を挙げる。まず，樹林に関しては，171条が次のように規定した。

「永借人は，荒地，叢地及び竹林を開墾することができる。但し所有者の承諾がなければ定期伐採に供する小樹林の樹木を抜き取ることはできない。また，定期伐採に供しない樹林にして既に20年を過ぎ，かつ成長の年期が永貸借の期間を超えるべきものを刈り取ることはできない」。

小樹林に関しては，賃貸人の承諾のない限り，抜取して耕地に変更することはできない（薪炭の利用のための定期伐採は永借人に許される）。また，大樹林は，定期伐採用ではなく20年を経過し永貸借期間よりも長期にわたり存続すべきものは抜き取ることはできない。地上に散在する木については，土地の変更及び耕作の妨げになるため抜き取ることができるが，この事実問題については裁判所に委ねることになる[17]。

---

[16] Boissonade, *Projet*, t. I, 2e éd., n° 226.

第 1 節　草案の賃貸借規定

　建物についても同様に172条が「いずれの場合においても，永借人は，所有者の承諾がなければ主たる建物は勿論，従たる建物と雖も賃貸借期間後に至りなお残すべきものは取毀すことができない」と規定した。通常の賃貸人は，賃貸借契約以前から存在する建物については全く変更することができなかった（141条1項但書）。永貸借の場合でも，主たる建物については，所有者の承諾なくしては取り壊すことが許されない。従たる建物であっても，永貸借の期間後も存置しうべきものについては取り壊しを許されず，ただ期間内に朽廃すべきものについて取り壊しが可能である。ボワソナードは，その理由として，主たる建物程の重要性がなく土地の従属物にすぎず土地用益の種類に従い変更すべき建物については，永借人は変更可能とすべきであると述べつつ，所有者が永貸借終了後これを使用する予定があればそれを害するのは適当ではないと論じた。ボワソナードは，永借人といえども所有者の永続的な不利益になることはなしえないと論じた[18]。

　こうした改良が永貸借の終了に際しどのように扱われるかについて，182条が規定した。それによれば，永借人は，植物及び単なる改良に関しては賠償を請求することなく存置しなければならない。これに対し，建物については，通常の賃貸借と同様に収去権を有し，また所有者は先買権を有する。ボワソナードは，永貸借の目的は土地の改良にあるが，賃料が低廉であることを理由に土地改良の利益が賃貸人に属するのは当然であると論じた。また，単なる改良は土地と密着するが故にその評価が困難であることも指摘した[19]。建物については，これを建築するのに多額の費用を要し，かつ土地と区別することが容易であることを理由に，永借人が賠償なくして土地を離れるのは甚だ過酷であると述べた。最後の点は，重要である。というのも，フランスの1902年法7条2項が「永借人が土地の価値を増大させる改良または建築をなしたとしても，これを破壊することも賃貸人に補償を請求することもできない」と規定したように（反対の特約は有効[20]），フランスでは，永借権の終了に際して建物が永貸人に無

---

(17)　Boissonade, *Projet*, t. I, 2ᵉ éd., n° 228.

(18)　Boissonade, *Projet*, t. I, 2ᵉ éd., n° 229.

(19)　Boissonade, *Projet*, t. I, 2ᵉ éd., n° 239.

償で帰属するというのが一般的であったからである。
　以上の草案永貸借規定は、全体にフランス法の影響の濃いものである。賃貸人が担保義務を負わないこと、租税は永借人が負担すること、更に改良について永借人が大きな権限を有することなどである。先に述べたように、草案起草にあたりボワソナードは、日本の永小作慣行について十分な知識がなかったのであり、これは当然のことと考えられる。フランスにおいて永貸借は国有地や未耕地の改良のための制度として理解される。ボワソナードにあっても、これは同様であった。ボワソナードは、永貸借を一般の農地について奨励されるべき制度とは考えていなかったのである。

第8項　地　上　権

　草案は、永借権に続いて地上権の規定を設ける。地上権は、フランス民法には規定のない制度である。もっとも、フランスの判例及び学説は、地上権(droit de superficie)を承認した。ここでは、草案の地上権規定の重要な前提となったフランス法の地上権について検討した後（I）、草案の地上権規定を論ずる（II）。

I　フランス法の地上権
1　地上権の構成
(ア)　借地と地上権

　フランス法において、地上権は、日本においてそうであるように、地上権者(superficiaire)が、他人の土地、換言すれば、「底地権者(tréfoncier)」の「底地(tréfond)」の上に自己所有の建物を建築し、また植物を植えるための制度である。ここでは、建物所有のための地上権、換言すれば借地を中心に論ずる。もっとも、他人所有の土地の上に自己所有建物を建築する借地は、フランスでは社会的な広がりを有する制度ではなく、むしろ例外的な制度である[1]。とはいえ、この地上権の問題は、フランス民法に規定がないこともあり、とりわけ、

---

(20)　Baudry-Lacantinerie et Wahl, *op. cit.*, n° 1453 ter.

第1節　草案の賃貸借規定

19世紀の後半から多くのテーゼが登場し，また，判例評釈において有力な学者が詳細な議論を展開する重要問題であった。

　地上権の法的構成について，フランス民法が地上権規定を設けないこととも関連して，議論があった。ローマ法は，地上権を用益権や地役権類似の独自の土地利用権として構成した。日本民法の地上権もこれと同じ構成である。これに対し，フランス古法においては，地上権を他人の土地の上の不動産所有権として構成した。フランス民法成立後でも，判例及び通説は，後者の理解を採用した。

　そもそも，フランス民法553条本文は，不動産に関する附合の規定として，「地上または地中の総ての建築物（constructions），植栽物（plantations），及び工作物（ouvrages）は，反対の証明がなされない場合には，所有者がその費用で行い，かつ所有者に帰属するものと推定される。」と規定している。この条文は，反対の事実が証明されない限り，建築物，植栽物，工作物等の地上物は土地に附合するという内容であると理解される。それゆえ，建物は，土地賃借人等の土地所有者でない者が建築したものであっても，原則として土地に附合することになる（土地建物一体の原則）。この土地建物一体の原則は，日本法に見られないところであるが，むしろヨーロッパの土地法には一般的な原則である[2]。しかし，先の553条が示すように，反対の事実を証明することにより，他人の土地の上に自己所有の建物を有することができる。フランス法の地上権は，こうした土地附合を拒否して地上建物を土地所有者以外の者が所有できる権利として理

---

(1)　稲本洋之助「フランスの借地・借家制度」同・前掲借地制度の再検討所収とりわけ174頁以下，初出は，不動産協会会報194号（1980年）。

(2)　稲本洋之助「土地・建物賃貸借論——比較研究序説」社会科学研究37巻5号（1985年）後に，同借地制度の再検討所収とりわけ146頁以下。我が国における土地と建物の独立性については，詳しくは，柳沢秀吉「土地と建物の法律関係」名城大学創立30周年記念論文集法学編，名城法学27巻1＝2号，3＝4号（1978年），三好登「土地・建物間の法的構成について」早稲田大学大学院法研論集19号（1979年）。更に，土地建物一体化論についての近年の議論として，水本浩「借地制度に関する稲本理論の登場」社会科学研究39巻1号（1987年）〔水本浩・転換期の借地・借家法所収（日本評論社，1988年）〕。

第2章 ボワソナード草案における賃借権の物権的構成と旧民法

解されている[3]。

(イ) 地上物所有権としての地上権

このようなフランス法の droit de superficie の訳語として，「地上物権」というものがある[4]。これは，フランス法の droit de superficie は地上物に対する所有権すなわち「地上物・権」であることを示すために用いられ，日本民法の地上権（制限物権の一種）との相違を明瞭に示している。その意味で，この「地上物権」という訳語は，有益である。しかし，草案がdroit de superficieと言う制度を設け，更にそれを旧民法が「地上権」と訳すことを考えると，本書において「地上物権」という用語を使うことは，却って混乱を招きかねない。このため，本書は，フランス法の droit de superficie にもまた，「地上権」という訳語を使用するしかない。但し，その内容は，以上の地上物に対する所有権であることに注意が必要である。

地上権を地上建物の所有権とする地上権理解には，フランスにおいては，利点がある。というのも，フランス民法が明示的に地上権について規定していない以上，地上権の物権性が疑問になりうるからである。明治民法がそうであるように，地上権を用益権類似の独自の土地利用権と構成すること自体は，当然成立しうる考え方である。この場合は，フランス民法の規定する物権以外の物権を新たに創設することになりはしないかという問題，すなわち物権法定主義との関連という問題が生ずる。フランスにおいても19世紀においては，物権法定主義を採用する学説は，必ずしも多数ではないものの，この問題が生じた。しかし，地上権を地上建物の所有権として理解するときは，所有権そのものの物権性は全く疑問の余地がない。また，先に見たフランス民法553条の規定する

---

(3) Terré et Simler, *Les biens*, n° 874; Marty et Raynaud, *Les biens*, n° 176; Larroumet, *Les biens droit réel principaux*, n° 754; Malaurie et Aynès, *Les biens*, n° 900. 更に，フランス法における地上権についての優れた研究として，三好登「フランス法における地上権の法的構成——土地との関係を中心に」早稲田大学大学院法研論集16号(1977年)，瀬川信久・前掲不動産附合法の研究83～101頁。

(4) 稲本洋之助ほか編・借地・借家制度の比較研究（東大出版会，1987年）28頁〔稲本洋之助執筆〕。

第1節　草案の賃貸借規定

附合の合意等による例外と理解するときは，むしろ，民法は，地上権の承認のために障害ではなくなるばかりか，積極的に地上権の根拠を与えることになった。

　しかし，このような地上建物の所有権という地上権理解には，とりわけ近年問題が生まれることになった。それは，建物建設前の地上権をどのように理解するかである。というのも，他人の土地の上に建物を建てる者が建築資金を得るために建物建設前の地上権を抵当権の客体にしたいという実務的な要請があり，これを満たすことが問題になったからである。この要請を満足するためには，日本民法の規定する地上権抵当（369条2項）のように，地上権を独自の利用権として構成する方が簡単である。地上権を建物所有権とするときは，現存しない建物の所有権または抵当権を考える必要が生まれる。そもそも，フランス民法2130条1項は，「将来の財産（biens à venir）には，抵当権を設定することができない」と規定する。これを文字通り解するときは，単に建物を計画するだけでは，その建物は抵当権の目的となしえない。この点について，最終的には，民法の改正がなされた。1955年1月4日のデクレにより付加された民法2133条2項は，「ある者が，他人の土地の上に自己のために建築することができる現在の権利（droit actuel）を有するときは，その者は，建築が開始され，または，単に計画された建物に抵当権を設定することができる。建物の損壊（destruction）の場合には，この抵当権は，同一の敷地に建設される新たな建築物の上に法律上当然に移転される。」と規定した。かくして，実際に建築される前の計画段階の建物にも抵当権を設定することができるようになった[5]。計画された建物への抵当権設定を認める2133条2項と将来の財産への抵当権設定を禁止する2130条1項の関係については，2133条2項は，建物を建築する現在の権利（droit actuel）がある場合であるから，2130条1項の禁止に反しないと論じられている[6]。

---

(5) Larroumet, *Les biens*, n° 759; Malaurie et Aynès, *Les biens*, n° 905.
(6) Simler et Delebecque, *Les sûretés La publicité foncière*, n° 247.

第2章 ボワソナード草案における賃借権の物権的構成と旧民法

2 地上権の内容
(ア) 地上権の設定

(a) 建物譲渡または土地譲渡による設定　地上権の設定については，独自名義の設定によるものがある[7]。すなわち，地上権は，土地所有者が土地のみならず地上建物を所有する場合において地上建物の権利を譲渡し，底地の所有権を留保することにより成立する。逆に，土地の上の建物の所有権を留保し，土地のみを譲渡することによっても成立する。更に，土地所有者がその土地の上に建築する権利を譲渡することや附合の権利を第3者のために放棄することによっても成立する。

(b) 賃借権に基づく設定　地上権が成立する最も通常の場合は，土地の何らかの利用権原によって土地を借り受け，その上に建物が建築され，賃貸人が附合の利益を放棄する場合である[8]。通常の賃貸借において，賃貸人が土地の賃貸の際に賃借人に建物を建築することを許し，附合の利益を放棄するのがその典型例である。地上物は土地に属するという法理は，強行法規ではなく，例外を認めるものであるため，このような附合の利益の放棄は，当然可能である。この場合に，地上建物について，賃借人の所有権が成立し，換言すれば，地上権が成立することになる。

更に，地上権は，特別の種類の賃貸借によっても成立する。具体的には，永貸借（前述）[9]等の制度である。また，これらは，比較的長期の利用権の存在により賃借人が建物を建築，利用し，契約期間の終了により土地所有者がその建物を無償で取得するところに特徴がある。

---

(7) Terré et Simler, *Les biens*, n° 876; Marty et Rayaud, *Les biens*, n° 176-2; Larroumet, *Les biens*, n° 758; Malaurie et Aynès, *Les biens*, n° 903.

(8) Terré et Simler, *Les biens*, n° 877; Marty et Raynaud, *Les biens*, n° 176-2; Larroumet, *Les biens*, n° 760.

(9) Terré et Simler, *Les biens*, n° 861; Marty et Raynaud, *Les biens*, n° 174; Larroumet, *Les biens*, n° 780. 現在では，第2次大戦後に設けられた建築用賃貸借（bail à construction）及び不動産利用権設定（concession immobilière）がこれに加わった（稲本洋之助ほか編・ヨーロッパの土地法制104頁［吉田克己執筆］）。

第1節　草案の賃貸借規定

　中で注目すべきは，永貸借である。一見するところ，この制度は，現在の明治民法の規定する永小作のように農業用の土地利用のための制度のように見える。確かに，永貸借の実際の利用においてはそのような目的のために使うのが通常であり，そのことは，フランスにおいて永貸借を農事法典の中で位置付けてきたという伝統にも適合的である。しかし，永貸借そのものは，農業用の土地利用に限定されたものではなく，建物所有のための借地に利用することも可能であり，また実際そのような例も存在する。そして，永借権は附合の権利を有することにより，地上建物は永借権に附合し，永借権の抵当に含まれて地上建物もまた抵当権の目的になる。この意味では，永借権は，所謂借地の制度として利用することが可能な制度である。

　更に，地上権の時効取得も存在する[10]。フランス民法553条但書は，附合の原則の例外として，「第3者が，あるいは他人の建物の地下について，あるいはその建物の他のすべての部分について，時効によって取得することがあった，または取得することがある所有権を妨げない。」と規定し，地上権の取得時効の可能性を暗示していた。しかし，地上権の時効取得自体は，余り頻繁に成立するものではない。というのも，地上物についての時効取得が成立するよりも，土地を含めた全体についての時効取得が成立することが多いからである。とはいえ，他人の土地に植えられた樹木についてのみの占有による取得時効というものを考えることはできるし，また，真実には所有者ではない者(non-propriétaire)が地上権の成立を認め，善意の地上物の占有者がそこから取得時効により地上権を得ることは，可能である。

(ｲ)　地上権の存続

　地上権を地上建物の所有権とする理解から導かれる法理として，原則的には，地上権は，その性質上，他の所有権と同様に永久のものであり，不使用により消滅したりしないことになる。地上権は，地上建物の所有権であるから，用益権や地役権と異なり，30年の不行使によっても消滅しないのである。しかし，そのことは，あらゆる地上権が実際に永久に存続することを意味しない。例え

---

(10)　Terré et Simler, *Les biens*, n° 878; Marty et Raynaud, *Les biens*, n° 176-3; Larroumet, *Les biens*, n° 757.

ば，ドゥモロンブは，地上権を所有権であるという理解から，地上権は，その対象が存続する限りで永久的であると述べつつ，その対象が滅失，朽廃等すれば，当然地上権は消滅すると指摘した[11]。

しかも，多くの場合においては，地上権の設定の際に期間が付せられている[12]。地上権が賃貸借契約の中で認められている場合には，これは一層そうであり，地上権は，賃貸借の終了と共に終わる。建物の処分は，約定の定めるところによる。賃貸借の約定で地上建物が無償または有償で土地所有者に帰属すると定めることがしばしばである。永貸借においては，賃貸人が建物の所有者になり，その際に賃借人に何らの補償も与えられない。

(ウ) 地上権者の権利

地上権者は，地上権の目的である建物について，通常の所有者と同一の権限を行使しうる[13]。すなわち，建物を使用し，収益し，必要があれば取り壊すこともでき，更に処分でき，また，抵当権を設定できる。この最後の点は，重要であるので，やや詳しく検討する。

(a) 地上権売買　第1に，地上権の売買についてである。これが実際に意味するのは，地上建物の売買である。確かに，地上建物の所有権自体は地上権者に帰属するから，地上建物の売買は自由かつ可能である。しかし，地上権が賃借権に基づき設定されているときには，地上建物のみを売却しようとしても買主を見出すことは難しい[14]。というのも，買主が地上建物のみを購入しても，売主である賃借人と底地所有者との賃貸借関係は存続しているのであり，実際にはこれが地上権の根拠となっている。そして，地上建物の売主である賃借人が賃貸借契約上の債務不履行に陥る危険性が存在する。かくして，買主は，重要な賃貸借関係の単なる第3者となるが，このような状況に満足する買主は

---

(11) Demolombe, *op. cit.*, n° 483 quarter.

(12) Terré et Simler, *Les biens*, n° 880; Marty et Raynaud, *Les biens*, n° 178-1; Larroumet, *Les biens*, n° 756.

(13) Terré et Simler, *Les biens*, n° 875.

(14) C. Goyet, *Le louage et la propriété à l'épreuve du crédit-bail et du bail superficiaire*, 1983, n° 244.

第1節　草案の賃貸借規定

めったに存在しないからである。そこで，地上建物と同時に賃貸借の譲渡を行えば，買主にとって状況は改善する。しかし，賃貸借の設定に当たり，賃貸借の譲渡，転貸が禁止されている場合がしばしばであり（1717条は，譲渡，転貸禁止特約の有効性を認める。），この場合は，実際には地上建物の売買ができないことになる。なお，この点で地上権の根拠が物権である永借権であるときは譲渡性があるのが通常であり，更に，建築用賃貸借では法の規定により譲渡を禁止することができないから，こうした問題は生じない。

　(b)　地上権抵当　　第2に，地上権の抵当についてである。この場合，地上権抵当とはいっても，日本民法のように独自の利用権としての地上権が抵当権の目的になるのではなく，具体的には，地上建物の所有権が抵当権の目的になることである[15]。このときは，地上建物自体は，不動産であることから，不動産差押え（saisie immobilière）の対象になる。その際，地上権の根拠が通常の賃借権であるときに，競落人にとっては，地上建物のみならず，賃借権もまた同時に必要になる。ところが，通説である債権説を前提とするときは，賃借権は動産権となり，理論的には，建物についての差押えとは別個の動産差押え（saisie mobilière）の対象になりうることになる。しかし，このような解釈では，地上権抵当の実行に困難をもたらす。判例は，これについて，地上権抵当の実行に際しては，賃借権もまた付従したものとして，これ含まれ，それゆえ全体として不動産執行の客体になるという理解を示した。この理解により，借地上建物の抵当が可能になったのである[16]。この点については，土地の利用権が永借権や建築用賃貸借のような物権である場合は，これらの利用権が不動産権となることで特別の困難は生じない。

---

[15]　Planiol, Ripert et Becqué, *op. cit.*, t. XII, *Sûretés réelles*, 2ᵉ éd., 1953, n° 349; Vincent et Prévault, *Voies d'exécution et procédures de distribution*, n° 396.

[16]　この点を，詳細に検討するものとして，Goyet, *op. cit.*, n° 247 à 253. なお，瀬川信久・前掲不動産附合法の研究85頁。Goyetによれば，敷地利用権としての賃借権において約定により譲渡が禁じられている場合についても，この約定は通常の売買を禁止するものであっても，抵当権の実行に際する強制売買には関係しないという解釈すら存在する（n° 250）。

第2章 ボワソナード草案における賃借権の物権的構成と旧民法

(エ) 地上権の成立しない場合

以上の法理は、地上権が成立する場合におけるものである。それでは、地上権が成立しない場合、換言すれば、賃借人の建築した建物について附合の原則が成立し、地上建物が賃貸人の所有に帰する場合はどのようになるのであろうか。この場合は、次のようになる[17]。①地上建物は、賃借人による建築によって直ちに賃貸人の所有物になる。②賃借人の建物に対する権利は、所有権ではなく、賃借権になる。③債権説を前提とする限り、賃借人の建物に関する権利は、動産権になり、それゆえ、これについて抵当権を設定することはできないし、その権利は夫婦共通財産に帰属する。④賃借人は、地上建物に関する権利によって占有訴権を行使することもできない。⑤賃借人が地上建物に関する権利を譲渡するときは、不動産の譲渡ではなくなり、それゆえ謄記できなくなる。⑥賃借人の地上建物に対する権利の差押えは、不動産差押え (saisie immobilière) ではなく、動産差押え (saisie mobilière) である。⑦賃借人は、地上建物を任意に取り壊したり、破壊することはできない。⑧賃貸人は、地上建物に関する公租、租税等を負担する。

このような附合の法理は、地上権が成立し、地上建物に対する賃借人の権利が所有権であるときの効果を否定するものである。そして、地上権を明確に成立させる約定、すなわち附合を明確に放棄する約定があれば簡単であり、またその逆の約定があるときも簡単であるが、これについて明確でないときに裁判所の判断が難しいことになる。学説では、賃借人による建築物が原則として直ちに賃貸人の所有物になるという説は、19世紀においては比較的に有力であった。

建物は賃貸借期間中であっても賃貸人に即時に帰属するとして地上権の成立を原則として認めない学説として著名なのは、ドゥモロンブ、ギルアルである。ドゥモロンブは、物の区別を論ずるに際して、性質による不動産であっても、

---

[17] 瀬川信久・前掲書84頁。E. Larcher, *Traité théorique et pratique des constructions élevées sur le terrain d'autrui*, 1894, n° 167; Guillouard, *Traité du contrat de louage*, n° 296; Planiol, Note sous Paris, 8 fév. 1892, D.P. 1892. 2. 409; Wahl, Note sous Cass. civ., 19 juil. 1893, S. 1894. 1. 241.

第 1 節　草案の賃貸借規定

状況により，またそれが関連する人により動産になることがあると論じ，これが賃借人が建築した建物にも妥当すると述べた。ドゥモロンブは，そもそも，他人の土地の上に賃借人がみずからの費用で建物を建築することは，産業の発達と共に盛んになったことで，その法理は重要問題であると指摘した。その上で，工場に適した広い土地が①賃借人がその産業の経営に必要な建物を建てることができる，②賃貸借期間の終了後，その建物は，補償（indemnité）の支払を条件にまたは補償なしで賃貸人に帰属する，という二つの条件で貸与された場合を例として考察する。この設例では，賃借人は建物建築の権能を有し，建物建築は賃貸借の契約違反にはならないけれども，建物所有権の帰属は明確でないことになる。なお，先にみたように，ドゥモロンブは，地上権の存在自体は，承認するのであり，賃貸人が附合の権利を明確に放棄していれば，553条の反対解釈として，賃借人に建物が帰属することを認める。しかし，この設例のように，約定において建物所有権の帰属が明快でないときは，ドゥモロンブは，建物所有権は賃借人に帰属すると論じた。その理由は，「賃借人は，動産権(droit mobilier)しか有しない。これがこの設例における第3者たる建築者の正確な地位を示す」ことにあった[18]。賃借人は，みずからが建築した建物を用益するが，それは，賃借人が土地を賃貸借という権原により用益するのと同じことであるというのである。こうしてみると，賃借人の権利の法律的性質について，債権説を採用することは，借地上建物の帰属について，賃借人の所有権を否定することと結び付きうることが分かる。

　これに対し，賃貸借約定が明確でない場合にも地上建物について賃借人帰属を認めて，地上権が成立すると理解する説があった。この説では，賃借人の権利の法律的性質について債権説を採用することと，賃借人が賃借物を所有しうるか否かは直接の関係がないこと，建物は賃借人の利益のために建築されており，賃借人の所有とするのが当然なことを指摘した[19]。実際，附合に関する規定は，公序規定ではないのであり，賃借人が合意等により建物を所有しうるこ

---

　[18]　Demolombe, *op. cit.*, t. IX, n° 166. Guillouard, *op. cit.*, t. I, n° 299. も同趣旨である。

　[19]　Baudry-Lacantinerie et Wahl, *op. cit.*, n° 649.

第2章　ボワソナード草案における賃借権の物権的構成と旧民法

とを承認しているのであった。以上のように，19世紀の終りの頃の議論の中心は，賃借人の権利の法律的性質について債権説を採用しつつ，借地上建物への賃借人の所有権を認めることであったと考えられる。

20世紀に至ると次第に賃借人による所有を原則とする立場が増えていった。また，判例は，理解するのが難しいほどに様々であるが，全体として見ると，賃貸人の所有を原則とする立場から次第に賃借人の所有を原則とする立場に転換する[20]。なお，通常の賃貸借では地上建物の所有権は賃貸人に属すると論じた論者は，利用権者の権利が永借権や用益権のような物権であるときにも，地上建物の所有権はやはり土地所有者にあると論じた。この意味では，以上の問題は，賃借権の物権的構成の意義として直結するとは考えにくいことになる。

(オ)　ベルギー地上権法

ベルギーは，1824年に地上権に関する法律（loi du 10 janvier 1824）を制定し，フランスと異なり，地上権に関し明確な立法を設けた[21]。地上権設定契約が北ヨーロッパにおいて比較的に稀ではなかったことが立法の理由であった。ベルギー法は，ボワソナードも参照した。

ベルギー地上権法による地上権の特徴は，次の点にあった[22]。

1824年地上権法1条は，「地上権は，物権（droit réel）であり，他人に属する土地の上に建築物，工作物，植物を所有する権利である。」と規定した。こうして，同法は，フランス近代流の地上物所有権としての地上権概念を採用した。ベルギーの有名な民法学者ローラン（Laurent）は，このような地上権概念には反対であり，ローマ法流の地上権概念に影響されて，地上権は，永借権や用益

---

[20]　瀬川・前掲書94頁。19世紀の学者では，原則として地上権の成立を認めないものとして，Demolombe, *Traité de la distinction des biens*, t. I, n° 166; Guillouard, *op. cit.*, n° 296; Larcher, *op. cit.*, n° 166 等がいる。原則として，地上権を認めるのは，例えば，Aubry et Rau, *op. cit.*, t. II, 4ᵉ éd., §223, p. 440; Planiol, Note sous Paris, 8 fév. 1892, D.P. 1892. 2. 409; Wahl, Note sous Cass. civ., 19 juil. 1893, S. 1894. 1. 241.

[21]　*Pandectes Belges*, t. CIV, 1894, article 〈Superficie〉.

[22]　H. de Page et R. Dekkers, *Traité élémentaire de droit civil belge*, t. VI, *Les biens* (Deuxième partie) *Les sûretés* (première partie)), n° 681, 1953.

権（usufruit）のような所有権の支分権（démembrement de la propriété）であるという理解を示したが，少数説であった[23]。

地上権の設定については，同法は，特に規定していない。ただし，謄記について，地上権設定証書は，謄記されると規定した（3条）。謄記されることにより，対抗力を得るのであった。

地上権の期間に関して，同法4条は，「地上権は，50年を超えて設定されてはならないが，更新することを妨げない。」と規定した。この規定は，地上権法の他の規定とは異なり，強行法規であった（同法8条）。期間の制限が規定された理由は，地上権は，完全な所有権の利益を殆ど無にするほど強力なものであることにある。地上権者と底地権者は，同一の物の上に権利を有するものではなく，その利益を配分することは不可能であり，地上権においては極めて困難な状況をもたらす。そのため，立法者は，地上権に関して所有権の永続性（perpétuité de la propriété）の重大な例外を設けた。この結果，永借権の上に地上権が設定されている場合でも地上権は50年に制限され，50年の終わりに更新される必要がある。なお，このような地上権の期間制限は，地上権権者にとって不利になると指摘する論者もいた[24]。もちろん，地上権が永借権または賃借権により設定されている場合には，永貸借契約または賃貸借契約の期間が終了すれば，地上権は消滅するのであった。更新については，当事者の明確な更新の意思表示が必要であると理解された。

なお，地上権が賃借権に基づき設定されている場合に黙示の更新規定が適用されることがあるかが議論されたが，永貸借に関してこれを排除する明文があることを手がかりに，黙示の更新規定は適用されないと解された[25]。

地上権者の権利としては，同法2条は，「地上権を有する者は，それを譲渡し及び抵当の目的とすることができる。」と規定し，地上物の譲渡及び抵当を認めた。また，土地所有者は，土地が原状に復するのであれば，地上権の期間の間，地上権者が建築または有償で取得した建物を破壊することを妨げることはでき

---

[23] Laurent, *Principes de droit civil français*, t. VIIIe, 4e éd., 1887, n° 412.

[24] de Page et Dekkers, *op. cit*., n° 685.

[25] Laurent, *op. cit*., t. VIII, n° 430.

ない（5条）。植物についても同様である。

地上権の終了原因は，期間の満了が第1である。それ以外では，賃貸借に基づいて地上権が設定されている場合には，賃貸借の期間満了により終了する。地上権は，土地の破損，30年間の不行使，混同により終了する（9条）[26]。

更に，地上権終了に際して，建物，植栽等については土地所有者の所有に帰するが，その際，土地所有者は償金を支払わねばならず，償金受領まで地上権者は留置権を行使しうる（7条）。ただし，地上権設定の時に既に土地の上に建物，植栽等が存在しており，しかも，地上権者が建物等の取得のために特に支払をしていないときには，土地所有者は償金を支払うことなく地上物の所有権を取得しうる（8条）。

(カ) 日本民法の地上権との関連

以上のフランス流の地上権は，日本民法の地上権とは，地上権の概念という基本的な点で相違を見せる。これには，土地建物一体の原則が関連する[27]。その結果，賃借権や永借権との関係においても日本民法の場合と異なることに注意が必要である。すなわち，日本民法では，建物所有のための制度として，物権である地上権か債権である賃借権かのいずれかが選択的に用いられるのに対し，フランスにおいては，債権である賃借権により土地を賃借してその上の建物を土地賃借人が所有するために地上権を有することがある。換言すれば，フランスにおいては賃借権と地上権は重層的・併存的に存在する。また，地上権と永借権との関係も同様であり，フランスにおいては，土地を永借権により借り，更にその上に建物を所有するために地上権を有することが可能であり，永借権と地上権は，賃借権と地上権がそうであるように，重層的・併存的に存在しうる。しかし，この点からフランスの地上権は，全く日本民法の規定する地

---

(26) *Pandectes belges*, t. CIV, 1894, article 〈Superficie〉, n° 90.

(27) 土地建物一体の原則の下においても，ドイツ法の地上権（Erbbaurecht）のように一種の用益物権として地上権を構成することも可能である（広渡清吾「西ドイツの借地・借家制度」稲本洋之助ほか編・借地・借家制度の比較研究103頁，田中英司・ドイツ借地・借家法の研究——存続保障・保護をめぐって（成文堂，2001年）47頁）。

第1節　草案の賃貸借規定

上権の考察の参考にならないというわけではない。というのも，既に見たように，債権たる賃借権の上に地上権を成立させる場合には，日本におけるような債権たる賃借権による借地上の建物に関する法理と同様の問題が存在することになるのであり，この意味でむしろ連続性が存在する。そもそも，地上権を地上建物の所有権と理解する限り，これは日本民法では逆に当然に成立することであり，この意味で表面的な相違にとらわれてはならないのである。

II　草案の地上権規定
1　地上権の意義
(ア)　地上権に関する明治10年の質疑

草案は，賃貸借規定の章において永借権の規定に続けて地上権について規定した。既に早く，明治10 (1877) 年において，ボワソナードは，司法省から地上権の問題について相談を受けていた。ここでは，その全文を紹介しよう。

　「大都会殊ニ東京ニ於テハ一般ニ土地ノ賃貸ハ茲ニ建築ヲナスノ主意ニテ之ヲ為セリ故ニ其期限ハ長カラサルヲ得ス且ツ慣習ニテハ殆ト無期ナルカ如シ然レトモ通例貸主借主共ニ細ニ期限ヲ約スルコトナシ故ニ若シ貸主ノ借主ヲ立退カシメントスルトキハ其間ニ争論ナキヲ妨ケス是ニ依テ建築ヲ為ス土地ノ賃貸ニ付テ其法ヲ設ケサルヘカラスト思考セリ

　法郎西民法ニ付テ凡ソ土地賃貸ニ関スル所ヲ之ヲ捜索セント雖耕作スヘキ土地ノ賃貸或ハ家屋ノ賃貸等ノ事ノミニシテ未タ余輩ノ求ムル所ヲ捜索シ得ス

　法郎西ニ於テハ建築ヲ為ス土地ノ賃貸ハ別段ノ法律中是レアリヤ否ヤ

　日本ノ為メニ図ルニ此賃貸ニ付テハ更ニ一箇ノ法則ヲ設クルヘキヤ否ヤ

　若シ之ヲ設クルヲ要スルニ於テハ其期限ニ付テハ現ニ一定ノ法則ナシト雖トモ新法典ニハ之ヲ明記シ且ツ其期限前ニ貸主ノ借主ヲ立退カシメントスルトキハ其償金ニ付テ又一法ヲ定ムヘキヤ否ヤ乞フ其説ヲ惜ム勿レ

　答弁

　実ニ法郎西民法ニハ建築ノ主意ニテナス土地ノ賃貸ハ之ヲ定規シ之ヲ予期セシコトナシ然リト雖トモ法律普通ノ要領アリ又結約人双方ノ約束アルニ依テ能ク其缺ヲ補フヲ得ヘキナリ且ツ契約建築ノ主意ニテ為ス土地ノ賃貸ハ実

第2章　ボワソナード草案における賃借権の物権的構成と旧民法

際甚夕稀ナリ

　州，市郡，邑，病院ノ如キハ薄地不毛ニシテ而シテ不便ナル土地ヲ所有スルコト屢是レアリト雖モ是レ又人ノ之ヲ借リテ建築ヲ為スコト甚夕少シ然レトモ此契約ヲ為スハ独リ此場合ノミ此場合ニ於テ契約ハ注意シテ之ヲ為シ而シテ双方互イノ権利職分ヲ明瞭ニ極定ス

　借主ハ定メタル期限内ニ建築スヘク所有者地面ノ所有者ハ廣狭何間何尺ト定メタル地面ヲ越ルヲ許サス建築ノ材料ハ石木瓦其他定リタル者ヲ以テセリ

　賃貸契約ノ期間長キニ於テハ其建築モ亦従テ堅牢ナラサルヲ得ス地面広キニ於テハ其建築モ亦従テ広大ナラサルヲ得ス何トナレハ通常其期限ハ三十年或ハ五十年ナリト雖モ何レニモ此期限終ルノ後ハ建築ヲ以テ土地ノ所有者ニ付与セサルヘカラサレハナリ

　借銀ハ契約期限ノ長短ニ従テ或ハ之ヲ払ハサル旨ヲ約スルヲ得ヘシ何ナレハ若シ其期限短キニ於テハ地主ニ家屋ヲ付与スルノミニテ十分ニ賃銀ノ償ヲ為スヲ得ヘレナリ

　又建築ノ為メニ平人地面ヲ借ストキモ上述ノ如ク期限，建築ノ性質及ヒ地主ニ家屋ヲ付与スル事ニ付テ其節目ヲ極定セサルヘカラス

　若シ忽卒不案内ノ者此ノ種ノ契約ヲナスニ於テハ争論アルヲ免レス而シテ裁判官ハ其判決ニ付テ困却スルナルヘシ此場合ニ於テ裁判官ヲ性法ノ要領ヲ当行セサルヘカラス即チ結約人双方ノ旨趣ヲ穿鑿シ而シテ一方ハ損失ヲ受ケ他方ハ過大ノ利ヲ得ルコトナキ方法ヲ以テ家屋返却ノ期ヲ定メサルヘカラス是所謂ル互易ノ契約ニシテ偶生ノ契約ニ非サルナリ

　此事柄ニ付テハ余外国ノ法ヲ詳悉セスト雖モ余ノ想像スル所ニテハ此種ノ契約ハ英国ニ於テ尤モ多カルヘシ或ハ全ク然ラサルモ其実ハ殆ント相類スル者多カルヘシ大都会殊ニ龍動府ニ於テハ大概家屋ハ一人ニ属シ其地面ハ他人ニ属セリ（一般ニ土地ハ旧貴族ニ属セリ）然レトモ大ナル差異アリ即チ家屋ノ存スル限リ家屋ハ其建築者ニ属シ而シテ決シテ地主ニ之ヲ附与スルコトナシ然レトモ建築者ハ年々其賃銀ヲ払ヘリ

　日本ニ於テハ初頭ニ言ヒシ如ク約束ノ規則ニ依テ此土地賃貸ヲ規定スルコト難カラサルヘシ

　此契約ハ地面ヲ借而シテ別段約束スルコトナクシテ己レノ材料ヲ以テ茲ニ

第1節　草案の賃貸借規定

建築セシ者トハ固トヨリ同シカラサルナリ此後ノ場合ニ於テハ家屋ハ建築者ノ所有トナルヘク而シテ土地賃貸ノ期限終ハルトキハ建築者ハ家屋ヲ取除キ而シテ地面ハ之ヲ旧ノ位置ニ復セサルヘカラス然レトモ双方熟談ニテ譲渡セシトキハ別段ナリ

　　　千八百七十七年十一月二十二日
　　　　東京ニ於テ　　　　　　ボワソナード」

　司法省は，「大都会殊ニ東京ニ於テ」建物所有のための借地の慣習が盛んであること，それゆえにこの問題に関する法を設ける必要があること，然るにフランス民法においては，農地賃貸借と建物賃貸借の規定しかないこと等を指摘し，更に，借地のための特別の法を設ける必要があるか否か，法を設けるとすれば，期間，期間前の解約の際に借主への「償金」の規定が必要であるか否かについてボワソナードの意見を求めた。

　これに対し，ボワソナードは，フランス民法は，建物建築のための土地賃貸借については規定がないこと，そのような事例は「未開発ノ公有地，病院ノ土地」等に建築する場合にあるが，稀であること，しかし契約に注意をして期間，賃料，期間満了後の建物の帰属等を規定するので問題はないこと，仮に契約が不十分な場合には裁判官は「困却」すること，その場合には当事者の一方が「過大ノ利」を収めることがないように契約を解釈すべきこと，日本においても契約によりこのような土地賃貸借の利用について決定することが困難でないこと等を指摘した[28]。この際，ボワソナードは，借地について特別の法規の提案をしていない。むしろ，ボワソナードは，「約定」に期待したのである。しかし，草案起草に際してはボワソナードは地上権規定を設けた。この間にボワソナードの立場の転換があるが，ボワソナードが民法草案において地上権規定の必要

---

[28] 質問答書訳文・ボアソナード・司法省写本（法務図書館所蔵貴重書目録番号XB100B1-1，明治10—11年）18の〔家屋建築ノタメノ土地賃貸借規程ヲ設クルノ要否1877年11月22日〕。以上のボワソナードの議論は，借地による建物の存続を重視している。そして，例えば，「家屋ノ存スル限リ家屋ハ其建築者ニ属シ而シテ決シテ地主ニ之ヲ附与スルコトナシ」というボワソナードの理解するイギリスの借地制度は，草案第2版188条1項に生かされている。

第2章 ボワソナード草案における賃借権の物権的構成と旧民法

性を感じたのは，この司法省の質問が一つのきっかけとなったと考えることもできる。

(イ) 地上権の構成

草案は，フランス民法と同様に，反対の証明がない限り建物は土地に属するという土地建物一体の原則を採用した(29)。但し，フランス法と同様に，この原則は強行規定ではなく，特約により排除できる。草案財産編183条は，地上権の定義として，「地上権とは，他の所有者に属する土地の上に建物または樹木を完全なる所有権で有する権利 (le droit de posséder en pleine propriété des constructions ou des plantations) をいう」と規定した。地上権を独立の利用権または所有権の支分権とはせず，他人の土地の上の建物，樹木所有権，土地への附合を拒否する権利として規定した点で，フランス近代法やベルギー法等の伝統に従うものである。

これに関して，ボワソナードは，注釈で，地上権が所有権の一種であることから，所有権の章に規定されていないことに驚く人がいるかもしれないと述べた。そして，これに対し，①地上権は土地そのものの所有権ではないこと，②地上権者は，賃借人や永借人と同様に利用料を支払うものであるから，両者と一体的に規定した法がよいこと，③ベルギー等でも地上権と永借権を密接に関連させて規定したこと等を指摘する。更に，ボワソナードは，草案の注釈において，ローマ法では地上権はしばしば用いられたが，フランス古法においては，余り用いられなかったため，フランス民法には地上権規定はないこと，フランスでも地上権設定の例があり，ベルギー法も地上権について規定したこと等を指摘した。更に，ボワソナードは，日本では地価自体が高く，火災がしばしばあるために家賃も相対的に高いが，その理由としては，地震のため木造建築が用いられるからと推測され，家賃を払うよりは土地を借りてみずから家を建てる人がいる以上，地上権の必要性が高いと述べた(30)。このような指摘は，加太

---

(29) これには，建物を性質による不動産と規定する草案財産編8条第8，更に，抵当権の設定の際に，土地と建物を別個独立に設定することを認めない債権担保編1203条2項が関連する (Boissonade, *Projet*, t. IV, *Des sûretés ou garanties des créances ou droits personnels*, n° 404)。

第 1 節　草案の賃貸借規定

訳民法財産編講義にも見られる。もっとも，その際，「余ハ何故ニ日本ニ於テ多ク此権ヲ行フヤヲ屢々人ニ質セシニ一人ノ之カ明答ヲナス者ナシ依テ余ノ推理スル所ヲ述ヘン」と述べた[31]。ボワソナードは，永借権の場合と同様に，地上権でも実際の契約の在り方について十分な情報を有していなかったことがわかる。

2　地上権と賃借権

草案の地上権規定の内容は，必ずしも豊富ではない。それは，地上権がそれだけの名義で設定される場合を念頭に置いているためである。賃借人及び永借人が建物を建てる権利を有する場合に，建物所有権がこれらの者に帰属すれば地上権が成立するが，この場合の地上権については，賃貸借契約や永貸借契約の中で問題が解決される。このことは，ボワソナードが後に，『民法弁疑』において，「賃借人又ハ永借人ノ地上権ハ賃借権又ハ永借権ニ附従スルモノアルヲ以テ賃借権又ハ永借権ト共ニ消滅スヘキモノナリ」と論じたことからも明らかである[32]。

(ｱ)　地上権の設定

まず，地上権の設定について，草案184条は，「不動産の所有権を獲得，移転する通常の方法を以て設定し，移転する」と規定した。それゆえ，通常の賃貸借や永借権は契約によらない限り成立しないのに対し(草案124条)，地上権では時効による取得が認められる[33]。

更に，草案185条は，「地上権設定のとき既に建物がその土地の上に存在するときは，その設定の方式及び公示はともに有償または無償の名義による不動産譲渡の普通の方式による。」と規定した。地上権の設定は，建築許可のある賃借権や永借権の設定によりなされる場合があるが，それだけにとどまらず，既に

---

[30]　Boissonade, *Projet*, t. I, 2ᵉ éd., n° 240.
[31]　加太訳649頁。
[32]　『ボアソナード先生断案　森順正先生纂輯　民法弁擬』(明治25年，信山社復刻1984年) 68頁。
[33]　Boissonade, *Projet*, t. I, 2ᵉ éd., n° 170.

第2章　ボワソナード草案における賃借権の物権的構成と旧民法

建物が地上にある場合に建物所有権だけを譲渡し，土地の所有権を留保する方式やその反対に土地所有権だけを譲渡して，建物所有権を留保する方式によっても設定しうる。草案185条は，この場合に関する規定である。この場合にはこうした不動産の譲渡に関する証書の謄記が対抗要件にもなる。

(イ)　地上権の存続期間と終了

更に，草案第2版188条は，地上権の存続期間について次のように規定し，一連の重要な法理を明らかにする。

「既に存在した建物または将来築造すべき建物について地上権の設定権原にその期間を定めなかったときは，地上権は建物の存在する間設定したものと推定する。但し，建物の大修繕は，土地所有者の承諾なくしてはすることができない。

既に樹木の植付けがあり，または地上権者が樹木の植付けをすべきときは，地上権はその樹木を伐採するまでまたはその有益な成長に至るまで継続せしめるため設定したものと推定する。

また，地上権は，通常の賃借権と同一の事由により消滅する。但し，土地所有者より解約申入れをなすことができない。

地上権者は，1年前に通知をなすかまたは更に1年分の借地料を支払うときは常に解約を申し入れることができる。」

この規定は，地上権の存続について注目すべき内容である。これによれば，地上権について期間を定めないときは，建物の存続する限りの期間地上権を設定したものと推定する。

地上権の期間について定めがないときとはどのような場合であろうか。地上建物の築造について単に附合の放棄が行われ，更に期間の定めがないときは，本規定が適用され，地上権の存続期間が建物の存続により定まることになる。例えば，土地所有者が土地と建物を共に有していて，土地のみまたは建物のみを譲渡した場合である。土地所有者が更地を有し，単に附合の放棄をして，建築許可を与える場合も同様である。この点は，疑いがない。しかし，地上権のもっとも普通の設定方式は，賃貸借によって土地を借り，その土地の上に建物を築造する許可を地主から得るというものである。この場合には，まず賃貸借契約に期間があればそれによる。そして，賃貸借契約において期間の定めがな

第1節　草案の賃貸借規定

いときには，この規定は，適用されず，通常の賃貸借の契約期間の定めがない場合の規定が適用されることになる。というのも，先述のように，本規定は，地上権が単独名義で設定されていた場合に関するものであり，賃貸借契約に付従して地上権が成立したときには，賃貸借の法理が適用されるのである。

なお，この規定は，草案第1版184条（草案第2版188条の前身）にあっては，異なっていた。というのも，草案第1版184条の文言には「将来築造すべき建物について」を欠いていた[34]。草案第1版のボワソナードの注釈は，建物の存続する限り地上権を設定するものと推定するのは，「契約の時において既に建築物がある場合でなければ適当でない」と述べ，使用者が契約の後に建物を建築する場合は，期間は50年を超えることができないと論じた。これは，明らかに草案の永借権の存続期間が最長50年であることに配慮した記述である[35]。

ところが，草案第2版188条では，先に引用したように「将来築造すべき建物について」も建物の存続する限りで地上権の存続期間を認める[36]。更に，ボワソナードの注釈は，地上権は，永借権の期間と同一にするのは適当ではないと論じた。その理由は，永借権の存続期間と同一にすると一方では長すぎ，一方では短すぎるからである。また，建物の材質に応じて存続期間を考える（大正10年制定の旧借地法は，この方法を採用した。）のも一つの方法であるが，材質だけで建物の存続が決まるのではない。というのも，既に存続する建物について地上権を設定するときは，建物がある程度老朽化していることが考えられる。そこで重要なのは，当事者の蓋然的な意思（intention probable des parties）によることである。それによれば，地上権は，建物が存続する限り存続するというものになる。この際，地上権者が建物に大修繕をなしうるとすると地上権はほぼ永久に近いほど長期の間存続することになる。これを防ぐために，188条1項但書は，大修繕には土地所有者の承諾が必要であるとする。ボワソナードは，土地所有者がこのような大修繕の許可を与えるには借地料の増額を条件とすることが考えられると述べた[37]。

---

[34]　Boissonade, *Projet*, t. I, 1ᵉ éd., art. 184.
[35]　加太訳657頁。
[36]　Boissonade, *Projet*, t. I, 2ᵉ éd., n° 245.

第2章　ボワソナード草案における賃借権の物権的構成と旧民法

　期間の定めのない地上権の存続を建物が存続する限りとする草案第2版188条1項の規定は，例えば地上権の存続期間を50年に限ったベルギー法等とは，異なるものである⁽³⁸⁾。むしろ，地上権自体を建物の所有権とするときは，建物が存続する限りで所有権の永久性から地上権自体はまた永久であるとするフランスの地上権理解に近い。

　更に，188条第3項は，地上権の終了について通常の賃借権と同様の条件によると規定した。この結果，通常の賃貸借の終了原因を規定した157条が参照される。それによれば，終了原因は，賃借物の滅失，公用徴収，賃貸人に対する賃貸物の追奪，期間の満了，解除条件の成就，契約についての債務不履行による解除等である⁽³⁹⁾。

　滅失について言えば，ボワソナードは，「例ヘハ建築物ノ火災ニ罹リ滅盡セシトキハ假令怠ラス納金ヲ拂ヒ来タリシモ使用権ハ消滅スルカ故ニ再ヒ建築ヲ為スヲ得ス若シ之ヲ為スモ土地ノ所有者之ヲ毀壊セシムルヲ得可シ」と論じ，滅失により地上権は消滅すると指摘した⁽⁴⁰⁾。もっとも，これは地上権がそれだけの名義で設定される場合（土地所有者が建物も有していて，建物のみを他人に譲渡した場合等）についての記述である。というのも，通常そうであるように賃貸借に基づき地上権が設定される場合には地上の建物の火災による滅失によっても賃借権そのものは消滅しないのであり，建物建築の許可という賃貸借契約の条件そのものも同様である以上滅失後の建物再築もまた妨げないと考えられる。

　更に，ボワソナードは，永借権の場合の賃料不払に関する特則すなわち3年間の賃料不払がなければ解除されないという特則は，地上権の場合に適用されず，地上権は1年の借地料不払でも解除されうると論じた。その理由は，永借権の場合は収穫についての危険があるのに対し，地上権では借地料を支払う金銭が不足しそうになればその家屋を賃貸すればよいから危険がないことにある⁽⁴¹⁾。

────────

(37)　Boissonade, *Projet*, t. I, 2ᵉ éd., n° 245. なお，加太訳・民法財産編講義657頁。

(38)　H. de Page et R. Dekkers, *op. cit.*, n° 685.

(39)　Boissonade, *Projet*, t. I, 2ᵉ éd., n° 246.

(40)　加太訳・民法財産編講義658頁。

第1節　草案の賃貸借規定

地上権者は1年の猶予期間を設ければ解約申入れをなすことができる（4項）。反対に，地上権について土地所有者より解約申入れをなすことができない（3項但書）。ところで，この規定に相当する草案第1版185条は，「地上権は，永借権及び通常の賃貸借と同一の原因により終了する。」とのみ規定して，土地所有者からの解約申入れの否定という規定は存在しなかった[42]。ボワソナードは，地上権規定について草案第1版の後に，地上権の安定的な存続を強化する方向で重要な修正を加えたことが明らかになる。

土地所有者からの解約申入れの否定はどのようなときに働くのであろうか。というのも，地上権の存続期間について約定があればそれにより，また約定がなければ地上建物の存続する限りという推定がある。それゆえ，この土地所有者からの解約申入れの否定は，地上権の存続期間について約定を設けたものの解約申入権を留保したとき，または，地上権の存続期間について期間を定めない（しかも，当事者は解約申入れをなしうる）旨の明確な約定があるときに有効なことになるであろう。ボワソナードは，当時の日本の宅地賃貸借の在り方について，「現今日本ニ行ハル、所ノ土地表面使用ノ権ハ善良ナラス何トナレハ所有者ハ何時ニテモ随意ニ使用者ヲ逐出スヲ得ルノ習慣ナレハナリ」と述べた[43]。こうして，ボワソナードは，借地権の安定的な存続を必要と考えていたことが明らかになる。

最後に，期間の満了等により地上権が終了する場合の建物の処理について草案189条は，次のように規定した。

「建物及び樹木は従来存在したものと地上権者が設けたものとを問わず，土地所有者が鑑定人の評価に従いその譲渡を請求しないときでなければ，地上権者はこれを収去することができない。

地上権者は，所有者に先買権を行使するか否かを申述するように1か月前に通知したのでなければ，その建物，樹木を収去することができない。

地上権者が右の建物樹木を収去しようとするときは，所有者は，先買の意思

---

(41) Boissonade, *Projet*, t. I, 2ᵉ éd., n° 246.
(42) 更に，加太訳・民法財産編講義658頁。
(43) Boissonade, *Projet*, t. I, 1ᵉʳᵉ éd., p. 91. 加太訳・民法財産編講義657頁。

第2章 ボワソナード草案における賃借権の物権的構成と旧民法

を常に地上権者に通知することができる。
第73条の規定はこの場合に適用される。」

　ボワソナードは，注釈で次のように述べる[44]。ヨーロッパのいくつかの国においては，地上権は，常に期間を定めて設定され，また，その期間の終了したのちには地上物である建物や植物は土地所有者に無償で帰属する。これは，正義に反する制度ではない。というのも，地上権者は法律または契約により定められたこの厳格な条件をあらかじめ受け入れて利用するからである。しかし，土地所有者の先買権の制度を設けた方が，経済的な意味で所有権の原理に一層適合的である。というのも，地上権者が建物の所有者であるから，建物の滅失前に地上権が消滅する場合には建物を収去する権利を有するし，また土地所有者に建物を優先的に購入する権利を与えることになる。用益権に関する73条，賃借権に関する156条，永借権に関する182条の権利と同様の権利が地上権についても認められるべきであるというのである[45]。

　草案は，賃貸借と永貸借については，賃借人の収去権と賃貸人の先買権を規定した(156条，182条)。これは，フランスの永貸借法が建物の無償帰属を規定したのと異なる[46]。ボワソナードは，建物が無償で帰属するというシステムには好意的ではない。むしろ，利用権者の収去権と土地所有者の先買権が対立するというシステムをボワソナードは好む。それがこの地上権についても明確になったのである。

　(ｳ)　既存の地上権の取扱い

　更に，永貸借と同様に地上権についても民法の制定前から存在する地上権の取扱いが問題になる。草案第１版は，これについて規定を欠いていたが，草案第２版190条は，次のように規定した。法律の施行前に設定した地上権について，①期間の定めのある地上権は期間の満了により当然に終了する，②期間の定めがなく，この法律の施行後双方が特に解約申入れをなさない場合には，地

---

[44]　Boissonade, *Projet*, t. I, 2ᵉ éd., n° 248.
[45]　Boissonade, *Projet*, t. I, 2ᵉ éd., n° 248.
[46]　フランスについては，既に述べたように，通常賃貸借では建物の帰属は約定により，永貸借では無償帰属になる。

第 1 節　草案の賃貸借規定

上権は188条に従い，建物の存在する限り存続する。ボワソナードは，以上のような規定の理由として，①の場合について，双方が契約で定めたところを法律は保護すべきであると述べた。また，②の場合の解約申入れについて，地上権者，土地所有者のいずれからであっても解約申入れは効力を生ずる。それに対し，法律の施行後は，地上権者からの解約申入れは188条 4 項にあるように有効であるが，188条 3 項但書にあるように，土地所有者からの解約申入れは許されないことになる。

　以上から明らかなように，草案の地上権規定は，いくつかの点で，修正はあるが，基本的にフランス法を承継するものであった。

第2章　ボワソナード草案における賃借権の物権的構成と旧民法

第2節　旧　民　法

　以上のボワソナードによる草案は，最終的には旧民法に結実した。しかし，その過程は，単純なものではなかった。明治19(1886)年には草案のほぼ直訳に近い形の条文による一部施行の試みがあった。これには，ボワソナードのみならず，日本政府の一部からも支持があったが，結局実現しないで終わった(第1項)。その後，草案は，法律取調委員会で審議を受けることになった。この審議の際に，賃貸借の場合には，他の規定と異なった特異な経過をたどった。というのも，通常の規定に関しては，草案を前提にして比較的細かな手直しという形で法律取調委員会は審議を行ったのに対して，賃貸借章については，委員によって一章全体についての修正案が準備されたのである。その第1回目は，明治21(1888)年6月頃に箕作麟祥を中心に準備された「別調査案」であり(第2項)，第2回目は，今村和郎報告委員によって準備された「修正案」であった(第3項)。これらの法案は，賃貸借章全体についての修正案であるだけでなく，賃借権を債権として構成したものであって，いわばボワソナードの構想に対する正面からの挑戦であった。日本においても賃借権を物権とすべきか否かについて，論争が行われたのである。この日本における論争は，フランスにおける論争を背景にしながら，独自の意義を持つものであった。結果として，「別調査案」も今村による「修正案」の案も採用されず，ボワソナードの意向に添ったかたちで編纂事業が進み，成立した旧民法は明治23(1890)年4月21日に官報に掲載された(第4項)。

第1項　明治19年の草案施行の試み

　先に簡略に述べたように，明治19年前半に草案の一部施行の動きがあった。これについては，従来も知られていたことであるが，あらためてその間の事情を検討するため，その時の草案一部施行の試みの経過を検討し(Ⅰ)，これに続けてその時の明治19年草案について論ずる(Ⅱ)。

第2節　旧民法

I　草案一部施行の試み
1　ボワソナード意見書

　司法省民法編纂局は，明治13年4月に発足したが，明治19年3月31日にその任務を終了する予定であった。これに関連して，ボワソナードは，明治19年3月28日付けの大木喬任司法大臣兼民法編纂局総裁宛の書簡において，草案の一部施行を求めた[1]。

　ボワソナードは，書簡の冒頭で「今ヤ余民法草案第三編（第一部）即チ所有権及ヒ債権ノ（特定名義ノ）獲得編末尾ヲ閣下ニ捧呈スルノ満足ヲ得タリ」と述べ，ここまでの部分の完成を告げた。ボワソナードは，人事編と包括名義の財産獲得の方法については，合わせて「家族権ノ全体ヲ組成スル」ものであるとしつつ，「民法中此部分ハ自余ニ比スレハ較々速成ヲ要セサルモノナリ」と指摘した。その理由は，日本ではこの点に関して旧慣が詳細にあること，及びこの部分は外国人に適用がないために条約改正のための配慮が必要ないことである。ボワソナードは，今後は残された債権担保編と証拠編の起草に着手する予定であることを述べるとともに，「閣下数々余ニ語ルニ政府ハ本法ノ完備スルヲ待タス一部分ニテモ之ヲ頒布実施スルヲ得ルニ至ラハ即チ之ヲ頒布センコトヲ希望セラルコトハ余力遺忘セサル所ナリ」と述べ，政府には，もともと民法の全部が完成しなくても一部施行の意向があったし，法典を頒布する場合に数回に分けることは例がないわけではなく「拿波翁法典ノ如キ各事項ノ完備スルニ従ヒ漸次三十六個ノ法律ニ別テ之ヲ頒布シ此諸法ヲ聚メテ一法典ト為シタルハ最終ノ法律頒布ノ後ニアリ」と述べた。

　ここでボワソナードが提出した財産編（501条から1100条）と財産取得編（1101条から1502条）の草案（日本語訳）は，合計1000条を超える大部のものである。それが，501条から始まるのは，人事編に大体500条程の規定が設けられること

---

(1)　石井良助・民法典の編纂149頁以下，大久保泰甫『ボワソナアド』141頁，向井健・前掲「民法典の編纂」日本近代法体制の形成下巻（日本評論社，1982年）371頁。大久保泰甫＝高橋良彰・前掲ボワソナード民法典の編纂61頁以下が全文を掲載する。原文は，『公文類聚第十四編巻之八十一・法律第二十八号民法一民法中財産編財産取得編債権担保編證據編ヲ定ム其一』として残されている。

第2章　ボワソナード草案における賃借権の物権的構成と旧民法

を予定して，人事編の次に財産編を置く予定であったためである。

　ボワソナードは，「今ヤ政府ノ希望ヲ遂クルノ時期到レリト信ス」と論じて，ボワソナード民法の一部施行を求めた。ボワソナードによれば，草案起草を終了したところは，所有権と支分権，債務と契約という「民法ノ基礎」を組成する部分であり，これを頒布するのは，利益があっても害はない。その理由は，草案中のこの部分は既に印刷されて諸裁判所に頒布され，諸学校でも講述され，「新旧法官多クハ了知スル」ものであり，適用が容易であることにあった。ボワソナードは，また法律の公布に当たっては，外国人のために「官訳ニアラサルモ政府ノ認可スル仏訳」をあわせて公布することを希望したが，法案の原文がフランス語であることから容易に準備できると付け加えた。更に，「嘗テ編纂委員ノ翻訳シタル草案ノ注解ニ基キ理由説明書」を刊行することを求めた。ボワソナードは，理由説明書は，日本の裁判所を拘束しないが，解釈を容易にすると指摘した。

　最後に，ボワソナードは，草案の一部公布から施行までの期間について，「多少ノ時日（少クモ六ヶ月或ハ一ヶ年）」があれば，この間に「官成ノ説明書」を作る余裕は十分にあると述べた。

2　大木意見書

　以上のボワソナード意見書を受けて，大木喬任民法編纂局総裁は，3月31日付けの内閣総理大臣伊藤博文宛の上申書で法案の一部施行を求めて次のように述べた[(2)]。

　現在完成した民法草案は，全体の一部であり，人事編と財産取得編の包括名義の財産取得（現在の相続法に相当する。）については，いまだに条文の起草がなされていない。この部分は，日本人の編纂委員が起草し，ボワソナードと討議し，ボワソナードが「正稿ヲ成シ之ヲ翻訂」する予定になっている。ところが，ボワソナードが本来の担当部分である財産編，財産取得編特定名義の財産取得等の起草に忙しく，ボワソナードとの討議ができないため，条文起草が遅れている。以上のように，人事編等が完成しない時点に，物権，債権に関する規定

---

(2)　全文が大久保泰甫＝高橋良彰・前掲書58頁以下に掲載されている。

の公布をするのには，疑問があるかもしれない。しかし，人事の問題と物権，債権とが裁判上関係することは，多くない。また，人事については，各国の風俗により違いが生ずるのに対し，物権，債権は「人世普通ノ道理」や「自然法」に基づくものであるから部分的に公布，施行しても大きな弊害がない。もしも，現在条文起草が完成している部分だけでも公布すれば，訴訟法や商法の編纂にも有益である。公布から施行までは，半年から1年の余裕を見れば十分であり，「各裁判所等ノ如キハ該案ノ草稿成ルニ従ヒ既已ニ求テ講究スル者不少故ニ準備ノ年甚タ長キヲ要セサルヘシ」。

確かに，公布を求める法案は，「文体実ニ訳文」である。しかし，そもそも，東洋諸国は，法律に暗い国であったため，欧米の法を採用する必要がある。それゆえ，内容的に欧米の法を採用する以上，「面目」のみを粉飾してもしかたがない，と大木は論じた。ボワソナードの起草した草案は，「条章詳明ニシテ款節備具シ世間万般ノ事状ヲ網羅」するものである。これは，ボワソナードの学識を以て可能であったのであり，フランス法を基本としながら，「更ニ一層ノ詳明ヲ加」えている。これに日本人の編纂委員は，「毫末ノ取捨」も加えていない。「本邦ノ事実」にボワソナードの草案が一致しない場合には，ボワソナードと討議し，ボワソナードの修正を待って翻訳を行った。日本人の編纂委員は，取捨や折衷は，全く行っていない。但し，翻訳であるために，種々の疑問が生まれるかもしれない。このためには，「法律字法律語」に関する字書（辞書）を作成しておけばよいと論じた。

II 明治19年草案

1 条文の体裁

大木上申書が述べるように，このときに提示された草案（以下「19年草案」と呼ぶ。）の条文の体裁は，翻訳調であった[3]。賃貸借に関する限り，全体として，『ボワソナード氏起稿再閲修正民法草案第二編物権之部上巻』(内閣文庫所蔵本)の訳文との類似性が強い。ここでは，参照のために，条文を挙げてみる。

---

(3) 明治19年草案までの編纂過程が「翻訳」であることを明らかにしたことは，大久保泰甫＝高橋良彰・前掲書である。

第 2 章　ボワソナード草案における賃借権の物権的構成と旧民法

表 4　賃貸借の定義規定の異同

『再閲修正』621条	「19年草案」621条	旧民法115条
有体物ノ賃借ハ動産ニ係ルト不動産ニ係ルトヲ問ハス賃借人ヨリ賃貸人ニ定期ニ金額又ハ有価物ヲ払フコトヲ約シテ或ル時間賃借人ニ賃借物ヲ使用シ及ヒ収益スルノ権利ヲ与フ但以下第二節第三節ニ定メタル如ク合意又ハ法律ノ効力ニ因リ結約者方ノ負担スル互相ノ義務ニ妨ナシ	有体物ノ賃借ハ動産ニ係ルト不動産ニ係ルトヲ問ハス賃借人ヨリ賃貸人ニ定期ニ金額又ハ有価物ヲ払フコトヲ約シテ或ル時間賃借人ニ賃借物ヲ使用シ及ヒ収益スルノ権利ヲ与フ但以下第二節第三節ニ定メタル如ク合意又ハ法律ノ効力ニ因リ結約者ノ負担スル互相ノ義務ヲ妨ケス	動産及ヒ不動産ノ賃貸借ハ賃借人ヨリ賃貸人ニ金銭其他ノ有価物ヲ定期ニ払フ約ニテ賃借人ニ或ル時間賃借物ノ使用及ヒ収益ヲ為ス権利ヲ与フ但後ノ第二款及ヒ第三款ニ定メタル如ク合意ニ因リ又ハ法律ノ効力ニ因リテ当事者ノ負担スル相互ノ義務ヲ妨ケス

表 5　賃借人の使用収益権に関する規定の異同

『再閲修正』650条	「19年草案」650条	旧民法141条
賃借人又ハ転借人ハ明許ト黙許トヲ問ハス合意ヲ以テ定メタル用方ニ従ハサレハ賃借物ヲ使用スルコトヲ得ス其合意ナキトキハ結約ノ時ノ用方ニ従フカ又ハ物ノ性質ニ因リ毀損スルコトナキ用方ニ従フニ非サレハ使用スルコトヲ得ス	賃借人又ハ転借人ハ明許ト黙許トヲ問ハス合意ヲ以テ定メタル用方ニ従ハサレハ賃借物ヲ使用スルコトヲ得ス其合意ナキトキハ結約ノ時ノ用方ニ従フカ又ハ物ノ性質ニ因リ毀損スルコトナキ用方ニ従フニ非サレハ使用スルコトヲ得ス	賃借人ハ明示ト黙示トヲ問ハス合意ヲ以テ定メタル用方ニ従フニ非サレハ賃借物ヲ使用スルコトヲ得ス其合意ナキトキハ契約ノ時ノ用方又ハ賃借物ノ性質ニ相応シテ毀損セサリ用方ニ従フニ非サレハ之ヲ使用スルコトヲ得ス

第2節　旧民法

　賃貸借の定義規定については，表4のとおりである。なお，比較のため旧民法の規定を付記する。

　賃借人の使用収益権に関する規定については，表5のとおりであった。

　条文番号，節，款等の用語法，更に，訳文等を見れば，『再閲修正民法草案』と19年草案の類似は，明らかであろう。

　2　19年草案部分施行の中止と井上馨

　以上の19年草案は，明治19年6月1日の閣議において元老院の議定に付することが決定された。担当の内閣委員としては，周布公平及び今村和郎が任命された。更に，11月27日には，磯部四郎及び熊野敏三が内閣委員に任命された。

　ところが，国立公文書館の資料は，以上のボワソナードや大木の意見書等の末尾に明治20年4月16日付の法律取調委員長井上馨の内閣総理大臣伊藤博文宛意見書を収録している。井上馨は，当時外務大臣として，外務省に法律取調委員会を設置し，諸法典編纂の任務を担当したのであり，次のように述べている。

　「法律取調委員会之義ハ諸法律編集之全務ヲ担任候ニ付昨十三日委員ヲ本会ニ招集シ同会決議ヲ以テ不日開会之筈ニ候処目今現行並ニ起草之法律ハ各々独別之起案ニ係リ候者居多ナルヲ以テ彼此抵触スル条項之ナシトセス就テハ本会委員ニ於テ協議改正シ齋然一整ニ帰セシメ候コト尤モ緊要之事ニ候然ルニ民法案ハ当時既ニ元老院之議定ニ被付省法案ハ別ニ編纂委員会被開居候趣ニ有之果シテ然ラハ到底前段陳述候如ク各法律彼此矛盾之弊ヲ免レス候条元老院及ヒ商法編纂委員会ヘ御命之上右民法議定及商法編纂之義一旦停止相成候様致度此段申進候也」

　結局，井上馨は，外務省に新たに設けられた法律取調委員会で民法，商法等の諸法案の矛盾，抵触を防ぎ，「諸法律編集之全務ヲ担任」するために，元老院で審査中の19年草案の返上を求めた。このため，元老院は，明治20年4月18日に19年草案を返上した。

　ところが，井上外相の条約改正の試みは，世論の反対等により失敗し，井上は，外相を明治20年7月に辞任した。そのきっかけを作り，井上条約改正に先頭にたって反対したのは，他ならぬボワソナードであった[4]。ボワソナードは，井上外相による条約改正案が外国人当事者事件について裁判官の過半数を外国

391

人とする点等について，明治20年5月初めから厳しい批判を加え，井上外相自身や伊藤博文等にその方針の撤回を求めた。そして，ボワソナードの反対意見書等が政府の外部に漏洩し，政治的，社会的な争点にもなった。井上馨は，こうしたボワソナードの動きに対して強い反感を抱いた。その後，井上は，ボワソナードに民法の起草を依頼することを断るべきであると述べたことすらある[5]。かくして，井上馨とボワソナードとの間には，深刻な対立が生まれた。元老院から草案の返上があった後に，一部施行が進まないのも，当然と考えられる。いずれにせよ，草案の一部施行という動きは，ここで最終的に頓挫した。後に，草案は旧民法となって明治23年に公布される。しかし，その後，所謂民法典論争により施行が延期された。ここでの19年草案の部分施行の中止という事件は，民法典論争の先駆けとして位置付けることが可能である。

第2項　別調査案における賃借権の債権的構成

明治20年10月21日に司法省に「法律取調委員会」（司法大臣山田顕義が委員長）が発足して[1]，旧民法編纂事業は最終段階に入った[2]。旧民法審議において，ボワソナードは，草案を作成した。これを，「報告委員」（任命されたのは，今村和郎，栗塚省吾，宮城浩蔵，本多康直，寺島直，井上正一，磯部四郎，熊野敏三，光妙寺三郎，黒田綱彦，高野真遜等）が調査，翻訳，整理して，委員会に提出する原案を作成した。ボワソナードは，委員会に出席できなかった。「法律取調委員」（任命されたのは，細川潤次郎，鶴田皓，箕作麟祥，清岡公張，渡正元，村田保，尾崎忠治（「大尾崎」と表記されている），南部甕男，西成度，三好退蔵，松岡康毅，北畠治

---

(4)　松井芳郎「条約改正」日本近代法体制の形成下巻234頁。
(5)　大久保泰甫・前掲ボワソナアド148頁。
(1)　福島正夫「日本資本主義の発達と私法」法律時報25巻4号（1953年）後，同・日本資本主義の発達と私法（東大出版会，1986年）所収，川村泰啓「借家の無断転貸と民法第612条」法学新報63巻2，3号（1956年），水林彪「日本近代土地法制の成立」法協89巻11号（1972年）。旧民法編纂の問題点について，向井健「民法典の編纂」福島正夫編・近代日本法体制の形成下巻（日本評論社，1983年）。
(2)　大久保泰甫・前掲書151頁。

第 2 節　旧 民 法

房，槇村正直，尾崎三良（「元尾崎」と表記されている））は，これを討議，修正して，委員会案を決定した[3]。なお，報告委員は，説明はするが，議決権は持たなかった。審議は，21年末までに終了して，委員会案を政府に提出する予定であった。法律取調委員会では，民法草案について調査案審議と再調査按審議というかたちで2回の審議を行った。ここで，注目すべきは，第一回審議の後に成立した「別調査案」である。これについて，最初に経過を明らかにし（Ⅰ），次に「別調査案」の条文を紹介し（Ⅱ），最後にその内容を検討する（Ⅲ）。

Ⅰ　司法省法律取調委員会と別調査案

1　第1回審議

法律取調委員会は，民法財産編の審議を明治20年12月（3日または4日[4]）から開始し，賃貸借の審議は，明治20年12月26日から行った。

この時に，賃借権の物権的構成について議論があり，次のような応酬があった[5]。

　松岡委員「之ハモウ『ボアソナード』ガ一生懸命，力ヲ奮タデアリマシヨウガ，凡ソ賃借ハ先ヅ人権ニ成立タモノガ多数ノコトナリ，附録ダカラ，物権ニスルト云フノハ，動産モ何モ筈モ悉ク物権ニスルノカ。」

　栗塚報告委員「……外国ノ法律ヲ見マシテモ，伊太利モ，佛蘭西モ，賃貸借権ヲ現ニシテ居ルトハ云ヒナガラ，不動産ニ付テハ皆物権ニシタイト云フ，其実物権ニシテ居ルト云フノハ，住居シテ居ルモノヲ逐ヒ出スコトモ，耕作シテ居ルモノヲモ逐ヒ出スコトガ出来ヌ……人権ヲ以テ行クモ同ジ結果ニナ

---

(3)　大久保泰甫＝高橋良彰・前掲書157頁以下に委員の肩書等の詳細が記されている。

(4)　大久保泰甫＝高橋良彰・前掲書171頁。

(5)　法律取調委員会民法草案第二部物権ノ部議事筆記自第一回至第十回（日本近代立法資料叢書8（商事法務研究会，1987年））240頁）。なお，第一回の法案は，「民法草案」（日本近代立法資料叢書16），議事の抄録は，「民法草案議事筆記」（日本近代立法資料叢書15）にある。再調査按の条文は，民法再調査按（日本近代立法資料叢書16），議事の抄録は，「法律取調委員会民法再調査按議事筆記」（日本近代立法資料叢書15）にある。

第2章 ボワソナード草案における賃借権の物権的構成と旧民法

ツテ仕舞ウ，初メニハ危険ナ様ニ思タガ，初メニ思タ様ナ恐レハナイ，動産ハ人権，不動産ハ物権ニスルト云フハ，話ガ纏リマセン。」

松岡委員「……不動産ハ何レトモ物権ニスルガ適当デアル……」。

以上のように，この時点では動産賃借権を物権として構成することに疑問を呈する委員がいるが，不動産賃借権の法律的性質をめぐる正面からの論争はおきなかった。法律取調委員会は賃貸借章についての第1回の審議を明治21年1月10日に終了した。

この第1回の審議のなかで，注目すべきは，第1に，同業防止に関する草案の規定を削除したことである。

削除の理由は，小売業であれば近所に同業を設けるのは，「不人情」のようにも見えるが，「浅草ノ雷門ノ内ノ如キハ，同ジ店ガ仰山並ンデ居ルガ，ソレハ皆ナ同ジ商家デ，又何處ノ町内ニハ楊弓場ガ並ンデ居ル，又瀬戸物町ヘ行クト瀬戸物屋ガアル様ナモノデ，其方ガ便利デアル」（清岡委員）というものであった[6]。

第2は，火事の責任とりわけ複数賃借人の火事の責任についての規定である。既に見たように，ボワソナードは，集合住宅において複数賃借人がいる場合に各賃借人が建物全体について連帯責任を負うという規定を設けていた。この条文に関しては，ボワソナードに従って複数賃借人の連帯債務とすべきであるという議論があり，「連帯ト思ヘバ銘々気ヲ付ケルダロウ」，「損害ガアルトキハ連帯ト云フハ賠償法ノ原則」，負担を避けるには「過怠ガナイト云フコトヲ示セバ宜シイ」という発言があった（村田委員）。

これに対し，連帯責任は，賃借人に過酷であるという議論があり，「之ヲ分任トシテ其借リテ居ル場所ノ価額ニ応ジテ分任スレバ公平ニナル」（南部委員）という発言があった。これは，明らかに，フランスの1883年民法改正を念頭に置いた発言である。激しい意見交換の結果，連帯責任という規定を削除すべきであるという議論が多数を占めた[7]。この結果，報告委員からあらためて「連帯シテ」という文言を「価額ニ応シテ」に代えた修正案が提出され，可決された[8]。

第3に借賃減額請求権の成立要件について，「戦争，旱魃，洪水，暴風，火災」

───────

(6) 法律取調委員会民法草案第二部物権ノ部議事筆記自第一回至第十回283頁。

394

第2節 旧民法

と規定して，草案の「戦争，洪水，火災」よりも拡張したことである⁽⁹⁾。
　以上の点がこれまでの検討との関連で注目すべき修正であるが，全体としてみると第1回審議ではボワソナードによる草案の翻訳，意義確定が重視されたのであった。

　2　別調査案の成立
　しかし，その後法律取調委員会は，「別調査案」という独自の法案を作成した。これは，ボワソナードとその草案を中心に進行しつつあった旧民法編纂事業に対する反発としてなされたものであって，第1回の法案審議が終了した後，箕作麟祥及び松岡康毅の手により起草されたものであり，明治21年6月18日に脱稿した⁽¹⁰⁾。この時は，50条ほどの条文が作成されたと指摘されているが，幸いなことに，東京大学法学部箕作麟祥文庫の中に「別調査民法草案」と題され，司法省罫紙に手書きで記載された法案が残されている⁽¹¹⁾。名古屋大学の大久保泰甫教授からこの資料の存在についての教示を得て，教授の好意でここに内容を紹介することができる。なお，法律取調委員会の『民法再調査按議事筆記』の中に「別調査民法草案朱書」という議事の要約筆記（条文はない。）があるが，残念なことに，物権編の冒頭に関するもののみで，賃借権に関する部分は，筆記として残されていない。

II　別調査案の条文

　現在見ることができる別調査案は，物権の各種物権規定と賃借権規定がある。残念なことに，条文のみが規定され，注釈や説明はない。なお，現在残されて

---

(7)　法律取調委員会民法草案第二部物権ノ部議事筆記自第十一回至第十六回（日本近代立法資料叢書8）8頁。
(8)　法律取調委員会民法草案第二部物権ノ部議事筆記自第十一回至第十六回（日本近代立法資料叢書8）48頁。
(9)　法律取調委員会民法草案第二部物権ノ部議事筆記自第一回至第十回223頁。
(10)　大久保泰甫＝高橋良彰・前掲ボワソナード民法典の編纂178頁。
(11)　東京大学法学部図書室箕作文庫・570号。

第2章　ボワソナード草案における賃借権の物権的構成と旧民法

いる条文には朱書訂正が施されているが，ここでは，訂正後の文言に従って，全文を紹介する。草案や後に紹介する今村案と異なり，別調査案は閲覧が容易でない資料であるため，全文を紹介する必要がある。

第　章　賃貸借，永小作及ヒ宅地貸借
第1節　賃貸借
　総則
第1条　賃貸借トハ一方カ定期ニ借賃ヲ他ノ一方ニ拂ヒ他ノ一方ハ或ル時期間自己ノ所有ニ属スル物ノ使用及ヒ収益ヲ其一方ニ為サシムルノ契約ヲ謂フ
第2条　公ノ無形人ノ財産ノ賃貸借ハ行政法ヲ以テ之ヲ定ム
　第1款　賃貸借ノ組成
第3条　賃貸借契約ハ下ニ掲ケタル規定ニ從フノ外有償名義ナル双務契約ノ通則ニ從フ
第4条　法律又ハ裁判上ノ管理者ハ其管理スル物ヲ賃貸スルコトヲ得然レトモ其時期ハ動産ニ付テハ六月建物ニ付テハ一年土地ニ付テハ三年ヲ超ユルコトヲ得ス
第5条　管理者ハ前条ニ記載シタル物ノ区別ニ從ヒ現時期ノ満了前一月二月又ハ四月内ニ非サレハ賃貸借ヲ更新スルコトヲ得ス
　右ノ時期前ニ為シタル更新ト雖モ管理委任ノ止ム時既ニ新時期ノ始リシトキハ有効トス
　第2款　賃借人ノ権利
第6条　賃借人ハ賃貸人ニ対シ用方ニ適スル完好ノ形状ニテ賃借物ノ引渡ヲ得ント要求スルコトヲ得
　又賃借人ハ賃借ノ時期間賃貸人ニ対シ賃借物ニ一切ノ修繕ヲ加フルヲ要求スルコトヲ得
　建物ノ賃借人ハ内部ノ補理ヲ負担ス
第7条　賃貸人賃貸シタル建物ニ必要ト為リタル修繕ヲ為スニ付キ賃借人ハ不便ヲ被ル可シト雖モ之ヲ拒ムコトヲ得ス
　然レトモ右修繕ノ二十日ヨリ長ク継続スルニ因リテ損害ヲ被リタルトキハ

第2節　旧民法

賃借人其賠償ヲ受ケ又時間ノ如何ヲ問ハス右修繕ノ為メ其住居又ハ営業ニ必要ナル部分ヲ失フ可キトキハ賃借人其賃貸借ノ銷除ヲ請求スルコトヲ得

第8条　賃借人カ賃借物ニ付キ第三者ヨリ権利上ノ妨害ヲ受ケタルトキハ賃貸人ヲシテ担保又ハ損害賠償ヲ為サシムルコトヲ得

第9条　旱魃，洪水，暴風又ハ不可抗ノ原因ニ由リ賃借シタル土地ノ収益ノ三分ノ一以上ノ損失ヲ受ケタルトキハ賃借人其割合ニ応シ借賃ノ減少ヲ求ムルコトヲ得但減少ノ割合ニ付キ地方ノ慣例アルモノハ其慣例ニ依ル

若シ右ノ損失カ引続キ三年ニ及フトキハ賃借人其賃貸借ヲ銷除ヲ請求スルコトヲ得

第10条　土地ノ賃貸借ニ付キ其坪数カ契約ニ定メタル坪数ヨリ少ナク又ハ多キトキハ土地ニ売買ニ於ケルト同一ノ条件ニ従ヒテ借賃ノ増減又ハ契約ノ銷除ヲ請求スルコトヲ得

第11条　賃借人ハ賃借シタル土地ニ廠舎ヲ作リ又ハ竹木ヲ栽ルコトヲ得然レトモ現ニ存在スルモノハ之ヲ変更スルコトヲ得ス

賃借人ハ其作リタル廠舎又ハ栽タル竹木ヲ賃貸借ノ終ニ収去スルコトヲ得但土地ノ形状ヲ旧ニ復スルコトヲ要ス

第12条　賃借人ハ賃貸人ノ許諾アルニ非サレハ其賃借権ヲ譲渡シ又ハ其賃借物ヲ転貸スルコトヲ得ス

　　第3款　賃借人ノ義務

第13条　賃借人ハ賃貸借ノ終ニ於テ其賃借物ヲ返還スルコトヲ要ス

賃借人ハ賃貸人ヲ立会ハシメ自費ヲ以テ賃借物ノ形状書ヲ作ルコトヲ得其賃借物ノ返還ハ此形状書ニ照シテ之ヲ為ス若シ形状書ヲ作ラサリシトキハ用方ニ適スル完好ノ形状ニテ之ヲ受取リタリト推定ス但孰レノ場合ニ於テモ自然ニ朽敗シ又ハ不可抗ノ原因ニ由リ損壊シタルトキハ此限ニ在ラス

第14条　借賃ハ金銭ヲ以テスルト物品ヲ以スルトヲ問ハス賃借人契約ヲ以テ定メタル時期ニ之ヲ拂ヒ其約定ナキトキハ地方ノ慣例ニ従フ

第15条　賃借人ハ契約ヲ以テ定メタル用方ニ従ヒ若シ其約定ナキトキハ情況ニ因リ推定ス可キ用方ニ従フニ非サレハ賃借物ヲ使用スルコトヲ得ス

第16条　賃借人ハ賃借物ノ看守及ヒ保存ニ付キ善良ナル管理者ト同一ノ義務ヲ負フ

第2章　ボワソナード草案における賃借権の物権的構成と旧民法

　　若シ第三者賃借物ニ侵奪ヲ加ヘ又ハ営作ヲ為スコト有ルトキハ賃借人ハ之ヲ賃貸人ニ告知ス可シ之ヲ告知セサルトキハ損害賠償ノ責ニ任ス
　　第4款　賃貸借ノ終了
第17条　賃貸借ハ左ノ諸件ニ因リテ終了ス
　　第一　賃貸借物ノ全部ノ毀滅又ハ其強要ノ譲渡
　　第二　賃貸人ノ受ケタル追奪又ハ賃貸物ニ存スル賃貸人ノ権利ノ銷除
　　第三　契約ヲ以テ定メタル時期ノ満了又ハ解除未必条件ノ成就
　　第四　時期ノ定メ無キトキハ賃貸借終了ノ申入
　　第五　義務ノ不履行又ハ法律ニ定メタル原因ニ由ル解除又ハ銷除
第18条　不可抗ノ原因ニ由リテ賃借物ノ二十分一ヲ毀滅シ又ハ住居若クハ営業ニ必要ナル部分ヲ喪失シタルトキハ賃借人ハ賃貸借ノ銷除又ハ借賃ノ減少ヲ請求スルコトヲ得
第19条　時期ノ定メ有ル賃貸借終了ノ後賃借人仍ホ使用収益シ賃貸人故障ヲ述ヘサルトキハ前賃貸借ト同一ノ賃貸借更ニ成立ス然レトモ前賃貸借ノ保証人ハ義務ヲ免カル
第20条　賃貸借ニシテ時期ヲ定メス借賃ヲ一年，一月又ハ一日ヲ以テ定メタルモノハ其時期間之ヲ為シタリト推定ス但前条ニ記載シタル黙示ノ更新ヲ妨ケス
第21条　賃貸借ノ黙示ノ更新アリタルトキハ其新賃貸借ハ契約者ノ一方ヨリ他ノ一方ニ為シタル終了申入ニ因リテ終了ス
　　終了申入ヨリ賃借物返還マテノ期間ハ確実ナル地方ノ慣例ナキトキハ左ノ如ク之ヲ定ム
　　前賃貸借ノ時期三月以上ナルトキハ一月
　　三月未満ナルトキハ其時期ノ三分一
　　一日ナルトキハ二十四時
　　土地賃貸借ノ終了申入ハ主タル収穫ノ季節ヨリ一年前ニ之ヲ為ス可シ
第22条　賃借人一切ノ収穫物ヲ収取スル前ニ賃貸借ノ終了シタルトキハ賃貸人又ハ新賃借人ハ前賃借人ノ之ヲ収取スルニ任カスコトヲ要ス
　　又賃借人ハ賃貸借ノ終了前ト雖モ必要ノ耕種ヲ為スヲ賃貸人又ハ新賃借人ニ許スコトヲ要ス但賃借人此カ為メ著シキ妨害ヲ受ク可キトキハ此限ニ在

第２節　旧民法

ラス

第23条　賃貸人カ賃貸借ノ終了ノ前ニ賃貸物ヲ譲渡シタルトキ獲得者ハ公正又ハ正確ノ賃貸借契約書ヲ有スル賃借人ニ対シ賃借物ノ返還ヲ要求スルコトヲ得ス但賃貸借契約書ニ於テ此要求ノ権利ヲ留存シタルトキハ此限ニ在ラス

期限十年ヲ超ユル不動産ノ賃借ニ付テハ賃借人登記ヲ為スニ非サレハ第三者ニ対シ之ヲ主張スルコトヲ得ス

第24条　賃貸人カ賃貸物ヲ譲渡ス場合ノ為メ又ハ自己ノ為メ若クハ他ノ特別ナル原因ノ為メ之ヲ返還セシムルノ権利ヲ留存シタルトキ又賃借人カ賃借ノ無用ト為ル可キ将来ノ事故ヲ慮カリテ賃貸物ヲ返還スル権利ヲ留存シタルトキハ各自第二十一条ニ定メタル期間ニ従ヒ予メ終了申入ヲ為スコトヲ要ス

公正又ハ正確ノ賃貸借契約書アラサル場合ニ於テ賃貸物ヲ譲渡シタルトキモ亦同シ

第25条　賃借人公正又ハ正確ノ賃貸借契約書ヲ有セサルカ為メ其賃借物ヲ獲得者ニ返還セサルヲ得サルトキハ賃貸人ニ対シ賠償ヲ請求スルコトヲ得

第２節　永小作

第26条　永小作トハ二十年ヲ超ユル時期ヲ以テ土地ヲ賃貸借スル契約ヲ謂フ

第27条　永小作ノ時期ハ五十年ヲ超ユルコトヲ得ス此ヲ超ユルトキハ五十年ニ短縮ス然レトモ更新スルニ妨ケナシ

此法律頒布前ニ時期ヲ定メテ約シタル永小作ハ五十年ヲ超ユルモノト雖其全期間有効ナリ

又此法律頒布前ニ時期ヲ定メスシテ約シタル永小作ノ終了ノ期限及ヒ条件ハ特別法ヲ以テ之ヲ規定ス

第28条　永小作人ハ其永小作契約ノ登記ヲ為スニ非サレハ第三者ニ対シ之ヲ主張スルコトヲ得ス

第29条　契約者相互ノ権利及ヒ義務ハ永小作契約ヲ以テ之ヲ定ム若シ契約ナキトキハ地方ノ慣例ニ依ル地方ノ慣例ナキトキハ下ニ掲ケタル規定ニ従フノ外通常賃貸借ノ規則ニ従フ

第30条　永小作人ハ其土地ノ形状ヲ変スルコトヲ得但此カ為メ永久ノ損害ヲ

第2章　ボワソナード草案における賃借権の物権的構成と旧民法

　生セシメサルコトヲ要ス
第31条　永小作人ハ永小作地ニ在ル建物ヲ取拂フコトヲ得ス但一時ノ仮設ニ係ルモノハ此限ニ在ラス
第32条　永小作人ハ其分限ヲ以テハ地下ノ鉱物ニ権利ヲ有セス然レトモ開坑ノ特許ヲ得タル者ヨリ拂フ可キ償金ヲ受クルコトヲ得
第33条　永小作地ニ土，石，砂礫其他採取ノ特許ヲ要セサル坑物アリテ所有者ノ既ニ採取ヲ為シタルトキハ永小作人其採取ヲ継続スルコトヲ得
　又未開又ハ既廃ノ土石坑アルトキハ永小作人ハ其土地ノ改良ノ為メ土石ヲ採取スルコトヲ得
第34条　所有者ハ永小作契約ノ時ノ形状ニテ其土地ヲ引渡スモノトス
　永小作契約ノ時期間ニ係ル修繕ハ所有者之ヲ負担ス
第35条　不可抗ノ原因ニ由リ収益ヲ得ル能ハサルモ借賃ノ減少ヲ請求スルコトヲ得ス
第36条　永小作地ニ賦課セラレタル一切ノ租税ハ所有者之ヲ担任スト雖モ永小作人ハ所有者ニ対シ之ヲ償還ス可シ
第37条　永小作ノ権利ハ之ヲ譲渡シ又ハ転貸スルコトヲ得此場合ニ於テハ原永小作人ノ義務ハ譲受人又ハ転借人ニ移リ原永小作人ハ保証人トシテ其担保ヲ為ス但所有者カ其担保ノ義務ヲ免除シタルトキハ此限ニ在ラス
第38条　永小作人三年間引続キ借賃ヲ拂込マサルトキハ所有者ハ永小作契約ノ解除ヲ請求スルコトヲ得
第39条　不可抗ノ原因ニ由リ三年間引続キ全ク収益ヲ得ル能ハス又永小作地ノ一分ノ毀滅ニ由リ将来借賃ヲ超ユル収益ヲ得ヘカラサルトキハ永小作人ハ永小作契約ノ銷除ヲ請求スルコトヲ得
第40条　永小作人ハ永小作地ニ加ヘタル改良ニ付キ賠償ヲ請求スルコトヲ得ス
第3節　宅地貸借
第41条　宅地貸借トハ一方カ借賃ヲ拂ヒテ他ノ一方ノ土地ニ建物ヲ所有シ他ノ一方ハ所有ノ土地ヲ其一方ニ使用セシムルノ契約ヲ謂フ
第42条　宅地借人ハ宅地貸借契約ノ登記ヲ為スニ非サレハ第三者ニ対シ之ヲ主張スルコトヲ得ス

第2節　旧民法

第43条　宅地借人ハ借受ノ時期間建物ヲ賃貸シ譲渡シ又ハ抵当ト為スコトヲ得

第44条　宅地貸借契約ニ於テ貸借ノ時期ヲ定メサリシトキハ其時期ハ建物ノ存立期間ニ均シキモノト推定ス但其建物ノ梁柱基礎等ノ大修繕ハ宅地貸人ノ承諾アルニ非サレハ之ヲ為スコトヲ得ス

第45条　前条ノ場合ニ於テ宅地貸人ニ在テハ三年前ニ予告ヲ為シ且三年分ノ貸賃ニ均シキ償金ヲ拂ヒ宅地借人ニ於テハ一年前ニ予告ヲ為シ又ハ一年分ノ貸賃ニ均シキ償金ヲ拂フトキハ終了申入ヲ為スコトヲ得

第46条　宅地借人ハ宅地貸人カ土地ヲ他ニ譲渡サントスルトキハ鑑定人ノ評価ニ従ヒ其土地ヲ先買スルコトヲ得

　宅地貸借ノ時期ノ終ニ当リ宅地貸人ハ鑑定人ノ評価ニ従ヒ其土地ニ存在スル建物ヲ先買スルコトヲ得

　前二項ノ場合ニ於テハ先買権ヲ行フノ意アルヤ否ヲ述フ可キノ催告ヲ一月前ニ為スコトヲ要ス

第47条　宅地貸借ノ時期間ニ建物カ不可抗ノ原因ニ由リテ毀滅スルモ其契約ハ存立ス若シ時期ヲ定メサリシトキハ建物ノ毀滅ニ由リテ其契約ハ終了ス

第48条　宅地借人一年間借賃ヲ拂込マサルトキハ宅地貸人ハ宅地賃借契約ノ解除ヲ請求スルコトヲ得

第49条　宅地貸借ニ付テハ本節ノ規定ト抵触セサル限リハ普通賃貸借ノ規定ヲ適用ス

Ⅲ　別調査案の内容

　以上のように，別調査案の賃貸借規定は，賃貸借，永貸借，宅地貸借の三つの種類からなる。賃借権，永借権及び宅地借権は，いずれも債権である。これと関連して別調査案の物権を列挙する第2条3項では，以上の権利は言及されていない。この点で，別調査案は，賃借権，永借権及び地上権を物権とした草案と極端に対立する。これについては，次のような応酬があった。

　「(箕作)　賃借権永借権ノ如キハ物権ノ類似タルモノト雖モ拂蘭西民法ニ於テハ人権中ニ多分ノ運用ヲ為スベキニ付キ之ヲ人権中ニ挿入ス

　(今村)　拂蘭西ハ永借権ハ物権ナリ[12]」

401

第2章　ボワソナード草案における賃借権の物権的構成と旧民法

　以上の問答は，一応は，フランス法を根拠にしているが，箕作の発言の背後には物権的な不動産利用権の存在に消極的な考え方が見える。

　別調査案の賃貸借規定は，第1条から始まる独自の条文番号が付けられている。これは，別調査案が採用されることになれば，賃貸借は，通常の契約の一種として，財産取得編に規定されることになるため，物権に関する他の別調査案と通しの条文番号にすることができなかったためであろうと推測される。

1　賃　貸　借

　賃貸借規定は，総則，賃借人の権利，賃貸人の権利，賃貸借の終了の欵から成っている。

(ア)　賃貸借の定義

　賃貸借の定義は，「賃貸借トハ一方カ定期ニ借賃ヲ他ノ一方ニ拂ヒ他ノ一方ハ或ル時期間自己ノ所有ニ属スル物ノ使用及ヒ収益ヲ其一方ニ為サシムルノ契約ヲ謂フ」（1条）というものである。ここでは，草案と異なり，賃借人の賃借物に対する直接の使用，収益権の文言はなく，賃借人が賃借物について物権を有さないことを明らかにする。但し，この定義規定で疑問を感ずるところがある。それは，草案と異なり，この規定が賃貸借を賃貸人が「自己ノ所有ニ属スル物」を賃貸する契約と定義することである。一般に，フランス法では，賃借人が賃借物の所有権を有することは賃貸借の要件とされていない。フランス民法には他人物売買契約を無効とする規定（1599条）があるが[13]，賃貸借については，他人物賃貸借契約自体は当事者間の債権契約として有効であると解されている[14]。また，例えば，転貸借の場合には，転貸人は「自己ノ所有ニ属スル物」を転貸するのではないから，この条文との関連が問題になる。それゆえ，この第1条中の「自己ノ所有ニ属スル物」という限定は不要であり，むしろ条文として誤解を呼ぶものであると考えられる。

---

(12)　「別調査民法草案」法律取調委員会民法再調査按議事筆記（日本近代立法資料叢書15）341頁。

(13)　Dutilleul et Delebecque, *Contrats civils et commerciaux*, n 126.

(14)　Dutilleul et Delebecque, *op. cit.*, n 448.

第 2 節　旧 民 法

(イ)　賃貸借の成立

　別調査案 3 条は,「賃貸借契約ハ下ニ掲ケタル規定ニ従フノ外有償名義ナル双務契約ノ通則ニ従フ」と規定しているが，これは，草案と同様の規定である。

　管理者による賃貸借についても，基本的に草案に従っている。相違があるのは，管理者がなしうる賃貸の期間について「動産ニ付テハ六月建物ニ付テハ一年土地ニ付テハ三年ヲ超ユルコトヲ得ス」（4 条）と規定し，全体に期間を短縮していることである。

(ウ)　賃貸借の存続

　①　期間を約定する場合は，その期間の満了により，賃貸借は終了する(18条第 3)。賃貸借の最短期間の規定はない。最長期間についてもとくに規定がないようであるが，後に見る永小作が期間20年以上の土地の賃貸借とする点（26条）を見ると，20年になると考えられる。期間の満了の後に関して，黙示の更新規定も存在する（20条）。この場合は，解約申入れにより終了する（21条）。

　②　期間の約定のない場合は，解約申入れにより終了する（17条第 4）。このとき賃借人が即時に賃借物を返還するのかそれとも返還までの猶予期間があるのかについては，明確でない。黙示の更新後の解約申入れの場合は,「前賃貸借ノ時期三月以上ナルトキハ一月」等の猶予期間規定があるが（21条），これは，期間の定めのない賃貸借の解約申入れ一般にも適用されるのであろうか。仮に適用されるとすると，別調査案の返還猶予期間は最大で 1 月（土地については主たる収穫の季節より 1 年前）であるから，草案よりも短いことになる。

(エ)　賃貸借の対抗

　これについては，23条が規定した。賃貸借が「公正又ハ正確ノ賃貸借契約書」を有するときは，賃貸不動産の取得者は，賃借人に対し賃貸物の返還を求めることができない。期間が10年を超える不動産の賃貸借は，賃借人が登記をしたのでなければ対抗しえない。但し，賃貸借の特約で賃貸不動産の譲渡の際の解約申入権が留保されていれば，その特約は有効であり，賃借人は退去しなければならない（23条 1 項但書）。その場合には，取得者は，21条に定めた猶予期間に従った解約申入れをなすことを要する（24条）。また，賃貸借が「公正又ハ正確ノ賃貸借契約書」を有しないために，賃貸不動産の取得者に対抗しえないときは，賃借人は賃貸人に損害賠償を請求しうる（25条）。

第2章　ボワソナード草案における賃借権の物権的構成と旧民法

　草案が謄記を対抗要件としていたのに対し，別調査案の規定は，証書を対抗要件とする点で，フランス民法1743条の系統に属する。しかし，対抗要件である「公正又ハ正確ノ賃貸借契約書」の意義が問題になる。公正証書という意味であるのか，確定日付を得た証書という意味であるのか，それとも真正に成立した私署証書はすべてこれに含まれるのか明らかではない。一応，「公正」の賃貸借契約書とは，公正証書を推測させる。しかし，「正確ノ賃貸借契約書」の意味は，とりわけ明らかでない。正確という意味に重きを置けば，日付の正確なという意味で，確定日付を得た証書になるのであろうか。いずれにせよ，解釈の決め手が得られない。それゆえ，重要な点においてこの規定はあいまいである，と評価せざるをえない。

　更に，草案では，賃借権が対抗要件を有しない場合も，悪意の買主に対抗しうる場合があった。この別調査案では，この点について規定を欠いている。これは，以下に見る永小作，宅地貸借でも同じである。

　㈠　賃借人の権利・義務

　①譲渡，転貸については，賃借人は，賃貸人の許諾がなければ，譲渡，転貸ができない（12条）。この点は，明らかに草案と異なる点であり，譲渡，転貸が難しくなっている。②賃借人の使用，収益権に関しては，契約に定められた用方に従うか，状況により推定すべき用方に従う義務を負い（15条），更に，善良なる管理者としての義務を負う（16条）。③改良については，賃借した土地に「廠舎ヲ作リ又ハ竹木ヲ栽ル」ことができる（11条1項）。そして，それらは，賃貸借の終了に際して収去することができる（11条2項）。④借賃減額については，「旱魃，洪水，暴風又ハ不可抗ノ原因」によって，土地の収益が3分の1以上の損失を受けたときは，割合に応じた減額を請求しうる。但し，減額の割合に関して地方の慣例があればそれに従う（9条）。以上の②乃至④の点は，草案と基本的な変更がない。⑤賃借人の占有訴権については，規定がない。これは，フランス法の伝統からいっても，賃借人に占有訴権を認めない趣旨であると理解される。

第2節　旧民法

2　永小作
(ア)　債権的構成
　別調査案は，永小作権（草案では，永借権であったのを名称変更した。）も債権とする。ここでも明らかに草案と対立する。フランスにおいては，永借権は判例，通説により物権として理解されている。それゆえ，なぜこの例に従わないのかも問題であるが，筆者としては，全体として，物権的な不動産利用権に対する消極的な評価が箕作，松岡両委員にあったように推測する。
(イ)　存続期間及び対抗
　永小作は，20年を超える期間で設定された土地の賃貸借であり（26条），その期間は50年を超えることができない（27条1項）。法律施行前から存在する永小作については，期間が約定されていれば，それが50年を超えていても全期間有効であり，期間の約定がなければ特別法がその終了の期限及び条件を規定した（27条2項）。これらの点は，草案が永借権の存続期間を30年から50年とする点と大きくは違わないものと考えられる。
　永小作権の対抗要件は，登記である（28条）。一般の賃借権は，その期間が10年を超えるものは，やはり登記を対抗要件としていた。永小作権は，期間が20年以上で設定されるから，その対抗要件が登記であるのも，当然であろう。
(ウ)　永小作人の権利・義務
　①　譲渡，転貸については，通常の賃貸借と異なり，これをなすことができる（37条）。しかし，抵当に関する規定はない。永小作を債権と構成することから考えて，永小作の抵当を認めない趣旨であると考えられる。しかし，これでは永小作規定を設ける意味が乏しくなる。また，譲渡，転貸の際，「原永小作人ノ義務ハ譲受人又ハ転借人ニ移リ原永小作人ハ保証人トシテ其担保ヲ為ス」と規定した。
　②　改良については，土地の形状を変更でき，建物を取り壊すことができる（30条，31条）。許されないのは，土地に永久の損害を与えることである（30条但書）。しかし，永小作人は，土地に加えた改良については，賃貸人に補償を求めることができない（40条）という規定は，やや問題を感ずる。というのも，この規定は，第1に土地と一体となった改良を念頭に置くと考えられるが，建物や植栽については，どのような処置をとるかが明確でないからである。この点で

は，草案が明確かつ詳細であった。なお，永小作人は，修繕を負担する(34条2項)。③　借賃減額については，不作の場合でも請求をなしえない(35条)。草案でも同様であって，とくに疑問とすることはない，そのほか，土地に賦課される租税（国税である地租や地方税である地租割等）に関して，永小作人ではなく，土地所有者が負担するという点は，草案と異なっており，注目に値する（36条)。

3　宅地貸借
(ア)　宅地貸借の意義

宅地貸借とは，「建物ヲ所有」するために借賃を払って土地を借りる契約である(41条)。これは，明らかに草案の地上権規定に代替することを目指したものである。そして，ここでも注目すべきは，宅地借人の権利を債権として構成することである。宅地貸借は，賃料を払う有償契約でありかつ債権的利用契約であり，しかも普通賃貸借の規定が原則として適用されるのであるから（49条)，賃貸借契約の一種と考えられる。

賃借権と永小作権と宅地借権は，いずれも債権である。その具体的な区別は，まず，永小作権は期間が20年を超える土地賃貸借（農地賃貸借）であり，宅地貸借は，現在の借地と同様の建物所有目的の土地の賃貸借であることにある。通常の賃貸借は，農地賃貸借（農地利用に関連して，「廠舎ヲ作」ることは可能である。）又は建物賃貸借として利用されることになる。

(イ)　存続期間

宅地貸借においては，①期間について定めがあれば，それに従う。その最長期は，普通賃貸借の規定の適用があるため，20年になる。②約定がないときは，「建物ノ存立期間ニ均シキモノト推定」される（44条)。期間の約定がない場合には，建物の大修繕は，宅地貸人の承諾がない限りできない（44条但書)。その理由は，大修繕が建物の「存立期間」を伸長させるからと考えられる。以上の点は，草案の地上権規定と同様である。しかし，この場合には，宅地貸人は，「三年前ニ予告ヲ為シ且三年分ノ貸賃ニ均シキ償金ヲ拂」うことにより解約申入れをなすことができる(45条)。これは，草案第2版188条第3項但書が土地所有者からの解約申入れを許さないことと比較すると，宅地借人に不利な規定に

なっている。換言すれば，期間の定めのない宅地貸借においては，宅地貸人は3年の猶予期間をおくかまたは賃料3年分の償金を支払えば，いつでも終了させることができるのであった。

　㈡　宅地借人の権利・義務

　①　譲渡等に関しては，宅地借人は，「借受ノ期間」建物を賃貸し，譲渡し，また，抵当権を設定できる（43条）。なお，この規定の中の「借受ノ期間」という言葉は，賃貸に係ることは疑問がないが，譲渡や抵当にも係るのであろうか。というのも，譲渡や抵当権設定の結果の競落の場合には，建物の所有権は，「借受ノ期間」を超えて，確定的，永久的に譲受人や競落人に帰属する。この点で，想起されるのは，草案財産編142条が，賃借権の譲渡を「借受の期間」で認める規定であることである。しかし，これは，そもそも賃借権自体が一定の期間しか存在しない権利であることを注意的に述べるものである。ところが，例えば地上建物譲渡の場合には，建物所有権自体は，永久のものである。もっとも，建物所有権の根拠になっている宅地賃借権は永久のものではないから，そのことを明確化する趣旨で「借受ノ期間」の文言が規定にあるのだろうか。

　また，譲渡や抵当の場合に，建物所有権自体の帰属は疑問がないとして，宅地賃借権はいかなる扱いを受けるのか，換言すれば，建物の譲渡や競落に際して，宅地賃借権の譲渡が必要になると考えられるが，これには賃貸人の承諾は不要なのかが問題になる。ここでは，2通りの考え方が成立する。その一つは，宅地貸借にも通常の賃貸借の規定が適用されるのであるから（49条），通常賃貸借と同様に賃貸人の承諾が必要であるという考え方である。もう一つの考え方は，宅地賃貸借は，建物の譲渡，抵当を認めている以上，それを実効あらしむるために，宅地賃借権の譲渡には賃貸人の承諾が不要であるという考え方である。規定の文言の上からはいずれの考え方も成り立つように考えられる。仮に，前者とすると，宅地借人にとって建物の譲渡，抵当等が実質的に難しいことになる。この点も，別調査案に特有の立法上の瑕疵の一つとして理解しうるであろうか。

　②　貸地譲渡に際し，宅地借人は，先買権を有する。この場合には，宅地借人は，土地について鑑定人の評価に従い先買権を行使しうる（46条1項）。

　③　宅地貸借終了の際には，宅地貸人は，鑑定人の評価に従い，建物の先買

第2章 ボワソナード草案における賃借権の物権的構成と旧民法

権を有する（46条2項）。この反面として，通常賃貸借の原則に従い，宅地借人は，賃貸借終了の場合には，建物を収去できる（49条による11条の準用）。

以上のように，別調査案の特徴は，賃借権，永小作権，宅地借権をいずれも債権として構成することであった。これは，そのいずれも物権とする草案と極端な形で対立するものである。ボワソナードとの違いが顕著なのは，普通賃借権において譲渡，転貸を賃貸人の承諾あるときのみに許し，賃借権抵当を許さないこと，賃貸人に占有訴権を認める規定がないこと，対抗要件を「公正又ハ正確ノ賃貸借契約書」とすること，対抗要件を欠くときに悪意買主に対抗しうるという規定がないこと，等である。また，永小作では，永小作権抵当を認める規定がないことが特徴的である。更に，宅地貸借では，登記を対抗要件とすること，契約で存続期間を定めないときに一応は「建物存立」の間貸借が存続するとしつつ，宅地貸人が3年の猶予期間を置けば解約申入れをなしうるとすることが目立つ。全体として，賃借人に不利な規定が多いのである。最後に，立法上疑問が残る規定が散見することも指摘しうる。

4 別調査案の廃止

以上の内容の別調査案は，結局採用されなかった[15]。その理由は，ボワソナードによる草案注釈が完成していない状況では，別調査案の方式で編纂を完成させることは困難であることにあった。この審議過程において，今村和郎報告委員が「賃借権ノ如キ用収権ノ如キ大修正ヲ要スベキ部分ハ特別ノ委員ニ附セラレテハ如何」と提案し，これが承認された[16]。このため，別調査案での議論は，次に見る今村による建議案をめぐる議論に引き継がれることになった。

---

[15] 「別調査民法草案」法律取調委員会民法再調査按議事筆記（日本近代立法資料叢書15）340頁。

[16] 同上342頁。詳細については，大久保泰甫＝髙橋良彰・前掲ボワソナード民法典の編纂183頁。

第2節　旧民法

第3項　法律取調委員会における賃借権論争

　第1回の法律取調委員会審議に基づいて報告委員により再調査按が作成され，再調査委員会が開かれた。民法財産編は，明治21年7月から再調査が行われた。この過程で，今村和郎報告委員は，明治21年6月頃から賃借権の物権的構成について異論を唱えた。これを発端とした賃借権の法律的性質をめぐる議論は，再調査按審議における最も重要な問題の一つになった。今村和郎は，弘化3 (1846) 年に高知県に生まれ，明治3 (1870) 年に文部省に出仕し，明治11 (1878) 年太政官法制局権参事官，明治21年から法制局法制部参事官となり，更に法律取調委員会報告委員に就任した。明治23年に法制局法制部長，貴族院議員になった後，明治24 (1891) 年に行政裁判所評定官に就任したが，その年に死去した。今村は，使用貸借の審議の際，草案が使用借権を債権とすることを指摘しつつ，賃借権が物権となることと「区別スル理由ガ薄イ」と論じ[1]，早い段階から，この点について問題意識を有していたのであった。

　本項では，今村の建議による賃借権論争の開始 (Ⅰ) を紹介した後，法律取調委員会において議論があって一旦は賃借権の債権的構成に基づいた法案作成が議決されたこと (Ⅱ) を紹介し，実際に準備された「修正案」を検討する (Ⅲ)。その後，法律取調委員会においてこの「修正案」が検討されたが，ボワソナードの強い意向により，結局賃借権の物権的構成が維持されたことを指摘する (Ⅳ)。法律取調委員は，ボワソナードと正面から論戦することはその後避け，部分的な修正を中心に賃貸借章の第2回審議である再調査を行った (Ⅴ)。

Ⅰ　賃借権論争の開始

1　今村和郎による賃貸借規定修正建議

　今村和郎は，明治21年7月に，「賃貸借ノ章ヲ修正スル議」なる建議 (以下「今村建議 a.」と呼ぶ。)[2]を提出し，賃借権の物権的構成を攻撃した。この今村建議

---

(1) 法律取調委員会民法草案財産編取得編議事筆記自第四十九回至第七十一回（日本近代立法資料叢書9）298頁。

409

第2章 ボワソナード草案における賃借権の物権的構成と旧民法

a．は，冒頭で，旧民法草案は「曰ク簡明ナラス曰ク我国ノ慣習ニ背ク」という批判があり，特に法学者において草案への批判が多いと指摘した。そして，「聊カ與論ニ譲ラサレハ或ハ恐ル其好結果ヲ得ルコトノ難キ事ヲ」とも論じた。これは，法典論争を予言したものと考えられる[(3)]。そこで，今村は，通常賃貸借を債権として構成することを提案した。その理由は，次のようなものであった。

①　動産の賃貸借を物権とするのは，慣習に背く。

②　賃借権を物権にしても，借主を保護することなくして，かえって貸主を害することがある。

③　不動産，特に家屋，居室，小作においては，物権とする必要がなく，また，所有者の意思に反する。

④　賃借人の権利保護には，「確証アル賃貸借契約ハ第三者ニ対シ幾年間対抗スル得ヘキモノトノ規則ヲ定ムルヲ以テ足ル」。

⑤　賃借権を物権とするならば，使用借権をも物権とする必要があり，賃料の有無により物権と債権との区別が生ずるのは理由がない。永借権と地上権は，従来も裁判で物権としているからこれを物権とすればよい。但し，永借権については，民法には原則のみ規定し，民法と別個に設けるべき小作法に詳細を規定するのが適当である。

⑥　ベルギー民法原草案やドイツ民法草案は，賃借権を債権と規定した。

⑦　賃借人の改良の権限，賃借権の譲渡，転貸，抵当に関する草案の規定は不適当である。賃借権の譲渡，転貸，抵当を原則的に認める点で，草案の規定は賃借人に有利すぎる。

---

(2)　法典編纂ニ関スル諸意見並雑書（日本近代立法資料叢書10）117頁。なお，これは，民法編纂ニ関スル意見書（日本近代立法資料叢書12）330頁にもある。建議ｃ．の冒頭で，今村は，「曩ニ箕作松岡両委員ヨリ提出シタル別調査案ヲ議スルニ当リ和郎ハ別調査中大イニ賛成ス可キ事項アルコトヲ陳述シ且ツ慕氏ノ原案中賃貸借ノ章ノ不可ナルコトヲ弁明シテ特ニ此ノ章ノ修正委員ヲ命ゼラレンコトヲ到建議候幸イニシテ此議ヲ聴カレ且ツ修正ノ任ヲ和郎ニ命ゼラレ候」と述べていた（民法編纂ニ関スル諸意見並雑書（日本近代立法資料叢書10）47頁）。

(3)　これは，穂積陳重の旧民法編纂事業に対する批判（拙稿「穂積陳重と旧民法」法制史研究31号（1982年）108頁）を意識したものと考えられる。

⑧　草案の小作料減額規定では慣習に比べ小作料減額が認められにくく，適当ではない。その理由としては，次のように述べる。

「日本ノ小作ナルモノハ純然タル賃貸借ニ非ス大ニ会社（組合のこと……小柳註）ニ類スル所アリテ仏国ノ畜借ニ彷佛タリ故ニ変災ニ因リ収穫物ノ全部又ハ過半ヲ喪失シタルトキハ地主ハ貸賃ノ全部又ハ一部ヲ免除セサルヲ得サル場合アリ若シ民法ノ規則ニ従ハンカ小作人ハ尋常ノ変災ノ為メニハ借賃ノ減少ヲ求ムル事ヲ得ス」

以上のように，今村は，日本の小作関係においては，地主と小作人との一種の共同経営のような関係があると指摘し，草案が小作人に不利な点があり，不都合であると論じた。

草案財産編138条は，不作の場合の小作料減額について，戦争，洪水のような重大な偶然事によるものに限定し，旱魃，降雨等の通常の気象上の事故による不作については，小作料減額請求権を認めない。ボワソナードは，その理由として，賃借人は，増収への期待がある以上，減収の危険もまた負担すべきであると論じた[4]。しかし，これは，収穫の不安定な日本の零細小作農にとって厳格な規定であることは否めない。今村はこの点を指摘したものである。

以上のように，今村建議a.は，賃借権の物権的構成に異議を唱えるが，単に賃貸人に有利なように修正を求めるばかりではない。草案の賃貸借規定の特徴は，賃貸人と賃借人が危険を独立に負担するというところにあった。これに対し，今村建議a.は，日本の小作関係では賃貸人と賃借人が一種の共同経営として相互依存的な関係にあることを重視する。そのために，今村は，賃借権の債権的構成を主張し，更に小作料減額請求権の強化を主張した。

2　ボワソナードの答弁

この今村建議a.により起こった議論に対し，ボワソナードは，明治21年8月23日付「八月二十一日附委員会ノ通知ニ対スル答弁」（以下「ボワソナード反論b.」と呼ぶ。）[5]において，不動産賃借権を債権として構成するのは「不条理ニシテ且

---

(4) G.E. Boissonade, *Projet*, t. I, 2ᵉ éd., n°187.
(5) 民法編纂ニ関スル意見書（日本近代立法資料叢書12）335頁。

第2章　ボワソナード草案における賃借権の物権的構成と旧民法

一国経済上ノ利益ニ背反スル」、「耕作人ノ権利ヲ脆弱不定ニシテ之カ為メ頗フル不幸ノ結果ヲ来」す、「彼賃借権ヲ物権ト為スニ於テハ賃借人ヲシテ賃貸人ノ承権人タル第三者ヨリ為スヘキ放逐ヲ免レシメ以テ之ヲ保護スヘシ」と述べた。ボワソナードは、ここでは、物権性の問題として賃借権の第三者対抗力のみを論ずる。今村は、債権的構成によっても賃借権の対抗力付与は可能であると指摘したが、ボワソナードは、これには答えない。また、その他の規定についても全く論じない。それゆえ、両者の論戦はすれ違いの感じを受ける。

3　今村の再建議

今村は、明治21年9月24日付今村和郎「賃貸借ニ関スル建議」(以下「今村再建議c.」と呼ぶ。)を提出した[6]。これは、賃借権を債権とするかまたは物権とするかについて委員会で方針を決定し、新案作成のための起草委員を任命するように求めるものである。更に、小作について、民法で規定すべきか特別法に委ねるべきかを決定することも求めた。今村の議論は、次のようなものである。

①　フランスにおいては民法1743条を根拠にトロロンが物権説を主張するが、この説の誤りなことは「諸大家ノ弁駁中ニ明カ」である。

②　フランス、イタリア、オランダ、ドイツ、ベルギー等の諸国の民法及び民法草案は、賃借権を債権とする。

③　フランスにおいて物権説は、全くの少数説である。物権説は、トロロンの主唱にかかるところであるが、「氏ハ奇説家ノ名アリ」、これに従うのはむしろ誤りである。

④　草案の賃借権の物権的構成は、日本の慣習に適合的ではない。「我国ニテハ従来法律上物権人権(債権のこと……小柳注)ノ区別ナシ然レトモ実際ニ於テハ自然ニ物上ト対人トノ権利ノ取扱方ヲ異ニセリ」、そして「不動産例ヘハ家屋房室ノ貸借ニ付テハ期限ノ長短ニ拘ハラス決シテ物権ニテ貸借スルノ意思ナシ又耕地ノ如キハ借主ハ之ヲ転貸スルコトヲ得ス地所ニ破損アラハ地主ニ其修繕ヲ請求シ地主ハ之ヨリ収益セシムルノ義務ニ任ス又若シ収穫ニ損失アルトキハ借料ヲ免除ス此等ハ皆人権ノ適証ナリ」。例外は、屋敷地の貸借である。これに

---

(6)　民法編纂ニ関スル諸意見並雑書(日本近代立法資料叢書10) 47頁。

第 2 節　旧 民 法

ついては物権とするのが適当である。というのも,「既ニ借受ケ築造シタル者カ其家屋ヲ譲渡ストキハ譲受人ガ新タニ借主ト為ル地主ニ於テモ此等ノ場合ハ固ヨリ承知スル所ナリ」。

　今村は,更に,草案は,その本来の性質上物権ではない賃借権を物権にしたために,規定上でも,以下の点で不都合が存在すると論じた。

　⑤　草案125条は,賃貸借契約は有償名義にして双務契約の規則に従うと規定したが,この条文によれば,賃貸借契約から主として債権を生ずる。

　⑥　135条の賃貸人の修繕義務は,用益権や永小作権に存在せず,賃借権の債権性の証拠である。

　⑦　138条の減収の際の借賃減額請求権は,賃借権の債権性に適合的である。何故ならば,賃借権が物権であれば「物ヲ受ケタル者ハ其物ノ主ト為リ其物カ爾後何等ノ変災ニ遭遇シテ何等ノ損失ヲ惹起スルモ其損失ハ其物ノ主タル者ニ帰ス」という危険負担の原則に支配され,このような減額請求権の基礎が存在しないことになる。

　⑧　草案140条は,賃貸人に同業者への賃貸借を禁止するが,これは賃貸人の収益担保義務の現われであり,すなわち賃借権が債権であることの証拠である。

　⑨　草案142条（賃借権の譲渡,転貸）,143条（抵当）,144条（物上訴権）は,ボワソナードが賃借権の物権的構成を採用したがための規定であり,この修正には実際上不利益は存在しない。

　⑩　草案が使用貸借を債権とし賃貸借を物権とするのは,等しく他人の物の利用権でありながら賃料が存在するか否かで区別をすることになる。

　更に,今村は,ボワソナードがあえて賃借権の物権的構成という「奇ヲ好ム」唯一の理由は賃借権に対抗力を付与するためであると論じ,対抗力の付与は別に物権でなくとも可能であると指摘した。最後に,今村は,「賃借人（賃貸人の誤りか……小柳注）ノ意思ヲ察スルニ其物ヲ何人ニ転貸スルモ総テ貸主ニ於テ関係ナシトスル場合ハ至リテ稀ナリ何トナレハ借主其人ニ眼着スルコト多ケレハナリ」と論じ,賃借権の転貸を認めることは「日本ノ慣習ニ於テ之ヲ許サス」と述べた。

第2章 ボワソナード草案における賃借権の物権的構成と旧民法

II 法律取調委員会における議論の応酬
1 磯部四郎の意見書

　以上の今村再建議c.の取扱いをめぐり，明治21年10月4日の法律取調委員会で議論の応酬があった。その際，磯部四郎は，賃借権の物権的構成を支持して，明治21年10月3日付磯部四郎「賃貸借ニ関スル建議ニ対シ上ル卑見」[7]（以下「磯部意見d.」と呼ぶ。）を提出し，今村再建議c.の各論点に次のように反論した。

　① フランス民法下における賃借権の性質をめぐる論争は，民法の規定の不明確さに由来する。債権説が有力であるとしても，それは賃借権の権利としての本質が債権であるべきことは意味しない。それゆえ，「仏国民法ノ賃借権ヲ以テ人権ト為スノ論決ハ慕氏ノ原案攻撃上ニ何等ノ勢力ヲ有セサル」。

　② 賃貸人の収益担保義務は，賃借権が物権であることの障害にはならない。

　③ 諸外国の法律が債権的構成を採用するのは，フランス民法を模倣した結果に過ぎないのであり，「之ヲ以テ法理ヲ占フコトヲ得ヘキモノニアラサルナリ」。

　④ 我が国の慣習は賃借権を債権とするという今村の主張は，「建議者一己ノ思想」であり，実証的根拠はない。「当府下」では家屋賃貸借における転貸借が存在するし，「我郷里ニ於テハ一人ノ小作者ニシテ数万坪ノ土地ヲ借リ之ヲ細別シテ更ニ労働者ニ小作セシメ」るものがある（又小作慣行）。

　また，磯部は，今村が草案の個々の規定の不都合として指摘した諸点について，次のように反論する。

　⑤ 草案125条が賃借権の物権性に矛盾するというが，「契約ノ種類如何ハ其由リテ生スル権利ノ物上タルト対人タルトニ随テ異ナルモノニアラス双方ニ義務ノアルモノハ之ヲ双務ト云フノミ」。

　⑥ 賃貸人の収益担保義務については，既に論じた。

　⑦ 借賃減額請求権については，第1に，「物件ノ損失ハ権利者ノ負担タル原

---

(7) 法律取調委員会民法草案財産編再調査按議事筆記自第一回至第十三回（日本近代立法資料叢書11）228頁，磯部は後に，同・大日本新典民法釈義財産編乾（内閣文庫所蔵）675頁以下にこの時の今村再建議c.と磯部意見d.の内容を詳細に紹介している。

則ハ一定不変ノ通則ニアラサルナリ」，なぜならば，動産質，不動産質や抵当権では物が消滅してもその「代物ヲ請求スルノ権利ヲ有ス」。第2に，「貸主カ借主ヲシテ収益セシムルコト完全ナラサル所ヨリ其完全ノ収益ヲ旨トシテ定メタル賃料ヲモ亦減少セサルヘカラサル双務契約ノ性質」がある。

⑧　同業者への賃貸禁止義務は，賃貸人の収益担保義務の結果であるが，これは賃借権の物権性と矛盾しない。

⑨　使用借権を債権とし賃借権を物権とするのは，使用貸借は「之ヲ貸スモ其人ニ由」り，「双方ノ意思上互ニ物件ト利益トヲ主トスル賃借契約ノ如キモノニアラ」ざるからである。

⑩　対抗力は物権の特性ではないと今村は論ずるが，「若シ第三者ニ対抗スルノ効力ハ物権ノ妙処タラストセハ其妙処ハ果タシテ何レニ在ルヤ」。

以上のように，磯部意見d.は，今村再建議c.に説得力ある反論を加える。これまでの論戦を通じて，全体として，今村の見解は，主としてフランス民法下における賃借権が債権であることを理由に，賃借権がその性質上本来物権ではありえないと主張する。しかし，これは無理のある主張である。というのも，仮に，フランス民法下における賃借権は債権という理解が自然だとしても，そのことは，新たに法典を起草する際に賃借権を物権として構成することの障害にはならないし，物権として構成することは可能である。実際，フランスにおいても，19世紀の債権説の論者は，解釈論としての物権説を厳しく批判したが，その後の債権説の論者の中には，プラニオル，ブーダン等有力な学者が，解釈論としての物権説を批判しつつ，立法論としては物権説が有力であることを論じた。その主な理由は，農地賃借権の抵当を認めることであった[8]。この意味で，草案の賃借権の物権的構成は，こうした論者の議論と軌を一にするものとすら考えられる。それゆえ，賃借権の物権的構成による立法は，論理として成立しない訳ではない。

今村の債権説のもうひとつの論拠は，日本の慣習に適合的ではないと述べたことだが，これは慣習をどのようなものとして理解するか，新規の立法に際してはどの程度慣習に拘束されるべきかという問題である。今村は，先の今村建

---

(8) 第1章第1節第4項参照。

第2章　ボワソナード草案における賃借権の物権的構成と旧民法

議a.での議論からも明らかなように，日本の賃貸借関係における賃貸人と賃借人との人的従属関係を重視し，これが維持されるべきであると述べた。これは，この後の論争においても同様である。

2　法律取調委員会での応酬
㈦　債権説の論者

法律取調委員会においては，以上の磯部意見d.の朗読の後，今村再建議c.の取扱いをめぐって議論が交された。賃借権の債権的構成を支持するのは，報告委員では，井上（民法草案財産編再調査按議事筆記自第一回至第十三回（日本近代立法資料叢書11) 234頁，以下では単に［　］のなかで頁数のみ記す。），熊野［236頁］，光妙寺［239頁］であり，法律取調委員では，箕作［245頁］，松岡［246頁］，清岡［262頁］，渡［249頁］，尾崎忠治［245頁］，尾崎三良［234頁］，北畠（再議の際に判明する）等である。このうち，箕作と松岡が賃借権の債権的構成に賛成するのは，もともと別調査案において賃借権の債権的構成を基本とする案を起草していたのであるから，当然とも考えられる。

債権的構成を支持する論者の中で，例えば，井上は，次のように論じた［235頁］。債権と物権の区別の基準は，第3者対抗力の有無ではなく，「或ル人カ特定物ニ付テ人ノ手ヲ假ラズ人ノ保証ヲ受ケズ直チニ其物ニ付テ利用スルコトノデキルト云フ」ことである。永小作の場合と異なり，賃貸借の場合には，賃借人は，「賃貸人ノ補助ヲ得テ賃貸物ノ物件ヲ利用スルコトガ出来ル」。例えば，賃借人は，賃借物が破損したときに賃貸人に修復を依頼する。以上のように，井上は，主として理論的なことがらを論ずる。ここでは，日本人委員が物権の基準を権利者と物との関係に求めている。これはなぜであろうか。ボワソナードは，立法論として賃借権を物権として構成した。それゆえ，これに対する日本人委員の反論は，立法論として賃借権は物権とすべきではないと述べる必要がある。先に見たように，当時においては，物権の基準をその対外的効力に求める物権理論が一般的であり，ボワソナードもその例外ではない。このような対外的効力を中心とした物権理論を前提にする限り，賃借権を物権として構成することは立法論としても許されないと主張することは難しい。これに対し，日本人委員が述べたように，物権の基準を物と権利者の直接の関係の有無に求め

第2節　旧民法

る場合には，賃貸借関係における賃貸人の役割を強調することによって，賃借人の賃借物支配は間接的であるから賃借権は物権ではない，または物権として構成すべきではないというかたちで，立法論としての賃借権物権説を批判しうることになった。以上の日本人委員による物権理論は，デリュペの賃借権物権説が前提とした物権理論に類似するものであり，物権理論に関して奇妙な接近が見られる。ところが，その物権理論が実際に意味したところは，デリュペの場合は第二次大戦後の賃借権保護立法による賃借人の賃借物利用権限の拡大を前提にしていたのに対し，日本人委員の場合は当時の賃貸借関係における賃貸人の役割の重視であって，対照的であった。

そして，重要なことは，井上が賃借権の債権的構成により賃借権の対抗力を奪おうとはしないことである。むしろ，井上は，賃借権の対抗力の存在は当然の前提とする。その上で，対抗力の付与は直ちに賃借権の物権性を意味するものではないと論じた。このような発言は，債権説の論拠として賃貸人の収益担保義務の存在を指摘したフランスの議論に類似したものと考えられる。

熊野も，同様に，「賃借人ノ権利ハ真ニ物ノ上ニ行ハルルデナクシテ賃貸人ノ所為ヲ以テ権利ヲ行フ」と論じて，賃借権の債権的構成を主張しつつ，賃借権の対抗力に関しては，「前所有者ノ為シタ契約履行ヲ後チノ所有者ニ命ジテ後チノ所有者カ尊重シナケレバナラント法律カ命ジトモノトスレバ差支ナイ，必ズ物権トシナケレバナラン必要モアリマスマイ」と述べた［236頁］。その上で，賃借権の物権性の他の実際上の重要な帰結としては，賃借人の占有訴権と賃借権抵当とがあるが，いずれも実際的に必要ないと次のように論じた。

「賃貸人（賃借人の誤りか……小柳注）ト云フ者ハ自分ノ占有訴権ヲ行ハナケレバ其目的ヲ達スルコトガ出来ヌト云フコトモナイト思ヒマス，又担保ノ義務ガアリテ賃貸人ノ請求通リ増サセルコトモ出来ルカラ，占有訴権ヲ持タセヌデモ不便ハアリマセン，又賃借権ヲ書入レルコトカ出来ルト云フモ，之ハ抵当ニ入レルモ取ル人ハアリマスマイ，又実際益モアリマスマイ……故ニ人権ニシテモ不都合ハアリマスマイ」［239頁］。

ところで，このように賃借人の占有訴権と賃借権抵当とについて債権説の論者が論ずる場合には，これにより不利益や不都合があるというのではなく，不要であると主張するにとどまる。それゆえ，その主張には十分な説得力が欠け

417

るという感を否めない。なお，草案財産編144条は，賃借人に占有訴権（action possessoire）と本権の訴え（action pétitoire）を認める[9]。ここで法律取調委員会の論者が占有訴権というときは，本権の訴えを除いた趣旨ではなく，本権の訴えを含めた物上訴権という意味であろう。

(ｲ) 物権説の論者

これに対して，賃借権の物権的構成を支持するのは，報告委員では，栗塚[242頁]，寺島[245頁]であり，法律取調委員では，村田[245頁]，南部[248頁]，西[248頁]，槇村[249頁]である。例えば磯部は，賃貸人に義務があるからといって賃借権が債権となることはないと論じた[240頁]。このような意見は，フランスにおける物権説，債権説の対立の歴史から言っても当然のものと考えられる。実際，既に論じたように，フランスの物権説は，賃借人は賃貸人への債権と賃借物への物権を有すると論じたのであり，それは，ボワソナードも同様である[10]。更に，磯部は，賃借権の物権的構成の具体的利益である占有訴権と賃借権抵当とに触れ，いずれも賃借人にとって利益があると述べた。特に，賃借権抵当については，「時トシテ（賃料が……小柳注）安イ賃借権ナラバ抵当ニ取ルコトモアルカモ知レマセン又利益ヲ為スカモ知レマセン」と述べた［241頁］。

債権的構成を支持する論者が重要な問題とするのは，賃借権の譲渡，転貸である。これについては，物権説である栗塚は，賃借権の物権的構成と関連づけて，次のように論じた。

「実際論ノ中デ利益ノコトヲ申遺シマシタガ，物権ニシテ置クト転貸スルコトカ出来ル，賃貸借人即チ私ガ三箇年間ノ契約デ或ル人カラ家ヲ借リタルトキ大阪在勤ヲ云ヒ付ケラレタトキハ三箇年ノ家賃ヲ払テ契約ヲ解クカ，或ハ三ケ年ノ銭ヲ損スルデアリマスガ私ハ三ケ年間借リテ居ル権ガアルカラ期間中ハ他人ニ復タ貸スルコトヲ許セバ此上ニモ実際復タ貸シヲ為ス方ガ便利ト思フ，又貸タ人モ家賃ヲ取ルガ目的ダカラ，家賃サヘ払ヘバ宜シイ……物権ニシテ置クハ便利デアリマス，良シ人権ニスル人ニシテモ此論ハ価値ノアル論ト思ヒマス」[243頁]。

----

(9) G.E. Boissonade, *Projet*, t. I, 2ᵉ éd., n°185.
(10) G.E. Boissonade, *Projet*, t. I, 2ᵉ éd., n°167.

第2節　旧民法

　これに対し，債権説は，次のように論じた［244頁］。
　（光妙寺報告委員）「転貸ヲサセル利益ト云フハ栗塚カ借リテ居ルニ又私カ借ルトキハ貸シタル人ハ利益デナイカモ知レヌガ貸シタ人ガ復タ貸シタ人ニ貸ス意思ハナイコトハ初メカラナイノデアリマス，デアルカラ復タ貸ヲ以テ物権ノ利益ト云フコト出来マセン」
　（栗塚報告委員）「尤モ反対ノ合意アルトキハ此ノ限ニ在ラスデ，ソレ丈ケハ制限ガ出来マス」
　（光妙寺報告委員）「貸タ人ノ思想カラ論ジナケレハナラヌガ物品ヲ人ニ貸スノハ人ヲ目的ニシテ貸スノデアリマショウ」
　（熊野委員）「復タ貸ノコトハ建議者ノ意見書中ニモ物権ノ結果トシテアルガ併シ仏蘭西ニモ人権ト定マツタ権ニモ復タ貸ガ出来ルカラ必ラズシモ物権ノ結果デハアリマセン，物権ヲ借リ自分ノ権利ヲ人ニ移スコトガ出来ル，賃借権ハ人権デモ自分ガ家ニ住ウ権利ヲ得テ居ルカラ，住ウ権利ヲ以テ他人ヲ住ハセルコトモ出来ルニ相違ナイ復タ貸ノ出来ル権利ハ必シモ物権ノ結果トスルコトハアリマスマイ」
　ここでの議論の中で，熊野（債権説）が述べるように，フランス民法では，賃借権の債権的構成とともに，賃借権の譲渡，転貸の原則的自由を承認していた（1717条）。それゆえ，賃借権の譲渡，転貸と賃借権の構成の問題との直接的な関連はないことになる。このため賃借権の物権的構成と債権的構成の具体的効果における主たる相違は，賃借権の抵当と占有訴権に限定されるとして，賃借権の構成の問題は実質的に見て大きな相違をもたらさないという意見すらあった［248頁］。

　(ｳ)　賃借権の物権的構成と譲渡，転貸
　しかし，賃借権の物権的構成と譲渡，転貸とは関連が深いという次のような応酬もあった［249頁］。
　（委員長）「貴君ハ純然タル人権ニシ様ト云フノダネ」
　（尾崎忠治委員）「左様デ御座イマス」
　（南部委員）「人権トナツテモ復タ貸シスルコトモ出来ルノテス」
　（尾崎忠治委員）「人権トナツタラ元トノ貸シ主トノ承諾ヲ経テ貸スノデアリマショウ」

419

第2章 ボワソナード草案における賃借権の物権的構成と旧民法

（南部委員）「ソレハ何所ニアリマスカ，左様云フコトハ見ルコトハアリマセン」

（尾崎忠治委員）「物権ニナツタラバ借タ人ハ承諾ヲ経ナイデモ復タ貸シテモ宜シイノデシヨウ」

（南部委員）「左様ニ解釈ニナツタラ恐ラクハ違ヒマシヨウ，物権人権ノ区別ハ唯タ第三者ニ対抗スルコトノ出来ルヤ否ヤノ所デアリマス」

賃借権の債権的構成と賃借権の譲渡，転貸の原則的否定とを直接結び付ける見解は，既に今村再建議c.のなかにも見られたが，この尾崎忠治委員（債権説）のように法律取調委員会の議論のなかでも根強く存在したのである。これは，よりさかのぼれば，賃貸人と賃借人の間の関係を人的な色彩の濃厚な関係と理解し，また一種の共同経営とも称すべきものと理解する見解に結び付くものであろう。くり返しになるが，この見解でも賃借権の対抗力の付与は当然として承認するのである。また，屋敷地の場合は，今村建議a.と同様に地上権が物権であることは問題にされない（これは，永小作と同じく，地主が収益担保のために特に役割を果たさないことが理由である。）。このような議論の後，法律取調委員会は，採決[11]の結果，7対4で賃借権の債権的構成による草案を今村に起草依頼することにした［266頁］。この採決結果には，やはり譲渡，転貸の問題が重要な役割を果たしたものと推測される。また，小作については，民法で規定すべきことに決した［266頁］。

Ⅲ 債権説による修正案

今村は，法律取調委員会の依頼を受けて「賃貸借ノ章修正案」（以下では，「今村修正案」と呼ぶ。）を起草した[12]。更に，これと密接に関連する「永借及地上権ノ修正案」が現在残されている[13]。両者は一体と考えられるから，ここで検討する。今村修正案は，賃貸借に関しては，草案の規定を承継しつつ，債権説の採用のために必要な修正を加える。また，「永借及地上権ノ修正案」では，これらの権利を債権ではなく物権として構成する。今村修正案の成立する機縁で

---

(11) 民法編纂ニ関スル諸意見並雑書（日本近代立法資料叢書10）92頁。
(12) 同上76頁。

あった別調査案では，永小作権も宅地借権も債権であったことと比べると，永借権と地上権で草案に近い内容になっている。ここでは，草案で重要であった論点について，検討する。

1 賃借権の構成

今村修正案の特徴は，第1に，賃借権の債権的構成の明示である。そのため，修正案は，賃貸借を第3編第17章として消費貸借や使用貸借の前に置く。また，賃貸借の章の構成を第1節賃貸借の性質及び成立，第2節賃貸人の義務，第3節賃借人の義務，第4節賃貸借の終了とする。これは，売買等の通常の契約に関する章の構成に倣ったものである。なお，フランス民法は，賃貸借の具体的種類を念頭に置いた農地賃貸借や建物賃貸借に関する節を設けるが，今村修正案はそのようなことはしていない。

今村修正案の第2の特徴は，賃貸借の定義であり，「賃貸借ハ当事者ノ一方カ他ノ一方ヲシテ或ル時間或ル物ニ付キ収益セシムルノ義務ヲ負担シ他ノ一方カ其収益賃トシテ金銭其他ノ有価物ヲ弁済スルノ義務ヲ負担スル契約ナリ」と規定した（1条）。草案と異なり，賃借人の物に関する収益権を直接には規定せず，単に賃貸人の義務を規定した。今村は，「此定義ハ仏国民法其他仏国学者ノ説ニ従フ」と述べた。これもまた，賃貸借の債権的構成を明らかにするための措置である。

2 賃貸借の存続

(ア) 賃貸借の存続期間

第1に，期間の定めのある場合である。今村修正案9条は「土地ノ賃貸借ハ三十个年ヲ超ユル事ヲ得ス」と規定した。最長期間は，土地の賃貸借については，30年である。30年を最長期にしたのは，草案に従ったものである。今村は，

---

(13) 「第三章永小作及地上権修正案　明治二十一年十月八日　今村和郎」（民法編纂ニ関スル諸意見並雑書（日本近代立法資料叢書10) 129頁。なお，そのほかに，賃貸借と使用貸借との関連を問題にする「賃借権，使用権，使用貸借ニ関スル問題」民法編纂ニ関スル諸意見並雑書（日本近代立法資料叢書10) 114頁がある。

第2章　ボワソナード草案における賃借権の物権的構成と旧民法

20年では短かすぎると述べ，また，「農商務省ノ立案」でもやはり30年とすることを論拠にする。ここで，今村が「農商務省ノ立案」と呼ぶものは，当時農商務省が準備中であった小作条例草案のことであろう[14]。

また，30年を超える賃貸借は，期間が30年に短縮されるのであり（9条後段），永小作に転換するのではない。今村は，賃借権を債権とした以上，永小作は物権として権利の法律的性質そのものが異なることになり，期間をいかに延長しても永小作に転換することはないと論じた。旧民法編纂の法律取調委員会では，認定永小作慣習を規定としたと理解されていたのであるから，これを排除する意義を持つ。

なお，建物賃貸借については，このような最長期の制限はない。今村は，その理由として「家屋ハ永久存立スヘキモノニ非サルヲ以テナリ」と論じた。家屋の滅失や朽廃により賃貸借を終了させればよいというのであろう。

期間が満了すれば，賃貸借は終了する。今村修正案は，黙示の更新の制度を設け，期間の満了により賃貸借が終了した後，「賃借人カ仍ホ収益シ賃貸人之ヲ知リテ故障ヲ為ササルトキ新賃貸借暗ニ成立」すると規定した（31条）。もっとも，この黙示の更新は，フランス民法や草案と同様に，例外的なものであり，また，新しい賃貸借は，解約申入れにより一定の期間（後述）の後終了する。

更に，期間を定めても，当事者が解約権を留保することは可能である。その場合もまた，賃貸借の種類に応じた猶予期間の後賃貸借は終了する（38条）。

期間に関する定めのないときは，家具付きではない建物賃貸借は，借賃を1年，1月，1日等の支払単位とするときは，その期間賃貸借を設定したものと推定する。それ以外の賃貸借では，当事者は，「解約告知ノ後法律上ノ期間ノ満了」により終了させることができる（28条第5）。この際の「法律上ノ期間」とは，具体的には，「確実ナル地方ノ慣習」があればまずそれによる（36条）。これがない場合には，土地の賃貸借では，耕地の場合は，「主タル収穫期」より1年前に解約申入れをなすことを要し，耕地でない場合には「返却セシム可キ時期」より1年前に解約申入れをなすことを要する（35条）。建物賃貸借については，

---

[14] 小作条例草案については，水林彪・前掲「日本近代土地法制」法協89巻11号109頁注（43）。

第 2 節 旧 民 法

家具つきでない建物の場合，全家屋については，3か月である。また，家具つきの建物賃貸借が黙示の更新がなされた場合には，解約申入れにより終了することとなり，その猶予期間は，前の賃貸借の期間を3か月以上と定めたときは，1か月であり，3か月未満のときはその期間の3分の1である（34条）。

　全体として，今村修正案の賃貸借の存続期間に関する規定は，草案と同様のものと理解できる。むしろ，建物賃貸借等について，賃貸借の最長期間を設けないことは，重要である。とりわけフランスにおいては，商事賃貸借において長期間の建物賃貸借が設定されることは既に論じた。例えば，賃借権質に関する判例として紹介したものの中には，賃借人が建物を建築し，その建物を50年間賃借するというものがあった。草案ではこうした契約であっても存続期間を30年に短縮されることになる。これに対して，今村案ではこうした契約の期間をそのまま認めることが可能である。この点では，大きな相違があると考えられる。もっとも，当時の日本においてはこのような長期の建物賃貸借類型は考え難いのであるから，この相違は実際には余り大きな意味を有するものではない。

　(ｲ)　対　抗　力

　賃借権の対抗力に関する規定も重要である。草案は，賃借権の物権的構成故に対抗力に関する独自の規定を賃貸借の章には設けない。賃借権の対抗力は，他の物権同様に存在し，具体的な対抗要件に関しても物権変動一般の規定で処理した。これに対し，今村修正案では，賃借権の債権的構成故に，フランス民法1743条に相当する賃借権の対抗力に関する特別の規定が必要であり，次のように規定した（修正案30条）。

　　「貸借ノ土地又ハ家屋ヲ譲渡シタルトキハ賃貸借ハ左ノ規定ニ従ヒテ終了ス

　　　期間三个年ヲ超ユル賃貸借ハ登記所ノ登記簿ニ之ヲ登記シタルトキハ譲受人ニ対シ其契約ノ全期間効力ヲ有ス

　　　期間三个年以下ノ賃貸借ハ確定日附アルトキハ亦譲受人ニ対シ効力ヲ有ス

　　　登記ヲ為サス又確定日附ナキ賃貸借ト雖トモ譲受人ハ本節ニ掲ケタル解約ノ申入及ヒ退去ノ規定（家具付きでない家屋賃貸借については，3月(33条)，家具付きの家屋賃貸借では1月(34条)，土地の賃貸借では主たる収穫期より1年前等

423

第2章　ボワソナード草案における賃借権の物権的構成と旧民法

（35条）……小栁注）ニ従フ事ヲ要ス」

　期間が3年を超える賃借権は，対抗要件として「登記」を必要とする。なお，この場合の登記は，草案の予定したフランス式の証書謄記かは明らかではない。既に10月2日の法律取調委員会において，草案の予定する不動産公示制度と当時の不動産登記法（明治19年法律1号）が規定するドイツ式の権利登記の制度との不整合が指摘されていた[15]。但し，期間が3年以下の賃借権は「登記」によらない。今村は，これについて次のように注釈で述べた。

　　「期間三个年以下ノ賃貸借ヲ盡ク登記スルトキハ繁雑ニ堪ヘサル可シ其確定日附アルモノハ登記ヲ要セスシテ譲受人ニ対抗スル事ヲ得ルト為スモ譲受人ニ於テ損害ナカル可シ何トナレハ譲受人ハ賃貸借ノ有無ヲ取調タル上ニ非サレハ譲受ケサル可シ……仏国ノ法律ハ十八个年以上ノ賃貸借ヲ登記セシメ其以下ハ登記ナキモ確定日附アルトキハ譲受人ニ対シ効力アリトス白耳義ノ新案ハ九个年以上以下ヲ以テ区別ス日本ニ於テハ三个年ヲ以テ適度トス可シ登記ナク確定日附ナキ賃貸借ト雖トモ即時ニ明ケ渡サシムル事ヲ得ス此場合ニ於テハ解約申入ヨリ退去マテノ期間ヲ猶豫ス可シ」。

　草案が一律に謄記を賃借権の対抗要件としていたのに対し，今村修正案は，期間3年以下の賃貸借については，「繁雑」であるとの理由により，確定日付でよいとする。3年という期間は，今村が説明で述べるように，フランス民法が18年，ベルギー民法が9年としたのを更に短縮したものである。短縮の理由は，明確ではない。草案とフランス民法を折衷したという感を受ける。今村修正案は，期間3年以下の賃貸借に関し登記を不要とした点については，草案に比較すれば，賃借人に有利と考えられる。先の「繁雑」という評価も，賃借人のことを考えてのことであろう。期間が3年を超える土地家屋の賃貸借は対抗要件として登記を必要とする。これに関連して，今村は，登記すべき物権変動に関

---

　[15]　法律取調委員会民法草案財産編再調査按議事筆記自第一回至第十三回（日本近代立法資料叢書11）202頁，また，「民法草案登記法ニ関スル条項修正案」民法編纂ニ関スル諸意見並雑書（日本近代立法資料叢書10）374頁。司法省は，明治19（1986）年の登記法以来フランス式の証書謄記ではなく，ドイツ式の権利登記の制度を採用する。これが関連する。

424

第2節　旧民法

する草案財産編368条の修正案を明治21年10月8日に作成した。今村は，物権であれ，債権であれ，登記により物権変動を登記すべきものがあるとして（「凡ソ登記ハ第三者ノ知ルト否トニ付キ利害ノ関係アル権利行為ヲ公告スルノ方法ナリ故ニ権利ノ性質ニ因リ制限ヲ為スヘキノ理ナシ」(16)），368条自体を登記すべき「行為」に関する条文に変えた上で，登記すべき「行為」に「第六　期間三个年ヲ超ユル土地家屋ノ賃貸借」を登記すべきものとして付加した。

　もっとも，草案においては，財産編370条として，悪意の第3者に関し対抗力が認められ（但し，これは証明方法が極めて厳格に制限されているため事実上困難）(17)，とりわけ詐害をなす第3者には対抗力が存在した（この場合の証明方法の制限は厳格でない）のが，今村修正案ではどうなるかが疑問となる。

　フランス民法の下においても，詐害をなす第3者に対して，私署証書は確定日付を有することなく対抗できたことを考えれば，詐害の場合において賃貸不動産の譲受人に対し対抗することは不可能ではないと考えられ，結局，裁判所がいかなる解釈を採用するかに委ねられる。ただ，明確な規定を欠く点で，今村修正案の方が微妙ながら不利のようである。また，今村の見落としとすると，登記を欠く場合については，草案と同様の評価が可能である。

　更に，対抗力を奪う特約については，有効とする。但し，その場合，通常の解約権留保特約による解約と同様に一定の猶予期間（期間の定めのない賃貸借の解約申入れの猶予期間と同一である。）が存在する（38条）。

　(ウ)　債務不履行による解除

　債務不履行による解除について，今村修正案28条2項は，「賃貸借ハ法律ニ定メタル条件ノ不履行其他ノ原因ノ為メ当事者ノ一方ノ請求ニ因リ裁判所ニテ宣告シタル取消ニ因リテ終了ス」と規定する。ここでは，賃貸借の解除のために裁判所の宣告が必要となっている。これは，解除を裁判所の宣告に委ねるフランス法の伝統や草案に従ったものと考えられる。なお，それ以外の細かな要件については，明らかでない。

---

(16)　民法編纂ニ関スル諸意見並雑書（日本近代立法資料叢書10）129頁。

(17)　本書第2章参照。

第2章 ボワソナード草案における賃借権の物権的構成と旧民法

3 賃借人の権利・義務

(ｱ) 賃借権の譲渡, 転貸

今村修正案の特徴は, 賃借権の譲渡, 転貸についての消極的な姿勢である。今村修正案23条1項は,「賃借人ハ賃貸人ノ許諾ヲ得タルニ非サレハ其賃借権ヲ譲渡シ又ハ其賃借物ヲ転貸スル事ヲ得ス」と規定した。今村は, 草案の規定を変更する理由について,「賃貸借ヲ人権ト為シタリ故ニ転貸スルヲ得サルヲ以テ本則ト為スヲ穏当ナリトス此第一項ヲ設クル所以ナリ」と述べ, 債権的構成と譲渡, 転貸の原則的否定とを直結させる。今村は, 当初から賃貸人と賃借人との人的な関係が重要であるとの理解を示していたが, 賃借権の譲渡, 転貸に消極的な今村修正案23条はこれと密接な関連があった。なお, 本条には, 第2項があり,「然レトモ土地又ハ家屋ニ付テハ賃借人ニ正当ノ理由アリテ一个年以上収益スル事ヲ得サル見込アルトキハ賃借人ハ譲渡又ハ転貸ノ許諾ヲ要求スル事ヲ得此ノ場合ニ於テ賃貸人ハ此要求ヲ承諾スルカ又ハ契約ヲ解除スル事ヲ得」と規定した。しかし, この規定は, 賃借人の許諾要求があった場合にも賃貸人は解除できるという以上, 実質的にみて賃借人保護にならない。

更に, 賃借権抵当に関する規定は, 存在しない。

(ｲ) 賃借人の訴権

今村修正案は, 当初は, 賃借人に占有訴権を認めたようである(但し, これを認めた今村修正案の条文は現在残されていない。)。というのも, 栗塚報告委員等が「民法草按賃貸借ノ章修正按ニ関スル調査要望」[18] (以下では,「調査要望e.」と呼ぶ。)と題する文書で「修正案第十三条(原案……小栁注)ニ依レハ賃借人ハ己レ自カラ原告人ト為リテ権利上ノ訴訟ヲ起ス事ヲ得故ニ純然タル物権ヲ有スルモノノ如シ」と指摘し, 賃借人に占有訴権を認めたのは賃借権の債権的構成と調和しないと論じた。これに応えて, 今村は,「民法賃貸借ノ章修正案ニ対スル報告委員ノ異見書ニ答フ」[19] (以下では,「今村回答書f.」と呼ぶ。)において「修正案ノ起草者(今村のこと……小栁注), 見落ニシテ起草者ハ之ヲ覚知シタル者ニ対シ深ク其探求ノ労ヲ謝ス」と述べ, 賃借人の占有訴権を認める規定を削除した。それゆえ, 現在残されている今村修正案の条文には賃借人の占有訴権は規定さ

---

(18) 民法編纂ニ関スル諸意見並雑書(日本近代立法資料叢書10) 127頁。

第 2 節 旧 民 法

れていない。第 3 者の所為により賃借人の収益の権利に妨害または争論を受けた場合には，賃借人はみずから訴えることはできず，賃貸人が収益を担保する義務を負うのである（13条）。このように，一時にせよ，今村修正案が賃借人に占有訴権を与えたことは，今村が物権説を批判する場合に，占有訴権の問題を重視していなかったことを示すものであろう。

(ウ) 改　　良

賃借人の改良について，今村修正案22条は，次のように規定した。

「賃借人ハ賃借物ノ形質ヲ變スル事ヲ得ス然レトモ土地ノ収益ニ必要ナル建物ヲ築造シ又ハ樹木ヲ栽植スル事ヲ得賃借人ハ右建物又ハ樹木ヲ賃貸借ノ終ニ於テ収去スル事ヲ得ト雖トモ賃貸人ノ要求ニ応シテ土地ヲ原形ニ復スル事ヲ要ス」

この条文では，賃借人は賃借物の形質を変更してはならないという義務を負うこと，但し，収益に必要な建物建築や樹木植栽をなしうること（換言すれば，そのような行為は，義務違反にならないことを示す限りで賃借人の改良権限を明示する。），賃借人による建物や植栽は賃貸借終了にあたり賃借人が収去できるが，原状回復義務を負うことなどの特徴がある。この条文の原形になった草案の規定と比べると，類似する点は，賃借人の改良権限を認めて，建築，植栽等の一定の改良を賃借人の義務違反とならないことを明確にしたこと，賃借人に建物，植栽の収去権を認めたことであり，相違する点は，賃貸人の先買権規定がないことである。そもそも，今村に限らず，法律取調委員会においては，こうした先買権について，批判が存在した。これは，まず，用益権の審議において問題となり，また，賃貸借の審議においても問題となった。賃貸借においてこの先

---

(19) 民法編纂ニ関スル意見書（日本近代立法資料叢書12）344頁。明治21年10月13日の再調査第11回議事筆記で栗塚報告委員は，「第一ノ修正案第十三条デハ賃借人ハ自分ガ主タル訴権ヲ起スコトガ出来ル自カラ原告ト為テ訴権ガ出来ルトハ，人権トシテハ不釣合デハナイカ人権トシテハ出来ヌ筈デアルト云フ話ヲシタ所ガ今村ハ昨日来テ誤リヲ改メテ茲ニ書イテアリマス通リヲ申シテ呉レト云フ位ヒデ第十三条ハ今村ガ我々ノ気付キテ直シマシタ。」と述べている（民法草案財産編再調査按議事筆記自第一回至第十三回（日本近代立法資料叢書11）335頁）。

第2章 ボワソナード草案における賃借権の物権的構成と旧民法

買権を批判する論者は，賃借人が収去するのが当然であり，先買権を認めると「地主許リ旨イコトヲスル」，鑑定人の評価にしても賃借人には不利であると論じた。この先買権規定は，ボワソナードが国家経済上の利益を理由として設けたものであるが，日本人委員は，賃借人の不利益となることを論じたのである。今村は，虚有者の先買権規定について「不正ノ規則」と述べ，批判的であった[20]。

㈣ 賃借人の借賃減額請求権

今村修正案は，不可抗力による減収における賃借人の借賃減額請求権について，次のように規定した（14条）。

「妨害カ戦争，旱魃，洪水，暴風，火災ノ如キ不可抗ノ力又ハ官ノ処分ヨリ生シ此カ為メ毎年ノ収益ノ三分ノ一以上損失ヲ致シタルトキハ賃借人ハ其割合ニ応シテ借賃ノ減少ヲ要求スル事ヲ得」

一見するところ，これは草案138条と同一の規定のようであるが，不可抗力の具体例として旱魃と暴風をあげる。これは，草案が天候不順には原則として小作料減額を許さなかったことに対し，修正したものである。先の今村建議a．は，草案の規定が賃借人に不利であり，不適当であると批判した。今村はこの批判を修正案に生かした。なお，今村は，当初の建議においては，小作に関しては民法によらず特別法によることも考えられると主張したが，今村修正案の注釈では小作に対する特別法は不要であると述べた。

4 永小作権

今村は，通常賃貸借を債権として構成するが，これに対し永借権を物権とする。但し，今村修正案は，emphytéoseに対応する言葉として，永借権という訳語ではなく，永小作権という訳語を使用することに注意する必要がある。今村は，賃貸借章の修正案と合わせて永小作権と地上権に関する修正案を作成した。但し，賃貸借の修正案は債権的構成に転換したため全く新たに条文番号まで作成するものであったが，永小作権と地上権の修正案は，その物権的構成を維持したため，草案の条文配列及び番号に基本的に従いながら，個々の条文につい

---

[20] 瀬川信久・前掲不動産附合法の研究116頁。

428

第2節　旧民法

ての修正を施す形式であった。
　(ア)　定義と期間
　今村修正案166条1項は，永小作を「或ル期間年額ヲ払ヒテ他人ニ属スル土地ニ付キ収益スルノ権利」として定義する。これは，今村修正案の通常賃借権が土地への収益権がなく，単に賃貸人に収益をなさしむるよう請求する権利であったのと対照的であり，永小作人の土地に対する直接的な収益の権利を規定した。
　更に，この条文は，永小作の最短期間を規定していない。今村は，「永」という字には短期ではないという意味があると認めつつ，「真ノ永小作ノ性質ハ年期ニ在ラスシテ契約ノ性質ニ在レハナリ」と論じた。通常賃貸借が債権であるのに対し，永小作は物権というところに特徴があるとして，最短期間を設けないのである。今村は，当事者は10年や15年の期間の永小作を設定しうるため「実際ニ於テハ却テ便ヲ得ヘシ」と論じた[21]。
　永小作の最長期間は，50年である（同2項）。50年を超えて設定された永小作権は，50年に短縮される。当事者が永小作であることを明示し，契約期間を定めないときは，その永小作は40年で終了する。
　更に，今村修正案は，第2版以後の草案と同様に，民法制定前から存在する既存の永小作に関する規定を設けた。その内容は，①既存の永小作は期間の定めがあれば，50年を超える期間についても有効である，②既存の永小作で期間の定めのないものは，後日特別法により規定するというものである。基本的には，草案と同様である。但し，草案には，既存の永小作であって期間が永久のものについて永小作人による底地買取のための特別法を予定したのと比べれば，今村修正案は，永小作人保護にやや欠ける。
　(イ)　永小作人の権利義務
　これについては，基本的に草案と同様である。永小作人は，通常の賃借人と異なり，「永久ノ毀損ヲ生セシメ」ない限りで「永小作地ノ形質ヲ変スル事ヲ得」ること（169条1項），それゆえ，沼を干拓でき，水流を変更できること（同2

---

[21]　民法編纂ニ関スル諸意見並雑書（日本近代立法資料叢書10）92頁。今村が著者と推定されるのは，再建議c.と同じ文章が存在するからである。

項），原野を開墾できること（170条）が基本的なことである。その他，建物については，「主タル建物」や「従タル建物」であってもその存立期間が永小作期間を超えるものは「取除ク」ことができないこと（171条），地底鉱物に関する採掘権を有しないこと(173条)，地主は永小作契約の現状にて土地を引き渡し，契約期間でも大小の修繕を負担しないこと(175条)，不可抗力による減収でも永小作人は永小作料の減額を請求しえないこと(176条)，永小作人が永小作地に賦課された通常や非常の租税を負担すること(177条)，地主は，3か年永小作賃の払入れをうけないときに契約の解除を請求しうること（180条）等である。

　もっとも，変更された点もある。草案は，永小作契約について，永小作人が樹木や単なる改良については永借人が賠償なくして永借地に残し，建物については収去権を有する旨を規定した。更に，この建物収去権に対応するものとして永貸人の先買権規定があった。これに対し，今村修正案は，樹木や単なる改良については永小作人が「賠償ナクシテ残シ置クモノトス」と規定し（182条)，草案の永小作人の建物収去権規定と地主の建物先買権規定を削除した。この意義は，必ずしも明確ではない。永小作については，特別の規定がない限り通常の賃貸借の規則が適用されるのであるから(168条2項)，通常の賃貸借でも賃貸人の先買権規定がない以上，永小作についても地主の先買権が存在しないことは疑いがない。しかし，永小作人は建物を収去しうるのか否かについては，明文を欠く。通常賃貸借では賃借人は建物収去権を有する以上，永小作でも建物収去権を有すると考えるべきであろうか。

　更に，重要な問題がある。というのも，今村修正案の規定では永小作権の譲渡，転貸，抵当について触れていない。一般にフランスでは通常賃貸借を債権として理解しつつ，永借権を抵当権の客体たりうる物権として理解するのであるが，今村修正案の場合，永小作権の抵当に関する規定がない。更に，通常賃貸借については，今村修正案では，そもそも譲渡，転貸には賃貸人の承諾が必要であり，また，賃借権抵当に関する規定は削除された。とすると，永小作権についても，同様に理解する他はなく，永小作抵当は認められないことになるのであろうか。しかし，これでは永小作権を特に物権とする意味が乏しくなる。草案の場合，通常賃借権の抵当が可能であるから，永借権抵当に関する特別の規定は必要ない。しかし，今村修正案では必要であった筈である。結局，これは，

第2節　旧民法

立法の過失と理解しうるのであろうか。あるいは，今村は，とりたてて規定するまでもなく，永小作権は，譲渡，転貸，抵当をなしうると考えたのであろうか。

5　地上権
(ア)　地上権の意義
　既に述べたように，今村修正案は，別調査案と異なり，地上権の物権性を承認し，基本的に草案に従っている。例えば，地上権の定義は，「地上権トハ他人ノ所有ニ属スル土地ノ上ニ於テ建物又ハ樹林ヲ完全ノ所有権ヲ以テ所有スル権利ヲ謂フ」(183条)と規定した。例外的に草案を変更したのは，次の点である。
(イ)　地上権の期間
　期間の定めのない場合について修正がある。今村修正案は，「既ニ存セル建物又ハ地上権者ノ築造ス可キ建物ニ付キ設定名義ヲ以テ地上権ノ継続期間ヲ定メサルトキハ契約ノ時ヨリ五十ヶ年ノ期間ヲ以テ設定シタリト推定ス」(188条1項)。こうして，期間の定めがないとき地上権の期間は50年と推定される。その代わりに，地上権者は，建物の修繕をするには地主の承諾が必要であるという草案にあった規定を削除する。この結果，地上権者は，修繕を自由になしうる。これは，草案では，建物が存続する限り地上権が存続すると規定したことに比べると，大きな変更である。今村は，その理由として，次のように述べる。①期間の定めがないときに，期間を推定する規定を設けるのは，とくに不都合ではなく，むしろ便利である。50年としたのは，ヨーロッパの例(ベルギー法を指すのであろう。……小柳注)や永小作の最長期が50年であることに従った。②ヨーロッパのような石造り，れんが造りの建物では，大修繕は稀であるが，日本の建物では，同様に考えては，不都合が生まれる。それゆえ，建物の存続と地上権の存続を切り離すのが適当である。更に，今村は「此ノ修正案ノ大体ハ起案者ノ同意ヲ得タリ」と述べた。このように50年と期間を推定するが，地上権者は，1年前の予告で解約申入れをなすことができるが，所有者は，解約申入れをなしえない(188条2，3項)。
(ウ)　土地所有者の建物先買権
　今村修正案は，地上権終了の際の土地所有者の建物先買権を廃止する。その

431

理由として，次のように述べる。ボワソナードは，非常に「保護法ヲ好ム。」これは，一方には利益を与えるが，他方には損失を与える。この土地所有者の先買権は，「貴重ナル所有権ノ授受ヲ強要スルモノ」であり，適当ではない。ボワソナードは，先買権が一般の経済に利益があるというが，それはヨーロッパのような石造家屋に適当であっても，日本では，妥当しない。また，評価人が評価するというが，既に建築されている建物の評価をするのは，至難の技である。もしも，当事者が買取を望むのであれば，その旨の合意をすればよいから，とくに先買権規定は必要ない。こうして，今村は，先買権が地上権者の建物所有権に対する制約になるとして，批判的である。

(エ) 既存地上権の処理

民法公布の際に，既に存在する地上権については，①存続期間を定めている場合は，それに従い，②期間を定めない地上権は，建物については，その存続する限り，樹木については，伐採するまで存続する。今村は，この規定の理由については特に述べていない。

以上，今村修正案は，賃貸借規定では，債権説との関連で，賃貸借の定義において賃借人の賃貸物についての直接の利用権を明示せず，また賃借権の譲渡，転貸を原則として許さない。しかし，ここから，今村修正案は，賃借人の権利の弱体化のみを目的としたと理解するのは適当ではない。賃借権の対抗力は特別の規定により認めるが，その要件は，草案とは異なり，一律に謄(登)記とするのではなく，3年以下の期間の賃貸借では確定日付とする。また，賃借人の小作料減額請求権を強化する。今村修正案の特徴は，賃貸人と賃借人の間の相互依存的，人的な賃貸借関係を重視し，それに適合的に規定を設けることにあったと考えられる。これは，草案が賃貸人と賃借人の独立した物的な関係を念頭においていたのと対照的である。

なお，今村修正案を先に検討した別調査案と比べると，賃貸借規定では，比較的共通するところが多いようである。しかし，例えば，対抗要件が別調査案では，「公正又ハ正確ノ賃貸借契約書」というあいまいなものであったのに対し，今村修正案では確定日付という明確なものになっている等，今村修正案には技術的な点で別調査案にあった不明確さが少ない。また，今村修正案は，永小作権や地上権を物権として認める点で，およそ物権的な不動産利用権に消極

第2節　旧民法

的であった別調査案とは異なる。全体としてみれば，今村修正案は，別調査案とその精神を共通にしながら，これを法技術的に精密化したものと理解しうる。

IV　法律取調委員会での再議
1　法律取調委員会での議論

以上の今村修正案は，明治21年10月13日の民法財産編再調査第11回議事で再び日本人委員による議論の対象となった。重要な論点は，賃借権の債権的構成と賃借権の譲渡，転貸の否定との関連である。先に，今村修正案の説明にあったように，今村は，賃借権の譲渡，転貸の否定と賃借権の債権的構成を直接結び付けた。ところが，この点は，再び論議の対象となった。これについて，栗塚報告委員は，調査要望e.との関連で，次のように述べた。明治21年9月24日付けの今村再建議c.では賃借権の構成と譲渡，転貸との関連が不明確であったし，10月4日の委員会審議においても，債権説の論者は，賃借権の構成の問題を譲渡，転貸と結び付けた。今村修正案の説明も同様である。しかし，「（草案の……小柳注）註ノ中ニ委シク□デアリマスガ，転貸スルコト或ハ譲リ渡スコトノ性質ハ蓋シ権利ダカラ譲リ渡セルノデアリマス……人権物権ヲ問ハズト云フ事」があり，物権であっても譲渡のできない使用権，住居権がある［334頁］。

今村は，今村回答書f.において，この栗塚の意見について「枝葉ノ論ニ渉ル」と述べ，正面からの反論はしない。今村は，更に，次のように述べる。

「修正案ニ於テハ賃借権ノ物上タル性質ヲ変シテ対人ト為シタルヲ以テ此ノ権ヲ抵当ト為スヲ許スヤ否ノ論ヲ惹起セス従テボ氏ノ如ク論理ニ拘束セラレハ譲渡ト転貸トニ関スル本則ヲ設クルコト自在ナリ既ニ拘束ヲ脱シ又自在ヲ得タル以上ハ須ラク実際ノ適否ヲ考ヘテ本則ヲ設ク可シ故ニ第二十三条ノ説明ニ…………スル（削除するという意味であろう。……小柳注）ヲ穏当ナリトス」。

今村は，結局，賃借権の譲渡，転貸の否定は賃借権の債権的構成に直接結び付くものではないと認め，譲渡，転貸は実際の便宜により決定すべきだと論じた［336頁］。これを受けて，栗塚は，賃借権の構成と別個に賃借権の譲渡，転貸を認めるかを問題にすべきであると主張した。その結果，賃借権の構成と賃借権の譲渡，転貸との二つが再び議論の対象となった。

433

第2章 ボワソナード草案における賃借権の物権的構成と旧民法

　その際，例えば，物権説の論者である南部は，今村修正案における草案の修正は「一二箇条」に過ぎない，「賃借権ハ物権ニスル人権ニスルト云フ論点ハ先ズ学理上ノ説ニ過ンコトニナツテ居リマス」と論じ，更に賃借権の譲渡，転貸を認めても実際上の利益には影響がないと指摘した［340頁］。かくして，南部は，既にボワソナードの草案がある以上，これに従うのがよいと述べた。
　これに対し，債権説である尾崎三良は，次のように論じた。
　「段々法律ヲ聞イテ見ルト物権ニシテモ一向甲斐モナク又日本是迄ノ慣習カラ一般人間ノ思想ヲ考ヘルト如何ニモ其人ヲ信用シテ物ヲ貸スト云フ様ナ工合ノモノデアツテ単ニ其時ニソレ丈ケノ権利ヲ与ヘテ貸ス思想ハ余リナイノデアリマスソレ故ニ此ヲ抵当トスルト云フコトモ思ハズ又其借リテ居ル者ガ妨碍ヲ加ヘラレタトキハ自カラ原告ト為リテ訴ヲ起スコトモナシ」。
　尾崎三良は，賃借権の債権的構成と賃借権の譲渡，転貸の否定とは直接結び付くものではないことを承認しつつ，「人ヲ信用シテ物ヲ貸ス」という慣習や「思想」すなわち賃貸人の意思を根拠に賃借権の譲渡，転貸は原則的に許されないという規定が適当であると主張する［340頁］。また，同様の根拠から，抵当や賃借人の物上訴権は認めるべきではないと述べた。かくして，尾崎三良は，賃借権を物権として構成しても利益がないから，わざわざ物権的構成を採用する必要がないと論じた。
　これに対し，物権説の論者である南部は，「賃貸借ハ固ヨリ使用貸借トハ異ナリ，使用貸借ナラ人ヲ信ジテト云フテ宜シイ訳デアリマスガ……詰リ利益ヲ得ル目的カラ賃貸借ガ成立モノデアリマス」と述べた。更に，賃借人の物上訴権は，賃借人にとり有益であると主張し，賃借権の物権的構成の有益性を論じた［341頁］。
　ところが，松岡，清岡等は，賃借権の物権的構成，債権的構成の問題は既に議決ずみであると述べ，いわば議論を避ける態度をとった［341頁］。箕作は，こうした議論の総括として，物権的構成であれば，賃借人に抵当や物上訴権が認められることになると述べて，賃借権の構成の問題は重要であると論じた［342頁］。債権説の論者である尾崎三良は，「大概一方ニ地主ガ居ルト差配人ヲ置イテアリマスカラ日本デハ何カ地面内ニ事ガアルトソレガ代テヤリマス」と論じ，物上訴権は不要であると主張した［343頁］。

第2節　旧民法

　結局，委員会は，転貸，物上訴権，抵当が重要な論点であることを確認しつつ，もはや日本人委員では決定できないとして，今村修正案は「姑ク置キ」，ボワソナードに相談することを決議した［347頁］。ただ，その際，法律取調委員会は，賃借権の構成の問題とは切り離して，賃借権の譲渡，転貸は賃貸人の承諾がなくとも許されるべきか否かの問題を議論した。再び日本の賃貸借は「人ヲ信ジテ」するか否かをめぐり激しい応酬があったが，最終的には賃借権の譲渡，転貸は賃貸人の承諾なくしては許されないという立場が多数を占めた。かくして，法律取調委員会は，かりに賃借権の物権的構成が維持されるにしても賃借権の譲渡，転貸は賃貸人の承諾を必要とするという規定を設けることを決した［350頁］。

　以上の議論では，賃借権の譲渡，転貸の自由の否定は，賃借権の債権的構成と直結するものではないことが明確に認識された。このことは，既にフランスにおける物権説の歴史でも明らかである。フランスの賃借権の物権的構成の実際上の帰結として重要なのは，賃借権の抵当と賃借人の物上訴権であることも既に論じたが，このことも日本人委員は結果的に明瞭に承知した。しかし，議論は，この二つの問題よりも賃借権の譲渡性をめぐって行われるものが圧倒的に多かった。日本人委員の多くが賃借権の物権的構成に共感を示すことができず，むしろ債権的構成に共感を示したのは，いかなる理由によるのであろうか。それは，最終的には，日本の賃貸借は単に利益を目的とするものではなく，「人ヲ信ジテ」なされるものであるという考え方が強固に存在したことによるのである。こうした考え方にとって，賃借権の債権的構成がより適合的に見えたのであろう。債権説を主張した法律取調委員（尾崎三良，尾崎忠治，清岡，松岡，渡，箕作，北畠の7人）は，すべて，賃借権の譲渡，転貸について賃貸人の承諾を必要とする。箕作の「一概ニ云ヘバ（物権，債権の……小柳註）何方ニシテモ出来ルト云フヤウナモノデスガ物権ナレバ転貸モ出来ル人権ナラバ出来ヌト云フ方ハ当り前ノ論デアロウト思ヒマス」という発言［347頁］も，そうした事情を物語るものであろう[22]。

---

[22]　水林彪・前掲「日本近代土地法制」法協89巻11号101頁もこの点を指摘している。

第2章　ボワソナード草案における賃借権の物権的構成と旧民法

2　ボワソナード宛の建議書

その後，法律取調委員会の決議に従ってボワソナードに再び債権説を主張する建議[23]（以下「建議g.」と呼ぶ。）が起草された。

建議g.は，賃借権はその性質上物権たりえないと論じた。その論拠は，①物権と債権とを分ける基準は，物に対する直接的な関係があるか否かであるが，通常の賃貸借の場合には賃貸人の力により賃借人の土地利用が可能となる。それゆえ，賃借権は債権である。②賃借権を債権とし用益権を物権として規定すれば，当事者は必要に応じていずれかを選択することができ有益であるし，また賃借権を物権としては余りに賃借人の権利が強いため実際の設定が稀になると予想される。③フランスではトロロンが物権説を主張したが，これは少数説に終った。外国の立法例でも債権説が通常である。また，トロロンは，物権説を唱えたときでも賃借権の抵当は認めていない。なお，屋敷地の場合は地上権が物権であることは慣習からも当然である。

更に，建議g.は，賃借権の物権的構成が規定上でも種々の矛盾を生むと指摘しているが，これは先の今村再建議c.の説くところと大差ないので省略する。また，建議g.は，④そもそも，賃借権に対抗力を与える規定がなくとも，賃借人はもとの賃貸人に損害賠償を請求すればよいから「此規則ヲ設ケスト雖トモ必シモ借主カ損害ヲ受クルニ非ス」と述べた。もっとも，建議g.は，最終的には対抗力付与には反対しないが，その場合でも物権的構成によらずともフランス民法1743条に類似した規定を設ければよいと主張し，また，⑤物権的構成を採用するにせよ，債権的構成を採用するにせよ，賃借権の譲渡，転貸は慣習に反するとして,「賃貸人ノ意思ヲ察スルニ其物ヲ何人ニ転貸スルモ全テ貸主ニ於テ関係ナシトスル場合ハ極メテ稀ナリ」と指摘した。これに続けて建議g.には次の記述すら見ることができる。

「例ヘハ下宿屋ノ下宿人カ更送スルヲ主人之ニ関係セサル類ハ未タ之ヲ聞カス又一家屋ノ借主カ其昔日ノ穢多ノ如キ者ニ譲渡シタルトキハ家主ハ必ス之ヲ怒ラン又耕地ハ専ラ耕作ニ勉励スル者ヲ見込テ貸スモノナリ昨年勉励人ニ貸付シタルニ豈図ラン今年ハ懶惰者ニ其借権ヲ移転シタルカ如キハ日本ノ

---

[23] 民法編纂ニ関スル諸意見並雑書（日本近代立法資料叢書10）92頁。

第2節　旧民法

慣習ニ於テ之ヲ許サス故ニ原案ハ有害無益ノ法ナリ」

3　ボワソナードの最終的反論

この建議g.に対し，ボワソナードは，明治21年10月26日に「賃貸借ニ関スル再次ノ意見書ニ対スル答案」[(24)]（以下「答案h.」と呼ぶ。）を書いた。答案h.の冒頭で，ボワソナードは，「余ハ此意見書ニ答フルニ前ニ同シク二十四時間ノ後ニ於テシ以テ余ノ之カ為メニ受ケタル所ノ酸惨タル感情ヲシテ少シク微弱ナラシメタリ」と感情的な意見を述べ，更にこのような意見書及び反論の応酬自体が「貴重ナル光陰ヲ空費」することであると厳しく指摘した。以下に，ボワソナードの議論の具体的内容を紹介する。

①賃貸人の収益担保義務の存在は，賃借権の物権性と矛盾しない。②賃借人の権利を余りに弱めては，かえって賃貸借の制度が実際に利用されなくなる。③トロロンの説がフランス民法に関し誤りであることは，草案の注釈でも述べた。しかし，新たに立法する際には，物権説を採用することは十分可能である。賃借権の物権的構成は賃貸借規定の上で矛盾を生むものではない。

更に，ボワソナードは，④賃借権に対抗力を付与する規定を設けないと，賃貸人が無資力のときに賃借人の救済手段がない，対抗力規定が存在しないと経済に大きな害が生ずる，フランスにおいては1743条の規定で対抗力を与えたが，「人皆其説明ハ牽強附会ニ出ツルモノナル事ヲ知ル」と述べた。そして，「暗示ノ対人ノ代位」により対抗力を説明する説（フェリー等のように，黙示の代位があるという説）については，「買主ノ賃貸借ヲ知ラサルトキハ此説明ヲ適用スル事能ハサルナリ」と批判した。また，二重賃貸借の場合に賃借人に物権を与えないと不都合があると述べた。というのも，悪意の賃貸人が一旦低い賃料で賃借権を設定した後に，高額の賃料で別の賃借人のために賃借権を設定したときに，賃借人に物権を与えないと債権者平等の原則から先に占有した賃借人が優先することになり，賃借人の利用の保護がなされない。

ボワソナードによれば，⑤賃借権の譲渡性を認める理由は，第1に，権利一般論であり（「凡ソ権利ハ譲渡スルヲ得且差押フルヲ得ルモノナリ論者ハ更ニ譲渡ス

[(24)]　民法編纂ニ関スル諸意見並雑書（日本近代立法資料叢書10）87頁。

第2章　ボワソナード草案における賃借権の物権的構成と旧民法

ルヲ得サル物及ヒ差押フルヲエサルモノノ数ヲ増加セント欲スルカ」)，第2に「経済」上の必要性である（「若シ日本ニ於テ一層不耗ノ地ヲ広メント欲セハ宜シク賃借権ヲ譲渡スルヲ禁スヘシ」)。第3に，また賃借人との関連について「分菓小作ニアラサル以上ハ敢テ其人ニ眼着スヘキモノニアラス」と論じた。但し，ボワソナードは，分益小作（小作料が収穫の一定の割合である小作で，小作料が定額である定額小作と区別される。）については，賃借権の譲渡，転貸を原則的に認めない規定を設けることに同意した。

最後にボワソナードは，賃借権に物権を与えるという新制度に関して，フランスその他の諸国でこの法案について評論をするもので非難をしているものはいない，「若シ異日仏蘭西ニ於テ民法ヲ改正スル事アラハ余ハ必ス第千七百四十三条ニ基礎ヲ準備シ千八百五十五年ノ法律ヲ以テ継続シタル改正ヲ完結スヘシト信ス」と述べ，将来のフランスにもふさわしい立法論であると自信を披露した。

以上のボワソナードの物権説は，以前から論ずることのくり返しであった。賃借権の物権的構成を採用する理由としては，対抗力の明確な付与がやはり重要である。そして，ボワソナードは，賃借権の譲渡，転貸は賃借権の構成の問題に関わりなく必要とするのである。それは，権利一般の譲渡性や「経済」上の有用性という政策的判断により根拠づけられた。

4　論争の終結

明治21年11月13日の法律取調委員会において，ボワソナードの答案h.の取扱いをめぐって議論となった。北畠委員は，次のように述べた。

「物権ジア人権ジアト云テ『ボワソナード』ノ書イタモノヲ読ンデ思想デ戦ツテモ駄目ナ話デアリマス，私モ之ヲ読ムモ素ヨリ思想ハ変ハラヌ，彼ノ大家ノ説トシテモ敬服スル説モナイ，併シナガラ今彼ノ人ノ民法草案ヲ半ニシテ是カラハ修正モシナイト御断リヲスルト云フ，既ニ満期デ十数年居タ人ガ帰国スル気持デ居ル」

北畠は，ボワソナードに帰国されては民法の編纂が完了しないと論じ，「ヒドイ慣習上ニ変動ヲ来サヌ様ニ修正」しつつ，賃借権の構成としては物権説に従うべきだと論じ，多くの賛成を得た[25]。そもそも，民法の再調査は，明治21年

第2節　旧民法

末までに終了する予定であり，日数的な余裕がないことも関連したと推測される。

V　賃貸借章の再調査

　賃貸借章の再調査は，明治21年11月22日に開始され，26日に終了した。その際の法律取調委員会の基本方針は，物権説を前提にした草案に若干の修正を施すことであった。この間でも，いくつかの点で，草案に対する修正がなされている。例えば，賃借権の譲渡，転貸について「反対ノ慣習」あるときはできないと規定したことは重要である[26]。

　激しい議論があったのは，火事についての賃借人の責任に関する規定であった。再調査按は，第1回審議における修正を受けて共同住宅等の複数賃借人について「各賃借人ハ所有者ニ対シ其賃借部分ノ価額ニ応シテ火災ノ責ニ任ス」と規定していた。明治21年11月22日の再調査按審議では，これについて，起案者であるボワソナードと相談することが決せられた[27]。これは，先に見た物権説をめぐる議論が法律取調委員会側の敗北に終わったことから，重要な修正については，ボワソナードの意向を無視できないと委員会が判断したものと考えられる。

　これに対し，ボワソナードは，1888（明治21）年11月25日付「火災ノ場合ニ於ケル共同賃借人ノ責任」という文書を作成した[28]。ここで，ボワソナードは，火災の場合に共同賃借人については，過失の推定及び共同の責任という二つの「厳例」があると指摘されることをまず述べる。その上で，第1の過失の推定は，普通法の適用に他ならず，不可抗力から利益を得ようとするものは，みず

---

[25]　これは，譲渡，転貸を否定しようとする修正である（法律取調委員会民法草案財産取得編再調査按議事筆記自第十四回至第二十五回（日本近代立法資料叢書11）225頁）。

[26]　法律取調委員会民法草案財産取得編再調査按議事筆記自第十四回至第二十五回（日本近代立法資料叢書11）52頁。

[27]　法律取調委員会民法草案財産取得編再調査按議事筆記自第十四回至第二十五回（日本近代立法資料叢書11）205頁。

[28]　民法編纂ニ関スル諸意見並雑書（日本近代立法資料叢書10）64頁。

第2章 ボワソナード草案における賃借権の物権的構成と旧民法

から証明しなければならないのが原則であり，賃借人の過失推定は適切な法理であると論じた。第2の共同の責任については，他に頭割りの責任，「各自ノ賃借価額ニ比例」した責任，「連帯ナキ全部ノ責任，不完全ナル連帯タル『イン，ソリドム』義務」が考えられるとする。その上で，頭割りや賃借価額比例という分割責任の考え方は，誤りであると論じた。理由は，「事物ノ自然ノ理ニ従ヒ過失ハ不可分」であるからである。他方，連帯責任とするのは，時効中断等の絶対効を認めることになり，「加害スルノ共謀ナキ」この場合には適当ではない。よって，「不完全ナル連帯」の債務とするのが，適当であると論じた。

一般に，この不完全連帯債務または全部義務の概念は，フランスにおいて共同不法行為の問題を中心に判例によって発達してきた概念であった。全部義務では，債権者は，各債務者に対して債権全部の履行を請求しうる。この全部請求という義務の中心的部分では，連帯債務と全部義務とは同じである。しかし，例えば，催告，時効中断等に関しては連帯債務と異なり，絶対的効力が存在しないのであった[29]。ボワソナードは，財産編，財産取得編に続けて債権担保編を起草するに当たって全部義務の規定を設けた。これが共同賃借人の責任について再考するきっかけとなったのである。とすると，ボワソナードの見解においては，やはり，各賃借人は，建物全体についての責任を負っていることになる。

しかし，法律取調委員会から内閣へ提出された最終案144条は，「一箇ノ建物ニ数人ノ賃借人アルトキハ各賃借人ハ所有者ニ対シテ其賃借部分ノ価額ニ応シテ火災ノ責ニ任ス但各賃借人又ハ其幾人ニ過失ナキ証據アルトキハ此限ニ在ラス」と規定し[30]，フランス民法の改正規定同様の分割責任という立場を維持し

---

[29] Colin et Capitant, *op. cit.*, t. II, p.538. 淡路剛久・連帯債務の研究（弘文堂，1971年）110，118頁。初出は，「連帯債務における『一体性』と『相互保証性』」法学協会雑誌84巻10，11，12号85巻4号（1967—1968年），同「フランス法における連帯債務と全部義務」立教法学10号（1968年）。更に，福田誠治「フランスにおける連帯債務と保証(2)」北大法学論集47巻6号（1997年）21頁。

[30] 法律取調委員会内閣提出案及び元老院下付案・公文類聚第十四編巻之八十二・民法草案財産編。本資料については，七戸克彦・前掲「旧民法・現行民法の条文比較」法学研究69巻1号134頁。

た。このことは，後に再び論戦を招くことになる。

　その他，注目されるのは，賃借人の訴権に関する規定である。第1回審議までは，賃借人は「第三者ニ対シテ……訴権ヲ行フコトヲ得」と規定されていたが，この再調査において「賃貸人及ヒ第三者ニ対シテ……訴権ヲ行フコトヲ得」と修正された。ここに至って，賃借人の賃貸人に対する物上訴権が文言上も認められたのである。この修正については「起案者(ボワソナードのこと……小柳注)ガ入レテ来タ」と説明されている(31)。ボワソナードが今村との論戦の中で反省した結果，賃借権の物権的構成の意義を明確化したものと考えられる。

第4項　旧民法の成立

　法律取調委員会における民法再調査を経て(1)，民法草案（ボワソナード草案作成部分）は，明治21年12月28日に内閣総理大臣黒田清隆宛に法律取調委員長山田顕義より提出された(2)。この法案は，明治22 (1889) 年1月24日に元老院に下付された。この時に下付された民法草案は，『公文類聚第十四編巻之八十二・法律第二十八号民法ニ民法中財産編財産取得編債権担保編證據編ヲ定ム其二』として残されている。元老院では，明治22年3月7日に審査委員を選出した。この審査委員会は，修正案を法律取調委員会に提出し，これを承けて法律取調委員会が調査を行いその結果の議案が内閣から明治22年7月24日に再び元老院に下付された。この時の再下付案は，『公文類聚第十四編巻之八十三・法律第二十八号民法三民法中財産編財産取得編債権担保編證據編ヲ定ム其三』として知ることができる。この議案をもとにして，最終的には明治22年7月29日に元老院での議決がなされた。元老院議決案は，『公文類聚第十四編巻之八十四・法律第二十八号民法四民法中財産編財産取得編債権担保編證據編ヲ定ム其四』として知

---

(31)　法律取調委員会民法草案財産取得編再調査按議事筆記自第十四回至第二十五回（日本近代立法資料叢書11）226頁。

(1)　特に，再調査按の修正理由である「民法再調査修正按」民法編纂ニ関スル諸意見並ニ雑書（日本近代立法資料叢書10）62頁は，重要である。

(2)　大久保泰甫＝高橋良彰・前掲書197頁。

ることができる[3]。以上の資料は，条文の系譜関係を明らかにするが，修正理由については記載していない。修正理由については，周辺資料から推測することになり，明らかにならないことも多い。

その後，民法草案は，枢密院での諮詢を経ることになった。枢密院への御下付案は，現在失われているとされ[4]，元老院議決案との異同を知ることはできない。諮詢は，明治23年1月になされた。枢密院では，3月25日に決議がなされた。この決議の内容については，『民法財産編，民法財産取得編，民法債権担保編，民法證據編・決議』（国立公文書館資料・2A15—11枢F35）として知ることができる[5]。もっとも，枢密院以外でも法律取調委員会により修正がなされたことが指摘されているため，この段階での修正が枢密院での修正と断言することはできない[6]。枢密院では，この時，更に，施行を明治26年1月1日からとすべきことが決せられた。かくして，旧民法は，明治23年4月21日に官報に掲載された。

この間の総ての法案，議論を紹介することは，必ずしも有益ではない。というのも，多くの点で，既に草案の強い影響下にあるからである。そこで，以下では，最終的に成立した旧民法の規定の内容を論ずるとともに法律取調委員会等でこれについて注目すべき意見がある場合には，その内容を紹介する。

I 賃借権の成立及び存続
1 賃貸借の成立
賃貸借の成立に関する旧民法の在り方は，基本的に草案に従っている。
(ｱ) 契約と賃貸借
旧民法財産編117条1項は，「賃借権ハ賃貸借契約ヲ以テ之ヲ設定ス」と規定

---

(3) 大久保泰甫＝高橋良彰・前掲書216頁。
(4) 大久保泰甫＝高橋良彰・前掲書233頁。
(5) 大久保泰甫＝高橋良彰・前掲書233頁。
(6) 以上のように，法律取調委員会の後の段階の法案の位置づけが明確になったのが，大久保泰甫＝高橋良彰・前掲書の成果である。また，七戸克彦・前掲「旧民法・現行民法の条文対照」法学研究69巻3号137頁以下を参照。

第2節　旧民法

し，草案を承継した。

　(イ)　管理者による賃貸借

　処分権限のない管理者による賃貸借については，旧民法財産編119条は，「法律上又ハ裁判上ノ管理人ハ其管理ヲスル物ヲ賃貸スルコトヲ得然レトモ管理人カ期間ニ付キ特別ノ委任ヲ受ケスシテ賃貸スルトキハ左ノ期間ヲ超ユルコトヲ得ス」と規定して，基本的に草案126条を承継した。それまでの「管理者」の文言に代えて「管理人」という文言を使うようになったのは，元老院議決後の段階での修正であり，『公文類聚第十四編巻之八十五・法律第二十八号民法五民法中財産編財産取得編債権担保編證據編ヲ定ム其五[7]』において朱字訂正がなされている。

　旧民法が草案と相違を見せたのは，管理人がなしうる賃貸借の期間である。「第一　獣畜其他ノ動産ニ付テハ一年」（草案は，2年），「第二　居宅，店舗其他ノ建物ニ付テハ三个年」（草案は，5年），「第三　耕地，池沼，其他土地ノ部分ニ付テハ五个年」（草案は，10年），「第四　牧場，樹林ニ付テハ十个年」（これは草案と同じ）と規定して，第4の類型を除いて，期間を短縮した。期間を短縮したのは，法律取調委員会と元老院段階での修正である。法律取調委員会では，動産については1年，建物については3年，土地については種類を問わず5年と一律に短縮した。これは，ボワソナードが「欧米ノ耕作法」を念頭に置いていたのに対して，日本人委員が「日本ノ耕作法」についてみれば，より短期の耕作期間が普通であろうと議論したことが関連する[8]。動産などの期間の短縮は，耕地での期間短縮との権衡を理由にしていた。その後，元老院修正案において土地のうち，牧場，樹林については草案と同じ10年に復したのである[9]。

　その後，管理人のなした賃貸借について，更新をなしうる期間に制限があること（旧民法財産編120条，動産は期間の満了前1月，建物は3月，耕地などの土地は

---

(7)　枢密院段階と明言できないのは，枢密院下付案が残されていないためである。
(8)　片山直也・前掲「ボワソナード旧民法典の買戻制度における賃貸借の保護と排除」法学研究71巻8号30頁以下が詳細である。
(9)　『公文類聚第十四編巻之八十三・法律第二十八号民法三民法中財産編財産取得編債権担保編證據編ヲ定ム其三』での財産編119条に朱字訂正がある。

6月，牧場等は1年）が規定されているが，期間の点についての修正は，元老院段階でなされた[10]。しかし，その結果たる旧民法の内容は，基本的に草案と同様である。また，管理人が法定制間を超えた期間で賃貸借をなしたときに，所有者が「其権利ヲ自在ニスルコトヲ得ルニ至リタルトキハ賃借人ハ所有者ノ認諾スルヤ否ヤノ意思」を述べることを要求できる（旧民法財産編124条2項）ことも草案と同様である。

(ウ) 契約証書

賃貸借契約について，旧民法財産編118条は，「賃貸借契約ハ有償且双務ノ契約一般ノ規則ニ従フ但後ニ掲ケタル変例ヲ妨ケス」と規定した。その結果，フランス民法のような証書に関する特別の規則は設けられないことになった。この旧民法の規定の在り方は，草案に由来している。

契約証書一般については，証拠編60条1項が，「物権又ハ人権ヲ創設シ，移転シ，変更シ又ハ消滅セシムル性質アル総テノ所為ニ付テハ其所為ヨリ各当事者又ハ其一方ノ為ニ生スル利益カ当時五拾円ノ価額ヲ超過スルトキハ公正証書又ハ私署証書ヲ作ルコトヲ要ス」と規定し，一定金額を超える利益を目的とする行為について証書作成義務を課した。そして，人証については，上記の金額を超過する場合には法律上明示または黙示に例外となしたときでなければ裁判所は受理できないと規定した（旧民法証拠編60条2項）。一定金額以下について人証を許すのであり，賃貸借の成立に関して人証に消極的なフランス法に比べてみれば，賃借人に緩やかな制度になっている。

(エ) 現況確認書

賃借人は，「目録又ハ形状書」を作成する義務を負わないこと（旧民法財産編127条），賃貸人が「目録又ハ形状書」を作ろうとするときには賃借人はいつでもこれを許諾する必要があること，賃借人は賃貸人を召還して，その立会の上で自己の費用で「目録又ハ形状書」を作成することができること，「形状書ヲ作ラサリシトキハ賃借人ハ修繕完好ノ形状ニテ賃借物ヲ受取リタリトノ推定ヲ受ク但反対ノ証拠アルトキハ此限ニ在ラス」こと（旧民法財産編137条3項）は，草案に同

---

[10] 『公文類聚第十四編巻之八十三・法律第二十八号民法三民法中財産編財産取得編債権担保編證據編ヲ定ム其三』での財産編120条に朱字訂正がある。

第 2 節　旧 民 法

じである。

2　賃借権の対抗要件

賃借権は，物権として構成される以上，「総テノ人ニ対抗スルコトヲ得」べきものとなる（旧民法財産編 2 条）。旧民法の物権概念もまた，草案に従うものであった。

(ア)　謄記（登記）の方式

賃借権に対抗力を与えたとしても，対抗要件が独自に問題になることも草案と同様である。前述のように，草案は，賃借権の対抗要件を，通常の不動産物権の対抗要件と同様に，証書の謄記とした。この証書の謄記は，フランス法に従ったものであり，証書の写しを登記所に作成するものである。こうしたフランス式の謄記の方式は，司法省が当時制定していた登記法とは異なる。というのも，登記法（明治19年法律 1 号）は，基本的にドイツ式の権利の登記のシステムを採用するものであった[11]。この点で不一致があったが，草案の不動産物権変動の方式自体には変更がないものの，草案の予定する謄記（登記）の方式に重要な修正が加えられることになった。

旧民法財産編348条は，草案の証書謄記という方式をやめ，次のように規定した。

「左ニ掲クル諸件ハ財産所在地ノ区裁判所ニ備ヘタル登記簿ニ之ヲ登記ス
第一　不動産所有権其他ノ不動産物権
第二　右ノ権利ノ変更又ハ抛棄
　　　……」

再調査までは，ボワソナードの方式である証書の謄記という方式が維持されていた[12]。その後，元老院決議案までは，「証書」を謄記するという方式であったが，枢密院決議案では，証書の謄記方式は廃棄され，ドイツ式の権利登記方

---

[11]　福島正夫「旧登記法の制定とその意義」法学協会雑誌59巻 8，10，11号（1939年），後に，日本司法書士連合会編不動産登記制度の歴史と展望（有斐閣，1986年）58頁以下，清水誠「わが国における登記制度の歩み――素描と試論」同書151頁以下）。

第2章 ボワソナード草案における賃借権の物権的構成と旧民法

式に移行した[13]。この結果，旧民法では，証書の写しを作成するという文言は削除された[14]。この旧民法規定のボワソナードによるフランス語訳は，謄記 (transcription) に代えて登記 (inscription) の文言を使っている[15]。登記所が区裁判所であるのも司法省の方針に従ったものである[16]。ここで，登記(謄記)の方式に変化があることで重要な問題は，賃借人が実際に登記(謄記)しうる可能性に変化があるかという問題である。草案の予定するフランス式の謄記方式では，賃貸借証書が作成されれば，その後は賃借人が単独で謄記を申請しうる。これに対し，旧民法の予定する登記の方式では，現在の不動産登記法における賃借権の登記と同様に，登記に当たり賃借人と賃貸人の共同申請が必要である。もっとも，現行民法の解釈論としては賃借権の債的構成故に賃貸人の登記協力義務を否定するが，旧民法は賃借権の物権的構成故に当然賃貸人には登記協力義務があることになる。それゆえ，賃貸人が実際に登記に協力しないときは，仮登記によることも可能であり，その限りでは問題ない。更に，問題となるのは，賃借人が実際に登記をするか否かであるが，この点に関しては草案と大差ないと考えられる。とすれば，登記方式の変化は実際における賃借人の権利の安定性という問題に関しては大きな変化はもたらさないと考えて良いであろう。

(イ) 第3者の善意

---

(12) 法律取調委員会民法草案財産取得編再調査按議事筆記自第一回至第十三回（日本近代立法資料叢書11）202頁。

(13) 『公文類聚第十四編巻之八十四・法律第二十八号民法四民法中財産編財産取得編債権担保編證據編ヲ定ム其四』（財産編348条）までは，細かな修正があるものの，再調査時の規定に類似している。変化があるのは，枢密院決議案財産編348条の段階である。この旧民法の条文を準備した「民法草案財産編」が起草され（「民法草案財産編」（日付不明）民法編纂ニ関スル諸意見並雑書（日本近代立法資料叢書10）278頁），これによって登記の方式の全面変更が実現した。

(14) 旧民法の注釈にも，この点を指摘するものがある。井上正一・民法正義財産編第貳部巻之壱，333頁。

(15) Boissonade, *Code civil de l'empire du Japon*, traduction officielle, 1891, t. I, p.138.

(16) 藤原明久・前掲ボワソナード抵当法の研究114頁。

草案の特徴は，悪意の第3者には登記なくして対抗しうることであった。これは，旧民法でも変わらない。変化があるのは，悪意の証明について，草案は第3者の自白と宣誓拒否とを挙げていたのに対し，旧民法が「当事者ノ悪意ハ其自白ニ因ルニ非サレハ之ヲ証スルコトヲ得ス」と規定して，自白に限ったことである（旧民法財産編347条4項。なお，この自白には裁判上の自白と裁判外の自白とがある（旧民法証拠編33条)。）。ボワソナードは，宣誓拒否の制度については，批判的であり，後に証拠編の起草の際に宣誓拒否の制度を廃止したことがこれと関連する(17)。通謀ある詐害をなす第3者には証拠方法の制限がないことは草案と同じである。

(ウ) 解約権留保特約

解約権留保特約は，有効である（旧民法財産編154条)。その際の損害賠償については，規定がない。但し，解約権の行使の際の賃借権の存続猶予期間については，変更がある。これは，次に見る賃借権の存続期間の定めのない場合の解約の際の猶予期間の変更が影響したものであるから，そこで論ずる。

以上の草案の対抗要件規定の特徴は，賃借権の対抗要件を登記としたことである。これは，旧民法が賃借権の抵当を認めることからも肯定できることである。

3 賃貸借の存続期間

旧民法は，草案の存続期間に関する規定を基本的に承継した。とりわけ，賃貸借の存続期間について定めがある場合は，旧民法は草案と同一であった。賃貸借の最短期間の定めがないこと，賃貸借の最長期間は30年であること，解約権の留保をする特約は有効であること，解約権留保の際に損害賠償の規定がないこと，黙示の更新は例外的であること等は，いずれも草案と同じであった。但し，最長期間については，法律取調委員会の第1回審議では，20年とした。これは，慣習における認定永小作の制度に配慮して，「二十年以上ハ永小作ニナリマスカラ」，「地方凡例録ニモ，地方ノ永小作ハ二十年ダカラ」と述べて，期間が20年を超えた賃貸借は永小作になるため賃貸借の最長期間を20年としたの

---

(17) Boissonade, *Projet*, t. V, n°139.

第2章　ボワソナード草案における賃借権の物権的構成と旧民法

である[18]。ところが，再調査按では議論の後，30年に復した[19]。その理由は，「時効ノ長キモノ三十年ナリ是等ニ比較スレハ二十年ト為スハ短キニ過キ穏当ナラス」というものである。これが旧民法の規定となった（旧民法財産編125条）。

　賃貸借の存続期間について定めのないとき両当事者は解約申入れをなすことができる点は，草案と同じである（旧民法財産編145条1項第5）。相違があるのは，その際の猶予期間である。とりわけ農地賃貸借については，農地賃借人に対する解約申入れは，草案では主たる収穫期の1年前になすことを要したのに対し，旧民法では6か月前になせばよいことになった（旧民法財産編151条）。また，家具付きでない建物賃貸借については，草案では原則として3か月前に解約を申し入れることになっていたのに対し，旧民法の規定では2か月前に申し入れることになる（旧民法財産編149条2項）。いずれの場合も賃借人にとって不利な改正になっている。しかし，再調査按までは草案と同様の規定であった[20]。この修正は，元老院における調査委員による修正に由来する[21]。この修正理由を示す資料が残されていないために，その理由を知ることはできない。

4　債務不履行による解除

　この問題については，旧民法は，草案と同じといってよい。旧民法財産編139条は，「賃借人借賃ヲ払ハス其他賃貸借ノ特別ナル項目又ハ条件ヲ履行セサルトキハ賃貸人ハ賃借人ニ対シテ其履行ヲ強要シ又ハ損害アルトキハ其賠償ヲ得テ賃貸借ノ解除ヲ請求スルコトヲ得」と規定した。

---

[18] 法律取調委員会民法草案第二編物権ノ部議事筆記自第一回至第十回（日本近代立法資料叢書8巻262頁。

[19] 法律取調委員会民法草案財産取得編再調査按議事筆記自第十四回至第二十五回（日本近代立法資料叢書11）218頁。なお，「民法再調査修正按」民法編纂ニ関スル諸意見並ニ雑書（日本近代立法資料叢書10）62頁。

[20] 「民法再調査修正按」民法編纂ニ関スル諸意見並ニ雑書（日本近代立法資料叢書10）63頁，民法草案財産編再調査按議事筆記自第十四回至第二十五回（日本近代立法資料叢書11）239頁。

[21] 七戸克彦・前掲「旧民法・現行民法の条文対照」法学研究69巻3号137頁。

第2節 旧民法

　それゆえ，旧民法の債務不履行による賃貸借契約解除規定の特徴は，①契約当事者に債務不履行があったときは，当事者は解除を請求しうること(旧民法財産編421条1項)，②解除は，裁判所が宣告すること(旧民法財産編421条2項「此ノ場合ニ於テ解除ハ当然行ハレス損害ヲ受ケタル一方ヨリ之ヲ請求スルコトヲ要ス然レトモ裁判所ハ第四百六条ニ従ヒ他ノ一方ニ恩恵上ノ期限ヲ許与スルコトヲ得」)，③裁判所の解除宣告は義務的ではなく，むしろ，不履行当事者が債務を履行するための期間を付与しうること(旧民法財産編421条2項，406条)，④裁判所が解除を宣告するには付遅滞手続は不要なこと(旧民法財産編421条2項)，⑤債務不履行があったときには裁判所の解除宣告を待たず意思表示等により解除する解除条項は有効なこと(旧民法財産編422条2項)，⑥解除条項による解除の際には原則として付遅滞手続が必要なこと(旧民法財産編422条2項)であった。この規定は，裁判所が解除の宣告をなすという限りで軽微な債務不履行による契約解除を防止しうるという特徴があり，実質的に見て，草案と同様に賃借人に有利な規定であると考えられる。

Ⅱ　賃借人の権利・義務
1　賃借権の譲渡，転貸

　賃借権の譲渡，転貸について法律取調委員会で激しい議論があったことは既に指摘した。債権説を採用する多くの日本人委員は，賃借権の譲渡，転貸について，賃貸人の承諾を要する旨の規定を要求したが，ボワソナードの反対で実現しないで終わった。そこで，慣習に極端に反しないように但書を付加した。このため，旧民法の賃借権の譲渡・転貸に関する規定は次のようなものである。①賃借人は，原則として賃借権を譲渡，転貸できる。但し，反対の慣習または合意があるときには，その限りではない(旧民法財産編134条1項「賃借人ハ賃貸借ノ期間ヲ超エサルニ於テハ其賃借権ヲ無償若クハ有償ニテ譲渡シ又ハ其賃借物ヲ転貸スルコトヲ得但反対ノ慣習又ハ合意アルトキハ此限ニ在ラス」)。「反対ノ慣習又ハ合意」という文言が草案に比べて付加されているが，これは，法律取調委員会により「議場ノ意見ニ因リ慣習又ハ合意ノ文字ヲ挿入」されたのであった[22]。

　②賃借権の譲渡と転貸は区別される(同2項)。

第2章　ボワソナード草案における賃借権の物権的構成と旧民法

③賃借権の譲渡がある場合でも第1賃借人と賃貸人との関係は消滅せず，賃借人としての義務を負う（同3項）。④分益小作については，賃貸人の承諾がない限り譲渡，転貸ができない（同4項）。結局，草案との相違は，①の「反対ノ慣習又ハ合意」がない限り賃借人は譲渡，転貸をなしうると規定するところと④の分益小作に関する特則の付加にあった。法律取調委員会における賃借権の譲渡・転貸に対する消極的姿勢が「反対ノ慣習又ハ合意」という但書を付加することに結びついた。

2　賃借権抵当

不動産賃借権の抵当については，賃借権の物権的構成と密接な関係がある。法律取調委員会における賃借権論争において賃借権の物権的構成の維持が決定された以上，賃借権抵当もまた，草案同様に採用されることになった。但し，賃借権抵当が許されるのは「譲渡又ハ転貸ヲ為スコト得ヘキ場合ニ限ル」（旧民法財産編135条）。草案では，賃借人は，賃借権の譲渡，転貸が禁止されない限り，賃借権抵当をなしえたのであり，この点で文言の上で変更がある。修正理由について，「前条但書ヲ修正シタル理由ニ依ル」という説明がある[23]。要するに，賃借権の譲渡，転貸について「反対ノ慣習又ハ合意」があるときには許さないという修正が再調査按であったが，これと関連して，明確に賃借権の譲渡，転貸が認められるときに限り，不動産賃借権の抵当を認めようとする趣旨の修正である。

3　賃借人の訴権

この点については，賃借権の構成を問題にした論争でも正面からの議論はなかった。旧民法財産編136条は，「賃借人ハ其権利ヲ保存スル為メ賃貸人及ヒ第三者ニ対シテ第六十七条ニ記載シタル訴権ヲ行フコトヲ得」と規定した。賃借

---

[22]　「民法再調査修正按」民法編纂ニ関スル諸意見並ニ雑書（日本近代立法資料叢書10）62頁。

[23]　「民法再調査修正按」民法編纂ニ関スル諸意見並ニ雑書（日本近代立法資料叢書10）62頁。

第2節　旧民法

人に占有訴権と本権訴権の両者が認められた。注目すべきは，「賃貸人及ヒ第三者ニ対シテ」と規定して，賃借人から賃貸人に対する物上訴権の行使を明文で認めることである。既にみたように，草案第1版以来は，法文上は賃借人の訴権の行使の相手方としては，「第三者」のみを規定し，賃貸人への行使について明確でなかった。これを修正したものである。先述のように，この修正は，法律取調委員会での再調査の時に行われた。これは，賃借権の物権的構成を法文の上でも貫いたものと理解しうる。

4　賃借人の改良

賃借人の改良について，今村修正案では，草案への批判があった。その後の議論は，どうであろうか。

結果として，ここでも旧民法は，次のように規定した。①賃借人は，適宜に建物を建て，樹木を栽植しうる（旧民法財産編134条1項）。それゆえ，こうした行為は，賃借人の義務違反として契約解除事由にはならない。②賃借人は，建築物，植栽について契約終了時に収去権を有する（同2項）。③賃貸人が建築物，植栽について保持を望むときは，鑑定人の評価により買い取る[24]（旧民法財産編144条，同70条）。賃借人は，賃貸人に建築物，植栽の買取を強制することはできない。④肥料投下等の単なる改良については，規定がない。用益権や永借権では，虚有者，永貸人に無償で帰属する旨の規定があるが，賃借人の権利は，基本的には用益者と同一であるから（旧民法財産編126条），単なる改良は賃貸人に無償で帰属すると考えられる。以上の旧民法の規定は，草案に従うものである。

---

[24]　第1回の審議では，一旦は，賃貸人の買取権は，賃借人が建物等を売却するときに限られ，賃借人は単なる収去であれば自由にできるように規定された（法律取調委員会民法草案第二部物権ノ部議事筆記自第十一回至第十六回（日本近代立法資料叢書8）8頁）。しかし，再調査で，再び収去の際に先買権が成立することになった（民法草案財産編再調査按議事筆記自第十四回至第二十五回（日本近代立法資料叢書11）234頁）。

第2章　ボワソナード草案における賃借権の物権的構成と旧民法

5　借賃減額

　草案は，借賃減額の理由となる不可抗力の例として「戦争，洪水，火災」のみを挙げて，フランス法に言う「非常の重大事」に限定し，天候不順による借賃減額は原則として認めなかった。これに対し，旧民法編纂過程において，既に，不可抗力について，「戦争，旱魃，洪水，暴風，火災等ノ如キ不可抗力」と規定して，旱魃，暴風などを付加した（旧民法財産編131条）。この修正は，前述のように，第1回の審議に際してなされたものである[25]。しかし，残念なことに，修正の理由については，何も述べていない。いずれにせよ，これにより天候不順の場合であっても借賃減額が成立するようになり，借賃減額の要件が緩和された。

　更に，元老院における議論の後，「但地方ノ慣習之ニ異ナルトキハ其慣習ニ従フコトヲ妨ケス」という慣習による旨の但書が付加された。但書の付加理由は，次のとおりである[26]。

　「第百三十一条（寺島）本条第一項ハ元老院ニ於テハ賃借人ハ毎年ノ収益ノ三分一以上損失ヲ致シタルトキニアラザレバ借賃ノ減少ヲ要求スルヲ得ザルニ限ルトキハ賃借人ノ為メニハ往々不利益ヲ被ムルコトナシトセズト云フニアレバ主務省ヘモ問議シタルニ通常小作人ハ三分ノ一ノ不収穫ヲ生ズルトキハ自己ノ損失ヲ惹起スルニ至ルベシト故ニ三分一ノ制限ニシテ不可ナシトスルモ個ハ少シク例外ヲ認メ置カザルヲ得ズト云フニアリテ遂ニ但書ヲ加ヘ但地方ノ慣習之ニ異ナルトキハ其慣習ニ従フコトヲ妨ゲズト云フヲ附セリ」。

　これによれば，但書の付加は，元老院において，この規定では，賃借人に過酷な結果がおきるのではないかという問題が提起され，農商務省に問い合わせた結果，賃借人に過酷にならないようすることを目的とした。

6　火事での責任

　火事についての賃借人の責任については，旧民法に至る過程で大きな変化があった。最終的には，旧民法において火事についての賃借人の責任に関する規

---

[25]　本節第2項I参照。
[26]　法律取調委員会民法草案再調査按議事筆記（日本近代立法資料叢書15）332頁。

定が全く削除されたのであるが，そこに至る経過は複雑であった[27]。
　(ｱ)　草案新版での賃借人無過失推定
　(a)　元老院での議論　　既に述べたように，再調査按の時点でボワソナードは，複数賃借人の全部義務責任が適当であると力説していた。しかし，前述のように，法律取調委員会は，分割責任を採用した法案を最終案とし，これが元老院の審議に付されていた。元老院での審議の際に，時期は明確ではないが，次のような議論があった。
　「(栗塚) 本条ハ元老院ニテ日本ノ如キ屢火災アル土地ニシテ此等ノ義務ヲ一々盡サザルベカラザルニ至テハ人民ノ困難言フベカラズト云フニアリ……(栗塚) 日本人ノ脳髄ニハ貸家ニ類焼ヲ受ケタル為メ其借主ニ対シ損害賠償ヲ請求セントスルノ感ヲ起ス者ナシ (松岡) 刑法附則ニ失火ハ此限ニ在ラズト云フ除アレバ本条ハ元老院ノ意見ヲ採用シテ可ナリ其議ニ決ス[28]」
　ここで，問題になっているのは，複数賃借人の問題ではなく，火事の場合の賃借人の責任推定そのものであった。引用されている刑法附則の条文は，明治14年太政官布告67号刑法附則59条「人ノ名誉若クハ殺傷ニ関シタル損害賠償其他犯罪ノ為メ現ニ生シタル損害ハ其賠償ヲ請求スルコトヲ得但シ失火ハ此限ニ在ラス」という規定であり，失火責任免責を内容としている。既に述べたように，元老院の審査に付された案は，複数賃借人について分割責任を規定していたのであるが，これだけでは元老院は満足せず，賃借人の責任推定自体を問題にした。
　(b)　3月21日付ボワソナードとの意見交換における転回　　明治22年3月21日付「ボアソナード民法草案修正ニ関スル意見筆記一」[29]は，これに関する重要

---

[27]　福田誠治「フランスにおける連帯債務と保証」北大法学論集50巻3号 (1999年) 115頁，123頁注9は，この間の事情を簡潔に明らかにしている。
[28]　法律取調委員会民法草案再調査按議事筆記 (日本近代立法資料叢書15) 324頁。もっとも，刑法附則59条が単に不法行為責任のみを免責したものか，それとも契約責任にまで適用があるかについては，一致を見ていないようである (澤井裕・失火責任法の法理と判例 (有斐閣，1989年) 286頁)。しかし，ここでは，法律取調委員会の委員が刑法附則59条を契約責任まで免責する趣旨として理解していたことを指摘しうる。

資料である。その中で，寺島委員は，民法草案が火事について賃借人の過失を推定しているのは不適当であると指摘した。その理由は，失火について損害賠償免責を規定している刑法附則の規定に反すること，東京では非常に火事が多く賃貸人はそのことを予見しており「火災ノ際賃貸人ハ敢テ費用ノ損失ヲ被ルモノニアラズ」という状況であることであった。明らかに，先の元老院での議論が前提になっている。

これに対し，ボワソナードは，「刑法附則アルモ慣習アルモ斯ノ如キ不義不正ノ法律ハ決シテ之ヲ存スベカラズ」と論じ，かような法律は開明国の法律とはいえないと強調した。両者の間に「大ニ議論」があった。驚くべきことに，結局ボワソナードは，借家人の責任推定という自己の立場を放棄して「建物ノ火災ノ場合ニ於テ賃借人ノ過失懈怠アリタルノ証アルトキハ賃借人所有者ニ対シ其責ニ任ス同一ノ契約ニ依リ数多ノ賃借人アルトキハ過失又ハ懈怠ノ証アル者ハ全部義務負担スヘシ」との条文に同意した。

(c) 草案新版　　この議論が，草案新版の条文及び注釈に反映した。

第1に，用益者及び賃借人の責任推定の否定である。それぞれについて，草案新版は，次のように規定した。

新版88条「用益権（usufruit）の目的となっている物の全部または一部が火事により滅失したときには，用益者は，その過失が火事の原因であると証明されない限り責任を負わない。」

新版152条「賃借物の全部または一部が火事により滅失したときには，賃借人は，その過失が火事の原因であると証明されない限り責任を負わない。」

これは，先のボワソナードと寺島委員との議論に対応した修正規定であり，賃借人の責任推定を否定している。しかし，ボワソナードは，いったんはこれらの条文に同意したたものの，非常に不満であった。そして，草案新版の注釈で，これらの条文は，正義に反するとして批判した[30]。その理由は，不可抗力を主張する者は，それを立証しなければならないという原則にこの規定は反すること，また，火事の多い日本では用益者及び賃借人が不注意になることが考

---

(29)　民法編纂ニ関スル雑書（日本近代立法資料叢書12）99頁。

(30)　Boissonade, *Projet*, t. I, nouvelle éd., n°126.

第 2 節　旧民法

えられることであった(31)。

　第 2 に，更に，賃借人が複数であって責任を証明された場合について，ボワソナードは，修正を行った。既に述べたように，ボワソナードは，第 2 版152条では，複数賃借人の連帯債務責任を規定していた。これに対し，新版152条 2 項では，次のように規定した。

　「 1 個の物に複数の賃借人がいる場合には，各賃借人は所有者に対して全部義務（intégralement responsable）を負う。」

　この新しく修正された条文の注釈で，ボワソナードは，フランスの1883年法が複数賃借人の分割責任を規定したことについて不適当であったとして，次のように論じた。

　「複数の賃借人が過失あるとき（この過失がもはや推定されたものではなく，直接に証明されたものであったとしても同じである。），各人が過失のうち一部だけをおかしたと理解することはできない。一つの過失は，その性質上不可分の事実である。 2 人または 3 人の賃借人がいるとして，各人が 2 分の 1 または 3 分の 1 の過失を犯したという考え方は，理にかなったものではない。各人は，全体について過失を犯したのであり，それは一人の人間が過失を犯したのと異ならない(32)。」

　こうして，ボワソナードは，複数賃借人の責任について分割債務説を退け，更に，第 1 版及び第 2 版で複数賃借者は連帯して責任を負うと規定したが，厳密に言えば，不完全連帯（obligation imparfaite）または全部義務（responsabilité in solidum, obligation intégrale）とすべきであったとし，その旨を新版152条の条文で明言するため，各賃借人は「連帯して（solidairement）」義務を負うという文言に代えて「全部義務を負う（intégralement responsable）」と規定した。その理由は，この場合の複数賃借人は共同の利益によって結合しているわけでもなく，相互に監視することもできず，生活の共同も契約の共同もあるわけではなく，単に一つの建物の下にいるというだけであることにあった。先に，ボワソナードが明治21（1888）年11月25日付「火災ノ場合ニ於ケル共同賃借人ノ責任」

---

(31)　Boissonade, *Projet*, t. I, nouvelle éd., n°202.
(32)　Boissonade, *Projet*, t. I, nouvelle éd., n°203.

第 2 章　ボワソナード草案における賃借権の物権的構成と旧民法

で論じた内容を条文として実現したのである。もっとも，実際には，新版152条が賃借人の責任推定を否定しているから，新版の全部義務の条文は適用される可能性が少ない。

　いずれにせよ，ボワソナードの複数賃借人に対する姿勢は，なお相当に厳格であり，当時のフランスにおける法改正にも批判的であって，むしろ，フランス民法原始規定に近い立場にあったと指摘しうる。一般に，草案は，単にフランス民法を承継するという立場ではなく，その後の学説，判例及び立法に配慮して，先進的な場合が多い。ところが，この借家人の火災責任については，ボワソナードは相当に強固な態度を維持したのである。

　(イ)　旧民法での賃借人責任推定の復活

　(a)　元老院修正案での再転回　　以上の 3 月21日での寺島委員とボワソナードの論戦とそれを承けた草案新版の規定により，いったんは，賃借人の無過失推定原理が採用された。しかし，その後，法律取調委員会によって準備され，内閣により元老院に再下付された修正案は，草案新版の趣旨の条文を掲載せず，それどころか，火事の際の賃借人の責任に関する規定を朱線によって全文削除してしまった。残ったのは，用益者について火事の際の責任を推定する規定(85条)のみであった。以上のような基本原理の再転回がどのような理由でなされたかについては資料を欠く故に明確にできないが，ボワソナードの批判を抜きにしては考えられない。草案新版は，旧民法が公布された後に出版されているが，それが掲載する条文(新版88条及び新版152条)は，旧民法には存在しない幻の条文になってしまった。

　(b)　旧民法でのボワソナードの勝利　　かくして，公布された民法では，「用益物ノ全部又ハ一分カ火災ニテ滅失シタルトキハ用益者ニ過失アリト推定ス但シ反対ノ証拠アルトキハ此限ニ在ラス」(財産編85条)と規定して，再びボワソナードの当初の立場である用益者の責任推定が維持された。更に，公布された旧民法には，この賃借人の火事に対する責任規定は，存在していない。

　この結果，火事の場合の賃借人の責任はどうなるのであろうか。これは，一般原則に基づいて解決される。まず，旧民法142条は，「賃借人ハ賃借物ノ看守及ヒ保存ニ付キ用益者ト同一ノ義務ヲ負担ス」と規定しているから，火事の場合の賃借人は，用益者と同様に責任を推定されることになった。

第2節　旧民法

次に複数賃借人がある場合である。用益権 (usufruit) において複数用益者に関する規定は存在しないが，ボワソナードは，用益者の責任推定に関する旧民法公式版注釈で，このような複数用益者は全部義務 (obligation intégrale) を負うことを明言している(33)。ボワソナードは，この全部義務について連帯債務に比べれば多少厳格さはやわらいでいる (un peu moins rigoureuse) と論じている。もっとも，各賃借人が建物全部について責任を負う以上，実際には，連帯債務と全部義務とでそれほど大きな相違はない。結果として，複数賃借人についても以上の見解が妥当すると考えるべきことになろう。ボワソナードは，頑固なまでに，その立場を維持し，その立場を旧民法に反映させることに成功したのである。

7　賃貸人の先取特権

賃貸人の先取特権に関する旧民法の規定は，次のようなものである。①　先取特権の目的物は，賃貸借の種類に従い異なる。建物（居住用及び商工業用を含む。）の賃貸人は，「賃借人ノ使用又ハ商工業ノ為メ此建物内ニ備ヘタル動産物」を先取特権の目的物とする（旧民法債権担保編147条1項）。第3者に属する動産であっても，先取特権は成立する。但し，賃貸人が動産の持込みを知った時にその動産が賃借人に属さない事実を知らず，またその事実を知るべき理由がないときに限る（同2項）。賃貸人の先取特権は，賃借人の現金，個人的利用のための宝石，無記名債権には成立しない（同3項）。田畑山林の賃貸人は，「賃借人カ居宅並ニ土地利用ノ建物内ニ備ヘタル動産」，「土地ノ利用ニ供シタル動物，農具其他ノ器具」，「土地ノ収穫物其他ノ産出物」について先取特権を有する（149条）。これらは，草案と同様であり，フランス法と基本的に同一である。

②　賃借人の財産の総清算の場合に，「賃貸人ハ土地，建物ノ借賃其他ノ負担ニ付キ前期，当期及ヒ次期ノ分ニ非サレハ前数条ニ定メタル先取特権ヲ有セス」（151条1項）。これにより，先取特権により担保される賃料債権は，「前期，当期及ヒ次期」の3期分である。草案では，3年であったことと相違がある。農

---

(33) Boissonade, *Code civil de l'empire du Japon accompagné d'un exposé des motifs*, traduction officielle, 1891, t. II, p. 87.

第2章　ボワソナード草案における賃借権の物権的構成と旧民法

地賃貸借では，日本では通常，賃貸借の期間が1年を単位とするから実質的には相違がないものの，建物賃貸借では大きな相違をもたらす修正であった。

この修正もまた，法律取調委員会によったものではない。というのも，法律取調委員会では，第1回審議，再調査いずれもこの条文について「3年」としていた(34)。この修正は，元老院での修正の結果であり，元老院に明治22年7月27日に再下付された修正案において「前年，本年及ヒ翌年」を朱字で「前期，当期及ヒ次期」としたことによる。この修正理由については，知ることができない。これが旧民法に承継された。結果として，建物賃貸借に関する限り，賃借人に有利な修正として理解することができる。

③　賃貸人の動産取戻権については，「賃貸場所ニ備ヘタル動産ヲ賃貸人ノ許諾ナクシテ取去リタルモ別ニ詐害ナキニ於テハ賃貸人ハ其担保カ不足ト為リタルトキ且賃借人ニ属スル権利ノ限度内ニ非サレハ此動産ヲ其場所ニ復セシメルコトヲ得ス」と規定し（債権担保編148条2項），草案の立場を維持した。詐害があるときには，詐害行為取消権を行使すること（同条3項）も草案と同じである(35)。

8　その他

第1に，賃借人の同業防止権については，法律取調委員会の第1回審議に際して削除があったことは，論じた。ボワソナードは，これについて不満であったが(36)，結局，旧民法でも削除された。

賃借人の狩猟権は，存在する（旧民法財産編126条による65条の準用）。

---

(34) 民法草案担保編議事筆記自第七十二回至第七十六回（日本近代立法資料叢書10）41頁。ただし，翌年について先取特権が成立するという点について，「翌年ハ酷イ」（松岡委員）という議論があった。

(35) なお，草案にあった収穫物保存義務規定は，元老院段階の議案154条の修正で朱字により全文削除された（『公文類聚第十四編巻之八十三・法律第二十八号民法三民法中財産編財産取得編債権担保編證據編ヲ定ム其三』）。

(36) 明治22年3月21日「ボアソナード民法草案修正ニ関スル意見筆記一」民法編纂ニ関スル雑書（日本近代立法資料叢書12）98頁。

第2節　旧民法

Ⅲ　永貸借

　永貸借に関する旧民法の規定もまた，ボワソナードの草案を基本的に承継する。以下にこのことを検討する。

1　存　　続

　永借権は，「三十个年ヲ超ユル不動産ノ賃貸借」であり（旧民法財産編155条1項），「五十个年ヲ超ユルコト」はできない（同2項）。また，50年を超えた期間の約定をしても50年に短縮される。更に，当事者が，永貸借契約であることを明示しつつ期間の定めのない場合には，40年でその永貸借が終了する（同3項）。

　また，旧民法は，民法施行前の永貸借について一連の規定を設けた。第1に，本法施行以前に期間を定めて設定した不動産賃貸借は50年を超えるものであって短縮されない（同4項）。第2に，本法施行以前に期間を定めずになした荒蕪地や未墾地の永貸借更に，永小作という名称のある賃貸借の終了の時期や条件については後日特別法により規定する（同5項）。

　以上の旧民法の規定は，民法施行後の永貸借については，草案と基本的に同様である。但し，期間の定めのない永貸借について40年と期間を定める点は，相違がある。これは，再調査按の提案の際になされた[37]。また，永貸借の最短期の規定については，一旦は，20年とする案が多くの賛成を得たが，後に，再調査按の審議において，30年に復した。

　民法施行前の永貸借については，ボワソナードは，民法施行前の永貸借について草案第2版以後規定を設けた。その内容は，次のとおりであった。①期間の明示の約定のある永貸借の期間は50年を超えることができる。②期間を定めない永貸借は，一方当事者より他方当事者への解約申入れより10年後に終了する。③期間が永久の約定のある永借権について永借人が底地の買取をするための権能と条件を定める特別法を設ける。旧民法は，以上の草案第2版の規定と比べると，①期間の明示の約定のある永貸借については同じであるが，②期間を定めない永貸借は，特別法に委ね，更に，期間が永久の永貸借については，

---

[37]　法律取調委員会民法草案再調査按議事筆記（日本近代立法資料叢書15）244頁。

永借人の底地買取のための特別法を予定していない点で異なる。この修正がなされたのは，第1回審議であった(38)。

2 永借人の権利・義務

永借人の権利・義務についても，旧民法は，基本的に草案を承継する。永貸借の「当事者相互間ノ権利義務ハ永貸借ノ設定契約ヲ以テ之ヲ定ム」(157条1項)のが原則であるが，「特別ノ合意ナキトキハ」旧民法の規定に従う(同条2項)。

永借権の通常の賃借権との最大の相違点は，改良に関する権限であるが，永借人は，「永久ノ毀損」を生ぜしめない限りで土地の形質の変更ができること(旧民法財産編158条)，開墾ができること(旧民法財産編159条)，永貸借の終了後に改良及び植栽は，永貸人に無償で帰属し(旧民法財産編170条1項)，建物については，永貸人に帰属する場合には鑑定人の評価に従った価額を永貸人が支払うこと (旧民法財産編170条2項) などは，いずれもボワソナードの草案に由来する。更に，永貸人は永貸地を現状で引き渡し，修繕の義務を負わないこと(旧民法財産編164条)，不可抗力による減収があっても永借人は借賃減額を請求しえないこと(旧民法財産編165条)，永借人が3年以上の借賃の支払をなしえないときには永貸人は永貸借の解除を請求できること(旧民法財産編168条) なども，草案と同じ規定である。

草案との相違は，永借権の譲渡，転貸に関して，第1永借人の保証を規定する草案179条の削除 (これは規定がなくとも同様の解決になる。) と，租税負担に関する規定である。草案177条は，永借人は通常税と非常税を共に負担すると規定したのに対し，旧民法財産編166条は，「永貸人ニ対シ永借物ニ賦課セラルル通常又ハ非常ノ租税其他ノ公課ハ永借人之ヲ永貸人ニ弁済ス」と規定した。永貸物に関する地租等は一旦永貸人が納税義務者となるが，その価額を永借人に償還請求しうるとする規定である。この弁済をなさざる永借人に対しては，永貸人は，永貸借の解除を請求しうることになった (旧民法財産編168条1項)。この

---

(38) 法律取調委員会民法草案第二部物権ノ部議事筆記自第十一回至第十六回（日本近代立法資料叢書8）37頁。

第2節　旧民法

修正は，第一回審議においてなされた[39]。明治17（1884）年の地租条例は，その第12条で「地租ハ地券記名者ヨリ徴収ス但質入ノ土地ハ其質取主ニ於テ之ヲ納ムヘシ」と規定し，土地所有者と質権者にのみ課税した。このことが以上の修正に関連したのである。

Ⅳ　地上権

賃貸借や永貸借の規定の場合と同様に，地上権に関する旧民法の規定もまた，草案を基本的に踏襲した。旧民法の規定は，次のような内容である。

1　地上権の構成及び設定

①　地上権の構成は，「他人ノ所有ニ属スル土地ノ上ニ於テ建物又ハ竹木ヲ完全ノ所有権ヲ以テ占有スル権利」というものであり（旧民法財産編171条），地上物の所有権というフランス流の地上権概念に従う点で草案と同一である。

②　地上権の設定等については，「不動産譲渡ノ一般ノ規則ニ従フ」のであり，これも草案と同じである（172条）。

③　地上権の設定の際，地上権者が建物，樹木を譲り受けた際，「定期ノ納額」を支払う旨の約定をしたときは，通常の賃貸借の規則に従う点は，草案と同一であるが，「其継続スル期間ニ付テハ第百七十六条ノ規定ニ従フ」という規定がある。176条1項は，「建物存立ノ時期間其権利ヲ設定シタルモノト推定ス」というものであり，この限りでは大きな相違はない。

④　地上権の設定期間に関して設定権原で定めなかったときに関して「建物存立ノ時期間其権利ヲ設定シタルモノト推定ス」る176条1項は，「既ニ存セル建物又ハ地上権者ノ築造ス可キ建物ニ付キ」適用される。これは，草案第1版と異なり，第2版と同一の規定である。将来築造する建物にも適用がある点で，適用範囲が拡大された。

⑤　地上権の終了について，176条3項は，「地上権ハ通常賃借権ト同一ノ原因ニ由リテ消滅ス但所有者ノ為ス解約申入ハ此限ニ在ラス」と規定し，所有者

---
[39] 法律取調委員会民法草案第二部物権ノ部議事筆記自第十一回至第十六回（日本近代立法資料叢書8）68頁。

第2章　ボワソナード草案における賃借権の物権的構成と旧民法

からの解約申入れを制限する。この点もまた，草案第2版と同一の規定である。

2　所有者の先買権

地上権者に対する所有者の先買権については，規定が異なる。旧民法財産編177条は，次のように規定した。

「建物又ハ樹木ノ契約前ヨリ存スルト否トヲ問ハス地上権者之ヲ売ラントスルトキハ土地ノ所有者ニ先買権ヲ行フヤ否ヤヲ述フ可キノ催告ヲ一个月前ニ為スコトヲ要ス

右先買権ニ付テハ此他尚ホ第七十条ノ規定ニ従フ」

この規定の前身は，地上権の終了の際土地所有者が鑑定人の評価により譲渡を求めない（先買権を行使しない）ときに地上権者が建物等を収去できるという内容であった。この規定について，再調査の際に議論があり，土地所有者の先買権を地上権者が売却した場合に限るべきであるという意見が出た。

「（元尾崎委員）之ハ土地（ママ……建物ノ誤リカ……小柳注）樹木ハ収去スルヲ得但売ントスル場合ニ於テハ土地所有者ガ先買権ヲ有ストヤリサイスレバ宜シイ

……

（南部委員）ソンナラ収去スルトキハドウカ

（元尾崎委員）ソレハ勝手次第デス[40]」

以上の応酬の結果，土地所有者の先買権は地上権者が建物等を売却するときに限定されることになった。

3　既存の地上権の扱い

最後に，法典の施行前から存在する地上権については，178条により，期限を定めたものは期限の到来により当然に消滅する（2項），期限の定めのないものは，「第百七十六条ニ従ヒテ建物存立ノ時期間継続ス」ことになる。これは，草案第2版の規定と同様である。

---

(40) 法律取調委員会民法草案財産取得編再調査按議事筆記自第十四回至第二十五回（日本近代立法資料叢書11）267頁。

第 2 節　旧 民 法

　以上のように，細かな修正がないわけではないが，全体として旧民法は，草案を承継した内容になった。

　賃貸借関連規定は，旧民法編纂過程でも特異な審議経過をたどった。通常，法律取調委員会は，草案を元に審議を行い，比較的細かな手直しを中心としていた。これに対し，賃貸借関連規定においては，2度にわたって，日本人委員によって，全面的・体系的な修正案が準備された。しかも，草案が賃借権の物権的構成を採用したのに対し，修正案は賃借権の債権的構成を採用し，根本原理において異なっていた。しかし，結局のところ，旧民法は，草案と大きく異なった規定をすることはできなかったのである。火事に関する賃借人の責任は，フランス民法の改正条文を手がかりにした修正要求が法律取調委員会から出されていた。これは，相当に根拠のある修正要求であったと考えられる。しかし，ボワソナードは，あくまでもその立場を堅持したのである。

まとめ　フランスにおける物権説とボワソナード草案・旧民法の賃貸借規定

　以上，第1章ではフランスにおける物権説をめぐる議論を検討し，第2章ではボワソナード草案及び旧民法編纂過程における賃借権の物権的構成及びそれをめぐる議論を論じてきた。ここで本書の議論をまとめることにしよう。

　第1章については，最初にフランスにおける議論の展開に即したまとめを行い（Ⅰ），次に日本民法学の問題関心から見てフランスでの議論をどのように評価しうるかを考える（Ⅱ）。最後に，物権説にはどのような可能性があったかを検討する（Ⅲ）。この点は，ボワソナードがその民法草案で賃借人に物権を与えたことを理解するために必要である。

　第2章については，まずボワソナード草案における賃借権の在り方について物権的構成の意義を中心に検討し（Ⅳ），次に草案及び旧民法についてフランス民法との関連で評価を試み（Ⅴ），最後に日本においてこれと対立した債権説の議論について検討する（Ⅵ）。

Ⅰ　フランスにおける物権説の展開

　賃借人の権利の法律的性質をめぐる議論は，フランスでは2世紀近くにわたる歴史を有するが，決して同じことの繰り返しではなかった。以上に論じてきたように，フランスにおける物権説は，フランス民法を前提とした古典的（賃借権）物権説と第2次世界大戦後の賃借権保護立法を前提とした現代的（賃借権）物権説とがあった。前者の代表がトロロンであり，後者の代表がデリュペであった。

　賃借人が賃借物に物権を有すると主張する場合は，賃借人はどのような権利を有しているかに関する検討と，物権とは何かに関する検討の双方が必要になる。古典的（賃借権）物権説は，賃借人の有する権利の内容については，フランス民法を前提としていたが，とりわけ注目したのは，1743条の規定した賃貸借の対抗であった。トロロンは，1743条の規定によって賃借人の権利は，賃貸人のみを拘束する相対権から万人に主張しうる絶対権に変化したと論じた。古典

まとめ　フランスにおける物権説とボワソナード草案・旧民法の賃貸借規定

的(賃借権)物権説の場合には，物権の基準については対外的効力を中心にした古典的物権基準論に従っていた。それゆえ，物権とは何かという問題については，多言を要しなかった。

これに対する債権説は，物権基準論については，物権説と同様の立場を採用していた。それゆえ，議論は，賃借人の有する権利の検討が中心になった。債権説は，まず，1743条以外の諸規定に注目した。債権説は，とりわけ，賃貸人の収益担保義務を規定する1709条及び法上の妨害に際して賃借人が裁判から退去しうることを規定した1727条を重視した。1709条は，賃借人の権利は債権が中心であることを意味した。逆に言えば，賃借人の不動産利用に際しては賃貸人の給付が重要な意義を持つことを意味した。また，1727条は，賃借人の権利の対外的効力が通常の物権とは異なっていることを示していた。しかし，物権説の唯一の論拠であった1743条については，当初の債権説は必ずしも明確な説明をすることができなかった。ところが，債権説の発展により，1743条について賃貸不動産の取得者が旧賃貸人の権利義務を承継することを規定するものであると説明がなされ，逆に，賃貸人が物権を有するというだけの説明(物権説)では取得者の権利・義務承継を説明できないとすら論ぜられるに至った。1743条は，物権説の論拠であったのが，逆に債権説の論拠として位置付けられるようになったのである。これを一層展開したのが,契約の対抗という考え方であった。契約及び債権であっても対抗力を有するという考え方がそうした議論の背景にあった。こうした債権説の議論の展開は，結果的には，古典的な物権基準論自体に対する反省に立脚するものと考えられる。

その後，第 2 次大戦後，現代的(賃借権)物権説が登場した。デリュペは，一方では現代的賃貸借保護立法に基づく賃借人の賃借物利用権限の拡大に注目した。賃借人は，もはや賃貸人の給付によって不動産を利用する存在ではなく，独自の立場において賃借物について利用を行う存在であることにデリュペは注目した。デリュペは，更に，物権についても，対外的効力を中心にした古典的物権基準論に代わる新しい基準を提唱した。それは，権利の内的構造を中心にし，権利者が物を利用する権限があることを以て物権の基準とした。そして，現代的賃借権保護立法により，賃借人が賃借物の直接の利用権限を有していることを主張し，賃借人は賃借物について物権を有するし，しかも，それが賃借

まとめ　フランスにおける物権説とボワソナード草案・旧民法の賃貸借規定

人の有する債権よりも主たるものであると主張した。物権の基準を対外的効力としないのは、理論的な観点から言えば、債権といえども対外的効力、換言すれば対抗可能性が認められるようになったことが関連する。また、賃貸借に即して見れば、1727条が法上の妨害について賃借人に権限を認めていないこと、賃借人の占有訴権に制限があり、なお、通常の物権とは対外的効力において差があったことも関連する。

これに対する債権説の反論は、二つの観点からなされた。一つは、賃借人の権利の在り方そのものについての議論であり、いま一つは物権基準論に関連する議論である。賃借人の権利の在り方に即して見れば、債権説は、現代的賃借権保護立法においてしばしば賃借権の譲渡及び転貸が厳しく制限されていることに注目する。譲渡性は、古典的な物権基準論からみれば、必ずしも物権の基準ではなく、また、フランス民法には居住権のように譲渡できない物権も存在する。しかし、債権説の論者は、譲渡性は、物権の必然的要素ではないにしても、自然の要素であると論じた。これは、歯切れの良い議論ではないにせよ、相当の説得力を有する。更に、債権説は、デリュペ自身が認めたように、対外的効力においてなお、賃借人の権限が制限されていること（占有訴権でも賃貸人への行使は認められないこと）にも注目した。

デリュペの提唱した物権基準論についても、決して通説的な立場にはならなかった。現代でも、対外的効力を中心にした古典的な物権基準論は、通説的な立場を維持している[1]。通説の立場からすれば、デリュペの議論は、独自の主張になった。これが、デリュペの現代的（賃借権）物権説が通説の立場を得ていない大きな理由である。

II　日本の賃借権物権化論との比較

既に論じたように、日本における賃借権物権化論には、記述的な説明として賃借権の物権化を認める議論と理念としての賃借権の物権化論とがあった[2]。

---

(1) J.-L. Bergel, M. Bruschi et S. Cimamonti, *Traité de droit civil*, *Les biens*, 2000, n°44; Terré et Simler, *Les Biens*, n°36.

(2) 七戸克彦・前掲「新『借地借家法』の基本視点」自由と正義43巻5号7頁。

まとめ　フランスにおける物権説とボワソナード草案・旧民法の賃貸借規定

　第2の理念としての物権化論は，解釈論または立法論としての物権化論である。これは，現行法の解釈論または立法論として賃借権を物権として認めるべきであるという議論である。
　フランスの物権説をめぐる議論を，以上の日本の議論との関連で見るならば，次のように指摘することが可能である。
　第1に，フランスにおいても，民法制定時から現在までの賃貸借法の歴史において，大きな流れとして，賃借人の権利の強化があった。その中でも重要なものは，民法1743条による賃貸借の対抗力の承認であり，更に，1855年法以後は一定の期間以上の賃貸借が謄記に服するようになったことが続いた。管轄においても賃貸不動産所在地の管轄が認められるようになり，占有訴権が与えられ，夫婦財産制でも共通財産には属さないようになり，二重賃貸借や賃貸借の対抗力でも対抗要件としての確定日付を重視する判例が主流になっている。これらは，いずれも，19世紀における（賃借権）物権説と債権説の対立では物権説によった方が簡単に実現できたことであった。いわば，この限りで賃借権の物権化が存在したものと見ることができる。
　更に，19世紀末のプラニオル以来現在に至るまで，多くの論者は賃貸借が賃借人に与える権利が物権に接近していることを認めている。物権化という言葉そのものを筆者は見出すことができなかったが，多くの論者が実質的にそれに近い説明をしている。この意味で，フランスにおいても説明概念としての賃借権の物権化が存在したと理解することも可能である。
　しかし，多くの論者は同時に賃借人には物権が与えられていないと指摘した。しかも，賃借人の権限強化を説明するのに際し，しばしば，物権との関連づけが避けられている。他ならぬ，賃貸借の対抗力についても契約の相対性の例外とする理解などはその典型である。更に，賃借権の債権性を前提として進捗したような営業財産制度も重要である。
　第2の，理念としての物権化についてはどうか。これは，フランス法の展開を通じ見出すことは難しい。そもそも，日本法学と異なり，フランス法学は伝統的に外国法に対する関心に乏しく，また，資本主義の典型国をイギリスとし，その法の在り方を範型とするという発想には疎遠である。しかし，プラニオル等の学者が農地賃借権の抵当を理由に賃借権の物権的構成を支持する議論を展

開したことが重要である。この意味で，賃借権を物権とすることが立法論として評価されたのであった。但し，その際の論拠は，日本のような経済学的な素養を前提とした議論ではない。主として農地賃借人の権限強化を目的とする実質的な内容であった。

しかし，現在では，農地賃貸借に関しても，そのような議論は必ずしも見ることができない。近年においては，とりわけ体系的，演繹的思考が衰退し，具体的な利益考量を中心に議論が進められている。この結果，賃借人の権利の強化を物権化として総括する思考方法自体が必ずしも明瞭なものではない。農地，宅地，商業，居住用借家等様々に分化した問題状況を前提に，利益考量を中心に立法，学説が展開している。農地賃貸借についても一方で現代的保護立法が賃借権の保護を図りつつ，他方で賃借権自体が経済的価値を持つことを出来る限り押さえようという政策的傾向がある。その結果は，賃借権の譲渡，転貸に対する消極的姿勢として現れている。

III 物権説の可能性

ボワソナードは，体系的な思考を得意とする世代の学者であって，日本に賃借権の物権的構成を採用した。この観点から，フランスにおける物権説にどのような可能性があったかを検討してみよう。

フランス民法の規定する賃借権は，原田純孝教授によれば，二つの特徴があった。第1は，抽象的な権利としての確立である。対抗力の付与はその好例である。第2は，賃借権の内容が賃貸人との関係で制約されていること，または賃借人の賃貸人への従属である。フランス民法は賃借人に独自の占有を認めず，耕作，改良の自由を直接規定せず，賃借人の改良投資についての補償請求権も規定しない。更に，賃貸人に極めて広範で強力な先取特権を認めた。こうしたフランス民法の特徴との関連で物権説はいかに評価することができるであろうか。フランスにおける物権説は，フランス民法1743条が賃借権の対抗力を認めたことにトロロン等が注目し，フランス民法の下で賃借権はフランス古法と異なり，物権になったと主張して登場したものである。それは，何よりもフランス民法の第1の特徴に関連するものであろう。それは，賃借権に原則的に対抗力を認めないフランス古法とは明確に異なるフランス民法の賃借権を説明しよ

まとめ　フランスにおける物権説とボワソナード草案・旧民法の賃貸借規定

うとする考え方であった。

　フランス民法の第2の特徴との関連では，賃借権の物権性を徹底的に貫くとすれば，フランス民法の規定した賃借権の在り方とは相当に異なった賃借権が生れることになりえた。というのも，賃借人に独自の占有を認め，その結果，占有訴権，本権の訴えという物上訴権を認めることになり，また裁判管轄でも賃貸不動産の所在地の裁判所が管轄しうることになる。更に，賃借権担保としての賃借権抵当も可能になる。しかし，現実に存在した物権説の論者の多くは，そこまで徹底した見解を述べたのではない。トロロンは，以上の多くの論点について消極的に解した。その理由は，主として賃借権は用益権と異なるというところにあった。賃貸借における賃貸人の収益担保義務の存在がこのような見解の背景となったのであろう。トロロンの見解は，1743条を理論的に説明するという色彩が強く，実践的または徹底的なものではない。また，物権説は，改良の問題を直接論じたものではない。更に，賃貸人の先取特権についても賃借権担保の前提として問題にするにとどまる。

　学説の主流は，債権説であった。判例もまた動揺はあったものの，債権説を基本的に採用した。しかし，物権説を採用した裁判例のなかには，賃借人に占有訴権を認めたものや，裁判管轄につき賃貸不動産の所在地の裁判所が管轄すると論ずるものがあった。これは先に見た物権説の可能性を具体的に明らかにするものである。ただ，注目すべきことは，債権説の判例のなかに賃借権質としての賃借権担保の有効性を論ずるものがあることである。先に，物権説は賃借権抵当による賃借権担保の前提となると指摘したが，賃借権質によっても賃借権担保は可能であった。

　フランスにおいてその後の立法は，商事賃貸借における営業質というかたちで賃借権担保の実現に向った。この場合は，賃借権のみならず，暖簾等を一体化して担保とすることが可能であった。更に，農事賃貸借では賃借権そのものは担保になしえないにしても収穫物等を担保にする農産証券制度の制度が実現した。これらの前提として，賃貸人の先取特権の制限も行われた。フランスにおける賃借権のフランス民法の後の在り方は，賃借権の物権性の実現に向ったというよりも賃借権の債権性を前提としつつ賃借権の近代化に向ったという面も否定し難い。

469

まとめ　フランスにおける物権説とボワソナード草案・旧民法の賃貸借規定

　また，賃貸人の先取特権の制限は物権説に由来するものではない。むしろ，債権説を前提とした賃借権質というかたちの営業質による賃借権担保を実現するためであった。

　20世紀にはいり，賃借権に対する本格的な修正立法が居住用賃貸借，農地賃貸借，商事賃貸借の各領域で制定された。これは，フランス民法の基本的特徴である契約自由自体を大胆に制限するものであった。現代的諸立法は，各賃貸借の類型に応じた政策的対応として展開している。確かに，その諸立法が目指すのは，基本的には，賃借人の賃借物支配の強化であった。これに対応して物権の基準を権利の内的構造に求め，賃借権の性質が物権に変化したという現代的物権説が生れた。それは現代的立法による賃借人の賃借物支配の強化と賃借権の安定性に注目するものであった。しかし，その独自の物権観故に，この説は少数説にとどまった。換言すれば，対外的効力を中心にする・古典的な物権観を前提にする限り，フランス法における賃借権は依然として債権として理解すべきことになる。

Ⅳ　草案及び旧民法における賃借権の物権的構成の意義

　第2章では，以上のフランスにおける物権説をめぐる議論を前提にボワソナード草案及び旧民法について論じた。ボワソナードが属したのは，物権とは何かという理論については対外的効果を中心にする物権基準論が支配的な時代であった。しかも，ボワソナードが草案を準備した1870年代は，フランスにおいても，フランス民法の伝統的な所有権中心の秩序に種々の修正が試みられつつあった時期であって，既に，1872年には賃貸人の先取特権を制限する立法が成立していた。更に，ボワソナードは，体系的思考を中心にする世代の民法学者であった。

　ボワソナードは，フランス民法下の賃借権について物権であるとは考えていなかった。しかし，賃借人に物権を与えることは有益であるとして，物権的構成を採用した。当時のフランスにおいて，賃借人に物権を与えることは立法論として好意的に評価されていたこと，実際例えばローランのベルギー民法草案では賃借人に物権を与えうることになっていたことなどに見られるように，賃借権の物権的構成自体は当時のフランス法学との関連でも異常なことではない。

まとめ　フランスにおける物権説とボワソナード草案・旧民法の賃貸借規定

　草案の物権概念は，当時のフランスの古典的な物権概念を採用したものであり，権利の対外的効力を物権の基準にした。それゆえ，草案が賃借人に物権を与えたということが具体的に意味したところは，草案が賃借人に「万人に対抗しうる」賃借物上の権利を与えたということであった。草案が賃借人に物権的構成の具体的帰結として与えたものは，賃借権の対抗力と占有訴権，不動産物権として賃借権が抵当権の目的となったことであった。これらは，フランスの物権説でも論ぜられたことであった。草案が賃借権の対抗要件を謄記とし，賃貸借の対抗について不動産物権変動の一般規定を適用したのも物権的構成の結果であった。草案では，賃借人は賃借物上の物権のみならず，賃貸人に対する債権を有したが，ボワソナードはこれを賃貸借は有償契約であるということで説明をした。フランスにおいて，ジョゾンに代表される論者の物権説がボワソナードの背景にあった。草案を元にした旧民法について，フランス法からの評価として賃借権の物権的構成の意義を貫いたものと評価した論者がいたが，それは，以上の本稿の検討からも首肯できる評価である[3]。

　逆に，草案の物権的構成は，以上に指摘したところ以外については，特に意義をもったのではない。例えば，賃借権の設定に処分権限を要するかという問題については，ボワソナードは，賃貸借は管理行為であるという理由でこれを否定した（期間が長期の場合には，重大なる行為であるとしてその賃貸借設定権限を制限した。）。存続期間及び解除についても，草案の規定は，フランス民法と細かな点では変化があるけれども，基本的にはその影響下にある。賃借権の譲渡，転貸についても，草案は，賃借権の物権的構成の結果として認めたのではなかった。繰り返しになるが，当時の物権基準理論は，対外的効力を基準に物権を考えていたのであり，譲渡性はとりたてて問題になっていない。フランスにおけ

---

(3) J. Lefort, La réforme du droit civil au Japon, *Revue de droit international et de législation comparée*, t. XV, 1883, pp. 348-356. なお，フランスにおける旧民法評価として筆者が知りえたもうひとつのV. Teissier, Réforme du droit civil au Japon, *Revue générale du droit, de la législation et de la jurisprudence*, 8 année, 1884, pp. 406-414 は，賃貸借について全くといってよい程論じない。

471

まとめ　フランスにおける物権説とボワソナード草案・旧民法の賃貸借規定

る物権説をめぐる議論でも，譲渡性は特に問題になっていなかったのである。
　また，草案は，不動産賃貸人の先取特権をフランス民法に比べ制限したが，これはフランス民法成立後の学説，立法の影響を受けたものであり，物権的構成との関連はなかった。更に，改良については，賃借人の権限を拡大し，借賃減額，火事責任については，賃借人にやや厳しい態度を草案は採用しているが，この点についてもとりたてて物権的構成との関連はないことになる。
　一般に，草案においてフランス民法と比べれば，賃借人の権利は強化されていることは確かである。しかし，それが総て物権的構成に由来するのではなかった。

V　フランス民法と草案及び旧民法

　先に紹介したように，原田純孝教授は，フランス民法の二つの特徴を指摘していた。特に，第2の特徴である賃借権の内容，すなわち借地農の用益権能が賃貸人（地主）との関係で制約されること，換言すれば賃借人の賃貸人への従属について見れば，フランス民法成立後の判例，学説の動向は，債権説を前提にこうした点を修正するところにあった。占有訴権の一部の付与，借地農の用益権能の明確化，賃貸人の先取特権の制限等はその例である。とりわけ，最後の賃貸人の先取特権の制限は賃借人が金融手段を利用する前提となり，営業質や農産証券の制度が判例，立法により可能となった。こうした判例，学説立法の展開の背景となったのは，農地賃貸借においては「富裕な借地農」であり，営業賃貸借では商業の発達であった。
　草案及び旧民法は，こうしたフランス民法の在り方とどのような点で異なり，また共通であろうか。草案はフランス民法の第1の特徴を基本的に承継している。賃借権に対抗力を付与し，賃借権の譲渡，転貸も原則として自由である。フランス民法の第2の特徴について草案は様相を異にする。あらためて強調するまでもなく，草案は賃借人に物権を与えた。物権説はフランスにおいては少数説にとどまっていたが，ボワソナードはフランスの解釈論として物権説は妥当でないと論じつつ，日本においてこれを立法論として採用した。しかも，フランスにおける物権説は理論的なまたは折衷的な色彩が強く，その具体的な帰結においては必ずしも徹底したものではなかったのに対し，ボワソナードは物

まとめ　フランスにおける物権説とボワソナード草案・旧民法の賃貸借規定

権説を貫いた。その結果，フランス民法で必要であった民法1743条に類似した規定は不要となり，賃借権に対抗力を明確にあたえることが可能となった。賃借権の対抗要件は物権変動の対抗要件と同一である。また，賃借人に占有を認め，あらゆる種類の占有訴権を付与することができ，更に本権訴権を与えた。更に，賃借権抵当というかたちでの賃借権担保を可能にした。また，賃借権の物権的構成とは関連するのではないが，草案は賃借人の改良権限も明確化した。賃貸人の先取特権もフランス民法の規定と比較すれば，明確に制限した[4]。これらはいずれもフランス民法成立後の判例，学説の影響を受けたものと考えられる。とりわけ，農地賃貸借に関する限りフランスにおける「富裕な借地農」の展開に対応した判例，学説が極めて重要な草案の前提となったと考えられる。

　草案のいま一つの特徴は，賃借人の賃貸人からの独立を一層おし進め，賃借人の自己責任という原理が見られることである。それは，借賃減額請求権について顕著であった。ボワソナードは，賃借人が増収の利益を得る可能性がある以上危険をも負担すべきであるという考え方から，賃借人の借賃減額請求権に消極的であった。フランスにおいて借賃減額に消極的な学説の展開があったことが想起される。こうした草案の在り方は，フランスの「富裕な借地農」のような存在には適合的であったかも知れないが，日本の小作農がそのような危険負担に耐えられるかは疑問であった。このことは後に旧民法編纂の法律取調委員会で日本人委員が指摘するところでもある。

　また，ボワソナードが賃借権の物権的構成と公示を理由に賃借権の対抗要件を謄記としたことも重要である。フランスにおいては相当規模以上の土地賃貸

---

(4)　瀬川信久教授によれば，19世紀ヨーロッパの賃貸借法では，地主は，賃料収取のための強力な手段をもち，(自救的動産差押権，賃料債権を担保するための・附着物に対する・先取特権等) が不動産の使用方法・改良を強力に監督し (賃借人の目的物維持・改良義務)，終了時には無償で賃借人による改良を取得した。後者の点での賃借人の権限の強化が，前世紀末からの (イギリスでは少し早い) ヨーロッパ賃貸法の課題であった (瀬川信久・前掲不動産附合法の研究318頁)。このような一般的傾向の中で位置付けるとすると，草案は特に賃貸人の先取特権の制限，賃借人の改良権限の明確化などで当時のヨーロッパの賃貸借法の課題を実現したものと理解することが可能である。

まとめ　フランスにおける物権説とボワソナード草案・旧民法の賃貸借規定

借には公証人により公署証書が作成されることが多く，また，それ以外の場合でも確定日付ある証書がしばしば作成された。これは確定日付ある証書の作成が賃貸人の先取特権を拡大し，賃借人のみならず賃貸人にも利益を与えるものであったことも関連するのであろう。しかし，日本においてはそうした証書を作成することは例外的であり，この手段により直ちに賃借権に対抗力が与えられたかは疑問が残る。もっとも，草案の場合対抗要件を欠く賃貸借といえども悪意の第3者には対抗することができた。この際，単なる悪意の第3者に対抗するには悪意の証明が極めて厳格に制限されているため，実際上の救済にはならないと考えられるが，詐害をなす第3者には通常の証拠方法により詐害を証明して対抗することができた。具体的にいかなる程度の第3者が詐害にあたるとされるかは結局のところ裁判に委ねるしかない。それゆえ，この制度がどれ程の救済手段になるかは疑問がある。また，賃借権の対抗力を奪う特約の効力を認めることは実際上の対抗力を奪うことに結び付くであろう。フランスにおいてはこのような特約が結ばれることは例外的であったというが，日本では賃貸人の解除権留保特約がしばしば利用されていたのであり，それと同様の効果をもつこの特約も必要があれば使用されたであろう。これは草案がフランス民法と同様に契約自由の原則を採用することに由来する問題である。以上のことは，登記の方式こそ異なれ，ドイツ式の権利登記のシステムを採用した旧民法についても基本的に指摘できる。

　先に，草案における賃借権の物権的構成の意義は，対抗力の明確な付与，占有訴権及び抵当にあると指摘した。しかし，草案が賃借人に賃借物上の物権を与えたため，これとの関連で，賃貸借において賃貸人の給付のしめる比重の低下がおこったのである。これは，論理必然のことではないが，草案が物権説を採用したことの間接的効果として理解できる。

　フランスにおける賃貸借法の歴史は一方においては，先に述べたように賃借人の賃貸人に対する従属を克服しつつ，更に，他方において賃貸借における契約自由の範囲を制限するという方向にあった。もっとも，この後者の方向が明確に法律の上で示されるのは20世紀に入ってからであり，草案にそのような傾向が存在しないからといって非難するにはあたらない。ただ，草案が基本的に契約自由を重視するという点で19世紀の法律であることは認識しておく必要が

まとめ　フランスにおける物権説とボワソナード草案・旧民法の賃貸借規定

ある。19世紀フランスにおける農地賃貸借関係は「富裕な借地農」を前提とする限りで，契約自由を媒介にしてもそれ程困難をもたらすものではなかった。例えば，賃貸借の期間については3，6，9年の契約が締結されるのが通例であった。しかし，それは日本においても同様の事情であったとは言えない。草案は19世紀フランスにおける賃貸借法の当時の傾向を一層おし進めたものであった故に，フランスにおいて実施されたのであれば，注目すべき役割を果たしたかも知れない。しかし，フランスのその後の賃貸借法の進歩は，必ずしも賃借人に物権を付与する草案的な在り方に向ったのではない。むしろ，賃借権の債権性を前提に賃貸人の権限を抑え，更に契約自由に制限を加えるというかたちで種々の近代化を行ったものである。商事賃貸借における営業質という賃借権担保などはその好例であろう。

更に，草案が日本においても直ちに有効な法であったかは，独自の観点から検討する必要がある。契約自由は勿論問題であろうし，それ以外でも先に借賃減額などは大きな疑問を呼ぶものである。草案の起草の際，ボワソナードの念頭にあったのは，日本の零細小作農というよりもフランスの賃貸借関係とりわけ「富裕な借地農」であったとすら考えられる。そして，そのことは，旧民法においても変わることはなかったのである。

なお，草案は，永借権及び地上権についても規定していた。これらの規定の内容は，基本的にフランス法の影響下にあり，しかも当時のフランスの一般的な法理を条文としたものであり，特に評価をなすべき問題はない。

VI　債権説の多様性

法律取調委員会では，ボワソナード草案の採用した賃借権の物権的構成に対して執拗な攻撃がなされた。その最初の例は，「別調査案」であった。農地賃貸借，建物賃貸借のみならず，借地権までも債権として構成すべきであるというその案は，いわばボワソナードの構想の全面的な否定であった。もっとも，立法技術的な面での欠陥も散見しており，もともとボワソナード草案に比肩すべき存在ではありえなかった。

しかし，法律取調委員会では，再び，今村に代表される債権説の論者が登場し，修正案まで作成した。債権説は，一度は，法律取調委員会において議決さ

まとめ　フランスにおける物権説とボワソナード草案・旧民法の賃貸借規定

れた。しかし，ボワソナードが強硬に反論するとこれを撤回せざるをえなかった。賃借人の火事に対する責任にも見えるように，賃貸借法に関する限り，ボワソナードは，一度基本的方針を定めた後には，容易には意見を変えることがなかった[5]。こうした債権説について，どのように理解できるであろうか。法律取調委員会の債権説の論者は，屋敷地は物権である地上権によって設定されることは当然であると論じた。それゆえ，債権説の適用されるところは，家屋賃貸借と農地賃貸借であった。こうして，賃借権の法律的性質が問題になるのは，日本の法律取調委員会でも，フランスと同様に，農地賃貸借や建物賃貸借であった。また，法律取調委員会の債権説がフランスの債権説と共通することは，債権説が賃借権の対抗力の否定を意味するものでなかったことである。日本での債権説もまた，賃借権の対抗力を当然としつつ，それには物権的構成は不可欠という訳ではなく，債権的構成によっても十分可能であると論じた。物権的構成の具体的問題として，賃借人の物上訴権と賃借権抵当があるのも共通する。全体に，日本の債権説は，フランスの債権説を十分に意識して議論を展開した。

しかし，フランスの債権説と日本の債権説との間には重大な相違があった。フランスの債権説は，なによりも解釈論であり，フランス民法が基礎になり，賃借権の物権性がそれに適合するかが問題となった。フランスの債権説の論者は，フランス民法の立法者意思，定義規定（フランス民法1709条）が物権を認めるとは考え難いこと，フランス民法1727条が賃借人に法上の妨害への対抗手段を認めないこと等を債権説の論拠としてあげた。いずれも，実定法としてのフランス民法を前提にして，物権説がそれに適合的ではないと指摘したのである。

これに対し，法律取調委員会の債権説の論者は，賃借権はその本来の性質上

---

(5) F. Larnaud, Les codes français au Japon, *Revue critique de législation et de jurisprudence*, t. XIII, 1884は，プロジェ第2版を元に草案を論じているが，「賃借建物の火事の際の複数賃借人の責任については，草案は，フランス民法旧規定に従って，連帯債務の原理を採用している。連帯債務では過酷であり，すでにこの規定はフランスでは改正されている。しかも，ボワソナードの注釈には，連帯債務を根拠付けるための特に新たな見解を見出すことはできない。われわれが望むことは，フランスにおいても厳しく批判された連帯債務規定が，最終的にはこの草案でも削除されることである。」(p.109) と述べている。

まとめ　フランスにおける物権説とボワソナード草案・旧民法の賃貸借規定

物権ではなく債権であると述べ，フランスにおける債権説の勝利を指摘した。しかし，これは，ボワソナードが立法論として賃借権の物権的構成を採用することから議論のすれ違いが見られる。法律取調委員会での議論は，立法論をめぐってなされており，賃借権の物権的構成が，制度として当時の日本に適合的か否かについて議論すべきであった。物権説の具体的な帰結として，賃借人の物上訴権が挙げられるが，法律取調委員会の債権説の論者はこれらが不要であると論じたが，あれば有害だと具体的に述べたのではない。それどころか，今村の修正案は一時は賃借人に占有訴権を認める内容でもあった。とすると，この問題はそれほど重視されていなかったと考えられる。草案の物権的構成の主たる意義が対抗力，占有訴権及び賃借権抵当にあったときに，少なくとも前2者については，日本の債権説の論者はそれほど問題にしていないのである。

　法律取調委員会の債権説の場合，議論の対象として重要であったのは，賃借権の譲渡，転貸であった。本来，賃借権の譲渡，転貸は賃借権の物権的構成と直結する問題ではないことは，法律取調委員会での物権説の論者も指摘したし，債権説の論者もまた承認した。これは，フランスの古典的（賃借権）物権説をめぐる議論からも肯定しうることである。しかし，法律取調委員会の債権説の論者の多くが賃借権の譲渡，転貸を原則的に認めるべきでない論じた上で，それに適切なのは賃借権の債権的構成であると論じたことは重要である。債権説の論者は，賃借権の譲渡，転貸を認めるべきでないという論拠として，日本の慣習とともに，日本の賃貸借関係においては利益のみを目的とするものでないことを強調した。これは，人的関係を重視する日本の賃貸借観念に適合的なものとして債権説が選ばれたことを意味する。また，賃貸借関係において賃貸人の役割が大きいという議論も，それと関連するものであろう。フランスにおける債権説は，賃借権の譲渡，転貸を原則的に認めるべきでないと論じたものではなく，フランス民法1717条は特に問題にされない。20世紀における賃借権立法は，例えば農地賃貸借で賃借権の譲渡，転貸を否定するが，それは，新たに導入された賃料規制との関連で賃借権の資産化を防止する必要があるという政策的な判断であり，賃借権に人的従属性を認めるからではない。賃借人の賃貸物に対する権限は，むしろこうした現代的賃借権保護法において拡大している。更に，20世紀フランスの賃借権立法は，政策的判断から妥当と認めたとき

まとめ　フランスにおける物権説とボワソナード草案・旧民法の賃貸借規定

には，商事賃貸借の場合のように特約の効力を制限して譲渡性を強化している。フランスに関する限り，債権説は，当然に賃借権に人的考慮性を認めたり，賃貸借関係に人的従属関係を認めるような前近代的なものではなかった。しかし，法律取調委員会における債権説は，賃貸借関係の人的考慮性を表現するための理論であった。

　ここから明らかなように，草案に対して批判を加えた日本の債権説の論者の物権・債権観はフランス債権説の論者と必ずしも同じではなかった。いずれにせよ，フランスの債権論者の物権・債権概念は，単に物権との対比で意義付けられた法律技術的なものであった。これに対し，日本における債権論者は，一方でこのようなフランス流の法律技術的な物権・債権概念を理解していたが，同時に，──果たしてそれは概念といえるまで明確化されたものであるか，明らかではなかったが──債権概念の中に特定人と特定人の間の非金銭的・人格従属的な関係を読み込む傾向が存在し，これが賃借権の物権的構成への批判の背景にあった。なお，日本における債権説の論者は，賃借権保護または強化に反対したという訳でもない。というのも，借賃減額請求権の問題に見られるように，賃借人の保護にも配慮している。デリュペは，賃貸借関係において賃借人の賃借物支配という物的な面と賃貸人への請求権（反対側から見れば，賃貸人の給付）という二つの面があることを分析した。日本における債権論者は，賃貸人の給付・関与が賃貸借関係において重要であることを論じ，その関係に非金銭的・人格的な要素が存在するということを述べたのである。先の賃貸借における二つの面という点で見れば，草案は，賃借人の賃借物支配の物権性を肯定して，同時に，賃貸人の賃借物支配への関与を抑えるという内容を有した（小作料減額）。これに対して，日本人の委員は，反発したのである。

　19世紀フランスにおける債権説は，賃借人の権利は債権ではあるが，人的考慮的なものではないと主張していた。これに対し，明治日本の債権説の論者は，賃借人は賃貸人に従属するものであり，その権利は人的考慮的であるから債権としなければならないと主張した。フランスにおける債権説は，フランス民法の後の賃借権の強化にも対応しうる内容であった。フランスの物権説が，賃借権の強化のために相当の可能性を有する説であったとしても，フランスの債権説もまた，多様なものであった。

まとめ　フランスにおける物権説とボワソナード草案・旧民法の賃貸借規定

　ボワソナードの物権説は，賃借権の物権性の具体的帰結を貫徹するものであった。それは，フランスにおける賃借権の独立性を認めようという傾向を具体化したものである。これに対する反感は，法律取調委員会において強烈であった。それゆえ，ボワソナードの物権説と対照的なかたちで，人的従属性を背景にした債権説が登場したと考えられる。

　結果として，債権説は，旧民法に影響を及ぼすことはなかったが，これは旧民法に対する批判として根強く残ることになった。物権説といい，債権説といい，ともに相当に幅のある考え方である。単純に前者を近代的，後者を前近代的と理解することはできない。ところが，旧民法編纂過程における法律取調委員会での賃借権論争においては，一方ではボワソナードが賃借権の物権的構成の可能性を追求し，他方で日本の債権論者が人的な従属関係を債権に読み込むという極端なかたちで両者が対立したのである。

　最後に明治民法の賃貸借規定に対する旧民法の影響を付言してみよう。明治民法は，賃借権の債権的構成を実現し，この意味では，日本における債権説の立法化としての意義を有する。しかし，明治民法の賃借権の在り方はフランス民法のそれとは異なっている。賃借権の譲渡，転貸について消極的な規定を設けている点は（612条），法律取調委員会における債権論者との関連がある。とはいえ，賃貸人の先取特権もフランス民法に比べれば制限されている（315条，前期，当期及び次期の3期分の賃料)[6]。更に，賃借人には占有訴権が与えられているし（180条），賃借権の対抗力も一定の要件の下で認められている。ところで，

―――――――

(6)　なお，瀬川信久教授は，日本において，賃貸人の先取特権の問題が議論されないと指摘した（同・前掲書319頁）が，これは後に述べるように，それなりに進んだ草案の規定が日本においては明治民法によっても承継されたことが理由として考えられる。

(7)　法典調査会において605条の原案を提案した際に，提案者の梅は，「既成法典ニハ物権ト見タ代リニ之ヲ登記シテナカッタラ第三者ニ対抗デキナイトシタノデ其点ハ既成法典ノ主義ノ方ガ判然トシテ宜イト思ヒマシタノデソレデ登記ノナイノハ一切対抗ガ出来ナイ登記ガアルノハ対抗ガ出来ルトシタガ簡便デアラウト思ヒマシタ」と論じていた（法典調査会民法議事速記録四第八十五回乃至第百十回（日本近代立法資料叢書4）349頁）。

まとめ　フランスにおける物権説とボワソナード草案・旧民法の賃貸借規定

この対抗要件を登記とする有名な民法605条の規定は，他ならぬ旧民法に由来するのである(7)。先取特権に見られるように，明らかに旧民法の影響が見られる部分が存在する。かくして，フランスと日本とで，賃借権強化の前提となる民法規定自体に重要な相違が存在したことが明らかになる。こうした点を含めて，明治民法以後の日本の賃貸借法の在り方を物権・債権概念との関係で明確化することは今後に残された課題とみるべきである。

条文索引

1 フランス民法条文索引
フランス民法条文〔内容 i〕

216条〔夫婦の行為能力〕 …………………………………………………………60
224条〔利得・賃金の処分権〕 ……………………………………………………222
226条〔夫婦の権利義務規定の適用〕 ……………………………………………222
299条〔別居の意義〕 ………………………………………………………………134
302条〔別居の財産上の効果〕 ……………………………………………………134
516条〔動産と不動産〕 ……………………………………………………………126
526条〔目的による不動産〕 ……………………56,79-81,84,85,88,105,108,166
529条〔無体動産〕 …………………………………………………………60,105
543条〔財産に対する権利〕 …………………………………80,81,84,116,166,167
553条〔附合と工作物等〕 ……………………………………………363,365,367,371
555条〔附合と第3者による工作物〕 ……………………………………………178
578条〔用益権の意義〕 ……………………………………………………………63,64
579条〔用益権の設定〕 ……………………………………………………………65
595条〔用益権の賃貸及び譲渡〕 …………………………………………85,169,276
600条〔用益者の現状確認書作成義務〕 …………………………………………65,87
614条〔第3者侵害の際の用益者の通知義務〕 …………………………………83
617条〔用益権の消滅事由〕 ………………………………………………………65
631条〔使用権の賃貸・譲渡の禁止〕 ……………………………………………49
634条〔居住権の賃貸・譲渡の禁止〕 ……………………………………………49
767条〔用益権の取得〕 ……………………………………………………………65
1121条〔第3者のための約定〕 ……………………………………………………46
1122条〔約定と相続人及び承継人〕 ……………………………………………90,93
1138条〔物の引渡債務〕 ……………………………………………27,291,299,300
1139条〔付遅滞〕 ……………………………………………………………………185
1141条〔動産の二重譲渡〕 …………………………………………………32,299-302
1165条〔合意の相対的効力〕 ……………………………………………46,90,93,96,97
1166条〔債権者代位権〕 ……………………………………………………103-105
1184条〔双務契約解除と裁判上の請求〕 ……………………154,158,183,184,187,245,310

481

条文索引

1188条〔期限の利益の喪失〕 …………………………………………154
1244条〔弁済の態様〕 ………………………………………………255
1317条〔公署証書の意義〕 ……………………………………………22
1322条〔私署証書の証明力〕 ……………………………………28, 29, 31
1328条〔私署証書の確定日付と第3者〕 …………23-33, 100, 107, 294-296, 300
1341条〔証言による証拠の制限〕 ……………………………………280
1401条〔共通積極財産の構成〕 …………………………………222, 302
1404条〔性質上の固有財産〕 ……………………………………60, 223
1405条〔固有財産の構成〕 ………………………………………60, 223
1406条〔固有財産の附属物〕 …………………………………………223
1407条〔交換財産〕 …………………………………………………223
1408条〔共有物処分〕 ………………………………………………223
1421条〔共有財産の管理権〕 ………………………………60, 61, 222
1422条〔単独無償処分の禁止〕 ………………………………………222
1424条〔単独有償処分の制限〕 ………………………………………222
1425条〔留保財産の管理〕 …………………………………………222
1427条〔権限外行為の無効〕 …………………………………………222
1428条〔固有財産の管理収益の処分権〕 ……………………………60, 224
1429条〔管理収益権の剝奪〕 ……………………………………275, 276
1582条〔売買の意義〕 …………………………………………………78
1583条〔売買と所有権移転〕 ……………………………………27, 78
1599条〔他人物の売買〕 ……………………………………………402
1614条〔物の引渡義務〕 …………………………………………34, 321
1689条〔債権譲渡の引渡方法〕 ………………………………………49
1690条〔債権譲渡と第3者〕 …………………………………33, 99, 138, 321
1709条〔物の賃貸借の定義〕 …………………………78, 80, 82, 84, 89, 180, 465, 476
1714条〔賃貸借契約の方式〕 ……………………………………169, 280
1715条〔口頭の賃貸借とその成立〕 ……………………………………281, 321
1716条〔口頭の賃貸借と賃料〕 ………………………………………321
1717条〔賃借権の譲渡・転貸〕 …………………48-52, 72, 157, 172, 187, 196, 197, 209, 218, 254, 320, 369, 419, 477
1718条〔後見人による賃貸借〕 ……………………………………275, 276
1719条〔賃貸人の引渡・維持義務〕 …………………83, 87, 124, 220, 267, 312
1720条〔賃貸人の修繕義務〕 ……………………………83, 87, 312, 321

条文索引

1721条〔賃貸人の瑕疵担保責任〕……………………………………………83,312
1725条〔第3者による事実上の妨害〕………………………………………57
1726条〔妨害と賃貸人の担保責任〕………………………………………57,58
1727条〔妨害者の権利主張と賃借人〕………57-59,68,82-85,108,110,215,257,
　　　　　　　　　　　　　　　　　267,268,309,314,315,465,466,476
1728条〔賃借人の基本的義務〕………………………………………176,226,312
1729条〔賃借人の用法違反〕…………………………………………………312
1730条〔賃借人の返還義務〕………………………………………………281,312
1731条〔賃借人の返還義務と現状確認書〕…………………………………282
1732条〔賃借人の毀損・滅失責任〕…………………………………………137,154
1733条〔賃借人の火災責任〕………………………………………………312,331,332
1734条〔複数賃借人の火災責任〕……………………………………………331,332
1736条〔書面のない賃貸借の終了〕…………………………………………180,251
1737条〔書面による賃貸借の終了〕…………………………………………180,251
1738条〔黙示の更新〕…………………………………………………………182
1741条〔賃借物の滅失及び債務不履行〕……………………………184,186,310
1742条〔契約当事者の死亡と賃貸借〕………………………………………247
1743条〔賃借物売買と賃貸借の確定日付〕………17,19-26,29-37,47,51,62,71-73,75,
　　　　　　　　　　　　　　　　　77-82,86-101,106-109,120,121,123-125,
　　　　　　　　　　　　　　　　　129,131,151,181,187,194,203,211,215,256,
　　　　　　　　　　　　　　　　　267,268,294-298,304,305,404,413,
　　　　　　　　　　　　　　　　　423,436-438,464-469,473
1744条〔賃借物売買と解除権の留保〕………………………………………88,306
1745条〔賃借物売買と建物賃借人への補償〕………………………………181,304
1746条〔賃借物売買と定額借地農への補償〕………………………………181,304
1747条〔賃借物売買と工場等への補償〕……………………………………181
1748条〔取得者の解約申入れ〕………………………………………………181,304
1749条〔賃借物売買と取得者の解約申入れ〕………………………………88,304
1750条〔賃借物売買と確定日付のない賃貸借〕……………………………304,306
1751条〔居住用建物賃貸借と夫婦財産制〕…………………………………224
1752条〔建物賃借人の動産備付義務〕………………………………144,338,342,343
1753条〔建物転借人の所有者に対する義務〕………………………………136
1758条〔家具付き建物賃貸借の期間〕………………………………………308
1761条〔賃貸人の自己使用のための取戻し〕………………………………180,306

483

条文索引

1762条〔自己使用取戻しと特約〕……………………………………………180,305
1763条〔分益小作の転貸禁止〕………………………………………………39
1766条〔定額小作人の用法義務〕……………………………………………176
1767条〔農地賃借人の収穫物収納義務〕……………………………146,343
1769条〔定額小作人の賃料減額請求権〕……………………………321-330
1770条〔賃料減額請求と1年契約〕………………………324,326,327,329
1771条〔賃料減額請求と果実〕…………………………………………324,328
1772条〔賃料減額請求と特約〕………………………………324,327,328,330
1773条〔賃料減額請求に関する特約の解釈〕………………………324,325
1774条〔書面によらない農地賃貸借の期間〕………………………180,308
1775条〔農事賃貸借の黙示の更新〕…………………………………………180
2075条〔無体動産質〕………………………………127-130,140,142,143,156
2102条〔動産先取特権〕……………………24,143-156,160-164,321,337,344,345
2118条〔抵当権の目的物〕…………………61,79,84,105,109,110,126,166
2119条〔抵当権の目的物と動産〕………………………………………61,163
2130条〔将来の財産と抵当権〕………………………………………………367
2133条〔抵当権の目的物〕……………………………………………………365
2172条〔委付を行うための資格〕……………………………………………135
2177条〔委付による地役等の復活〕……………………………………135,136
2229条〔取得事項のための占有〕……………………………………………55
2230条〔所有者としての占有の推定〕………………………………………55
2231条〔他人名義の占有の推定〕……………………………………………55
2236条〔他人のための占有〕…………………………………………………55
2268条〔善意の推定〕…………………………………………………………303
2277条〔短期消滅時効〕………………………………………………………153
2279条〔動産の即時取得〕………………………………32,147,299,302,303,339
2280条〔動産の即時取得と市場〕……………………………………………148
2282条〔占有の保護〕………………………………………………58,224,225,261
2283条〔占有訴権と所持者〕………………………………………………224,225
特別法・1855年登記法………………24-26,36,62,67,72,75,217,284-286,291,292,438,467
特別法・1955年土地公示デクレ……………………………………………25,62,288

条文索引

2 ボワソナード草案第2版及び旧民法条文索引

草案第2版（旧民法）条文〔内容 i 及び対応するフランス民法 ii〕（　）内イタリックは，旧民法

〈財産編〉

2 (*2*) 条〔物権の定義及び種類〕 ……………………………………………265, 271, (445)
8 (*8*) 条〔性質による不動産，518, 519, 520, 521, 523条〕 ……………………378
46 (*44*) 条〔用益権の意義，578条〕 ……………………………………………270
47 (*45*) 条〔用益権の設定，579条〕 ……………………………………273, 274
68 (*65*) 条〔用益者の狩猟権・漁業権〕 ……………………………………334, (458)
70 (*67*) 条〔用益者の物上訴権〕 ……………………………………………313, 314
72 (*69*) 条〔所有者の改良についての補償，595, 599条〕 ………………………318
73 (*70*) 条〔用益権終了と先買権〕 ……………………………317, 384, (451), (461)
87 (*84*) 条〔用益者の善管義務〕 ……………………………………………313
88 (*85*) 条〔火事の際の用益者の責任〕 ……………………………332, 454, 456, (456)
119 (*113*) 条〔使用権及び住居権の譲渡・賃貸禁止，631, 634条〕 …………………319
121 (*115*) 条〔物の賃貸借の意義〕 ……………………………270-272, 309, 390, (390)
124 (*117*) 条〔賃借権の設定，1714条〕 ……………………………273, 379, (442), (444)
125 (*118*) 条〔賃貸借と有償双務契約〕 ……………………………………413, 414, (444)
126 (*119*) 条〔管理者と賃貸借，1429, 1430, 1718条〕 ……………277, 278, 443, (443)
127 (*120*) 条〔管理者による賃貸借と更新，1430条〕 ………………………278, (443)
131 (*124*) 条〔管理者の賃貸借と賃借人〕 ……………………………………278
132 (*125*) 条〔所有者による賃貸借と期間〕 ……………………353, 355, 357, 358, (448)
133 (*126*) 条〔賃借人の権利と用益者の権利〕 …………271, 309, 313, 318, 334, (451), (458)
134 (*127*) 条〔賃借物の現状確認書〕 ……………………………………282, (444)
135 (*128*) 条〔賃借人の修繕請求権，1750, 1754, 1755, 1756条〕 ………………313, 413
137 (*130*) 条〔第3者の妨害と賃借人，1725, 1726, 1727条〕 …………………315
138 (*131*) 条〔不可抗力と賃料，1769, 1770条〕 …………328-331, 411, 413, 428, (452)
139 (*132*) 条〔土地面積不足と賃料，1765条〕 ……………………………………313
140条〔商事賃貸借と同業防止義務〕 ………………………………………334, 413
141 (*133*) 条〔賃借人の工作権限〕 ……………………………………316, 317, 361
142 (*134*) 条〔賃借権の譲渡・転貸，1717条〕 …………309, 319-321, 407, 413, (449-451)
143 (*135*) 条〔賃借権抵当〕 ……………………………………………322, 413, (450)

485

条文索引

144(*136*)条〔賃借人の訴権〕……………………………………313,314,413,418,(450),(451)
145(*137*)条〔賃貸借と現状確認書,1731条〕………………………………………282,(444)
146(*138*)条〔賃料支払時期,1728条〕………………………………………………………313
147(*139*)条〔債務不履行の制裁,1741,1760条〕………………………………311,(448)
150(*141*)条〔賃借人の収益義務,1728条〕………………………………313,360,390,(390)
151(*142*)条〔賃借人の保存義務・通知義務,1726, 1727,1728条〕………313,315,(456)
152条〔火事について複数賃借人の連帯責任,1733,1734条〕………………332,454-456
153条〔火事の際の求償〕…………………………………………………………………333,346
156(*144*)条〔賃貸借の終了と賃貸人の先買権〕…………………………………………316,384
157(*145*)条〔賃貸借の終了,1722,1741,1737,1774,1775,1729,1760,1764,
　　　　　　1766条〕………………………………………307,309,311,360,382,(448)
159(*147*)条〔黙示の更新,1738,1759,1740,1736,1739条〕……………………309
160(*148*)条〔賃貸借期間の推定,1758条〕………………………………………………307
161(*149*)条〔解約申入れ,1736条〕………………………………………………307,308,(448)
163(*151*)条〔土地賃貸借の解約申入れ,1774,1775条〕…………………………307,(448)
165(*154*)条〔解約申入権の留保,1744,1761,1762条〕………………305,309,(447)
166(*155*)条〔永貸借の意義〕………………………………………………………352,353,(459)
168(*157*)条〔永貸借契約の意義〕…………………………………………………………(460)
169(*158*)条〔永借人の改良権限〕…………………………………………………359,(460)
170(*159*)条〔永借人の改良と樹木〕………………………………………………………(460)
171(*160*)条〔永借人の改良と建物〕………………………………………………………360
172(*161*)条〔同上〕…………………………………………………………………………361
175(*164*)条〔永貸借における修繕義務の欠缺〕……………………………359,(460)
176(*165*)条〔永貸借での賃料減額請求権の欠缺〕…………………………359,(460)
177(*166*)条〔租税負担〕……………………………………………………………359,(460)
179条〔永借権の譲渡と保証,1562条〕……………………………………………………460
180(*168*)条〔賃料不払いと契約解除,1559,1560条〕……………………311,359,(460)
182(*170*)条〔終了時の改良,植栽及び建物,1566条〕……………………361,384,(460)
183(*171*)条〔地上権の意義〕………………………………………………………378,(461)
184(*172*)条〔地上権の設定〕………………………………………………………379,(461)
185(*172*)条〔地上物譲渡と地上権〕………………………………………………………379,380
188(*176*)条〔契約期間〕…………………………………………380-382,385,406,(461)
189(*177*)条〔土地所有者の先買権〕………………………………………………383,(461)
190(*178*)条〔法律施行前の地上権〕………………………………………………384,(461)

条文索引

213(200)条〔占有保持訴権〕……………………………………………313
214(201)条〔占有新工告発訴権〕…………………………………………313
216(202)条〔占有回収訴権〕………………………………………………313
361(342)条〔詐害行為取消権〕………………………………………339,340
365(345)条〔合意の相対的効力,1165条〕…………………………………285
366(346)条〔動産の二重譲渡,1141条〕……………………………285,301,302
367(347)条〔指名債権の二重譲渡,1690,1295,1691条〕………283,285,288,(447)
368(348)条〔不動産物権譲渡等の謄記,1855年登記法〕………283-286,292,425,(445)
369(349)条〔謄記の方式,1855年登記法〕…………………………………286
370(350)条〔謄記欠缺,1855年登記法〕……………………………283,284,425
374(354)条〔登記の抹消,2157条〕…………………………………………284
441(421)条〔契約解除,1184条〕………………………………………311,(449)
442(422)条〔解除条項,1656条〕………………………………………311,(449)

〈債権担保編〉
1002(2)条〔担保権の種類〕…………………………………………………345
1138(133)条〔物上代位〕……………………………………………………341
1152(147)条〔建物賃貸人の先取特権の目的,2102条〕……………335-337,(457)
1153(148)条〔建物賃借人の動産備付け,2102条〕……………339,341,342,(458)
1154(149)条〔農事賃貸人の先取特権,2102条〕……………………………342,(457)
1155条〔農地賃借人の動産備付け,1767条〕………………………………342,343
1157(151)条〔先取特権の保護する賃料の範囲,2102条〕……………………343,(457)
1158(152)条〔他の債権者の賃貸借継続権,商法550条〕……………………344
1159(153)条〔種苗肥料供給者等の先取特権〕……………………………346
1160(154)条〔農事労働者の先取特権〕……………………………………346
1170(164)条〔先取特権の順位〕……………………………………………346
1203(197)条〔抵当権の目的〕…………………………………………332,378
1260(246)条〔登記のない抵当権の対抗力〕………………………………288
1262(248)条〔抵当権の追求効と短期賃貸借,2166,2167条〕………………279
1273(259)条〔滌除権を行使しえない者〕…………………………………279
1293(282)条〔第3所持者の物権の復活,2177条〕…………………………(136)

〈証拠編〉
1360(33)条〔自白,1354,1356条〕…………………………………………(447)

487

条 文 索 引

1396(*60*)条〔書証作成義務・人証制限，1341条〕 ……………………………………281,(444)

 i 稲本洋之助他訳・フランス民法典――物権・債権関係――(法曹会，1982年)，同他訳・フランス民法典――家族・相続関係――(法曹会，1978年) の示す条文見出しに基本的に従った。
 i 草案注釈に記載されている条文見出しに基本的に従った。
 ii 草案注釈に記載されている参照条文に従った。

著者紹介

小栁春一郎（こやなぎ・しゅんいちろう）

  1954年　生まれる
  1976年　東京大学法学部卒業
  1982年　東京大学大学院法学政治学研究科単位取得
  現　在　獨協大学法学部教授

主な論文（ボワソナード民法関連を除く）
- 「関東大震災と借地借家臨時処理法（大正13年法律第16号）」(獨協法学41，42，43号)」
- 「民法典の誕生」（星野英一・広中俊雄編『民法典の百年』第1巻〔全般的考察〕有斐閣）など。

本書は，平成12年度獨協大学学術図書出版助成により出版された。

近代不動産賃貸借法の研究
　―賃借権・物権・ボワソナード―

2001（平成13）年5月20日　初版第1刷発行

著　者	小　栁　春一郎	
発行者	今　井　　　貴	
	渡　辺　左　近	
発行所	信山社出版株式会社	

〒113-0033　東京都文京区本郷6-2-9-102
　　　　　　電話　03 (3818) 1019
　　　　　　FAX ·03 (3818) 0344

印刷　勝美印刷株式会社
製本　大三製本
　　　　製作　㈱信山社

Printed in Japan.

小栁春一郎，ⓒ2001．落丁・乱丁本はお取替えいたします。

ISBN-4-7972-2207-7 C3332